서울과 교토의 1만 년

교토를 통해 본 한일 관계사

서울과 교토의 1만 년

교토를 통해 본 한일 관계사

정재정 지음

을유문화사

‖ 서울과
‖ 교토의
‖ 1만 년 ‖

교토를 통해 본 한일 관계사

발행일
2016년 8월 30일 초판 1쇄
2019년 6월 5일 초판 3쇄

지은이 | 정재정
펴낸이 | 정무영
펴낸곳 | (주)을유문화사

창립일 | 1945년 12월 1일
주   소 | 서울시 마포구 월드컵로16길 52-7
전   화 | 02-733-8153
팩   스 | 02-732-9154
홈페이지 | www.eulyoo.co.kr
ISBN 978-89-324-7339-0 03910

저자의 말

지금 교토가 뜨고 있다. 작년(2015년)에 교토 시의 관광객 수는 5684만 명으로 3년 연속 최다 인원수를 경신하고 있다. 교토 시를 포함하여 교토부(京都府) 전체의 관광객 수는 8748만 명으로, 이것 역시 과거 최다를 기록했다. 관계 당국이 목표로 삼은 수치를 5년 이상 앞당겨 달성한 셈이다. 경제와 사회가 침체 기미를 보이고 있는 우리로서는 부러울 따름이다.

교토는 1천 년 이상 일본의 수도였던 데다가 외국의 침략을 받지 않아 역사와 더불어 변해 온 왕도(王都, 왕궁이 있는 도시)의 구조와 거리의 모습이 비교적 잘 보전되어 있다. 물론 거듭된 내란과 지진 및 화재 등으로 건물이 파괴되어 헤이안[平安] 시대의 유적·유물은 거의 없지만, 재난을 당할 때마다 스스로 복구 또는 재건하여 지금도 시내에는 2천여 개의 사원과 신사가 즐비하다. 그중에는 웅장한 규모와 신묘한 자태를 뽐내는 것도 많아 관람객의 찬탄을 받고 있다. 오죽하면 교토에서는 발에 차이는 것이 세계문화유산이라고 하겠는가!

그렇다고 하여 교토가 과거만 우려먹는 고색창연(古色蒼然)한 도시는 아니다. '포케몬 고'를 만든 닌텐도[任天堂] 등 세계의 첨단을 달리는 기업이 똬리를 틀고 있고, 교토대학은 도쿄대학보다 더 많은 노벨상 수상자를 배출하고 있다. 교토는 법고창신(法古創新), 즉 옛것을 새김질하여 새것을 만들어 내는 혁신 도시다. 새로운 시각에서 보면 교토의 유적·유물에는 의외로 혁신의 역사와 문화가 짙게 배어 있다고 할 수 있다.

나는 2005년에 1년, 2016년에 수 개월 교토에 체류하면서 역사 문화의 유적·유물을 구석구석 살펴보았다. 그때마다 절실하게 깨달은 것은 교토의 전통이자 활력의 기반이 되고 있는 유적·유물에 한국의 역사 문화가 음양(陰陽)으로 넓고 깊게 얽혀 있다는 사실이었다. 오랜 동안 한일 관계를 연구하고 교육해 온 나로서는 이런 사실을 지나칠 수 없었다. 그리하여 틈나는 대로 현장을 방문하고 조사하여 이 책을 꾸렸다.

이 책은 필자의 시각에서 교토의 유적·유물을 소재로 삼아 풀어 쓴 한일 관계의 역사 이야기다. 좁은 바다를 사이에 두고 있는 한국과 일본은 고대부터 현대까지 서로 영향을 주고받으며 각각 개성이 풍부한 문명을 발전시켜 왔다. 한국은 일본의 고대 문명에 큰 영향을 미쳤고, 일본은 한국의 근대 문명에 큰 영향을 미쳤다. 문명의 교류는 평화롭게 이루어지기도 했지만, 침략을 통해 강제적으로 이루어지기도 했다. 그런 우여곡절을 거쳐 한국과 일본은 지구상에서 인종적, 문화적으로 가장 가까운 이웃나라가 되었다. 미국의 저명한 문명사가 제레드 다이아몬드는 『총, 균, 쇠』라는 명저에서 이런 한국과 일본을 '유년기를 함께 보낸 쌍둥이 형제'로 비유했다. 역사 인식을 둘러싸고 갈등과 대립을 되풀이하고 있는 한국과 일본에게 한일 관계의 역사를 새롭게 인식하라고 촉구하는 그의 경구(警句)에 백 퍼센트 동의할 수는 없지만 교토의 유적·유물에는 그런 충고를 뒷받침해 주는 사연이 너무나 많이 깃들어 있다. 이에 필자는 지금부터 교토의 주요 유적·유물을 직접 찾아다니며 한일 관계의 역사를 풀어 가겠다.

중요한 의도를 하나 더 밝히면 이 책은 필자의 시각에서 살펴보는 교토의 도시 역사라고 할 수 있다. 교토를 역사와 문화의 전통에 짓눌린 늙은 도시로 보는 게 아니라, 시대의 변화에 대응하며 창생(蒼生)을 거듭해 온 젊은 도시의 모범으로 파악하려는 것이다. 이런 관점은 지금 한국에서 성행하고 있는 지역 이야기 만들기(스토리텔링)에 적지 않은 자극을 주리라 믿는다.

좀 낯설지 모르지만 이 책의 제목을 일부러 '서울과 교토의 1만 년'으로 정한 것은 오랜 역사 속에서 한국과 일본이 신구문명을 교체하는 데 서로 어떤 영향을 주고 받았는가를 서울과 교토라는 지역의 창을 통해 살펴보고 싶은 욕심 때문이다. 이 책을 읽고 나서 한국과 일본이 미래에도 과거 못지않게 서로 깊은 영향을 주고받으며 밀접한 관계를 이어갈 것이라는 믿음을 갖는다면 더 바랄 나위가 없겠다.

한국은 지금 역사와 문화를 최고의 가치로 내세우고 있다. 나는 한국이 역사와 문화를 융성시켜 가는 데 교토의 도전과 성취에서 지혜와 교훈을 얻기 바란다. '서울과 교토의 1만 년'이라는 이 책의 이름에 나의 그러한 염원이 깃들어 있다는 점을 헤아려 이해해 주면 고맙겠다.

교토를 찾는 한국인 관광객은 한 해 수십만 명에 이른다. 그분들이 이 책을 읽고 교토의 유적·유물을 관람한다면, 한국과 일본이 날줄과

씨줄이 되어 역사와 문화를 엮어 왔다는 사실을 알게 될 것이다. 여행에서는 아는 만큼 보이고, 보이는 만큼 느낄 수 있다. 나는 우리나라에서도 격조 높은 역사기행서가 널리 읽혀 각 지역의 유적·유물을 소재로 삼은 이야기가 자꾸 만들어져 보급되기를 기대한다. 그러한 스토리텔링에 국제 관계나 문명 전환의 관점이 덧붙여진다면 더욱 바람직스러운 일이다.

세계화가 곧 지역화인 시대에 지역의 창조적 변화와 국제적 연계는 생존과 직결된 과제이다. 그러한 과제를 해결하기 위해서는 먼저 법고창신의 시각에서 각 지역의 역사와 문화를 재발굴하고 재조명해야 한다. 교토를 소재로 쓴 이 책이 각 지역의 스토리텔링을 새롭게 만들어 가는 데 작은 실마리라도 제공할 수 있다면 다행이다.

우리말에 '덕분에'라는 표현이 있다. 이 책은 그 동안 내가 연구하고 견문한 것을 바탕으로, 고대부터 현대까지 교토와 한일 관계의 역사를 다룬 것이다. 그러다 보니 분량이 제법 많아지고 내용도 꽤 풍부해졌다. 그리하여 이 책 한 권이면 교토와 한일 관계는 물론이고 일본사의 전반적인 흐름에 대해서도 알 수 있게 되었다. 을유문화사 편집부의 김경민 과장이 꼼꼼하게 챙겨 준 '덕분에' 이 정도의 책이나마 만들 수 있었다. 이에 깊은 감사의 뜻을 표하며 저자의 말을 가름하겠다.

2016년 8월 교토의 산기슭에서
정재정 씀

차례

1 고대 **교토의 시작과 도래인의 역할**

1. 한국 문화의 일본 전파 _ 57

문명의 교류와 인간의 이동 | 교류의 기원과 한국의 역할 | 빗살무늬토기와 조몬토기 | 벼농사의 전파와 야요이 문화 | 국가의 형성, '왜, 야마토, 일본' | 일본으로 건너간 사람들 | 일본을 바꾼 도래 문화 | 통일 신라·발해와 일본의 교류 | 일본과 중국의 교류 | 일본 고대 문명에 대한 바른 시각 | 한일의 문명 전환과 교토

2. 교토를 개척한 도래인 집단 _ 76

도래인의 물결과 그들의 활약 | 하타 씨의 가쓰라 지역 개척 | 고류지의 쌍둥이 미륵반가사유상 | 가쓰라 본궁에 깃든 하타노 가와카쓰와 쇼토쿠 태자의 일화 | 백제계 도래인이 창건한 기요미즈데라 | 일본 신앙의 원조가 된 도래인

3. 교토에 살아 있는 백제와 신라의 숨결 _ 104

백제 왕실의 인척, 천황가 | 무역 제국 신라의 위대한 흔적 | 고승 엔닌과 무역왕 장보고 | 신라선신당과 무장 미나모토노 요시미쓰

력을 과시한 정도(定都) 1,100년 기념사업 | 교토에 활력을 불어넣은 교토의
기발한 기획 – 영화, 춤, 벚꽃, 시장, 교육

4-2 근대 2 일본의 한국 지배와 한국인의 고투

5 현대 한일의 문명 전환과 평화 공영 모색

한국과 일본의 시대구분

한국 **K**, 일본 **J**

구석기 시대 K
수십만 년 전 ~ 기원전 약 100세기

J 구석기 시대
수십만 년 전 ~ 기원전 약 100세기

신석기 시대 K
기원전 약 100세기 ~ 기원전 약 10세기

J 조몬 시대
기원전 약 100세기 ~ 기원전 약 4세기

청동기 시대 K
기원전 전 약 10세기 ~ 기원전 약 4세기

철기 시대 K
기원전 약 4세기 ~ (현대도 철기 시대에 속함)

J 야요이 시대
기원전 4세기 ~ 기원후 3세기

고조선 시대 K
기원전 약 20세기~기원전 1세기

부여, 고구려, 백제(마한), 신라(진한), 가야(변한) 등의 열국 시대 K
기원전 1세기~기원후 7세기 후반

J 고분 시대
3세기 후반~6세기 말

(통일신라, 발해)남북국 시대 K
기원후 7세기 ~기원후 7세기

J 아스카 시대
6세기 말~710년

J 나라 시대
710년~794년

J 헤이안 시대
794년~1185년

고려 시대 K
918년~1392년

가마쿠라 시대
1185년~1333년

겐무 천황의 친정
1333년~1335년

무로마치 시대
1336년~1573년
(남북조 시대 1336년~1392년, 전국 시대 1493년~1573년)

 조선 시대 Ⓚ
1392년~1910년
(대한제국 시기 1897년~1910년)

모모야마 시대
1573년~1603년

에도 시대
1603년~1868년

메이지 시대
1868년~1912년

다이쇼 시대
1912년~1926년

남북 분단 시대, 대한민국 Ⓚ
(미국과 소련의 점령 통치 시기, 1945년~1948년,
남북 분단의 지속, 1945년 ~ 현재)

쇼와 시대
1926년~1989년
(연합군총사령부점령통치기 1945년-1952년)

헤이세이 시대
1989년~현재

교토　도쿄

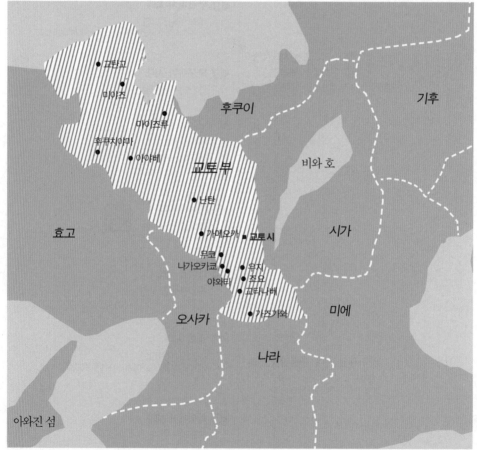

고탄고

미아즈

마이즈루

후쿠치야마

아야베

후쿠이

교토부

비와 호

기후

닌탄

효고

가메오카　교토시

시가

유코

나가오카쿄

야와타

유지

조요

교타나베

미에

오사카

가즈가와

나라

아와진 섬

교토의 역사와 한일 교류

교토와 서울을 통해 보는 한일 관계의 역사를 살펴보기 전에 먼저 우리에게 낯선 교토의 역사를 개략적으로 훑어보려고 한다. 시대의 변화에 맞춰 끊임없이 혁신을 이룩해 온 옛 수도 교토의 변화해 가는 모습을 따라가다 보면 이 책의 전반적인 구성과 흐름을 알 수 있을 것이다. 우리나라와는 다른 역사 용어나 시대 구분, 처음 보는 지명이나 인명 등이 여럿 나오기 때문에 다소 생소하게 느껴질 수도 있지만, 지도와 사진, 그림과 각주 등을 참조하며 읽어 가다 보면 앞으로 이어질 본격적인 이야기를 더 쉽게 이해하는 데 도움이 되리라 믿는다.

역사의 켜가 쌓인 교토

교토는 간무 천황(桓武天皇, 재위 781~806)이 나가오카쿄[長岡京, 교토부 남서부에 있는 도시]에서 헤이안쿄[平安京, 교토의 옛 이름]로 수도를 옮긴 794년부터 메이지 천황[明治天皇, 재위 1868~1912]이 정치의 거점을 도

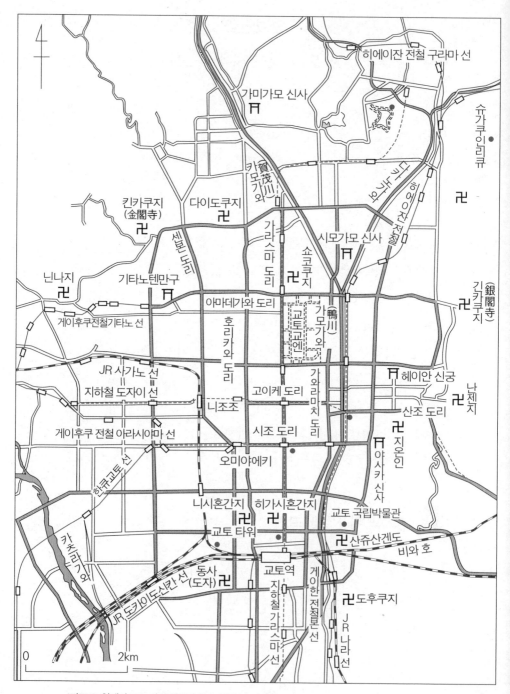

히에이잔 전철 구라마 선

가미가모 신사 卍

슈가쿠인리큐 ●

카_賀모_茂가_川와

킨카쿠지 (金閣寺) 卍

다이도쿠지 卍

시모가모 신사 卍

가라스마 도리

쇼코쿠지 卍

닌나지 卍

기타노텐만구 卍

아마데가와 도리

교토교엔

가모가와

기_銀카_閣쿠_寺지 卍

게이후쿠전철기타노 선

센본 도리

호리카와 도리

헤이안 신궁 卍

난젠지 卍

JR 사가노 선

지하철 도자이 선

고이케 도리

가와라마치 도리

산조 도리 卍

게이후쿠 전철 아라시야마 선

니조조

시조 도리

지온인 卍

오미야에키

야사카 신사 卍

한큐교토 선

니시혼간지 卍

히가시혼간지 卍

교토 국립박물관

카_桂쓰_川라가와

교토 타워

산쥬산겐도 卍

비와 호

교토역

게_京이_阪한전철혼 선

JR 도카이도신칸 선

동사 (도자) 卍

지하철 가라스마 선

도후쿠지 卍

JR 나라 선

0   2km

〈지도1〉 현재의 교토 시 중심부와 주요 하천·도로·철도

쿄[東京]로 옮긴 1869년까지 천 년 넘게 일본의 수도이자 문화 중심지였다. 그리하여 교토는 일반인에게 흔히 천년고도(千年古都)로 알려져 있고, 교토에 가면 당연히 고색창연한 궁궐이나 사원(寺院) 등을 많이 볼 수 있을 거라고 기대한다.

그렇지만 먼저 지적해 둘 것은, 현재 교토에 남아 있는 1천6백 여 개의 사원과 4백여 개의 신사 중에서 헤이안 시대[平安時代][1]에 지어진 건물은 적어도 옛 헤이안쿄의 범위 안에는 하나도 없다는 사실이다. 교토는 15세기 중엽 오닌·분메이의 난[應仁·文明の乱][2]을 비롯한 수차례의 내란과 18~19세기 중엽에 걸친 세 번의 대화재 등으로 인해 도시의 태반이 불타 버려 헤이안 시대는커녕 가마쿠라 시대(1185~1333)나 무로마치 시대[室町, 1336~1573]의 건물도 찾아보기 어렵다. 헤이안 시대의 건물이 남아 있는 것은 교토의 중심부에서 멀리 떨어진 다이고지[醍醐寺(제호사), 남부 교토에 있는 사찰]나 우지[宇治]의 사원과 신사(神社) 정도가 전부다. 그래서 헤이안쿄 이전의 수도인 헤이조쿄[平城京, 지금의 나라[奈良] 시, 나라 시대(710~794)의 수도]에서 흔히 볼 수 있는 옛 건물의 초석조차 교토에는 온전히 남아 있는 것이 없다. 〈지도 1〉에

....

1 794년 간무 천황이 헤이안쿄로 천도한 때부터 미나모토노 요리토모[源賴朝]가 가마쿠라(가나가와 현 미우라 반도에 있는 도시)에 무사 정권인 막부[幕府, 실질적인 통치권을 가진(천황은 상징적인 존재였다) 장군(쇼군)의 정부]를 개설한 1185년까지를 가리키는 시대 이름으로, 일본 역사에서는 고대 말기에 해당하는 시기이다.
2 무로마치 막부 시대의 오닌 원년(1467)에 발생하여 분메이 9년(1477)까지 계속된 내란. 8대 장군(쇼군) 아시카가 요시마사[足利義政]의 후계 등을 둘러싸고 장군가를 비롯하여 영주에 필적할 정도로 성장한 지방관들이 뒤엉켜 싸워 내란은 전국으로 확대되었다. 막부와 영주의 쇠퇴를 불러와 전국시대(戰國時代)에 돌입하는 계기가 됐다. 주요 싸움터가 된 교토는 거의 대부분이 괴멸적인 타격을 입어 폐허와 같은 상태가 되었다.

표시되어 있는 유명한 궁궐과 사찰 및 신사 등은 모두 헤이안 시대 이후, 한참 뒤에 다시 지은 것들이다.

내가 이 점을 미리 강조하는 것은 천년고도로서 찬사받고 있는 교토의 위상을 깎아내리려는 의도가 아니다. 오히려 굽이치는 역사의 물줄기에 휘둘리면서도 끊임없이 속살과 거죽을 바꾸며 '일본인의 정신적 지주'로서 정체성을 굳건히 지켜 온 교토의 지혜를 강조하기 위함이다. 교토에서는 헤이안 시대의 침전(寢殿, 임금의 침방이 있는 전각) 부지 위에, 무사 계급이 권력을 장악한 가마쿠라와 무로마치 그리고 에도 시대[江戶時代, 1603~1868]에 무가저택(武家邸宅)이 세워지고, 메이지 유신[明治維新, 1868]을 계기로 천황이 도쿄로 이거(移居)한 근대와 현대에는 그 터전 위에 상가(商街) 또는 빌딩이 세워졌다. 교토는 역사와 더불어 부단히 새로 만들어져 왔기 때문에 유적 위에 유적이 겹치고 덧붙여졌다는 특징을 가지고 있다. 그리하여 〈지도 1〉(18쪽)에서 보듯이 오늘날의 교토는 헤이안쿄의 골격을 일정 부분 유지하면서도 땅 위와 밑에 전철이 달리는 현대 도시로 변모하였다.

수십만의 인구가 오랜 세월 동안 한 곳에서 삶을 영위하다 보면 그 땅에 역사의 흔적이 쌓이고 색깔이 덧입혀지는 것은 당연한 일 아니겠는가. 최근 우리 주변에서 무턱대고 과거의 유적이나 유물을 복원하려고 애쓰는 풍조가 유행인데, 교토가 만들어 온 역사와 문화를 눈여겨보면 그것이 공연히 세금만 축내는 부질없는 짓이라는 것을 깨달을 수 있다.

오늘날 우리의 머릿속에는 헤이안쿄와 교토의 이미지 진하게 중첩되어 있어서, 마치 헤이안쿄가 그대로 근대도시로 탈바꿈하여 교토가 된 것처럼 이해하기 쉽다. 하지만 오늘날의 교토는 주로 도요토미 히데요시[豊臣秀吉, 1536 ~ 1598]가 개조한 도시 구조를 바탕으로 하여 발전한 것으로, 창건 당시에 만들어진 헤이안쿄의 모습은 거의 남아 있지 않다.

그런데도 우리는 왜 교토에서 헤이안쿄의 이미지를 떠올리는 것일까? 그것은 28쪽의 〈지도 3〉에 간결하게 표시한 헤이안쿄의 조방도와 현재 교토 시내 철도노선의 합성도를 보면 그 이유를 금방 알 수 있다. 즉 지금 교토의 땅 위와 밑에서 아무리 사방으로 철도가 달린다 하더라도 교토의 상징이라고 할 수 있는 바둑판 모양의 거리 모습은 헤이안쿄의 구획 정리로부터 유래하기 때문이다. 직각으로 교차하는 조방(條坊, 네모난 구획)의 가로(街路)야말로 교토에 남은 정치 도시 헤이안쿄의 흔적인 것이다.

헤이안쿄는 당(唐)의 장안(長安)과 북위(北魏)의 낙양(洛陽)을 모델로 삼아 만들어졌는데, 고대 일본의 역대 수도인 후지와라쿄[藤原京], 헤이조쿄, 나가오카쿄 등도 참고했다. 따라서 헤이안쿄는 일본 고대 궁도(宮都)의 완성된 모습이라고 할 수 있다. 헤이안쿄의 건설과 구조에 대해 이야기하기 전에 먼저 교토가 어떤 지리적 특성을 가지고 있으며, 어떻게 개척의 손길이 닿기 시작했는지 간단히 살펴보자.

교토의 풍수지리

오늘날의 대도시가 대부분 그러하듯이 교토도 개발되기 이전에는 수풀이 우거진 산야이거나 짐승들이 노닐던 하천가에 지나지 않았다. 교토가 일본의 수도로 정해진 것이 794년인데, 당시 교토 인근에는 이미 권력과 문명의 중심지로 개발된 오사카[大阪]와 나라[奈良]가 번영하고 있었다. 반면 수도가 되기 전의 교토는 칡넝쿨이나 대나무 숲으로 뒤덮인 황무지에 불과했다. 다만 교토의 지형과 위치가 사람이 거주하거나 권력을 행사하는 데 아주 적합했기 때문에 언젠가 대도시가될 수 있는 가능성을 처음부터 가지고 있었다. 동아시아, 특히 한국 계통의 사람들이 삶의 터전을 물색할 때 즐겨 들먹이는 풍수 사상이 교토의 지형에 딱 들어 맞기 때문이다. 24쪽의 〈지도 2〉는 교토의 풍수지리적 장점과 지정학적 우수성을 한눈에 보여 주고 있다. 헤이안쿄의 주변은 좌청룡(左靑龍, 가모가와), 우백호(右白虎, 가쓰라가와), 북현무(北玄武, 후나오카야마), 남주작(南朱雀, 오구라이케)에 해당하는 산맥과 하천이 감싸고 있었다.

나는 교토에 처음 발을 디뎠을 때 이곳의 자연환경이 범상치 않다는 것을 느낄 수 있었다. 교토를 둘러싸고 있는 산들은 오사카와 나라의 정치력과 군사력이 교토에 직접 미치지 못하도록 적절히 막아 주는 장벽이었다. 지금도 그 산들은 골이 깊고 가파른데다가 숲이 우거져 접근하기가 쉽지 않다. 나도 구라마 산[鞍馬山]과 히에이 산[比叡山]에 올랐다가 길을 잃어 고생한 적이 있다. 하천은 그들의 생산력과 문화력을 증진시키는 역할을 하였다. 또 지진과 태풍 등의 천연재해가 빈발하는 일본열도에서 교토는 신기하게도 그러한 재앙이 덜 발생하는 곳이었다. 그러니 교토는 명당의 요소를 고루 갖춘 셈이었다.

◤ 교토 문명의 탄생

그러면 교토에 문명의 씨앗이 뿌려진 시기는 언제일까? 시내 한복판에서 사람이 토기를 사용하기 이전의 유물이 발견된 것을 보면 아주 오랜 옛날부터 사람이 살고 있던 것이 틀림없다. 일본의 신석기 문명을 상징하는 조몬 시대[繩文時代, 기원전 약 100세기~기원전 약 4세기]의 취락 유적과 생활 유물도 발견됐다. 1982년, 시내의 번화가인 시조가라스마[四條烏丸]에서 은행 건물을 개축하기 위해 발굴 조사를 했는데, 청동기 문명을 보여 주는 야요이 시대[彌生時代, 기원전 4세기~기원후 3세기]의 거주지 유적과 토기·석기가 다량 발견되었다. 교토 지역이 분지 주변의 구릉인데다, 하천까지 사방으로 흐르고 있으니 사람이 살지 않았다면 오히려 이상한 일이다. 아무튼 교토에서는 기원전 1세기부터 기원후 3세기에 이미 정착하여 농경을 영위하는 야요이식의 문명이 전개되고 있었다.

조몬 시대와 야요이 시대

조몬[繩文] 시대 • 일본의 선사시대 중 기원전 약 100세기부터 기원전 약 4세기까지의 기간을 말한다. 이 시기는 우리나라의 신석기 시대와 거의 겹친다. 조몬이라는 명칭은 이 시대의 토기에서 나타나는 새끼줄 문양의

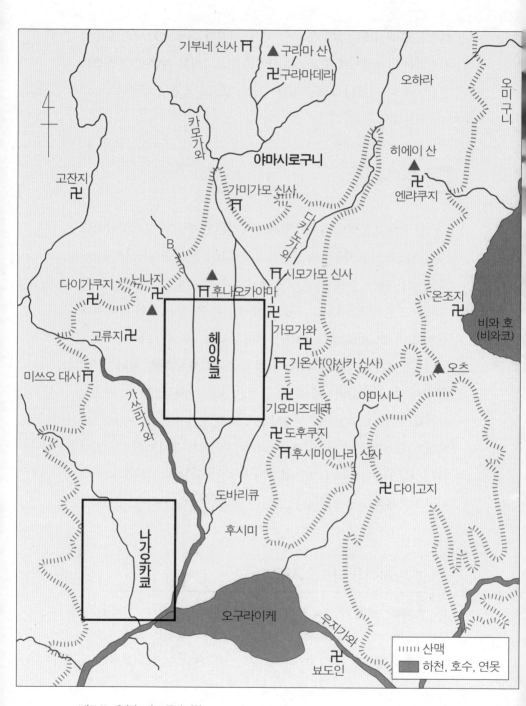

<지도 2> 헤이안쿄와 그 주변 지형

한자어 표기(승문(繩文))에서 비롯되었다. 이 시대의 특징으로는 마제 석기의 보급과 토기의 출현을 들 수 있다. 또 수렵에 활과 화살이 사용되기 시작했다는 점도 중요한 특징이다. 이를 조몬 시대의 수렵 혁명이라고도 부른다. 조몬 시대에는 구석기 시대의 대형 동물들은 사라지고 사슴, 멧돼지 등 빨리 달리는 중형 동물이 수렵의 대상이 되었다. 개를 길러 사냥 또는 가축으로 활용했다. 한편, 어로 생활용으로는 작살, 낚싯바늘, 그물 등의 도구가 발달했다.

조몬 시대는 마지막 빙하기가 끝나고 일본열도가 대륙에서 분리되어 현재의 지형으로 변하는 무렵에 시작되었다. 조몬인들은 수혈식(竪穴式) 가옥에서 한 세대를 이루고 살았다. 수혈식 가옥이란, 지면을 파고 들어가 그 위에 몇 개의 기둥을 세우고 지붕을 덮는 구조로, 중앙에는 취사·난방용 화로가 있었다. 보통 4~6채 즉 20~30명 정도의 사람들이 중앙의 광장을 중심으로 하나의 집락을 이루어 공동생활을 영위했다. 농경의 존재 유무에 대해서는 학설이 분분한데, 기본적인 생업은 열매 등 식물질 식료(植物質食料)의 채취와 사냥, 어로였다고 보는 견해가 많다.

야요이(彌生) 시대 • 조몬 시대 이후의 기원전 4세기부터 기원후 3세기에 걸친 시기를 야요이 시대라고 부른다. 야요이 문명은 북방계의 신 몽골로이드인, 주로 한국 계통의 이주민에 의해 북규슈 지역에서 시작되어 일본열도의 전 지역으로 퍼져 나갔다.

야요이 문화는 벼농사를 기반으로 하였다. 추위에 강한 자포니카종(단립종, 短粒種)이 중국의 장강(長江) 하류부터 산동 반도를 거쳐 한반도에 전파된 뒤, 한반도 남부를 거쳐 기원전 4세기 무렵에 일본열도의 북규슈 지역에 전파됐다.

야요이 문명의 또다른 특징은 철기·청동기 등의 금속기가 사용됐다는 점이다. 일본 열도에 철이 도입된 것은 기원전 2세기 말이며, 제철은 기원후 5세기 말에서 6세기 초가 되어서야 가능했던 것으로 보인다. 야요이 후기에는 동북 지역 남부에까지 철기가 보급됐다. 철제 농·공구의 발달은 야요이 시대의 기술 혁명으로 불린다. 화살촉이나 갑옷, 말의 얼굴을 보호하는 말머리 가리개인 마주(馬冑) 등에도 철제품이 등장했다.

나는 교토의 역사와 문화가 오래됐다는 것보다는 그 유적이 오늘날의 비즈니스 중심가에서 발견되었다는 사실에 더 주목한다. 28쪽의 〈지도 3〉에서 볼 수 있듯이 시조 가라스마는 헤이안 시대에는 좌경(左京), 시조[四條, 사조], 삼방(三坊)에 해당하여 귀족의 저택이 밀집해 있었고, 에도 시대에는 상인의 가옥이 처마를 맞대고 있던 교토 민중의 생활 터전이었다. 교토 시내의 변화에 대한 자세한 설명은 뒤로 미루어 두고, 여기에서는 일단 오늘날의 명당에는 다 그럴만한 이유가 있어서 옛사람이 먼저 자리를 잡았다는 점, 역사와 문명은 그 터전 위에서 사람이 지지고 볶으면서 켜켜이 쌓아 온 흔적에 지나지 않는다는 점만을 지적해 두고자 한다.

칡넝쿨과 대나무 숲으로 뒤덮여 있던 교토가 본격적으로 개발되어 도시로 다듬어지기 시작한 것은 5세기 후반이었다. 한반도에서 건너온 하타 씨[秦氏]가 가쓰라가와[桂川] 주변에 큰 제방을 쌓고 물을 끌어들여 개간함으로써 황무지 교토는 농사가 가능한 옥토로 탈바꿈했다. 도래인3들이 축적한 기술과 재화는 현지의 개혁 세력과 결탁하

....
3 기원전 4세기 무렵부터 기원후 7세기 무렵까지 대륙이나 한반도에서 일본열도로 건너온 사람들을 흔히 도래인이라고 부르는데, 선진 문명을 일본에 전파하여 일본의 정치, 경제, 사회, 문화 등 폭넓은 분야에 큰 영향을 주었다. 우리 쪽에서 보면 일본으로 건너간 도해인(渡海人)이라고 부를 수 있는데, 이 책에서는 객관적인 시각에서 '이주민'이라는 용어를 주로 사용하겠다.

여 교토를 정치와 문화의 중심지로 재편하게 된다. 6세기 말부터 7세기 초 쇼토쿠 태자[聖德太子]와 하타노 가와카쓰[秦河勝]의 의기투합이 그것이다. 여기서부터는 교토가 헤이안쿄로서 역사 무대에 화려하게 등장하는 직접적 계기에 해당하므로, 좀 더 자세히 살펴보기로 하자.

헤이안쿄의 공간 구조와 시설 배치

간무 천황은 교토 주위의 지형을 사신(四神)에 비유하고, 헤이안쿄가 사신에 조응하는 하늘이 내린 수도라는 점을 중시했다. 24쪽의 〈지도 2〉를 보면 알 수 있듯이 헤이안쿄는 남쪽을 제외한 삼면이 두터운 산으로 둘러싸여 있다. 반면에 남쪽은 가쓰라가와와 가모가와가 흘러 나가도록 터져 있는데다가 큰 호수를 앞에 두고 있다. 그리하여 교토의 동서남북에는 사신이 모두 갖춰져 있다고 보았다. 즉 '동' 청룡은 가모가와[鴨川], '서' 백호는 가쓰라가와[桂川], '남' 주작은 오구라이케[巨椋池], '북' 현무는 후나오카야마[船岡山]가 그 사신이라는 것이다. 후나오카야마에서 오구라이케까지 남북으로 관통하는 주작대로(朱雀大路, 슈샤쿠오지)가 수도의 중심인 셈이었다.

그러면 28쪽의 〈지도3〉을 보면서 헤이안쿄의 공간 구조가 어떻게 편성되었는지 구체적으로 알아보자. 이 지도는 헤이안쿄의 조방도 위에 현재의 철도망을 얹혀 놓음으로써 과거와 현재의 교토의 공간 구조를 서로 연결시켜 이해하는 데 아주 편리하다.

헤이안쿄는 동서 4.5킬로미터, 남북 5.2킬로미터에 이르는 광대

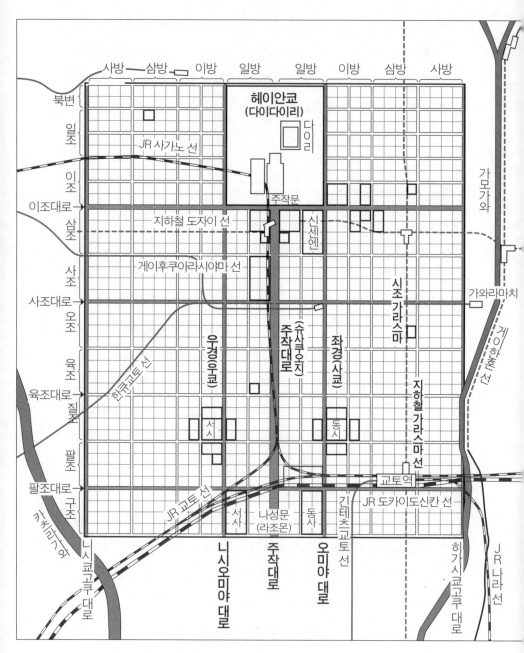

〈지도 3〉 헤이안쿄의 조방도와 철도노선의 합성도

한 면적으로, 15만 명이 거주할 수 있는 공간이었다. 중심가로인 주작대로는 폭 약 85미터에 길이 약 3.8킬로미터로, 그때까지 만들어진 일본 수도의 거리 중에서 가장 넓고 길었다. 현재 간사이국제공항 A활주로의 폭이 60미터, 길이가 3.5킬로미터인 점을 감안하면 주작대로는 오늘날 점보제트여객기가 뜨고 내릴 수 있을 만큼 넓고 길었다. 따라서 헤이안쿄의 현관인 나성문에서 궁궐의 정문인 주작문을 바라보면 오두막이 가물가물하게 보일 터였다. 32쪽의 〈그림 1〉은 헤이안쿄의 그러한 이미지를 상상으로 그려 본 것이다. 그렇지만 주작대로가 제아무리 웅장하다 하더라도 그 스승 격인 당(唐) 장안성(長安城)에는 훨씬 미치지 못했다. 장안성 주작대로는 폭이 무려 150미터나되었다.

주작대로의 북부 중앙에는 천황이 거주하는 다이다이리[大內裏, 대내리],4 즉 헤이안 궁(平安宮)이 자리 잡았다. 이곳이 일본 고대의 정치 중심이었다. 서울의 경복궁에 해당한다. 다이다이리의 주변에는 귀족, 관원, 병사가 근무하는 관청 거리가 일정한 규격 아래 정돈된 모습으로 조성되었다. 서울로 말하면 광화문 앞 육조 거리인 셈이다. 헤이안 궁 바로 남측에는 동서를 가로지르는 니조 대로[二條大路, 이조대로]가 뻗었는데, 폭이 약 51미터로 헤이안쿄의 도로 중에서 주작대로를 제외하고는 가장 넓었다. 헤이안쿄는 '대로'라 불리는 폭 30~36미터의 도로와 '소로'라 불리는 폭 12미터의 도로가 규칙적으로 배치되

....
4 천황이 거주하며 정치를 하던 곳이다. 천황의 침소인 황거(皇居)를 중심으로 주위에 정무와 의식을 집행하는 조당원(朝堂院)을 비롯한 여러 관청과 후궁 등을 배치하고 성곽을 둘러쌌다. 수도의 정중앙에서 북쪽으로 올라간 곳에 위치한다.

어 성내를 구획하고 있었다. 도시 전체는 주작대로를 경계로 하여 좌경(左京, 동반부), 우경(右京, 서반부)으로 나뉜다. 좌경과 우경은 각각 아홉 개의 조(條)로 나뉘어 동서로 좁고 긴 구역을 만들었다. 조는 네 개의 방(坊)으로 나뉘고, 방은 네 개의 보(保) 및 열여섯 개의 정(町)으로 나뉘었다. 조·방·보·정에는 각각 규칙적으로 번호가 매겨졌다. 조는 북에서 남으로 1~9조, 방은 주작대로에서 밖을 향해 1~4방, 보·정은 주작대로에 가까운 북에서부터 1~4보, 혹은 1~16정으로 나뉘었다. 헤이안쿄는 남북 약 5.2킬로미터, 동서 약 4.5킬로미터의 장방형 공간으로, 헤이조쿄보다는 컸지만 장안성에 비하면 4분의 1 정도의 면적이었다. 그리고 동서남북으로 통하는 대로·소로에 의해 바둑판처럼 구획되었다. 다이다이리 지역을 제외한 헤이안쿄 안의 정(町) 수는 계산상으로 1136정이었다. 이곳이 사람이 거주하는 공간이었는데, 정 하나의 크기는 사방 120미터였다.

　헤이안쿄가 정치도시로 조성되었다는 것을 보여 주는 시설로는 나성문(羅城門),[5] 동사(東寺, 도지), 서사(西寺, 사이지), 동홍려관(東鴻臚館), 서홍려관(西鴻臚館), 동시(東市), 서시(西市), 제사주정(諸司廚町) 등을 들 수 있다. 그것들의 위치와 배치는 28쪽의 〈지도 3〉과 32쪽의 〈그림 1〉을 참조하기 바란다. 나성문은 주작대로의 남단에 위치하여 헤이안쿄

----

5 나생문(羅生門)이라고도 하며, 주작대로 남쪽에 있던 큰 문. 헤이안쿄의 정남향 중앙 현관인 셈이다. 훗날 황폐해져 시체 유기 장소나 도둑의 소굴이 된다. 일본의 유명한 소설가 아쿠타가와 류노스케[芥川龍之介]의 작품을 원작으로 구로사와 아키라[黑澤明] 감독이 연출한 라쇼몽[羅生門]이라는 영화의 무대가(오픈 세트)가 되어 세계에 널리 알려졌다.

의 입구 역할을 했다. 문 위에는 도바츠비사몬텐[跋毘沙門天兜]6을 안치했는데, 헤이안쿄를 지키는 상징으로 여겼다. 나성문은 수도의 내외를 나누는 현관인데, 중국식 누각으로 정면 9간(間)의 2층 건물로 출입구가 세 개 있었다. 문의 좌우에는 이중의 성벽을 쌓았다. 고대 중국의 성곽도시는 도시 전체를 나성(이중의 성벽)으로 둘러쌌지만 헤이안쿄는 정문의 좌우에만 나성을 쌓았다. 나머지 구간에는 성벽이 없었던 것으로 보인다. 나성문은 980년에 폭풍우로 붕괴된 이후 재건되지 않았다. 33쪽의 그림은 나성문을 상상하여 복원시킨 그림이다.

나성문의 양쪽에는 동사와 서사가 자리 잡았다. 현재의 교토에는 수많은 사원이 빼곡히 들어차 있지만, 헤이안쿄가 만들어진 당시에는 경내에 절이 동사와 서사 둘뿐이었다. 그때의 불교는 헤이안쿄의 태평과 국가의 평안을 지켜 주는 역할을 했을 뿐이었다. 이른바 귀족 불교였다고 할 수 있다. 불교가 백성에게까지 구원이나 위안을 베풀 정도의 종교로 널리 퍼지거나 자리 잡기까지는 더 많은 세월과 노력이 필요했다. 주작대로 변의 7조에 자리 잡은 동서 두 개의 홍려관은 신라나 발해 등 외국에서 오는 빈객(賓客)을 맞이하기 위한 영빈관이었다. [홍려관은 헤이안쿄 이외에 규슈[九州]의 다자이후[大宰府]와 후쿠이[福井]의 쓰루가[敦賀]에도 건립되었다.]

홍려관의 양쪽에는 동서 시장이 배치되어 헤이안쿄에 사는 사람

----

6 사천왕(四天王) 가운데 하나로, 북방을 지킨다. 투구나 두건을 쓴 무장한 모습이다. 재물을 관장한다고 한다.

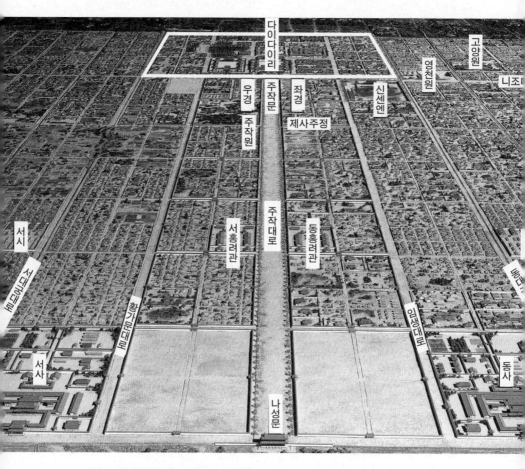

다이다이리

고양원

영천원

니조

신세엔

우경

주작문

좌경

주작원

제사주정

서시

서흥려관

주작대로

동흥려관

서대궁대로

동대

황가문대로

임생대로

서사

나성문

동사

⟨그림 1⟩ 상상으로 그려 본 헤이안쿄의 공간 구조

나성문의 복원 상상도

들에게 식료와 물자를 공급했다. 이곳에는 당대 최고의 기술과 기능을 가진 장인들이 집결해 있었다. 두 시장은 취급하는 상품이 서로 달랐는데, 매달 전반에는 동시가, 후반에는 서시가 열렸다. 제사주정은 하급 관리들의 숙소로, 그들은 각국에서 징발되어 1년 단위로 관련 부처의 숙소에 거주했다. 정치의 중심이었던 2관(官) 8성(省), 곧 신지(神祇), 태정(太政)의 2관과 대장(大藏), 궁내(宮內), 민부(民部), 형부(刑部) 등의 8성에 속해 있던 하급 관인과 일꾼들이 이곳에 묵었다. 관아는 주로 3조 북쪽에 집중해 있었는데, 길이 72미터, 폭 12미터의 길고 좁은 부지에 22명이 잡거했다. 제사주정은 이른바 단신부임(單身赴任)한 하급 관리의 관사였던 셈이다.

　이상과 같은 설명을 염두에 두고 그려본 것이 〈그림 1〉의 헤이안쿄 상상도이다. 이 그림을 보면 헤이안쿄가 '수양버들과 벚꽃이 어우

러져 꽃비단처럼 아름답구나!'라는 노래가락이 결코 과장이 아님을
알 수 있다. 그렇지만 간무 천황이 헤이안쿄를 만들었던 당시의 모습
은 이것과 전혀 달랐다. 28쪽의 〈지도 3〉과 32쪽의 〈그림 1〉에서 보이
는 우경의 북서부와 남서부, 좌경의 동남부는 시가지가 되지 못했다.
우경의 서반부는 그저 조·방이 설정되어 있을 뿐이었다. 시가지가 형
성된 곳은 다이다이리와 주작대로 부근이었다. 따라서 우리가 흔히
지도나 그림에서 접하는 헤이안쿄의 정연하고 충실한 모습은 그렇게
만들겠다는 청사진이나 조감도라고 할 수 있다.

　아무튼 이상적인 수도를 꿈꾸며 원대한 계획 아래 조성된 간무 천
황의 인공 도시 헤이안쿄는 약 2백 년 뒤인 10세기 중반부터 점차 변
모하기 시작했다. 헤이안쿄의 우경이 잦은 침수 등으로 인해 궁성으
로서의 모습을 상실했기 때문이다. 우경은 본래 축축하고 윤기 있는
땅이었기에 점차 전원지대로 되돌아가 인구가 감소하는 경향을 보였
다. 반면에 헤이안쿄의 좌경에는 인구가 밀집하고, 가모가와의 동쪽
과 북쪽으로 도시가 확장되었다.

무가의 도시가 된 교토

11세기에서 12세기에 걸쳐 헤이안쿄에는 '교토'라는 새로운 이름이
붙었다. 교토라는 이름은 원래 천자(天子)가 거주하는 지역을 의미하
는 한자어의 보통명사였다. 헤이안 시대 말기부터 가마쿠라 시대 초
기에 걸쳐 수도라는 뜻의 교토는 특정 지역을 가리키는 고유명사가 되

었다. 서울의 경우와 같다. 교토라는 이름에는 고대의 정치도시로부터 중세의 경제도시로 바뀌는 모습이 반영되어 있다. 그 과정에서 조방제적(条坊制的)인 도시 구조는 해체되어 갔다. 그리고 천황의 조정(朝廷)[7]이 약화되고 무사 정권이 발호하자, 교토는 통치하는 수도에서 통치당하는 수도로 바뀌었다. 우경이 쇠퇴함에 따라 헤이안쿄의 중심은 동쪽으로 옮겨 갔다. 곧 번영이 좌경에 치우치고 천황의 거처인 다이리는 헤이안쿄의 한가운데서 벗어났다. 시가지는 다이리의 북쪽인 기타노[北野]와 동쪽을 흐르는 가모가와 쪽으로 확장되었다. 37쪽의 〈지도 4〉를 보면서 가마쿠라 막부의 무사 권력이 지배하던 교토의 모습을 살펴보자. 가마쿠라 막부는 교토의 천황을 보호하고 치안을 유지하기 위해 가모가와의 동쪽에 로쿠바라탐제를 설치했다. 이에 따라 무사들은 주로 로쿠바라 일대와 무로마치 소로, 호리카와 소로, 육조대로에 인접한 곳에 거주하게 되었다. 가모가와를 사이에 두고 무사 정권의 거점인 새로운 시가지가 출현함에 따라, 교토의 동쪽 산록 일대에 이른바 히가시야마[東山]라 불리는 무가풍의 도시 경관이 형성되었다. 이와 함께 히가시야마, 기타야마[北山], 니시야마[西山]의 산록에 많은 사원이 건립되기 시작하여 교토는 불교 진흥의 새 중심지가 되었다. 동사와 서사밖에 없던 교토에 일반인이 시주하고 참배하는 민간 사원이 출현하기 시작했고, 시간이 흐름에 따라 사원은 폭발적으로 증가하여 교토는 종교와 문화의 중심 도시로 변모하였다. 〈지도 4〉에서 보이는 겐닌지[建仁寺, 건인사], 로쿠바라 밀사[六波羅密寺], 기요미즈데라[淸水寺, 청수사] 등은

....
7   왕이 신하들과 나라의 정치를 의논하거나 집행하는 기구.

오늘날에도 교토의 명승을 대표하는 사원으로 이름을 날리고 있다.

가마쿠라 시대 鎌倉時代, 겸창시대(1185~1333)

무사 미나모토노 요리토모[源賴朝]가 헤이시[平氏]를 멸망시키고 사가미국
[相模國, 현재의 가나가와(神奈川)현] 가마쿠라에 부케정권[武家政權, 무가정권]인
가마쿠라 막부를 창립한 1180년대부터 가마쿠라 막부가 망한 1333년까지
약 150년간을 이르는 시대구분 이름이다. 이 시대는 정치적으로는 교토의
구게 정권[公家政權, 공가정권: 왕이 군림하는 조정의 정권]과 가마쿠라의 부케정
권이 대립하는 가운데 후자가 점차 강대해졌다. 사회·경제적으로는 전시
대부터 내려오는 장원제도(莊園制度, 영주와 농노 및 소작농의 경제·사회 체제)의
테두리 안에서 지방관직인 지토[地頭]를 비롯한 지방의 무사들이 귀족과
사찰 등 장원의 영주와 대항하면서 그 지배 세력을 확장, 강화시켜 나간
시기이다. 종교적으로는 공가와 귀족의 지지를 받는 구불교와 신흥 무사·
농민층에 기반을 둔 신불교가 대립했다. 이렇듯 신·구 문화의 대립으로부
터 점차 현실주의·사실주의·개성주의 등 다양한 경향이 출현한 시기이다.
고려(高麗), 송(宋)과 교역이 활발했지만, 나중에 원(元)이 유라시아의 대부
분을 석권한 뒤 복속을 요구하자, 이를 거절하여 두 번에 걸쳐 규슈 북부가
침공당했다. 하지만 원과 고려 등 연합군의 공격은 모두 실패로 끝났다. 이
시대는 다음 시대인 무로마치 시대와 함께 일반적으로 중세라고 부른다.

　　헤이안 시대 말기부터 가마쿠라 시대 초기에 걸쳐 교토의 도시 공
간은 크게 바뀌었다. 이와 동시에 교토에 거주하는 민중의 생활에도 변
화가 나타났다. 고대에 국영 산업에 종사했던 다수의 상공인들은 헤이
안쿄의 운영 체제가 붕괴하자 스스로 독립하여 공동 조합을 결성하고

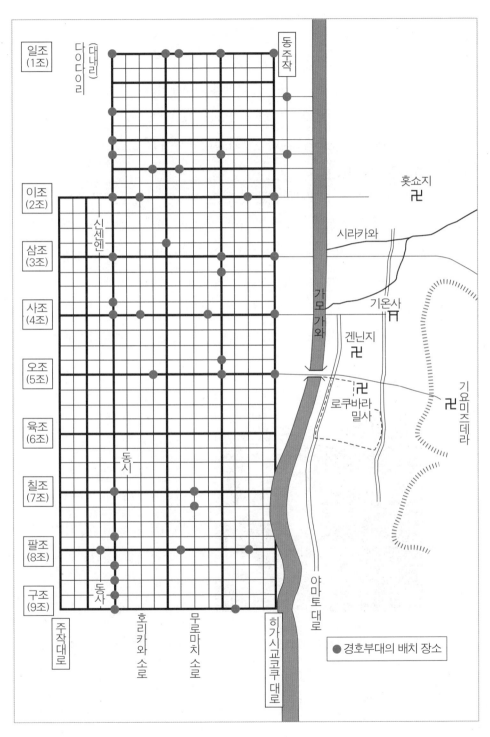

〈지도4〉 무사의 군사 경호 부대가 밀집한 가마쿠라 시기의 교토 시가

영업 권익을 지켜 나갔다. 이로써 경제는 활기를 띠었지만 교토에는 폐허로 변하는 지역도 늘어났다. 특히 내란과 재해가 자주 발생하여 살 집을 잃거나 굶어 죽는 사람들이 많았다. 거리에는 썩은 시체와 오물이 널려 있었고, 열악한 위생은 다시 역병을 퍼뜨렸다. 오늘날 일본의 거리는 세계에서 가장 깨끗하다는 평가를 받고 있지만, 당시의 교토는 아수라장 같았다.

교토의 사회 · 경제적 변화는 문화에도 영향을 미쳐, 도시민의 축제인 기온마쓰리[祇園祭り]를 탄생시켰다. 기온마쓰리는 교토의 기온사[祇園社, 현 야사카 신사[八坂神社]]에서 7월 17일부터 24일까지 올리는 제례(祭禮)로, 869년 역병이 유행했을 때 원혼을 달래기 위해 지낸 제사가 기원이 되었다. 야사카 신사에서는 마쓰리(종교적 의식, 민속 축제)가 시작되기 전인 7월 1일부터 한 달여 동안 다양한 행사가 열린다. 16세기 중반부터

매년 7월 일본 교토 기온 지역의 야사카 신사를 중심으로 한 달간 열리는 민속 축제인 기온마쓰리

는 창이나 칼을 꽂아 화려하게 장식한 수레인 야마보코[山鉾]의 행렬이 더해져 민중의 축제로 자리 잡았다. 지금도 야마보코 순행은 수백만 명이 관람하는 유명한 볼거리다. 기온마쓰리는 오사카의 덴진마쓰리, 도쿄의 간다마쓰리와 함께 일본의 3대 마쓰리로 불린다.

무장 아시카가 다카우지는 가마쿠라 막부를 무너뜨리고 무로마치 막부를 세웠다. 무로마치라는 이름을 붙인 이유는 최고 권력자인 아시카가 장군의 저택이 무로마치(18쪽의 〈지도 1〉에서 보이는 이마데가와 도리, 가라스마 도리, 호리카와 도리가 교차하는 근방, 현재 도시샤 대학의 무로마치 캠퍼스 부근)에 있었기 때문이다. 아시카가는 처음에 가마쿠라에 막부를 설치하려고 했지만, 남북조 내란이 60년 가까이 지속되어 천황을 수중에 넣고 있어야 할 필요가 있는데다가 교토가 여전히 정치·문화·종교의 중심지일 뿐만 아니라 장원의 영주가 모여 살아 전국의 재화와 정보가 집중한 점을 고려하여 다이리의 턱밑인 무로마치를 택하였다.

무로마치 막부는 전국의 영주들에게 교토에서 거주하도록 강요했다. 그리하여 교토의 무가 인구는 3만~4만 명에 이르렀다. 15세기 교토의 인구를 넉넉잡아 20만 명으로 추산하면 그중 15~20퍼센트가 무가였기에 교토는 무가의 도시라 해도 과언이 아니었다. 그 결과 교토에서는 정치는 물론이고 경제·문화면에서도 전통적인 공가문화(公家文化)와 무가문화(武家文化), 중앙문화와 지방문화가 뒤섞여 새로운 일본 문화를 형성했다.

중세의 교토는 일본 최대의 상공업 도시로 성장했다. 그러나 간신히 번영을 되찾은 교토는 15세기 중반 10여 년에 걸친 오닌과 분메이의 내란을 겪으면서 치명적인 타격을 입었다. 오닌·분메이의 난에서 교토의 대부분이 불타 버렸다. 남아 있는 것은 장군의 저택뿐이라고 할 정도였다. 엎친 데 덮친 격으로 1494년에는 대화재가 발생하여 1만 채 이상의 가옥이 소실됐다. 교토에 모였던 영주들은 근거지로 돌아가고 거리에는 병자, 걸인, 도둑이 들끓었다. 42쪽의 〈지도 5〉는 오닌·분메이의 난 후 1백 년 동안이나 지속된 무사 권력의 내란으로 쇠퇴한 교토의 모습을 단적으로 보여 준다. 처참했던 이 전국시대(戰國時代)에 파괴된 교토가 회복되기까지 25년의 시간이 걸렸지만, 끝내 과거의 화려한 모습을 완전히 되찾지는 못했다. 〈지도 5〉에서 보듯이 교토는 둘로 갈라져서 상경(上京)과 하경(下京) 사이에 약 2킬로미터에 걸친 전원지대가 생겨났다. 마치 무로마치를 탯줄로 삼아 간신히 연결된 쌍둥이 도시와 같은 모습을 보여 준다. 전국 시대의 말기에 교토의 인구는 3만 명으로 급격히 감소했다. 아비규환의 도시로 전락한 상황에서도 교토의 주민들은 활력을 되찾기 위해 기온마쓰리를 부활시키는 등 안간힘을 쏟았다.

무로마치 시대 室町時代, 실정시대(1336~1573)

무사 아시카가 다카우지[足利尊氏]가 1336년 겐무 정권[建武政權]을 쓰러뜨리고 정권을 잡은 때부터 1573년 아시카가 막부[足利幕府]가 오다 노부나가[織田信長]에게 멸망될 때까지, 약 240년간의 시대이다. 교토 무로마치에 막부를 설치했기 때문에 무로마치 시대라고 부른다. 가마쿠라 막부가 무너지고 60년간 두 명의 천황을 따로 받들고 세력을 다투는 남북조(南北朝) 시대가 출현했다. 1392년 3대 장군 아시카가 요시미쓰[足利義滿]가 남북조를 통일했다. 가마쿠라 시대까지는 천황을 받드는 구게 정권과 막부 정권이 양립하는 2원정치의 성격이 강했으나 무로마치 시대는 구게 정권을 물리치고 무가(武家)에 의한 단독 정권이 수립되어 장군의 정치적 지위는 천황을 능가했다. 강력한 장군이던 요시미쓰가 죽은 후, 슈고 다이묘[守護大

名, 장군과 주종 관계에 있던 무사 고케닌 중에서 임명했던 직책]의 힘이 장군의 힘을 능가하기 시작하면서 내란이 일어났다. 장군의 후계 등을 둘러싸고 일어난 오닌·분메이의 난은 11년간 지속됐다. 이 내란으로 교토는 황폐해졌고 수많은 사찰과 집들이 불탔다. 이후 쇼군의 권위는 실추되고 약 1백 년 동안 슈고다이묘 등이 각축전을 벌이는 전국시대가 전개되었다. 막부 정권이 지방을 제대로 통제하지 못했던 무로마치 시대에 동아시아는 왜구(倭寇)의 침탈로 큰 고통을 겪었다. 무사(武士)나 어민들은 선단을 만들어 우리나라와 중국 연안에 침입하여 약탈과 파괴를 일삼았다. 그중 일본의 남북조 시대에 해당하는 고려 말기의 피해가 특히 심하였다. 이성계는 왜구를 토벌하는 데 공을 세움으로써 조선을 건국하는 발판을 마련했다. 이어 세종은 쓰시마[對馬島, 대마도]를 공격하여 왜구를 응징하는 한편 매년 50척의 무역선 내조를 허용하는 등 통상 관계를 수립하여 왜구의 근원을 없애는 정책으로 나아갔다.

🏯 도요토미 히데요시의 교토 개조

황폐한 교토를 근세도시로 새롭게 개조한 것은 오다 노부나가[織田信長]의 뒤를 이은 도요토미 히데요시였다. 그는 내란의 평정이 진척됨에 따라 교토를 통일 정권에 어울리는 수도로 재편하기 위해 상경과 하경 사이의 공백을 없애고 도시화를 계획적으로 추진하여 시내를 다시 하나로 통합하는 대사업을 벌였다. 44쪽 〈지도 6〉은 내전을 수습하고 전국을 통일한 오다 노부나가와 도요토미 히데요시 집권기 교토의 골격을 추정하여 그린 개념도이다. 도요토미는 먼저 도시 주변을 토담[御土居, 오도이]으로 둘러쌌다. 그리고 토담의 바깥에 해자[堀, 성 주위

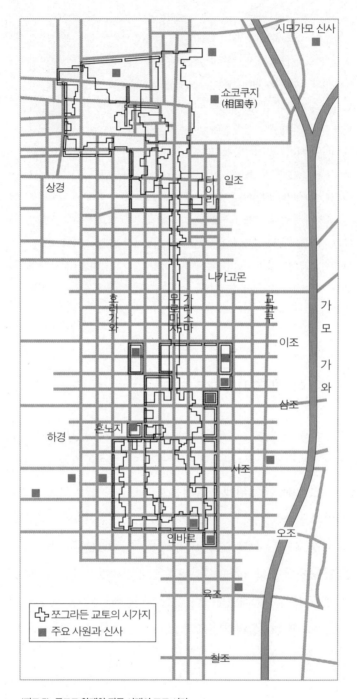

시모가모 신사

쇼코쿠지
(相国寺)

상경

일조

다리

나카고몬

호리가와

무로마치

가라스마

꼬골교

교토

이조

삼조

하경

혼노지

사조

가모가와

오조

인바로

육조

╬ 쪼그라든 교토의 시가지
■ 주요 사원과 신사

칠조

〈지도 5〉 극도로 황폐한 전국 시대의 교토 시가

에 둘러 판 못]를 팠다. 교토 방어
를 충실히 하기 위해서였다. 그
는 도시를 동서남북으로 다시
구획하고, 시내를 낙중(洛中)으
로, 시외를 낙외(洛外)로 구분했
다. 또 중심부에는 천황의 거처
인 고쇼[御所, 어소, 다이리]를 재
건하고, 고쇼 옆(그 전의 다이다이
리 경내)에 자신의 거처로 화려
하기 그지없는 주라쿠다이[聚樂

도요토미 히데요시

第, 존립 1587~1595]8를 신축하여 권력의 강대함을 과시하는 한편, 천황을
가까운 거리에서 보호하고 감시했다. 그리고 주라쿠다이 주변에 영주
들이 모여 사는 무가 거리를 조성했다. 그는 강권을 휘둘러 흩어져 있던
사원을 한 지역에 모아 데라마치[寺町]를 만들고 적이 침입해 올 때는 방
어선의 역할을 하도록 했다. 데라마치는 교토의 동쪽 성벽인 셈이었다.

도요토미 히데요시는 조카인 히데쓰구[秀次]에게 관백[關白]9의 자
리와 교토를 물려주고, 1592년부터 교외의 후시미[伏見]에 웅대한 성
을 축조했다. 이듬해 측실인 요도[淀]가 아들 히데요리[豊臣秀賴]를 낳
자 히데쓰구를 모반 혐의로 제거하고 후시미 성[伏見城]을 대대적으로

....

8 도요토미 히데요시가 교토에 지은 성곽 풍의 호화로운 저택.
9 헤이안 시대에 설치된 영외관(令外官)으로, 천황을 보좌하고 정무를 돌보는 직책이다. 정
   무에 관해서는 천황에게 아뢰기 전에 관백에게 올려 의견을 들었다. 10세기 중엽이 되면
   이 관직은 천황이 어렸을 때는 섭정, 성인이 된 후에는 관백이라고 부르는 게 관례였다.

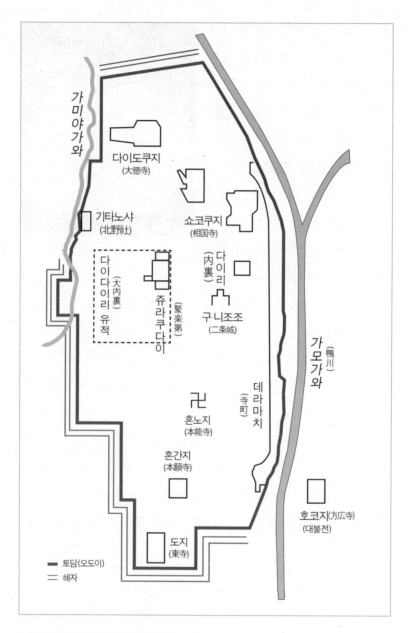

가미야가와

다이도쿠지
(大徳寺)

기타노샤
(北野社)

쇼코쿠지
(相国寺)

다이리
(内裏)

다이다이리
(大内裏)
유적

쥬라쿠다이
(聚楽第)

구니조조
(二条城)

데라마치
(寺町)

가모가와
(鴨川)

卍
혼노지
(本能寺)

혼간지
(本願寺)

도지
(東寺)

호코지(方広寺)
(대불전)

■ 토담(오도이)
= 해자

〈지도 6〉 오다·도요토미 시기의 교토 개념도

증축하여 정치의 중심으로 삼았다. 주라쿠다이를 해체하여 후시미 성 축조에 활용하고 영주들도 그 주변으로 옮겨 살도록 했다. 히데요시가 조선을 침략한 것(임진왜란)도 이때였다. 사실은 히데요시가 죽은 곳도, 그 뒤를 이어 도쿠가와 이에야스[德川家康]가 장군에 임명된 곳도 후시미 성이었다. 히데요시의 도시 개조와 확장으로 교토의 인구는 17세기 초에 20만 명으로 늘어났다.

✿ 도쿠가와 막부가 이끈 교토 부흥

도요토미 정권을 무너뜨리고 뒤를 이은 도쿠가와 정권은 정치의 중심지를 에도[江戶, 도쿄의 옛 이름]에 두었다. 권력의 축을 간사이[關西, 관서]에서 간토[關東, 관동]로 옮긴 것이다. 그러나 도쿠가와 이에야스와 그 후계 장군들은 자신의 권세와 도량을 천황과 영주 등에게 뽐내기 위해 교토에 대한 지원을 아끼지 않았다. 이에야스는 다이리(고쇼)를 대각선으로 바라보는 곳에 웅장한 니조조[二条城, 이조성 1603][10]를 축조하여 자신의 거처 겸 천황의 감시초소로 삼았다. 이에야스는 히데요시가 축성한 후시미 성을 헐어서 니조조의 축성에 활용했다. 권력의 흥망에 따라 운명을 같이하는 건물의 신세를 보여 주는 한 예이다.

....
10 니조조는 처음엔 오다 노부나가가 쌓은 장군의 저택이었다(1569년, 44쪽 〈지도6〉의 니조조 유적 참조). 오다가 지은 니조조는 1582년 혼노지[本能寺]의 정변 때 불탔고, 오늘날 우리가 흔히 방문하는 교토 시 주쿄구[中京区]의 니조조는 도쿠가와 이에야스가 1603년 건립한 것이다(48쪽 〈그림 2〉 참조).

도쿠가와 막부는 사원의 부흥을 도왔다. 48쪽의 〈그림 2〉는 도쿠가와 막부 말기의 교토 모습을 자세하게 그린 것이다. 이 그림에 표시되어 있는 지온인, 기요미즈테라 등 여러 사원의 기원은 헤이안 시대로 거슬러 올라가지만 건물의 대부분은 전란과 재해로 파괴되어 지금 남아 있는 것들은 대개 에도 시대에 재건된 것들이다. 특히 이에야스에서 이에미쓰[家光]에 이르는 3대 장군은 조정과 공가 등에 자신의 권세를 보여 주기 위해 호화찬란한 당탑(堂塔)을 많이 지었다. 이에야쓰는 또 전국에 흩어져 있던 은화 주조소를 후시미에 모아서 교토의 경제를 윤택하게 만들었다.

도쿠가와 막부의 보호와 지원 덕분에 교토는 경제와 종교 및 문화 도시로서의 면목을 회복했다. 17세기 말에는 교토 북서쪽에 위치한 니시진[西陣]의 견직업과 염직업이 번영을 뽐내어 산업도시로서의 위상을 확립했다. 이와 더불어 조선 상인이 중개한 동아시아의 실크로드와 실버로드 무역11이 화려하게 꽃폈다.

도쿠가와 정권의 지원 아래 교토는 정치 · 금융의 중심이었던 전통에 더하여 종교 · 학문 · 출판 · 미술공예 · 예능의 중심지로 발전했다. 그리하여 17세기 말에서 18세기 초 교토의 인구는 약 40만 명으로 늘어났다. 같은 시기 에도와 오사카의 인구도 비슷했다. 에도는 정치의 중심, 오사카는 상업의 중심이었다. 일본에서 이른바 삼도(三都)가 정립하는 형상이 나타난 것이다. 그러나 에도 시대 전기에 번성했던

....
11 중국의 비단, 한국의 인삼, 일본의 은화가 중심 상품으로 전개된 동아시아 무역로이다. 이 책의 〈3부 근세, 6. 비단 · 인삼 · 은화의 3국 교역과 교토의 번영〉 참조.

교토는 그 후 대화재 등이 빈발하여 도시 건물의 많은 부분이 불타 버렸다. 침체된 교토의 복구는 메이지 시대 이후까지 기다려야만 했다.

오늘날 교토의 모습은 대부분 에도 시대에 만들어진 것이다. 당시 권력의 중추부는 에도에 있었지만 교토는 문화, 종교, 경제의 중심지로 재건되고 번창했다. 교토는 메이지 유신[12]의 와중인 1860년대 말을 전후하여 정치의 중심지로 다시 부상했지만, 1869년 교토 시민의 항의 시위에도 불구하고 천황이 새 수도인 도쿄로 옮겨감으로써 정치 무대에서 빛을 잃었다. 이에 따라 과거의 귀족과 세력가들도 천황을 따라 교토를 등졌다.

에도 시대 江戸時代, 강호시대(1603~1868)

도쿠가와 이에야스가 오늘날의 최고 사령관 격인 정이대장군(征夷大將軍)에 임명되어 막부(幕府, 장군을 중심으로 한 일본의 무사 정권)를 개설한 1603년부터 15대 장군 요시노부[慶喜]가 정권을 조정에 반환한 1868년까지의 봉건시대로, 우리나라의 조선 후기와 비슷한 시기이다. 정권의 본거지가 지금의 도쿄인 에도라서 이렇게 칭하며, 정권의 주인공인 도쿠가와의 성을 따서 도쿠가와 시대라고도 한다. 에도 시대에는 가마쿠라[鎌倉] 시대에 기초를 다진 봉건사회 체제가 고도로 정비되어 확립되었고, 무사 계급의 최고 지위에 있는 장군이 막강한 권력을 행사하며 전국을 통일 지배하는 정치 체제가 유지되었다.

....
12 일본은 1854년 미국의 무력 시위에 굴복하고 문호를 개방하였다. 이를 계기로 서구의 군사적 위력을 감지한 일본 하층 무사들이 주동이 되어 도쿠가와 막부를 타도하고 왕정복고를 이룩했다. 거기에 이르는 일본의 전반적 변혁 과정을 메이지 유신이라고 한다. 1867년 국왕 중심의 새 정권이 성립되고, 이듬해 5개조의 선서문이 공포되면서 개혁이 시작되었다. 이로써 700년에 걸친 무인 정치가 막을 내리고 왕권이 회복되었다.

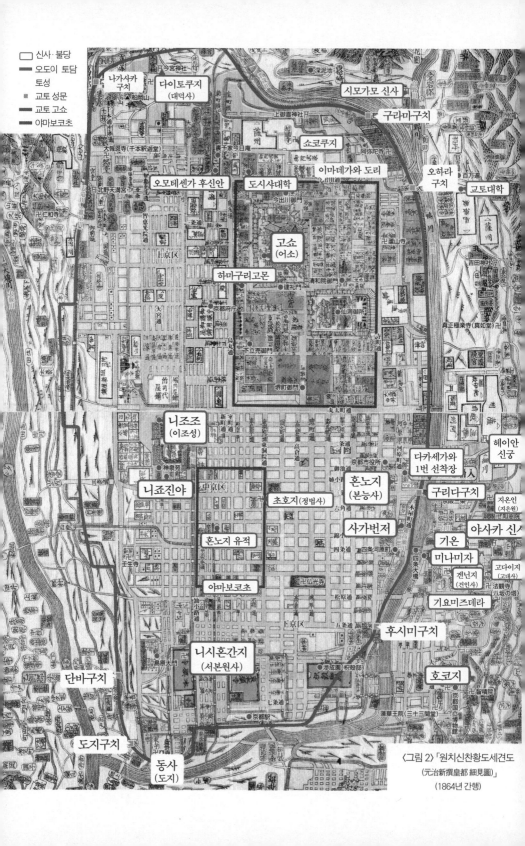

나가사카
구치

다이토쿠지
(대덕사)

시모가모 신사

구라마구치

쇼코쿠지

이마데가와 도리

오하라
구치

오모테센가 후신안

도시샤대학

교토대학

고쇼
(어소)

하마구리고몬

니조조
(이조성)

다카세가와
1번 선착장

헤이안
신궁

니죠진야

혼노지
(본능사)

구리다구치

초호지 (정법사)

지온인
(지은원)

혼노지 유적

사가번저

야사카 신

야마보코초

기온

미나미자

고다이지
(고대사)

겐닌지
(건인지)

기요미즈데라

후시미구치

니시혼간지
(서본원사)

호코지

단바구치

도지구치

동사
(도지)

교토역

〈그림 2〉「원치신찬황도세견도
(元治新撰皇都 細見圖)」
(1864년 간행)

번영을 되찾은 교토

메이지 유신은 교토를 다시 침체의 늪에 빠뜨렸다. 천황을 비롯하여 종래의 귀족 등이 대거 도쿄로 옮겨 감으로써 인구는 10만 명 이상이 감소했다. 그러나 교토 시민들은 실망을 희망으로 바꾸고, 위기를 기회로 활용했다. 그들은 폐허가 된 도시를 일으켜 세우기 위해 대담한 혁신을 단행했다. 산을 뚫어 수로를 내고 비와 호[琵琶湖, 비와코, 시가현 중앙의 호수]의 물을 끌어들여 운하와 발전소를 건설했다. 그 덕택에 교토는 교통이 발전하고 전차가 달리게 되어 도시가 급속히 근대적인 면모를 갖추게 되었다. 니시진 등에서 전통 산업의 기술 혁신이 일어나 경제계에도 활기가 넘쳤다. 백 년을 내다본 교토의 개혁 구상은 1895년 천도 1,100년을 기념하여 개최된 제4회 내국권업박람회(內国勧業博覧会)로 이어졌다.

근대도시로 재생한 교토는 제2차 세계대전을 거치면서도 도쿄와 같은 큰 피해는 모면하여 현재에 이르기까지 '숨 쉬는 박물관'으로서 살아남았다. 오늘날 교토에는 2천 개 이상의 사원과 신사, 세 군데의 궁궐과 궁원, 수십 개의 정원과 박물관이 있다. 또 다도(茶道), 화도(畵道), 광언[狂言, 가부키 연극의 줄거리(각본)], 경무(京舞)13 등 역사와 전통이 만들어 낸 예능과 예술이 살아 있다. 그 밖에 기온마쓰리와 지다이마쓰리[時代祭] 등 수많은 제사와 축제가 도시경제를 활성화시키는 문화 관광 이벤트로 명성을 날리고 있다.

....
13 지방 속요(俗謠)를 바탕으로 하여 교토에서 발달한 무용.

교토에 있는 교세라 본사

교토는 1,200여 년에 걸쳐 다양한 기능과 기술을 발전시켜 인간 생활을 풍요롭게 하는 물품을 만들어 왔다. 이처럼 유구한 세월 속에서 진화해 온 교토의 전통 산업은 일본의 미를 일상생활의 현장에 세련되게 접목시키는 노하우를 터득하고 있다. 세대를 넘어 후대로 진보하는 교토의 공예품에는 일본인의 우수성과 자부심이 녹아들어 있다.

규모가 서울대학교보다 훨씬 작은 교토대학은 벌써 노벨상 수상자를 몇 사람이나 배출했다. 2002년 노벨 화학상을 수상한 젊은 과학자 다나카 고이치[田中耕一]는 교토에 있는 시마즈[島津] 제작소의 사원이었다. 세계 게임기 시장을 석권하고 있는 닌텐도[任天堂]는 교토에서 전자오락실을 운영한 작은 구멍가게였다. 그리고 세라믹이라는 신소재 물질을 개발하여 세계적인 명성을 얻고 있는 교세라[京セラ]라는 기업도 교토에 자리 잡고 있다.

인구 150만 명에 불과한 교토가 어떻게 이렇게 세계에 자랑할 만한 학술 기관과 첨단산업을 많이 보유할 수 있게 되었을까? 나는 그 답이 옛것을 우려내 새것을 창조하는 노하우, 곧 자신의 문화와 전통을 시대 변화에 맞게 변형하고 발전시켜 가는 혁신에 있다고 생각한다. 법고창신 즉, 옛것에 토대를 두고 변화를 주어 새로운 것을 창조해 내는 지혜야말로 교토의 역사 그 자체고, 발전의 동력이라고 할 수 있다.

교토에서 찾는 한일 교류의 궤적

이상에서 우리는 천 년 이상에 걸쳐 교토가 역사의 격랑에 휘둘리면
서도 어떻게 번영의 길을 모색해 왔는가를 개관해 보았다. 다음에는
교토의 파란만장한 역사 속에 깃들어 있는 한국과 일본의 특별한 관
계에 대해 살펴볼 차례이다. 다만 고대부터 현대까지 교토가 간직하
고 있는 한일 관계의 실상과 특성에 대해서는 앞으로 본문에서 자세
히 설명하기로 하고, 여기에서는 한국과 일본이 문명을 형성하고 발
전시키는 데 서로 어떤 영향을 주고받았는가를 이해하는 시각에 대해
간단히 언급하겠다. 이것은 내가 이 책을 집필한 관점이기도 하다.

좁은 바다로 국경을 접하고 있는 한국과 일본은 2천 년 이상의 역
사 속에서 서로 영향을 주고받았다. 두 나라 모두 자신의 태반(胎盤)14
문명 위에서 시대와 세계의 변화에 적응하며 중국 문명과 서양 문명
을 수용하여 개성 있는 문명을 창조하고 영위해 왔다. 두 나라는 개성
이 풍부한 문명을 창출하여 상대방에 전파하는 문명의 중심은 아니었
지만, 중국 문명과 서양 문명을 자기 것으로 소화하여 상대방에 전수
하는 매개자의 역할은 충실히 수행했다. 선사 · 고대 시기에는 한국이
일본에게 중국 문명을, 근대 · 현대 시기에는 일본이 한국에 서양 문명
을 전파하는 기능을 담당하였다. 물론 그 과정이 순탄한 것만은 아니
었다. 문명의 전수는 평화롭게 이루어진 경우도 있지만, 침략과 지배
와 같은 폭력과 강제가 수반한 경우도 많았다. 선사 · 고대 시기에 한

....
14 태아와 모체의 자궁을 연결하는 기관. 만사의 기초가 된다는 의미.

국이 일본에게 중국 문명을 전파한 것이 전자라면, 근대·현대 시기에 일본이 한국에 서양 문명을 전파한 것은 후자였다.

한국과 일본의 문명 교류를 파악하는 데는 세 가지 차원에서 접근하는 것이 편리하다. 인간의 이동, 전쟁의 충격, 물자의 교역이 그것이다. 물론 이 세 가지 요소는 서로 엉켜 있기 때문에 기계적으로 분리하여 설명하기는 어렵다. 그렇기 때문에 이 책에서는 시대의 흐름에 따라 세 가지 요소가 어떻게 뒤섞이면서 한일 관계의 역사를 짜 왔는가를 추적해 보겠다. 주로 교토에 있는 유적·유물이 화제의 대상이 될 것이다.

먼저 세 가지 요소의 중요성을 간단히 설명하면 다음과 같다. 한국과 일본이 옛 문명을 극복하고 새 문명을 개척해 가는 과정, 즉 문명 전환을 이룩해 가는 데 있어서 인간의 이동은 중요한 역할을 했다. 사람이 서로 왕래하고 이주함으로써 수준 높은 문화의 수용과 접변(接變)이 광범하게 일어났다. 한일 관계의 격랑 속에서 등장한 이주민, 포로, 통신사(通信使), 유학생, 관료와 군인, 실업가(實業家) 등은 자발적이건 강제적이건 간에 문화의 수용과 전파에서 중요한 역할을 했다.

한국과 일본 사이에서 일어난 전쟁은 양쪽 모두에게 막대한 희생과 피해를 입혔지만 이것 역시 문명을 전환하는 데 큰 계기가 되었다. 백촌강전투(百村江戰鬪), 왜구(倭寇), 임진왜란, 청일전쟁(동학농민전쟁), 러일전쟁, 의병전쟁, 항일독립투쟁, 아시아·태평양전쟁, 6·25 한국전쟁 등은 한일 관계와 문명 교류에 큰 자취를 남겼다.

한국과 일본의 물자 교역도 장기간에 걸쳐 두 나라의 국민 생활과 문명 교류에 큰 영향을 주었다. 한국과 일본을 오간 쌀, 도자기, 철, 금,

은, 동, 인삼, 면포, 비단, 견사(絹絲), 불경(佛經), 서적, 반도체, 전자 제품 등은 두 나라 국민의 생활과 문화를 유지시켜 주는 재료가 되었다.

한국과 일본이 오랜 역사 속에서 서로 넓고 깊은 영향을 주고받으면서 고도의 문명을 창조하고 영위해 왔음에도 불구하고 그에 대한 이해와 평가는 매우 인색하다. 한국인은 역사 속에서 한일 관계를 이야기할 때 흔히 '은혜를 원수로 갚았다'고 말한다. 여기에는 근대 이전에 한국이 자기 것으로 소화해 낸 중국의 선진 문명을 일본에 전해 줬는데, 근대 이후 일본에서 돌아온 것은 침략과 지배였다는 원망이 섞여 있다. 물론 일본인들은 이 말에 동의하지 않는다. 그들은 오히려 근대 이후 일본이 자기 것으로 소화해 낸 서구의 선진 문명을 한국에 전해 주었는데, 한국인들은 침략의 측면만을 강조한다고 불평한다.

한일관계의 역사를 이렇게 자기본위로만 바라보면 갈등과 대립의 측면이 부각되고, 두 나라 국민은 서로 좋지 않은 기억과 감정을 갖게 된다. 실제로 한국과 일본 사이에는 역사 인식을 둘러싼 충돌이 정치·외교를 제약할 정도의 비중을 가진 만성적 현안으로 대두되어 있다. 두 나라 지도자가 이른바 '아시아 패러독스'15에 빠져 정상회담조차 꺼려하고 있는 요즈음의 현실은 편협한 '역사 인식의 덫'이 한국과 일본 사이를 얼마나 강하게 옥죄고 있는지 생생하게 보여 준다고 할 수 있다.

한국과 일본이 '아시아 패러독스'에서 벗어나 상호 이해와 공동 번영의 길로 함께 나아갈 수는 없을까? 그 출구를 찾는 데는 한국과 일

----

15 전 세계 국내총생산의 20퍼센트를 차지하는 한·중·일 3국이 서로 경제 의존도는 높지만, 역사 갈등, 영토 분쟁, 군비 경쟁, 신뢰 부족으로 정치적·외교적 대립을 겪고 있는 현상.

본이 1만여 년의 역사 속에서 어떤 관계를 맺어 왔고 또 어떻게 문명 교류를 이룩해 왔는가를 동아시아사 내지 세계사의 시야 속에서 넓고 깊게 조망해보는 작업이 필요하다. 교토야말로 그런 역사가 켜켜이 쌓여 있는 보물단지이다.

나는 위와 같은 문제의식 아래 지금부터 보물찾기를 하는 심정으로 교토라는 창을 통해 한일 관계의 역사와 문명 전환의 실상을 풀어 나가겠다. 이 책을 읽으면 저절로 알 수 있듯이, 한국과 일본은 시대 상황의 변화에 따라 갈등하고 대립하는 가운데서도 서로 영향을 주고 받으며 개성 있는 역사와 문화를 발전시켜 왔다. 그 결과 오늘날 한국과 일본은 제레드 다이아몬드가 "유년기를 함께 보낸 쌍둥이 형제"라고 부를 정도로 가까운 사이가 되었다. 그리고 한국인과 일본인은 서로 대등한 처지에서 상대방의 문화를 이해하고 평가할 수 있을 만한 정도가 되었다. 역사의 경험에서 보건대 앞으로도 한국과 일본의 관계에는 우여곡절이 많을 것이다. 그렇지만 문명 전환의 차원에서 본다면 두 나라의 교류와 협력은 더욱 빈번하고 심화되어 세계에 충격을 줄 만한 공통의 문명을 창출하고 발신하는 쪽으로 나아갈 것이다. 지금부터 교토의 유적·유물을 빌어서 이야기하게 될 한일 관계의 역사가 여러분에게 그러한 확신을 심어 줄 것이라고 믿는다.

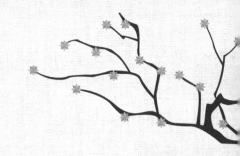

1부

고대: 교토의 시작과 도래인의 역할

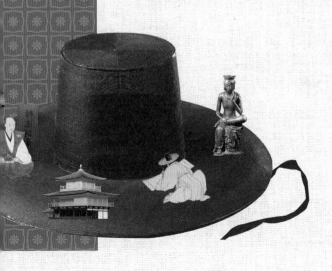

한국 문화의 일본 전파

문명의 교류와 인간의 이동

어느 민족, 어느 나라를 막론하고 형태는 다르지만 그 나름의 문명을 가지고 있다. 문명을 계속 발전시키기 위해서는 옛 사람들로부터 물려받은 전통 문명을 바탕으로, 여기에 자신의 창조와 슬기를 더하는 노력을 끊임없이 기울여야 한다. 또한 다른 문명을 진취적으로 받아들여 이를 소화하고 섭취하여 자기 것으로 만드는 능력을 발휘해야 한다. 자기 문명만 고집할 때에는 발전에 한계가 있으며, 때로는 퇴행하고 쇠락할 수도 있다. 다른 문명은 외부에서 강제하거나 내부에서 요구하여 수용된다. 아주 옛날부터 이웃으로 살아온 한국과 일본은 지금까지 서로 알게 모르게, 여러 모습으로 문명을 주고받으며 살아왔다.

인간은 한 곳에서만 살아온 것이 아니다. 필요에 따라 개인적으로나 집단적으로 이동하며 살아왔다. 이러한 인간의 이동은 문명의 전파를 동반했다. 즉 인간은 자신이 지닌 기술과 문화를 새로 옮겨 간 지역으로 전파하고, 새 지역의 선주민은 이주민이 소개한 기술과 문화를 받아들여 자기 것으로 소화하고, 자기의 슬기를 더하여 한 단계 더 높은 문명을 창조했다. 산 넘고 바다 건너 이동하는 인간의 흐름은 선사 시대 이래 우리가 상상하는 것보다 훨씬 더 다양한 모습으로 전개되어 왔다. 좁은 해협 하나를 사이에 두고 살아온 한국과 일본 사이에도 아득한 옛날부터 인간의 이동이 있었고, 그에 따른 문명의 전파와 교류가 이루어졌다.

교류의 기원과 한국의 역할

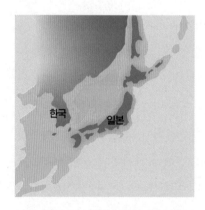
약 60만년 전 한국과 일본은 육지로 연결 돼 있었다. 분홍색 부분까지 육지였는데, 해수면의 상승으로 나뉘었다. 하늘색 부분은 호수였던 동해다.

지질학자들에 의하면 기원전 1만여 년 전에는 일본열도가 아시아 대륙과 육지로 연결돼 있었고, 그 사이에 있는 동해 지역만이 호수처럼 자리하고 있었다. 그 시절의 사람들이 영위한 문화를 구석기 문명이라고 한다. 오늘날 구석기 시대의 문화 유적은 한반도 일대와 일본열도 곳곳에서 발견되어 양국의 구석기인들이 생활한 모습을 알 수 있다.

그 후 지구의 기후 환경이 변화함에 따라 바다의 수위가 높아지면서 일본열도와 한반도 일대를 바다가 둘러싸게 되었다. 좁은 바다를 사이에 두고 분리된 한국과 일본의 주민은 자신이 사는 자연 조건에 맞춰 서로 다른 역사를 만들어 갔고, 그들이 영위하는 문화에서도 조금씩 차이가 생겨났다. 신석기 문명이 그것이다.

신석기 시대에도 한국과 일본 사이에서는 바다를 건너 인간의 왕래가 이루어졌다. 두 지역 사람들은 대한해협의 중간에 위치한 쓰시마섬[對馬島, 대마도], 이키섬[壹岐島] 등을 건널목으로 삼아 해류를 이용하고 통나무배를 저어 왕래하였다. 이런 교류의 사실은 양국에서 출토되는 유물을 통해 증명할 수 있다.

그런데 한국과 일본의 문화 교류를 이야기할 때 조심할 사항이 하나 있다. 흔히 아시아 대륙과 일본열도 사이에 자리 잡고 있는 한반도 일대가 문화 교류에서 교량의 역할을 해 왔다고 말한다. 그러나 이런 표현은 오해를 불러일으키기 쉽다. 교량은 인간이 건너다니는 연결고리일 뿐, 사람이 사는 곳이 아니다. 한반도 일대는 옛날부터 한국인이 살아왔고, 독특한 문명을 발전시켜 온 역사 전개의 무대이다. 따라서 한반도 일대가 아시아 대륙 문명을 일본열도에 전달하는 교량의 구실을 해 왔다는 표현은 자칫하면 한반도 일대에 살아온 한국인의 존재와 그 역할을 무시하는 잘못을 저지를 수 있다. 역사 인식의 왜곡을 키울 수 있는 것이다.

아시아 대륙 문명이 한반도 일대에 들어오자마자 곧바로 일본열도에 전달된 것은 아니다. 아시아 대륙 문명은 한반도 일대에 수용된 후, 이곳의 주인공인 한국인에 의해 한국식으로 소화되고 변형되어 일본으로 건너갔다. 아시아 대륙의 문명만이 아니라, 한반도 일대에 산 한국인의 창조적 활동에 의해 형성된 개성적인 한국 문명이 일본에 전해진 것이다.

✿ 빗살무늬토기와 조몬토기

한반도 일대와 일본열도가 분리된 후 1만여 년 동안 전개된 신석기 시대에 한반도 일대에서는 빗살무늬토기 문화가, 일본열도에서는 조몬토기 문화가 각각 발달했다. 신석기 시대 후기에 이르러 두 지역 사람들은 수렵·어로를 중심으로 하는 경제생활에서 점차 벗어나 곳곳에서 농경을 시도했다.

일본의 규슈[九州]에서는 한반도 일대에서 사용하던 빗살무늬토기가 여러 곳에서 발굴되고 있다. 한편 한반도 남해안 지역에서는 일본의 조몬토기, 일본산 흑요석(黑曜石)과 이것을 재료로 하여 제작된 화

빗살무늬토기(좌)와 조몬토기

살촉, 어구 등이 출토되었다. 이러한 사례를 통해 두 지역 사이에 왕래가 있었다는 것을 알 수 있다.

◤ 벼농사의 전파와 야요이 문화

한강 일대에서는 기원전 1만여 년 무렵의 볍씨가 숯이 된 형태로 발견되었다는 보고도 있지만, 일반적으로는 기원전 2천여 년 전부터 벼농사가 시작되었다고 본다. 벼농사는 중국에서 황해를 건너거나 해안을 따라 한반도 일대에 전해졌으며, 그 후 기원전 4세기 무렵 규슈 북부 지역으로 전파된 것으로 추정된다. 일본 여러 곳에서 한반도 일대의 것과 같은 쌀알이 숯이 된 형태로 출토되고, 벼를 수확할 때 사용한 돌칼이 발견되어 이런 사실을 입증하고 있다. 벼농사가 동부 일본으로 퍼져 가는 데는 더 많은 세월이 필요했다. 이때부터 쌀을 주식으로 하는 새로운 문화가 시작됐다.

벼농사가 한반도 일대에서 일본으로 전해진 기원전 4세기 무렵 일본에서 야요이 시대가 열렸다. 한반도 일대에서는 무늬 없는 토기를 사용하고, 동검(銅劍), 동과(銅戈), 동모(銅鉾)와 잔무늬거울[細紋鏡] 등을 사용하는 청동기 문화가 고도로 발달하고 철기도 사용하고 있었다. 그리고 이 같은 청동기 문화와 철기 문화가 일본에 전해진 것이다. 북부 규슈, 나라와 오사카 등의 긴키지방[近畿地方]에서는 기원전 4세기에서 기원 후 3세기에 걸친 야요이 시대에 한반도 일대와 활발히 교류했다는 사실을 뒷받침하는 유적·유물이 많이 발견되었다.

국가의 형성, '왜, 야마토, 일본'

벼농사와 금속기 문화를 수용한 북부 규슈에서는 야요이 시대 중기 이후 각지에 농업 공동체가 출현하고, 서로 통합을 되풀이하며 소규모의 국가를 형성했다. 이후 청동기와 철기 등 금속기가 널리 사용되면서 소국가 사이에 세력 다툼이 격화되었다. 이러한 추세 속에서 주위의 여러 작은 나라를 지배하는 왜(倭)가 등장했다. 이 '왜'는 기원후 4세기 무렵 고대국가로 발전하는 정치적 모체가 되었다.

일본의 야요이 시대에 한반도 일대에서는 고조선의 역사가 끝나고 여러 나라가 들어서는 새로운 역사가 전개되었다. 고조선 주민은 그들의 땅에 침입한 중국 세력에 대항하고, 일부는 한반도 일대로 이주하여 이곳저곳에 새 나라를 세웠다. 압록강 중류 지역을 중심으로는 고구려가, 한강 하류 지역을 중심으로는 백제가, 한반도 동남부의 경주 일대를 중심으로는 신라가 생겨났으며, 낙동강 지역에는 가야 연맹이 출현했다.

기원후 4세기 무렵 중국 고대의 역사서에 왜의 국왕이 중국에 사신을 보내 왜왕으로서 인수(印綬, 금인(金印))를 받고 조공을 바쳤다는 기록이 보인다. 그렇다고 해서 일본이 중국과 직접 빈번하게 교류한 것은 아니었다. 왜는 선진 문명을 대체로 한반도 일대에서 받아들이고 있었다.

왜는 동아시아의 고대인들이 일본을 가리킨 호칭이다. 한국인과 중국인은 물론 일본인 스스로도 왜를 국호로 사용했다. 이를테면 5세기에 왜의 다섯 왕이 왜왕을 자칭하고 중국에 사신을 보내 상소를 올린 일이 있다. 왜의 한자 훈(訓)은 야마토인데, 때로는 같은 소리로 읽는 한자 邪馬台 또는 大和로도 표기했다. 일본이라는 국호는 702년에 당(唐)에 사신을 파견할 때 처음 사용한 것으로 알려졌다. 그러나 『삼국사기(三國史記)』에는 신라 문무왕 10년(670년) 12월에 왜국이 나라 이름을 일본으로 고쳤으며, 일본이 해가 뜨는 곳에 가까우므로 이렇게 했다는 기록이 있다.

⛩ 일본으로 건너간 사람들

야요이 시대 말기인 3세기부터 고대국가의 성립기인 6세기 말 무렵까지를 일본에서는 거대한 분묘가 축조된 시기라는 뜻에서 고분 시대(古墳時代)라고 부른다. 이 시기 후반에 나라[奈良] 지방의 야마토 정권1이 권력의 집중을 강화하여 율령국가(律令國家)로 발전했다.

일본의 고분 시대에 한반도 일대에서는 중앙집권국가로 발전한 고구려 · 백제 · 신라 · 가야가 격렬한 세력 다툼을 벌이며 각기 특색 있는 문화를 건설했다. 야마토 정권은 한반도 일대의 선진 문화와 철 등의 자원을 획득하고자 각 나라와 관계를 확대해 나갔다. 격동하는 국내외 정세 속에서 한반도 일대의 주민 중에는 바다 건너 일본열도로 이동하는 사람들이 늘어났다.

한반도 일대에서 일본열도로 이주한 사람들을 일본에서는 도래인

----

1 일본 최초의 통일 정권으로, 야마토를 중심으로 하는 기나이[畿內] 지방의 여러 호족이 연합하여 세웠다. 나중에 천황이 되는 대왕(大王)을 옹립하고, 4~5세기까지 동북 지방을 제외한 일본 대부분의 지역을 통일했다. 6세기에는 세습제가 확립되고, 중국과 한반도 여러 나라와 '왜왕'이라는 이름으로 외교를 했다.

(渡來人, 도라이진)이라고 부른다. 도래인은 바다를 건너 이주해 온 사람이라는 뜻이지만, 한국의 처지에서 그들은 한반도 일대에서 바다 건너 일본열도로 이주한 도해인(渡海人) 또는 도일인(渡日人)이라고 부를 수 있다. 5세기 중엽 이후 도일한 이주민들은 한반도 일대의 국내외 정세 변동과 밀접히 연계되어 집단적으로 건너갔다는 점에서, 그에 앞선 야요이 시대에 도일한 이주민들과는 다르다고 볼 수 있다. 일본이 한국보다 우월하다는 역사 인식에 물들어 있었을 때는 이런 이주민들이 어느 나라에서 어떻게 왔는지를 구분하지 않고 천황이 통치하는 일본을 흠모하여 내조(來朝)했다는 뜻을 강조하여 귀화인(歸化人, 기카진)이라는 용어를 즐겨 썼다. 이 책에서는 역사 용어로 굳어진 도래인이라는 용어를 주로 사용하되, 객관적인 뜻이 담겨 있는 이주민이라는 용어도 함께 사용하겠다.

야요이 시대 이후 한국인의 일본으로의 이주는 한반도 일대의 국제 정세의 격변에 따라 대체로 4단계로 진행되었다. 제1파동은 4세기 말에서 5세기 중반 고구려의 남진 정책에 밀린 백제, 신라, 가야 등 한반도 남부 주민의 도항이었다. 제2파동은 5세기 후반으로, 고구려가 백제의 한성을 함락하며 발생한 백제인의 도일이었다. 제3파동은 6세기 후반 백제에 대한 고구려의 군사적 압력으로 발생한 백제 유민의 이주, 백제와 신라의 가야 공격을 피해 일본으로 건너간 가야의 귀족 세력 등이었다. 제4파동은 7세기 후반 신라와 당 연합군의 공격으로 백제와 고구려가 망한 후, 왕족과 귀족의 인솔 아래 이루어진 대거 도일이었다. 신라가 삼국을 통일한 이후 한반도 일대의 정세가 안정되면서 도항 이주자의 발길은 줄어들었다. 이주민의 파동에 대해서는 교토의 개척 과정에서 좀 더 자세히 살펴보겠다.

일본을 바꾼 도래 문화

한반도 일대에서 일본열도로 이주한 사람들이 전파한 외래 문명을 일본에서는 도래 문화(渡來文化, 도라이분카)라고 부르며, 조몬 시대 이래 전수되어 온 고래문명(古來文明)과는 다르게 본다. 도래 문화 중에는 인간의 이동에 수반하여 전해진 각종 생활 기술과 지적 문화(知的文化)가 들어 있다. 민속과 의례, 한자와 한문, 유학과 불교 등이 그 예다.

한반도 일대에서 일본에 건너간 이주민은 선진의 기술과 지식을 터득하고 있었기 때문에 야마토[大和] 사회에서 크게 환영받았다. 야마토 정권은 그들의 기술과 지식에 상응하는 지위와 직업을 주어 사회 발전에 힘껏 활용했다. 그리하여 일본의 고대 문명과 국가는 새로운 발전의 길로 접어들었다.

도일한 이주민 중에서 고대 문명의 발전에 크게 기여한 유력 집단은 하타 씨와 아야 씨[漢氏]였다. 발달한 토목 기술을 지니고 있던 하타 씨는 교토 분지를 개발하면서 지방 토호로서 세력을 구축했고, 아야 씨는 나라 분지에 거주하면서 문필 재능을 살려 야마토 정권의 중앙 관료로 활동했다. 두 씨족은 야마토 정권의 정치 운영에 깊이 관여할 정도로 큰 세력을 떨쳤다.

6세기를 전후해서는 이마끼 기술자[今來才伎, 이마끼노데히토]라고 불리는 새로운 기술자 집단이 일본열도에 건너왔다. 야마토 정권은 그들을 나라 각지에 기능별로 거주하게 하고, 도모베[品部]에 배속시켜 오비토[首]의 관할 하에 수공업 생산에 종사하도록 만들었다. 이마끼 기술자가 일본 각지에 정착하여 활동함에 따라 철제 농구, 공구가 제작되고 무기, 마구 등이 생산되어 널리 사용되었다.

한자와 유학은 중국에서 기원한 문화이다. 이를 받아들인 동아시아 각 국가에서 발음, 사용, 이해 등에 차이는 있었지만, 한자와 유학은 정신과 생활의 기반을 형성하는 공공재로 기능했다. 일본에서 한자를 깨우치고 유학을 받아들인 것은 5세기 초 백제에서 건너간 왕인(王仁)이 천자문과 논어를 전달하고 가르치기 시작한 이후였다. 그는 백제의 도래인 아직기(阿直伎)의 추천을 받았다. 아직기의 후손인 야마토노 아야 씨[東漢氏]2나 왕인의 자손이라는 가와치노후미 씨[西文氏]는 대대로 기록과 출납을 주관하며 야마토 정권을 도왔다.

6세기 초에 접어들어 백제는 단양이(段楊爾), 고안무(高安茂) 등의 오경박사(五經博士)를 교대로 일본에 파견하여 유학을 전파했다. 663년에는 오경박사만이 아니라, 역박사(易博士)·의박사(醫博士) 등 다방면에 걸친 기술학의 전문가를 파견하여 고대 일본의 문명개화에 기여했다.

불교는 4세기 후반에 중국에서 먼저 고구려로 전수되고, 고구려를 통하여 백제와 신라로 전파되었다. 538년, 백제 성왕은 불상과 불경을 일본으로 보냈다. 새로운 신앙과 생활을 수반하는 불교는 고대의 신앙

....

2 4세기 후반에서 5세기 초에 걸쳐 한반도에서 일본으로 이주한 대표적인 씨족. 백제계 도래인으로 알려져 있다. 가와치노후미 씨[西文氏], 하타 씨와 더불어 문자를 사용할 줄 아는 씨족이었기에 주로 기록과 재정 및 외교 분야에서 활약했다. 7세기에는 정치·군사 분야에서 유력한 혈족이 되어 지위가 높아졌다.

과 생활에 젖어 있던 일본인들에게 충격을 주었다. 야마토 정권의 귀족들은 불교의 수용을 둘러싸고 서로 갈라져 다투었다. 결국 도래인 세력을 배경으로 한 숭불파인 소가 씨[蘇我氏]가 정권을 장악하자, 그 후원에 힘입어 불교는 일본 사회에 굳건한 신앙으로 자리를 잡게 되었다.

일본 사회가 불교를 받아들인 이후, 한반도 일대에서 혜자(惠慈), 관륵(觀勒), 담징(曇徵), 혜관(慧灌) 등 여러 고승이 잇따라 일본에 건너가 고대 불교의 발전을 도왔다. 이와 함께 사찰과 불탑, 불상과 불구, 불화와 불경 등의 제작에 관련되는 불교 예술의 전문 기술자들이 일본에 건너가 왕성하게 활약했다.

일본으로 도항한 이주민의 유력 씨족 중에는 일본의 왕가와 혈연 관계를 맺는 경우도 생겨났다. 백제 무령왕의 후예로 야마토 씨[和氏] 계의 일족이었던 다카노노 니가사[高野新笠]는 고닌 천황[光仁天皇]의 왕비이자 간무 천황의 생모가 되었다. 도항 이주민 씨족은 일본 왕족뿐만 아니라 호족 집안과 혼인한 예도 많았다.

❀ 통일 신라·발해와 일본의 교류

신라가 676년 당의 세력까지 한반도에서 몰아내고 마침내 통일을 완수하자 그 와중에서 조국을 잃게 된 백제와 고구려 주민 중 일부는 일본으로 도항했다. 이주민 중에는 고구려와 백제의 왕족, 호족, 관인 등이 많았다. 이들은 일종의 망명인 집단으로, 정치적 식견과 문화적 능력을 지니고 있었다. 야마토 정권은 이들의 경험과 학식, 기술과 소양을 활용하기 위해 율령 편수나 학문 업무에 종사시켰다. 그래서 관료로서 출세하는 사람이 늘어났다. 야마토 정권은 도항 이주민들을 집단적으로 변방 각지로 보내어 개척을 추진했다. 지금의 도쿄 일대에 자리 잡은 무사시노 국[武藏國, 무장국, 무사시노쿠니]은 고구려 및 신라에서 건너간 유민들이 개척한 지역에 세워졌다.

260년간에 걸친 통일 신라 시기(676~935년)는 일본의 아스카 시대[飛鳥時代] 후반기와 헤이안 시대 전반기에 해당한다. 일본은 713년에 수도를 아스카에서 나라[平城京, 헤이조쿄]로 옮기고, 794년에 다시 교토[平安京, 당시 명칭 헤이안쿄]로 천도한다. 전자를 나라 시대[奈良時代], 후자를 헤이안 시대라고 부른다. 이 시기에 야마토 정권은 율령제에 입각한 집권적 왕권 국가로 발전했다. 천황을 중심으로 한 일본으로 거듭 태어난 것이다.

통일 신라는 668년 일본에 사절을 파견하여 국교를 재개했다. 신라는 당의 세력을 몰아내기 위해 싸우면서도 견일본사(遣日本使)를 거듭 파견하였다. 일본도 672년에 벌어진 왕권 투쟁을 수습한 후 내정에 힘쓰며 빈번하게 견신라사(遣新羅使)를 파견하였다. 신라에 파견된 사절은 외교 관계를 재정립하기 위한 목적을 띠고 있었는데, 승려와 유학생을 대동하여 귀국 후 율령 체제를 확립하는 데 공헌하였다. 반면에 일본은 그 때까지 다섯 차례 파견했던 견당사(遣唐使)를 30년 동안 중단했다.

일본과 신라의 외교 관계는 대륙 정세의 변화에 따라 점차 소원해지다가 779년 두절되었다. 그렇다고 해서 상인들에 의한 경제적 교류마저 단절된 것은 아니었다. 무역 활동 등을 통한 문물 교류는 신라 말까지 지속되었다. 당시 신라인들은 활발하게 해외로 진출하여 당 해안 도시 여러 곳에 신라인의 거주지인 신라방(新羅坊)과 사찰인 신라원(新羅院)을 건설했다. 일본에서 당으로 건너간 구법승(求法僧)인 엔닌[圓仁, 794~864] 등은 신라선단을 이용하여 당에 건너가 신라의 시설들을 이용하며 불교 경전을 연구하고 선진 문명을 체득했다. 9세기 이후 신라 상인들은 하카다[博多], 다자이후[大宰府]에 출입하며 무역을 하고, 중국과 동남아시아 상품을 교역하였다. 신라 상인과 일본 상인이 활발하게 교역한 것은 일본 황실의 귀중품 수장고인 쇼소인[正倉院, 정창원]에 보관되어 있는 물품을 통해 파악할 수 있다.

통일 신라 시대 일본과 문화 교류에서 주목되는 인물은 신라 승려 심상(審祥)이다. 그는 571권의 불경을 일본에 전하였다. 그리고 신라의 고승 원효(元曉)와 의상(義湘)의 영향을 받은 화엄종에 관한 경전 60여 종을 3년 동안 일본에서 강술했다. 나라 시대에 불경에 주석을 단 99명의 승려 중에서 11명이 신라 학승인데다가, 원효의 저술이 대량으로 필사되어 유포되었다. 이처럼 일본 불교는 신라 불교로부터 강한 영향을 받았다.

발해는 고구려가 망한 후 고구려의 옛 땅이던 중국 동북 지방과 연해주 및 한반도 북부를 아우르고 229년이나 군림했다(698~926년). 통일 신라와 겨루며 당과 정치 · 문화면에서 밀접한 관계를 유지한 발해는 한때 동아시아에서 강성함을 자랑할 정도로 발전했다. 발해 문화는 고구려 문화를 계승하고 당 문화를 받아들여 자기 것으로 만든 문화였다. 발해 지역은 나중에 요 · 금 · 송 · 원 · 명 · 청 등 이민족 국가들의 통치를 받아 유물 · 유적이 손상 · 파괴되어 발해 문화의 실상을 자

발해 제3대 국왕 문왕(文王)의 둘째 딸 정혜공주(貞惠公主)의 무덤에서 나온 돌사자상(좌)과 발해 건축물의 지붕을 장식하던 기와, 귀면와(鬼面瓦)

세하게 파악하기 어렵게 됐다. 그렇지만 중국에서 해동성국(海東盛國)이라고 부를 만큼 수준 높은 문화를 이룩하였음은 틀림없다.

고구려를 계승한 국가였기에 건국 초부터 통일 신라와 원만한 관계를 맺기 어려웠던 발해는 친당 정책을 취하여 당에 견당사를 자주 파견하는 한편, 일본에도 30여 차에 걸쳐 견일본사를 파견하여 우의를 다졌다. 일본도 신라를 견제하기 위해 15차에 걸쳐 견발해사(遣渤海使)를 파견했다. 일본과 발해의 친교는 문화의 필요성보다는 정치·경제의 필요성 때문에 중시되었다.

일본과 발해는 사절을 태운 배가 출입하는 각 지역에 객관을 설치하여 문물 교류에 힘썼다. 발해는 남경남해부에, 일본은 노토[能登, 이시카와 현에 위치]와 마쓰바라[松原, 오사카 부에 위치]에 객관을 세워 사신의 왕래와 교역을 도왔다. 지금도 일본 서부의 산인[山陰, 돗토리 현과 시마네 현에 위치] 지방 각지에 발해 문화의 흔적이 남아 있다.

일본과 중국의 교류

한반도 일대에서 건너온 이주민을 통해 한문, 유학, 불교 등을 수용하고 학습한 야마토 정권은 중국과 직접 교류하면서 세계 문명에 대한 안목을 넓힐 수 있었다. 607년 이후 일본은 정치와 문명의 필요성으로 수차례에 걸쳐 견수사(遣隋使)를 파견했다. 이 견수사를 따라 다카무코노 구로마루[高向玄理], 미나미부치노 쇼안[南淵請安], 소민[僧旻] 등 여러 명의 유학생, 유학승이 수(隋)에 파견되었다. 이들 다수가 수에서 대륙 문물을 익힌 후 귀국하여 다이카 개신[大化改新]의 정치 개혁에 주역으로 활약했다. 이들 유학생과 유학승은 거의가 한반도 일대에서 도항한 이주민의 후손들이었다. 수를 이어 당이 중국을 지배하게 되자, 일본은 9세기 말까지 20차 가까이 견당사를 파견하여 정치적 교류와 문화적 수용에 노력하였다.

일본 고대 문명에 대한 바른 시각

한반도 일대에서 일본열도로 많은 사람들이 건너가서 기술과 학문 등을 전했다는 것은 이미 설명한 바와 같다. 일본 사회는 이들의 기술과 학문을 진취적으로 수용하고 소화하여 자기 발전에 활용했다. 그렇다고 해서 한반도 일대에서 건너간 이주민들이 고대 일본의 문명 발전에 절대적 공헌했다고만 생각하는 것은 한쪽에 치우친 편견이다. 또한 이와 반대로, 고대 일본의 문명 발전이 일본인 자신의 노력으로만 성취된 것이라고 여기는 것도 바른 이해라고 할 수 없다.

한반도 일대에서 건너온 이주민이 선진 문화를 전한 것은 엄연한 사실이다. 다만 외래문화를 자기 발전을 위해 현명하게 수용하고 활용한 것은 당시 일본에 거주하던 사람들의 능력이었다. 따라서 이주민의 공헌과 선주민의 능력을 결합하여 한 차원 더 높은 문화를 만들어 낼 수 있었던 고대 일본 사회의 개방성과 진취성을 아울러 높게 평가해야 한다. 역사를 이야기할 때는 이웃 나라 간에 이루어진 사람의 이동과 문화의 교류를 균형 감각을 가지고 파악하는 안목이 필요하다.

한일의 문명 전환과 교토

오랜 역사 속에서 한국과 일본이 어떻게 문명을 형성하고 발전시켜 왔는가를 이야기할 때 우리는 중국과 서양에서 받은 영향을 떠올리게 마련이다. 중국과 서양의 문명이 한국과 일본 구석구석에 스며들었기 때문에 이것은 당연하다고 말할 수 있다. 그렇지만 세계사의 차원으로 시야를 넓혀 한국과 일본의 문명 전환을 살펴보면 이야기가 달라진다. 여기서 말하는 문명 전환은 옛 문명과 새 문명이 교체되는 과정을 말하는데, 그 절차와 방법, 성공과 실패는 민족과 국가의 발전 방향을 결정했다.

역사가 시작된 이래 한국과 일본의 발전 과정에서 두 차례의 문명 전환과 세계화 과정이 있었다.

제1차는 한민족이 기원전 수백 년 이전의 태반 문명에서 벗어나 중국 문명을 중심으로 하는 동아시아 문명으로 전환한 것이다. 한민족의 태반 문명은 유목민족과 친연성을 가진 알타이어계 문명권, 고조선 문명권, 동이족(東夷族) 문명권이라고 할 수 있는데, 중국의 중화 문명권과는 다른 시작과 계통을 가지고 있었다. 그렇지만 한민족이 점진적으로 농경 위주의 경제생활로 전환하고 정착함에 따라 태반 문명권에서 이탈하여 중국 문명에 접근하는 경향을 보였다. 중국 문명으로의 편입은 연(燕)의 진개(秦開)가 고조선을 침공했을 때부터 시작하여 한사군(漢四郡)을 설치한 때(기원전 4세기말~기원전 1세기)가 분수령이었고, 고려 말~조선 중기(14~15세기)에 이르러 완성됐다고 볼 수 있다.

이렇게 보면, 한민족이 중국 문명을 받아들여 자기 문명으로 만들어 가는 데 2천여 년의 시간이 걸린 셈이다. 문명의 전환은 민족의 이동을 통해 이루어진 경우도 있지만, 전쟁 등과 같이 비상한 충격을 통해 이루어진 경우도 있다.

대륙에서 한국으로의 민족 이동의 여파는 일본까지 미쳤다. '귀화인', '도래인'이라 불리는 이주민들이 일본이 고대 문명으로 전환하는 데 큰 힘을 발휘했던 것이다.

제2차는 한민족이 장구한 세월에 걸쳐 자기 것으로 만든 중국 문명에서 벗어나 서구 문명을 중심으로 하는 범세계문명(凡世界文明)으로 전환한 것을 말한다. 동아시아에서 본격적으로 서구 문명을 수용한 시기는 19세기 이후인데, 그 조짐은 이미 17세기 전후부터 나타났다. 한국, 중국, 일본은 처음에 전통적인 정신문명을 바탕으로 하여 서구의 기술 문명이나 실용 문명을 받아들이려고 애썼다. 한국의 동도서기(東道西器), 중국의 중체서용(中體西用), 일본의 화혼양재(和魂洋才)가 그것이다. 그렇지만 그것만으로는 근대 문명, 나아가 현대 문명을 건설할 수 없어서 결국 서양의 정신문명과 정치사상까지도 수용했다. 오늘날 한국과 일본이 자유민주주의에, 중국이 공산주의에 기반을 둔 국가와 사회를 구축하고 있는 것이 단적인 예다. 일본은 그 과정에서 전통 사상을 바탕으로 한 천황제 군국주의 국가로 나아갔으나, 아시아·태평양 전쟁에서 패한 이후 자유민주주의 체제를 채택하게 되었다.

위와 같은 문명론의 시각에서 보면 한국과 일본은 서로 어떤 관계일까? 수천 년간 지속된 한일 관계의 역사를 자세히 들여다보면, 중국과 서양의 압도적인 우세에 가려 있기는 하지만, 한국과 일본은 문명의 전환에서 상대방에게 매개자 또는 촉매자로서 중요한 역할을 했음을 확인할 수 있다. 일본의 선사·고대 문명의 형성에 한국이 아시아 대륙 문명의 전수자로서, 한국의 근대·현대 문명의 형성에 일본이 서구 문명의 중개자로서 활약했기 때문이다.

동서고금의 역사 전개에서 어떤 나라가 선진 문명을 직접 받아들일 만한 지리적 위치에 있지 못하거나 그것을 직접 소화해 낼 내재적 능력이 모자랄 때, 인접 국가에서 일단 걸러지고 새김질한 문명을 수용하는 것은 자주 볼 수 있는 일이다. 이런 사실을 감안하면, 한국과 일본은 문명 전환에서 서로에게 아주 중요한 역할을 했다고 평가할 수 있다.

나는 위와 같은 시각에서 지금부터 한국과 일본이 문명 전환을 이룩하는 데 서로 어떤 영향을 주고받았는지를 교토라는 지역사의 창을 통해 개관해 보고자 한다. 문명의 전환에 큰 영향을 미친 인자(因子)로서는 「들어가기 전에」에서도 언급했듯이 인간의 이동, 전쟁의 충격, 물자의 교역 등을 들 수 있다. 인간의 이동은 문화가 서로 만나 변화를 초래하고, 전쟁의 충격은 사회가 서로 부딪쳐 변동을 양성하며, 물자의 교역은 생활이 서로 뒤섞여 변화를 야기하는 계기가 되었다. 물론 이 세 가지 인자는 인과관계 또는 연쇄 작용 등으로 묶여 있어서 내 멋대로 나누어 설명하기가 어렵다. 그렇지만 교토에 있는 유적과 유물을 화제로 삼아 세 인자가 서로 어떻게 얽히고 설키며 문명 전환을 추동했는가를 탐색해 보는 것도 좋은 방법이라고 생각한다.

하나 양해를 구하고 싶은 것은 내가 이 책에서 채용한 시대구분은 조금 편의적이다. 그 까닭은 한국과 일본을 한데 묶을 만한 시대구분이 확립되어 있지 않은데다가, 각 시대 안에서도 한일 관계에 큰 변화를 초래한 변곡점이 서로 다르기 때문이다. 원래는 그 변곡점을 경계로 하여 한일 관계사의 변화 양상을 비교하는 것이 마땅하지만, 이에 대한 본격적인 논의는 후일을 기약하고자 한다.

교토를 개척한 도래인 집단

도래인의 물결과 그들의 활약

일본의 역사 유적지에 가 보면 도래인의 흔적을 심심치 않게 발견할 수 있다. 교토도 예외는 아니다. 교토의 근원을 보여 주는 유명한 사원과 신사에는 반드시 도래인에 얽힌 이야기가 깃들어 있다. 따라서 교토의 탄생을 이해하기 위해서는 먼저 일본에서 도래인이 어떤 역할을 했는가를 살펴봐야 한다.

예나 지금이나 아시아 대륙과 일본열도는 한반도를 매개로 하여 한 줄기 해협으로 분리되어 있기 때문에 서로 왕래하는 사람들의 물결이 끊이지 않았다. 특히 한반도를 비롯하여 아시아 대륙에서 일본열도로 건너가는 사람이 압도적으로 많았다. 사람들은 본능적으로 더 살기 좋은 곳을 찾아 이동한다. 아시아 대륙과 한반도 사람들에게는 기후가 따뜻하고 토지가 비옥한 일본열도가 새로운 삶을 개척할 신천지로 보일 수 있었다. 또 대륙과 한반도에서 전쟁이나 왕조 교체 등으로 난민이 대량 발생하면, 무리를 지어 일본열도로 건너가는 경우가 많았다. 더구나 물이 높은 곳에서 낮은 곳으로 흐르듯이 문화도 선진 지역에서 후진 지역으로 퍼져 가는 법이기 때문에, 선진 문명을 몸에 지니고 아시아 대륙이나 한반도에서 건너간 사람들은 일본열도에서 자리 잡기가 그렇게 어려운 일은 아니었을 것이다.

일본의 야요이 시대 이후 아시아 대륙이나 한반도에서 일본열도로 건너간 사람들의 물결과 그들이 일본열도에 끼친 영향에 대해서는 다음과 같이 네 단계로 나누어 살펴볼 수 있다.

제1기는 4세기 말에서 5세기 전반까지가 절정이었다. 중국에서는 5호 16국(五胡十六國, 304~439)의 전란이 계속되고, 한반도와 그 일대에서는 고구려·백제·신라·가야 등이 세력을 다투면서 왜와 복잡한 관계를 맺고 있었다. 광개토대왕(재위 391~412)의 비문이나 칠지도(七支刀)의 명문3 등은 당시 숨 막히게 돌아가던 동아시아의 국제 정세를 잘 보여 주고 있다. 그 와중에 가야제국 남부 사람들이 일본열도로 많이 건너갔다. 그들은 오카야마[岡山] 지역 등의 수장(首長) 밑에서 공인(工人)으로 활약했다. 웅장한 무덤이 많이 만들어져 고분 시대4라고도 하는 이

....
3 칼몸에 좌우로 칼날이 세 개씩 가지 모양으로 뻗어 있는데, "백제왕 치세에 왕의 명을 받들어 왜왕 지(旨)를 위하여 만들었으니 후세에 전하여 보여라"는 뜻의 명문이 새겨져 있다. 백제 근초고왕이 369년에 제작하여 왜왕에게 주었다는 게 통설이다.
4 흙을 쌓아 올려 큰 무덤을 만드는 관습은 4세기부터 일본 서부 각지에서 시작되어 7세기 전까지 계속되었다. 이 시기에 나라와 오사카 지역을 중심으로 철기 문화가 진전되고 통일국가가 성립하여 발전했다고 보는 게 일반적인 견해이다. 전방후원분(원형의 분구에 사각형이나 삼각형의 분구를 붙여 놓은 평면형 무덤)이 대표적인 양식이다.

시기에 그 거대한 고분을 축조한 기술자들이 바로 한반도 일대에서 건너온 이주민들이었다.

제2기의 절정은 5세기 후반이다. 중국에서는 후한(後漢)이 멸망한 후 남북조(南北朝, 386~589)로 나뉘어 분열의 시기를 보냈고, 한반도 일대에서는 고구려가 남진전쟁을 벌여 475년 백제의 수도 한성(漢城)이 함락되었다. 백제의 개로왕이 고구려군에 사로잡혀 아차산성에서 처형당했고, 나머지 백제 왕족은 웅진(충청남도 공주 지역의 옛 이름)으로 도망쳐 나라를 재건했다. 이 전란 통에 북부 가야와 백제 사람들이 일본열도로 많이 건너갔는데, 나중에 가야계 신라인으로 분류되는 하타 씨 등도 거기에 포함돼 있었다. 그들은 수공업 기술을 살려 야마토 정권을 보좌하는 역할을 했다. 야마토 정권은 가야를 비롯한 한반도 일대 여러 나라에서 철제 자원과 도기, 직물, 토목 기술을 받아들여 정치력과 군사력을 비약적으로 향상시키고 일본열도 안의 다른 세력을 제압했다. 도래인이 일본의 고대국가 형성에 기여한 것이다.

제3기의 절정은 6세기 후반이다. 이 시기에 한반도 일대에서는 신라의 공격으로 가야가 멸망하고(562), 중국에서 수(隋)가 통일 왕조를 세웠다(581). 고구려와 수의 패권 다툼은 살벌했고, 고구려·백제·신라의 다툼도 치열했다. 그 와중에 가야 계통의 사람들이 다수 일본열도로 건너갔다. 도래인 하타 씨의 거대한 동족 조직이 일본에 출현한 것이 이때다. 그들은 기술을 발휘하여 생산 부문을 선도하고, 문서 작성 등의 실무를 담당하여 일본의 고대국가 확립에 절대적으로 기여했다.

제4기는 7세기 후반이 절정이다. 중국에서는 당(唐)이 제국을 건설하고(618), 고구려와 패권을 다퉜다. 신라는 국제 정세의 흐름을 간파하고 당을 이용하여 백제를 멸망시켰고(660), 백제의 부흥을 위해 몰려온 왜군을 백촌강전투**5**(663)에서 무찔렀다. 그리고 고구려를 멸망시키고(668), 내친김에 당의 세력을 몰아내 삼국을 통일했다(676). 그 여파로 고구려의 옛 영토에서 발해가 건국되었다(698). 이런 와중에 백제와 고구려의 많은 유민이 일본열도로 건너갔다. 그들은 행정 관료로 활동하기도 하고, 일본(왜)의 왕권과 결합하여 세력을 떨치기도 했다.

한국인과 일본인의 혈연관계

이 지구상에서 일본인과 가장 닮은 민족은 어느 민족일까? 두 말할 필요도 없이 한국인이다. 두 민족은 체질적으로나 문화적으로 같은 계통이라는 것을 뒷받침하는 증거가 너무나 많다. 실제로 일본에는 이를 증명하는 연구가 일찍부터 진행되어 왔다. 그런데 그런 연구는 일본의 자존심과 국가 정책에 휘둘려 때때로 엉뚱한 방향으로 나아갔다.

메이지 시대 일본인 연구자들은 정부에서 초빙한 서양학자들이 세운 '정복 민족에 의한 선주민족(먼저 살던 민족)의 구축'이라는 서구 국가 형성 모델의 영향을 받아 일본인의 기원에 대해 대체로 단일민족설, 혼합 민족설, 도래인 정복설이라는 견해를 취했다. 단일 민족설은 일본인이 만세일계(萬

....
5 백제 멸망 후 일본이 백제 왕자 풍을 구원하기 위해 2만 7천여 명의 대군을 파견하여 신라·당 연합군과 금강 하구의 백촌강에서 싸워 패한 전투를 말한다. 동아시아의 정세를 바꿔 놓은 국제 전쟁에서 패한 일본군은 퇴각했고 백제부흥군의 거점인 주류성도 함락되었다. 풍은 고구려로 피신했고, 많은 백제의 왕족과 귀족이 일본으로 망명했다.

世一系)의 천황을 받들며 다른 민족의 피와 섞이지 않은 순수한 핏줄을 이어왔다는 주장이고, 혼합 민족설은 일본인이 동남아시아나 아시아대륙에서 건너온 여러 민족의 피가 섞여서 이루어졌다는 견해이다. 그리고 혼합 민족설의 한 분파라고 할 수 있는 도래인 정복설은 한반도 일대에서 일본 열도에 건너 온 민족이 선주민을 정복하거나 혼혈을 거듭하여 일본인을 형성했다는 학설이다.

청일전쟁과 러일전쟁에서 승리한 일본은 강렬한 민족주의에 사로잡혀 단일민족의 정체성을 추구했다. 이런 국체론의 입장에 서서 식민지 경영을 추진하면 이민족에게 강압적 지배가 가차 없이 펼쳐진다. 타이완과 한국에 대한 일본의 식민지 지배가 대체로 이런 경향을 보였다.

그런데 이와 달리 혼합 민족설에 가까운 주장도 일찍부터 나타났다. 도쿄대학 등에서 고대사를 연구했던 호시노 히사시[星野恒], 구메 구니타케[久米邦武] 등은 일본의 '한국 병합'을 계기로 혼합 민족설의 변형이라고 볼 수 있는 일선동조론(日鮮同祖論)을 피력했다. 즉 일본과 조선은 우여곡절을 거치면서 다른 민족, 다른 나라가 되었지만, 그 뿌리를 거슬러 올라가면 하나의 나라, 하나의 민족으로서 언어와 인종이 같고, 천황가도 원래 한반도의 지배자에서 유래했다는 설이다. 기타 사다키치[喜田貞吉]는 고구려·백제의 왕족과 천황가는 모두 부여족이라는 '일선양민족동원론(日鮮兩民族同源論)'을 제창했다. 일선동조론에 서면 일본의 '한국 병합'은 옛날로 돌아가기 위한 당연한 절차가 된다. 정한론(征韓論, 1870년대를 전후(막부 말기에서 메이지 초기)하여 일본 정계에서 강하게 대두된 조선에 대한 공략론)의 또 다른 변종이 될 수 있다.

일제강점기에 서울에서 형질인류학을 연구했던 우에다 쓰네요시[上田常吉]와 고하마 모토쓰구[小濱基次] 등은 신석기 시대 말기에 한반도 일대에서 규슈 북부나 긴키 지방에 도래한 사람들이 선주민들을 몰아내거나 혼혈을 되풀이하면서 청동기 문화를 전파했다는 논지를 폈다. 특히 기원전 3세기 무렵부터 기원후 7세기 무렵까지 긴키 지역에 지속적으로 건너온 북동아시아인들이 일본에 고도의 대륙 문화를 심어 주었다는 것이다. 이들은 일본 민족주의와 일선동조론의 폐해를 의식하여 한국이라는 용어 대신에 북동아시아계라는 용어를 사용했다.

패전 이후 일본에서는 일본인들의 순수한 혈통을 강조하는 단일민족설이 다시 주도권을 잡았다. 우생학이나 인종주의에 의거한 국수주의가 되살아나자 혼합 민족설이나 도래인 정복설 등은 소수 설로 밀려났다. 여기에는 식민지를 상실하고 미국의 지배를 받게 된 상황에서 일본 민족을 지켜야 한다는 의지가 작용했다.

소수설 중에는 고고학자 에가미 나미오[江上波夫]가 주장한, 일본을 정복한 종족이 기마민족이라는 설이 있다. 기원후 4세기 전후 북방의 기마민족이 한반도로 남하하여 변한 지역을 지배한 다음 일본열도를 정복하여 야마토국[大和國]을 수립하고 천황이 되었다는 설이다. 그렇지만 그는 고구려·백제 왕족과 천황가의 친연성을 말하는 데는 인색했다.

도쿄대학에서 인류학을 연구한 하니하라 가즈로[埴原和郎]는 1980년대 이후 일본인의 단일민족론을 부정하는 이중구조 모델을 제시했다. 즉 기원전 3세기에서 기원후 7세기에 걸쳐 한반도 일대에서 일본열도로 이주한 집단이 동남아시아계의 선주민(조몬인)과 혼혈하여 일본인이 형성됐다는 것이다. 고고유적으로 추정한 인구 구성 데이터를 보면 선주민과 도래인의 비율은 1 대 9 내지 2 대 8이었다. 이렇게 되면 일본인의 조상은 한국인 계통이 되는 셈이다. 이에 대해 심리적인 부담을 느끼지 않느냐는 걱정에 대해, 그는 천황 앞에서 이 내용을 강의했더니 매우 흥미로운 학설이라며 칭찬했다고 대답했다.

세계적인 권위를 지니고 있는 미국의 문명사가 제러드 다이아몬드(Jared Diamond)는 그의 명저 『총, 균, 쇠(GUNS, GERMS, AND STEEL)』에서 오늘날 일본인의 조상은 기원전 4백 년 이래 벼농사 기술을 가지고 한반도 일대에서 일본열도로 건너간 한국인들이라고 주장했다. '일본인과 한국인은 외모가 너무 비슷하고 유전자도 같다. 일본어는 당시 집단으로 이주한 한국인들이 쓰던 고구려 말이 변한 것이다. 도래인들이야말로 조몬 문화를 야요이 문화로, 즉 원시 문명을 고대 문명으로 전환시킨 주역이다. 따라서 한국인과 일본인은 "유년기를 함께 보낸 쌍둥이 형제"와 같다는 게 그의 결론이다.

E 하타 씨의 가쓰라 지역 개척

하타 씨는 가야계 신라 도래인 집단으로, 야마토노 아야 씨와 더불어 도래계 씨족의 최대 세력이었다. 하타 씨가 교토 사가노[嵯峨野]지역에 정착한 것은 5세기 후반 무렵이었다. 하타 씨는 토목 기술이 뛰어나, 가쓰라가와[桂川]에 제방[대언(大堰)]을 쌓고 물을 끌어들여 가도노[葛野]의 황무지를 개간했다. 가쓰라가와를 오오이가와[大堰川, 대언천]라는 별칭으로 부를 정도로, 그들이 쌓은 제방은 가쓰라가와 주변을 풍요로운 경지로 변모시키는 데 중요한 역할을 했다. 지금도 가쓰라가와를 끼고 있는 아라시야마[嵐山] 일대는 사원, 벚꽃, 단풍, 계곡으로 일본 유수의 관광지로 유명한데, 그 강을 가로지르는 도게쓰 교[渡月橋] 부근이 큰 제방을 쌓았던 곳이다. 이 근방에는 지금도 가쓰라가와 서쪽 들로 물을 끌어가는 취수구가 있다. 이렇게 보면 하타 씨가 1,500여 년 전에 만든 제방은 일본에서 산과 물을 다스려 재해를 막고 활용하는 치산치수(治山治水)의 선구라고 할 수 있다.

하타 씨는 도래인의 선진 기술을 살려 헤이안쿄의 축조는 물론이

도게쓰 교

고 그 전의 구니쿄[恭仁京], 나가오카쿄 등을 축조하는 데도 공헌했다. 그 외에도 농경, 옷감을 짜는 직조(機織), 금속 세공[金工], 나무 세공[木工] 등에 뛰어나 막대한 부를 축적할 수 있었다. 그리하여 하타 씨의 중심인물인 가와카쓰[河勝]는 천황의 조정과 깊은 관계를 맺을 수 있었다. 하타 씨가 거대한 동족 조직을 만들 즈음에는 쇼토쿠[聖德, 성덕]태자[6]가 관위 12계급과 17조 헌법을 제정하는 등 활동의 절정기를 맞고 있었다. 가와카쓰는 쇼토쿠 태자와 아주 가까운 사이였다. 그는 610년 신라에서 사자(使者)가 왔을 때 안내를 맡기도 했다. 하타 씨가 세력을 떨친 6세기 후반은 고분 시대의 끝 무렵으로, 그들의 본거지인 교토 분지

──────────

6   요메이 천황[用明天皇]의 아들로, 학문에 정통하고 불교에 심취했다. 스이코 천황[推古天皇] 때는 섭정으로서 소가노 우마코와 함께 국정을 이끌었다. 관위 12계급과 헌법 17조를 제정하여 국가의 틀을 만들고, 선진 문물을 도입하고 불교를 번성시키기 위해 힘썼다. 한반도 계통의 도래인과 밀접한 관계를 맺으며 자신의 세력을 확장해 나갔다.

서북부에는 하타 씨의 것으로 추정되는 전방후원분이 많이 남아 있다.

　　교토에서 가장 오래된 사원은 622년 창건된 고류지[廣隆寺, 광륭사]
로, 하타 씨의 원찰(願刹)[7]이기도 하다. 연원을 거슬러 올라가면 하타
노 가와카쓰[秦河勝]가 603년에 쇼토쿠 태자로부터 받은 불상을 안치
하기 위해 세운 것이라고 한다. 고류지라는 절 이름은 창건자 하타노
가와카쓰의 실제 이름인 고류[廣隆]에서 따온 것이다. 창건 당시의 고
류지는 현재의 장소에서 동북으로 수 킬로미터 떨어진 지점이었고,
지금의 장소로 옮긴 것은 헤이안쿄 천도 전후이다. 고류지는 그들이
살고 있던 지역 이름인 '우즈마사'를 따서 우즈마사데라[太秦寺] 또는
게이린지[桂林寺]라고도 부른다. 교토의 계림(桂林)은 경주의 계림(鷄
林)과 훈독 발음이 똑같다. 고대의 한일 언어에 문외한이지만, 상관관
계가 있지 않을까 하는 생각이 든다. 아마도 그들이 가쓰라가와를 개
발하면서 고향의 계림(鷄林)을 생각하고 음독이 같은 계림(桂林)이라
는 이름을 붙였는지도 모른다.

◤ 고류지의 쌍둥이 미륵반가사유상

고류지는 항상 약사신앙(藥師信仰)과 태자신앙(太子信仰)의 중심지였
다. 즉 질병의 치유를 빌고 쇼토쿠 태자를 신으로 떠받드는 신앙의 중
심 사원이었다. 고류지에는 두 개의 미륵상이 전해져 오고 있다. 하나

....
7　창건한 사람이 자신의 소원을 빌거나 죽은 사람의 명복을 빌기 위해 특별히 건립한 절.

는 603년에 쇼토쿠 태자가 백제로부터 받은 보관미륵보살반가사유
상(寶冠彌勒菩薩半跏思惟像)이고, 다른 하나는 616년 신라로부터 받은
보관미륵반가상(寶冠彌勒半跏像, 속칭 우는 미륵)이다. 이 중에서 보관미
륵보살반가사유상은 쇼토쿠 태자가 가와카쓰에게 준 불상이다. 가와
카쓰는 쇼토쿠 태자로부터 받은 불상을 본존(本尊)으로 삼아 태자가 죽
은 622년에 그의 보리사(菩提寺, 선조의 위패를 모시는 절)로서 고류지를 건
립했다. 신라에서도 많은 불상(佛像)과 불구(佛具)를 보냈다. 도래인들은
불교를 일으켜 문화를 향상시키고 민중을 화합시키려는 쇼토쿠 태자를
성심성의껏 도왔던 것이다.

일본의 국보 1호로 지정된 보관미륵보살반가사유상은 한국의 국
립박물관에 안치되어 있는 금동미륵반가사유상과 너무나 흡사하다.
그리하여 누가 이것을 만들었는가를 둘러싸고 백제설, 신라설, 일본설
등이 분분하다. 지금은 백제에서 만들어 보냈거나 아니면 일본에서 활
약한 백제계 도래인이 만들었을 가능성이 크다는 게 통설이다. 『일본
서기(日本書記)』 등의 문헌에도 그것을 뒷받침하는 기록이 남아 있다.
나도 15년 전쯤에 엉뚱하게 이 불상의 연원에 대한 논쟁에 끼어든
적이 있다. 일본 지바 현의 소학교 6학년 학생들이 편지로 나에게 답
변을 요청해 온 것이다. 그들은 일본과 한국의 교과서를 함께 사용하
며 수업을 했는데, 두 책 모두에 실려 있는 미륵보살반가사유상을 비
교하면서 닮은 점과 다른 점을 이야기하다가 제작자가 누구냐를 놓고
시비가 붙은 모양이었다.
나는 고류지 미륵보살반가사유상의 재질이 적송(赤松), 곧 신라의

왼쪽은 나무로 만든 보관미륵보살반가사유상(일본 국보 1호)이고, 오른쪽은 금동으로
만든 금동미륵반가사유상(한국 국보 83호)이다.

울진(蔚珍) 봉화(奉化) 지역에서 자생하는 춘양목(春陽木)인 것으로 미
루어 보아 한반도에서 만든 것이 틀림없고, 그 양식을 보건대 백제계
불상일 것이라고 답변했다. 춘양목은 목재로서 발군의 가치를 지니고
있기 때문에 일제강점기에는 그것을 벌목하여 반출하기 위해 봉화군
의 춘양면에 철도까지 놓였다.

　고류지의 미륵보살반가사유상이 적송으로 만들어졌다는 사실은
우연한 계기를 통해 발견되었다고 한다. 1960년대, 예술을 전공하는
한 학생이 이 불상의 아름다움에 반하여 무심코 끌어안으려다 그만
불상의 새끼손가락을 부러뜨렸다. 이것을 복원하기 위해 불상의 재질

을 조사한 결과 그것이 한국의 춘양목과 같다는 사실이 밝혀졌다는 것이다. 이런 이야기를 덧붙이며 의기양양하게 답장을 썼다.

그런데 두 주일 쯤 후에 그들로부터 다시 편지가 왔다. 그들은 식물도감과 백과사전 등을 열심히 뒤져 본 결과를 바탕으로 당시 일본에서도 적송이 자생했다는 사실과 불상의 뒤편에 녹(樗)나무로 덧댄 흔적이 있다는 점을 이야기하며, 내가 말한 이유만 가지고는 반드시 한반도에서 이 불상을 만들어 보냈다고는 할 수 없지 않느냐고 반문했다. 나는 다시 『일본서기』의 기록 등을 예로 들어 나의 견해를 옹호하는 답변을 보냈고, 학생들은 또 내 견해에 이의를 제기하는 편지를 보내 왔다. 우리의 논쟁이 어떤 결론을 도출하고자 한 것은 아니었기 때문에 한반도와 일본열도의 사람 왕래와 문화 교류, 특히 한국계 사람과 문화가 일본 고대의 국가 건설과 문화 발전에 얼마나 심대한 영향을 끼쳤는가를 확인하는 선에서 마무리되었다.

그리고 의도하지 않았는데도 이 일을 계기로 한국의 초등학교 교과서가 개정되었다. 그때까지 한국 교과서는 적송이 일본에서 자생하지 않기 때문에 보관미륵보살반가사유상은 한국에서 만들어 보낸 것이라는 식으로 기술되어 있었는데, 그런 식의 기술로는 독자를 납득시킬 수 없겠다는 내 이야기를 들은 편수 관계자가 내용을 약간 수정한 것이다. 이 전말은 소학교 6학년 수업을 맡았던 일본인 교사가 수업 사례를 소개하는 책으로 출판하여 널리 알려졌다. 이것은 일본의 소학생들이 한국의 교과서 기술을 바꾼 유일한 사례라고 볼 수 있다.

고류지는 시텐오지[四天王寺, 사천왕사]와 호류지[法隆寺, 법륭사] 등과 더불어 쇼토쿠 태자가 세운 7대 사원 중 하나이다. 여기에 안치된 보관미륵보살반가사유상은 일본에서 가장 오래되고 아름다운 불상이다. 가는 눈, 뚜렷한 눈썹, 이마에서 부드럽게 이어지며 흘러내린 콧날 등이 정말 깔끔하게 갖추어져 있다. 입술의 양 끝에는 힘이 약간 들어가 있기 때문에 살포시 미소를 머금은 듯 보인다. 두 손의 모습은 우아함이 넘치고 오른손의 곡선은 아름답기 그지없다. 두 발을 덮은 치마는 대좌(臺座, 불상을 올려놓는 대)에 흘러내려, 간소하게 표현된 상반신과 달리 복잡하고 화려하다.

이처럼 인간적이면서도 신비롭게 순화된 부처의 모습은 쉽게 찾아볼 수 없다. 독일의 철학자 칼 야스퍼스는 이 불상을 보고 이렇게 절찬했다. "고류지의 불상에는 정말 극도로 완성된 인간 실존의 최고 이념이 남김없이 완벽하게 표현되어 있다. 인간 존재의 가장 청정하고, 가장 원만하고, 가장 영원한 모습의 표현이다." 보관미륵보살반가사유상은 오늘도 참배자들을 고통에서 구해 줄 듯한 신비한 미소를 머금고 있다.

 가쓰라 본궁에 깃든 하타노 가와카쓰와 쇼토쿠 태자의 일화

고류지에는 그 밖에도 국보가 몇 개 더 있다. 그중 대표격인 가쓰라궁 본당[桂宮院 本堂]은 울창한 단풍나무 숲에서 자란 계수나무의 고목 자리에 세운 별궁이다. 이 건축물에는 쇼토쿠 태자와 하타노 가와카쓰의 설화가 얽혀 있다. 쇼토쿠 태자는 어느 날 꿈속에서 5백 명의

팔각원당인 가쓰라궁원

나한(羅漢)[8]이 영험한 이곳에 모여 불경을 읽고 있는 광경을 목격했다. 그때 천녀가 묘향(妙香)과 묘화(妙花)를 가지고 내려와 나한들을 공양하고, 계수나무 고목은 빛을 내뿜고 있었다.

쇼토쿠 태자가 하타노 가와카쓰에게 이 이야기를 하자 하타노 가와카쓰는 그 성지가 자신의 땅인 가도노[葛野]라고 말했다. 쇼토쿠 태자가 하타노 가와카쓰의 안내로 가도노에 가 보니 꿈에서 본 계수나무 고목이 있고 수많은 꿀벌이 웅웅대고 있었는데, 태자에게는 그것이 설법하는 소리로 들렸다. 쇼토쿠 태자는 하타노 가와카쓰에게 그곳에 절을

....
8 불교의 수행을 완성하여 배울 만한 법도가 없을 정도의 경지에 이른 부처 또는 생사를 초월하여 사람들로부터 존경받을 만한 성자.

고류지(광륭사)의 입구(위)와 상궁왕전 태자전

지으라고 명령했다. 이렇게 해서 건립된 사원이 가쓰라궁 본당이다. 단층 팔각으로 된 이 건물의 지붕은 노송나무 껍질[檜皮]로 덮여 있다.

고류지는 하타 씨의 업적이 잘 보전된 유적이다. 그리고 한국과 일본의 신앙과 예술이 아름답게 조화되고, 교류와 협력 또한 훌륭하게 융화된 역사의 보물 창고라 할 수 있다.

백제계 도래인이 창건한 기요미즈데라

한국인이 교토에 가면 가장 많이 들르는 곳은 어디일까? 아마 킨카쿠지[金閣寺, 금각사]와 기요미즈데라가 엇비슷하게 1위를 차지할 듯하다. 기요미즈데라는 교토의 동쪽 산(東山, 히가시야마) 기슭에 자리 잡고 있는데, 절에 오르는 언덕길이 아주 아름답고 격조 높아서 항상 관광객이 붐비는 명소이다. 좁은 길의 양쪽으로 기요미즈야키[淸水燒]라는 특산 도자기와 교토의 전통 공예품 등을 파는 가게가 즐비하여 굳이 사지 않더라도 눈요기만으로 마음이 뿌듯해진다. 이 거리 전체가 일본의 중요 전통 건조물 보존지구로 지정되었고, 기요미즈데라 안에 있는 주요 건물은 대부분 국보나 중요 문화재이며, 사찰 전체는 1994년에 유네스코의 세계문화유산으로 등재되었다.

그런데 일본인이 좋아하고 자랑하는 교토의 명찰(名刹) 기요미즈데라를 백제계 도래인 사카노우에노 다무라마로[坂上田村麻呂, 758~811]가 창건했다는 사실을 아는 사람은 많지 않다. 그의 조상은 오진

천황[應神天皇] 때 일본으로 건너와 나라[奈良]의 아스카[飛鳥] 지역에
터를 잡고 살았다고 한다. 다무라마로는 간무 천황 때(797) 정이대장
군(征夷大將軍)에 임명되어 간토 지역 동북부의 이민족 에미시[蝦夷, 요
즘은 '아이누'라고 부른다]를 정벌하여 용맹을 떨쳤다. 정이대장군은 나
중에 무사들이 득세했을 때 실제로 일본 최고의 권력자인 장군의 직

사카노우에노 다무라마로

위였으니 다무라마로가 막부 정권(무사 정권) 탄생의 원조라고 할 수 있다. 다무라마로는 키가 180센티미터에 가슴 두께가 36센티미터나 되는 거구였다. 그의 얼굴은 붉고 눈은 예리하며 황금색 턱수염을 갖고 있었다고 한다. 성격이 부드러워 웃으면 어린아이처럼 보이지만 화가 나면 귀신이나 맹수도 벌벌 떨 지경이었다고 하니 용감한 장수의 전형이었던 셈이다.

다무라마로는 778년에 임신 중인 부인을 보양하기 위해 사슴을 잡으러 히가시야마에 올랐다가 엔친[延鎭] 스님을 만난다. 엔친 스님은 이 산에서 간논지[觀音寺, 관음사]를 짓고 수행하고 있었다. 다무라마로는 엔친 스님의 영향을 받아 불교를 받아들이고 살생을 중지한다. 그는 780년 가불전(假拂殿)을 지어 엔친 스님에게 기증했고, 이것이 기요미즈데라의 효시이다. 그리고 간논지 인근에 기타간논지[北觀音寺, 북관음사]를 짓는데, 이 절이 나중에 기요미즈데라가 된다. 다무라마로가 정이대장군에 임명되기 20여 년 전이고, 간무 천황이 헤이안쿄로 천도하기 10여 년 전의 이야기다.

다무라마로는 798년 기요미즈데라에 금색 40수(手)의 관세음보살상 한 채를 만들어 바쳤다. 그리고 자신이 살던 다섯 칸짜리 집을 기증하여 당사(堂舍)로 삼았다. 이 당사가 기요미즈데라의 본당이다. 본당은 깎아지른 절벽에 돌출한 무대(舞臺, 본당의 마루)를 만든 후 지었는데, 노송나무 껍질로 지붕을 잇고 단청을 입히지 않았다. 본당은 1063년에 불타 1633년에 재건했지만 여전히 헤이안 시대의 궁전이나 귀족의 저택 모습을 간직하고 있다.

기요미즈데라의 인왕문(仁王門)

절벽에서 10여 미터나 튀어나온 무대는 139개의 나무 기둥이 받치고 있는데, 그 모습이 웅장하고 신기하며 아름답다. 1607년에 통신사의 부사(副使)로 일본에 간 경섬(慶暹, 1562~1620)은 교토에서 도쿠가와 장군을 만나기 위해 기다리는 동안 기요미즈데라를 구경했는데, 『해사록(海槎錄)』에 다음과 같은 감상문을 남겼다. "절이 산 중턱에 자리 잡았는데, 계곡이 청정하고 소나무와 대나무가 무성하다. 높은 누각이 냇물에 닿았는데,9 높이가 열 길10이나 되어 내려다보면 정신이 아찔했다." 아마 기요미즈데라가 화재를 만났어도 이 무대만은 불타지 않

----

9 기요미즈데라는 산비탈에 지었는데, 비탈에 수십 개의 기둥을 세우고 맨 위에 넓은 마당을 만들었다. 따라서 기둥의 맨 밑은 수십 길 끝의 땅에 닿았고, 그곳에 개울이 흐르고 있었다.
10 한 길이 2.4~3m로, 열 길은 24~30m 높이다.

은 모양이다.

다무라마로는 807년에도 기요미즈데라의 당우(堂宇)11를 확장한다. 그리고 811년 5월에 죽었다. 그의 나이 54세였다. 무덤은 교토의 야마시나구[山科區]에 있는데, 죽어서도 교토의 수호신이 되었다고 한다. 그의 무덤 일대는 지금 사카노우에노 다무라마로 공원이 되어 시민의 휴식처가 되고 있다.

기요미즈데라의 경내에 들어서서 본당의 매표소 입구에 가면 가이산도[開山堂]라는 사당이 있다. 1633년에 재건된 세 칸짜리 건물 안에는 다무라마로와 그의 부인의 좌상이 함께 안치되어 있다. 기요미즈데라는 임산부의 순산을 기원하는 절로도 유명하다. 아마 다무라마로의 부인이 영검을 베푸는 모양이다.

기요미즈데라는 고색창연하고 우아한 사찰이다. 이곳에서 교토 시내를 한눈에 내려다보며 태고의 물소리와 바람 소리를 듣노라면 마치 천당에 있는 듯한 기분이 든다. 그러나 이런 감상에만 치우치지 말고 기요미즈데라에 얽힌 한일 관계의 역사에도 관심을 가져 주었으면 한다.

기요미즈데라를 방문한 한반도 일대 사람들이 오늘날의 우리만은 아니다. 811년에는 교토를 방문한 발해의 사신이 이 절에서 베푼 성대한 연회에 참석했다. 1607년 통신사 경섬이 기요미즈데라를 구경하고 감상문을 남겼다는 이야기는 앞에서 언급했다. 헤이안쿄 천도 1200년이 된 1994년에는 북한과 일본이 우호를 기원한다는 뜻을 담아 기요미

....
11 정당(正堂)과 옥우(屋宇)라는 뜻으로, 규모가 큰 집과 작은 집을 아울러 이르는 말이다.

절벽에 만든 돌출한 무대와 그 위에 지은 기요미즈데라 본당

즈데라에서 연회를 베풀었다. 지금은 우리가 비록 개인의 자격으로 기요미즈데라를 방문하지만, 인간은 역시 역사의 굴레를 벗어날 수 없는 존재이다. 교토의 절이나 신사 하나하나에 깃든 한일 관계의 역사를 알고 구경한다면 그만큼 더 깊은 재미와 보람을 느낄 수 있을 것이다.

일본 신앙의 원조가 된 도래인

교토에 들어서면 지금도 시내에 1,600여 개의 사원과 400여 개의 신사가 성업하고 있다는 사실에 기가 질린다. 한국인은 절집이나 성황당을 마을 사람의 일상생활과 동떨어진, 깊은 산속의 으슥한 골짜기나 동네 어귀에 숨어 있는 것으로 생각한다. 때문에 대도시의 번화가나 고즈넉한 주택가에 사원과 신사가 당당히 손님을 맞고 있는 풍경은 왠지 낯설다. 그렇지만 합리화와 근대화의 물결이 한국 사회 구석구석까지 엄습하기 이전에는 민중이 소원을 빌기 위해 절집과 성황당을 찾는 일이 익숙한 생활이었다. 옛날에는 마을 주변에 절집과 성황당이 널려 있었다. 따라서 우리에게서 사라져 버린 신앙과 풍습이 오히려 일본, 특히 교토에 많이 남아 있다고 보아야 한다. 오늘날 중국의 연변 지역에 가보면 잃어버린 우리 전통이 생생하게 살아 숨 쉬는 것과 마찬가지다.

교토에서는 헤이안쿄가 건설되기 전부터 이미 한반도 일대 계통의 도래인이 사원과 신사를 짓고 나름의 신앙생활을 영위했다. 하타노 가와카쓰가 고류지를, 하타노 도리[秦都理]가 마쓰오다이샤[松尾大社, 송미대사]를 창건했다. 세계문화유산으로 지정된 가미[上]와 시모[下]의 가모 신사[賀茂神社]나 후시미이나리 신사[伏見稲荷神社], 기온 마쓰리의 출발지인 야사카 신사[八板神社] 등도 도래인의 신앙생활과 관련이 깊다(24쪽의 〈지도 2〉 참조).

하타 씨는 5세기 말 일본에 도래하여 가즈노군[葛野郡]과 기이군(紀伊郡) 일대를 본거지로 삼고, 일족의 신앙 중심지로서 많은 사원과 신사를 세웠다. 그중에서 사찰은 고류지, 신사로는 마쓰오다이샤가 유명하다. 마쓰오다이샤는 가쓰라가와를 가로지르는 도게쓰 교의 남쪽 마쓰오 산[松尾山] 밑에 자리 잡고 있다.

마쓰오다이샤는 701년에 하타노 도리가 세웠고, 즈쿠시노구니 무나카타[筑紫國宗像]의 신을 모신다. 원래 농경의 신이었는데, 에도 시대에 주조(酒造, 술을 빚어 만듦)의 신으로 바뀌었다. 마쓰오다이샤에 있는 삼신상(三神像)은 헤이안 초기에 만든 것으로, 한반도 일대에서 도

마쓰오다이샤 본전

래한 사람이 모델이라고 한다. 메이지 초기까지 하타노 치마루메[秦知
麻留女]의 자손이 신직(神職)을 맡았으니, 하타 씨의 후손이 쭉 마쓰오
다이샤를 지켜 온 셈이다.

　하타 씨는 양잠과 직조뿐만 아니라 농경과 양조에도 뛰어났기 때문
에 그들이 세운 사원과 신사에는 이와 관련된 일화가 많다. 마쓰오다이
샤는 주조와 무문(武門)을 겸한 신을 모신다. 하타 씨는 가쓰라가와 부
근을 개발하여 농경지를 조성하고 양질의 곡물을 생산했다. 거기에 가
쓰라가와는 맛있는 물로 이름나 있다. 술을 빚을 수 있는 좋은 조건이
갖춰진 셈이다. 이런 연유로 마쓰오다이샤는 에도 시대 이래로 술의 신
을 추앙하는 신사로 더욱 유명해져, 지금도 전국 각처에서 양조업자, 간

장과 된장 업자, 술집 마담의 기진(寄進)12이 그치지 않는다.

마쓰오다이샤의 신은 가미가모 신사[上賀茂神社]가 모시는 신의 아버지라고 한다. 이것으로 미루어 보면 당시 교토에서 세력을 떨치고 있던 가모 씨[賀茂氏]도 결국 도래인의 일족임을 알 수 있다. 가모 씨는 헤이안 천도 이전의 교토 지역인 가즈노군[葛野郡] 동쪽의 가모가와[賀茂川] 연변에서 세력을 떨친 호족이었다. 이들은 도래인 집단으로, 가모가와와 다카노가와[高野川] 부근을 개발하고 두 강의 합류 지점 부근에 농경의 신을 모시는 신사를 세웠다. 이것이 시모가모 신사[下鴨神社]와 가미가모 신사이다. 두 신사는 세계문화유산으로 지정되어 있다. 이렇게 보면 도래인이 교토의 동서를 흐르는 강(가모가와, 다카노가와, 가쓰라가와)을 개발하여 도시 기반을 구축하고 고대 문명을 이룩한 셈이다.

히가시야마[東山] 36봉의 최남단에 위치한 후시미야마[伏見山] 기슭의 후시미이나리 신사는 현재 상업의 신으로 전국의 기업으로부터 두터운 지원을 받고 있다. 그래서 그 규모와 시설이 웅장하고 화려하다. 이 신사도 원래는 부근에서 세력을 떨치고 있던 하타 씨가 농경의 신을 떠받들던 곳이다.

후시미이나리 신사의 본전 옆을 지나 안으로 들어가면 참배로가 산꼭대기까지 꾸불꾸불 뻗어 올라가 있다. 입을 다물 수 없을 만큼 놀

....

12 신불(神佛)의 가호 또는 권력의 보호를 받기 위해 물품이나 땅을 절이나 권문세가(權門勢家)에 기부 또는 양도하는 행위.

후시미이나리 신사 입구의 도리이(위)와 참배로에 빽빽이 들어선 도리이들

랍고 야릇한 것은 그 참배로에 붉은색을 칠한 도리이[鳥居, 신사 등의 입구에 세운 기둥 문] 2만여 개가 빽빽이 세워져 있는 광경이다. 도리이는 문자 그대로 새가 앉는 곳이라는 뜻으로, 불경한 곳과 신성한 곳을 구분 짓는 경계에 세워진다. 신사의 풍경에 익숙하지 못한 사람은 그것을 보고 기괴하고 으스스한 기분에 사로잡힌다. 대낮에도 도리이의 숲에 가려 어두침침할 것 같은 참배로는 굽이쳐 올라간 그 모습이 마치 거대한 뱀이 꿈틀거리는 것 같아 무섭고 음산하다.

동서양을 막론하고 신전에는 왜 기둥을 세우는 것일까? 이집트의 카르나크 신전, 그리스의 파르테논 신전, 상트페테르부르크의 이삭 성당 모두 웅장하게 늘어선 기둥이 압권이다. 장엄하고 엄숙한 분위기 속에서 신과 교감하는 데는 엄청나게 큰 기둥 숲만 한 것이 없는 모양이다.

후시미이나리 신사의 도리이는 모두 회사나 개인이 기진한 것이다. 하나를 세우는 데 20만 엔은 내야 한다니 신사는 떼돈을 버는 셈이다. 게다가 일정한 기간이 지나면 교체하고 다시 세우기 때문에 자금줄이 끊어질 염려도 없다. 지금도 수많은 사람들이 도리이의 숲을 돌면서 참배하고 있는 마당에 불경스럽게 무슨 돈타령이냐고 할지 모르지만, 교토의 사원과 신사는 정월 초하루나 관광 성수기에는 하루에 2천만 엔 이상을 긁어모은다. 그런데도 세금 한 푼 내지 않으니 불평하는 사람이 있을 수밖에 없다. 교토의 웬만한 토지와 건물은 사원과 신사의 것이라는 소문도 있지만 그렇다고 함부로 항의할 수도 없다. 사원과 신사에 기대어 사는 사람들이 너무 많기 때문이다. 사원과 신사는 그 자체가 방대한 고용을 창출하는 직장이고 기업인 셈이다.

야사카 신사

야사카 신사는 기온[祇園]13의 바로 건너편에 있기 때문에 교토에
가는 사람은 누구나 들르는 곳이다. 그 옆에는 거대한 사찰이 많고 기
요미즈데라 근방으로 올라가는 아름답고 아기자기한 골목길이 맞닿
아 있어 답사 여행의 출발지로도 안성맞춤이다. 야사카 신사는 고구
려 계통의 도래인이 656년경에 창건했다고 한다. 일본의 3대 마쓰리
라고 일컬어지는 기온마쓰리는 이곳에 모신 오미코시[神輿, 신령이나 혼
백이 타고 있는 가마]를 끌어내어 교토 중심가를 도는 행사다. 야사카 신
사는 섣달 그믐부터 정월 초하루까지 참배객들로 들끓는다.

....

13 야사카 신사의 옛 이름 또는 그 부근의 지명이다. 지금은 흔히 야사카 신사 정문 앞 시가
지에 펼쳐 있는 고급 요정 거리를 일컫는다. 그 거리는 저녁이면 격조 높은 조명 아래 전
통 유흥가의 모습이 고즈넉한 멋이 풍긴다. 얼굴을 순백으로 화장한 어린 기생, 마이코
[舞子]를 볼 수 있어서 관광지로 인기가 높다.

일본에는 800만 이상의 신이 있다고 한다. 일본에 이렇게 신이 많은 것은 일본의 문화 풍토와 신앙 세계가 만물에 영혼이 깃들어 있다는 애니미즘에서 벗어나지 못하고 있기 때문일 것이다. 하지만 이는 평생 한 구멍만 파고드는 일본인들의 전공 집착 의식과도 관련이 있는 듯하다. 그들은 신에게도 인간과 마찬가지로 공부, 싸움, 양조, 직조, 연애 등 영역에 따라 효험을 베풀 수 있는 전공이 따로 있다고 보는 것이다. 그렇기 때문에 각각의 분야나 영역을 나누어 주관하는 신이 따로 존재하게 된다.

일본인들은 전지전능한 힘을 가진 유일신을 믿으려 하지 않고, 자기가 필요할 때마다 전공에 맞는 신사를 찾아가 빌어야 확실한 효과를 볼 수 있다고 생각한다. 그래서 일본에는 돈벌이를 잘하게 해 주거나 교통안전을 지켜 주는 신 등을 찾아 여기저기 몰려다니는 참배객 무리를 심심치 않게 볼 수 있다. 어쩌면 자기의 전공에 부합하는 소원만 들어 주는 일본의 신은 모든 소원을 다 들어 주어야 하는 한국의 신보다 훨씬 덜 바쁠지도 모른다.

그런데 이렇게 많은 일본 신들의 원조를 따져 올라가면 대개 도래인에게 귀착하니, 정말 야릇하고 미묘하다. 유교화 또는 근대화 과정에서 우리가 버린 것들이 일본에 침전되어 새끼를 치고 번성하고 있는 것은 아닐까? 어떤 이가 한국과 일본의 문화 의식과 소비 양상에 대해 이렇게 말했다. 한국은 받아들인 것을 한 번 쓰고 내버리는 '설사 문화'고, 일본은 받아들인 것을 꼭꼭 쌓아 두고 우려먹는 '변비 문화'라고. 비유가 좀 지저분하기는 하지만, 정곡을 찌른 한일 비교 문화론이라고 생각한다.

교토에 살아 있는 백제와 신라의 숨결

백제 왕실의 인척, 천황가

2001년 12월 23일 지금의 천황 아키히토[明仁]가 『속일본기(屬日本記)』
에 간무 천황의 생모가 백제 무령왕의 후손이라고 적혀 있어 한국과
의 인연을 느낀다는 뜻의 발언을 해서 화제가 된 적이 있다. 당시 일본
의 매스컴은 이를 거의 보도하지 않았지만, 한국의 매스컴은 전문가
의 견해까지 곁들여 대대적으로 보도했다. 고대 한일 관계사를 대하
는 한국과 일본의 태도가 극명하게 드러나는 사례였다.

그런데 교토 니시쿄[西京區, 서경구]의 옛 산인카이도[山陰街道, 산음
가도] 옆 후미진 산록에 간무 천황의 어머니인 다카노노 니가사[高野新
笠]의 무덤이 있다. 니가사는 고닌 천황의 부인이자 간무 천황의 생모
로, 789년 12월에 사망했다고 한다. 니가사는 백제계 도래인 야마토
노 오토쓰구[和乙繼]와 지방 호족의 딸인 하지노 마이모[土師眞妹] 사이
에서 태어났다. 야마토 씨는 770~780년에 다카노노 아소미[高野朝臣]

로 성을 바꿨다. 야마토노 오토쓰구는 백제 25대왕 무령왕(武寧王, 재위 501~523)의 후손이다. 무령왕의 조상은 고구려의 동명왕(東明王, 주몽(朱蒙))이므로, 거슬러 올라가면 고구려와 부여까지도 핏줄이 연결될 수 있다.

간무 천황

간무 천황은 고닌 천황의 아들이다. 처음에는 이복동생인 오사베[他戶]가 황태자로 임명되었으나 결국 통치자의 경륜을 갖춘 간무가 황위를 차지했다. 당시 그의 나이는 44세였다. 간무 천황은 헤이안쿄로 천도하여 적극적으로 새로운 정치를 추진했다. 정치의 기조는 관인(官人)에 대한 통제를 강화하고 요역과 군역의 부담을 줄이는 것이었다. 영토를 동북 지역으로 확대하는 데도 힘을 썼다. 정치에 한반도 일대 계통의 도래인 씨족을 중용했는데, 어머니가 백제계 도래인의 후손인 데다가 자신도 오사카 주변에 거주하는 백제왕씨(百濟王氏)와 깊은 관계를 맺고 있었기 때문이다.

간무 천황의 생모인 다카노노 니가사[高野新笠, ?~790]는 백제 무령왕의 후손이라고 하는데, 백제 왕실은 고구려의 주몽에서 비롯되었으며, 주몽은 태양신의 혈통이라고 주장한다. 간무는 이전의 다른 천황보다 더 높은 권위를 갖고 싶었기 때문에 자신이 무령왕과 주몽을 통해서 한반도 일대의 태양신 혈통을 이어받고, 일본열도의 태양신인 아마테라스 오카미[天照大神]를 동시에 체현했다고 선전했다. 그리하여 종래 이세신궁(伊勢神宮, 일본 황실의 종묘)에서 황가의 조상신으로 아마테라스 오카미를 모시던 관행과 달리, 백제왕씨의 거주 지역 가타노[交野]에서 호천상제(昊天上帝)라고 하는 대륙적인 천신을 모시는 의례를 거행했다. 두 태양신의 계보를 이음으로써 천황은 백제왕씨를 자신의 외척으로 끌어들인 것이다.

    이런 연유 때문인지 간무 천황은 도래인을 중용했다. 고구려계의 고려복신(高麗福信), 백제계의 사카우에 가리타마로[坂上刈田麻呂], 스가노 사네미치[菅野眞道] 등은 의정관(議政官)을 지냈다. 간무는 784년 나가오카쿄[長岡京, 교토부 남서부에 있는 도시]로, 10년 후인 794년에는 헤이안쿄로 천도했다. 이때 교토 지역에 하타 씨를 비롯한 도래계 씨족이 많이 살고 있었다는 것은 앞에서 살펴본 바와 같다.

    간무 천황이 나가오카쿄를 건설할 때도 나가오카 지역에는 하타 씨와 백제왕씨가 많이 거주하고 있었다. 지금도 히라카타 시[枚方市]에는 왕인 박사(王仁博士)의 것이라고 일컬어지는 묘소, 백제왕사(百濟王寺) 터와 백제왕 신사가 건재하다. 이는 모두 5~7세기에 이 지역이 한반도 일대와 활발히 교류했다는 것을 말해 주는 증거이다. 왕인은 일본에 한자와 『천자문』을 전한 학자고, 백제왕은 백제가 멸망한 뒤 밀려오는 이주민들에게 일본 천황이 붙여 준 성이다. 히라카타 시는

히라노 신사의 중문과 본전

왕인의 탄생지라 주장하는 전남 영암군(靈岩郡)과 자매결연을 하고, 매년 11월 3일에 왕인 묘역에서 기념식을 거행한다.

　교토의 북구(北區)에도 간무 천황과 다카노노 니가사의 인연을 말해 주는 유적이 있다. 히라노 신사[平野神社]가 그것이다. 간무 천황은 794년 교토로 천도할 즈음 이 신사의 창건을 지시했다. 제신(祭神)은 모두 넷인데, 나란히 네 개의 신전을 건축하여 처마를 맞대게 배치했다.

히라노 신사의 '네 개의 제신 신전'

제1전에는 백제 성왕인 이마키 신[今木神]을 모셨는데, 염직수예(染織手藝)의 수호신이자 이 신사의 주신(主神)이다. 제2전은 백제 성왕의 선조인 구도신(久度神)인데 가마도[竈], 즉 부엌의 수호신을 모셨다. 제3전은 백제 비류왕과 근초고왕인 후루아키 신[古開神]인데, 재화(齋火, 淸淨)의 수호신이다. 제4전의 신은 히메 신[比賣神]으로, 간무 천황의 어머니인 다카노노 니가사의 신령이다. 제4신 외에는 인간 생활과 관련된 신을 섬기는데, 후세 사람들이 붙인 것으로 보인다.

　제1전의 제신인 이마키[今木]는 '이마키[今來]'라고도 쓰는데, 백제에서 온 기술자를 '지금 온 재주꾼(今來의 才伎, 이마키노 데히토)'이라고 불렀다. 야마토[大和]의 이마키군[今來郡, 지금의 나라 현 고시군]에는 5세기 후반 무렵 백제에서 도래한 사람들이 다수 거주했다. 이마키 신은 원래 이마키군에서 모신 도래신이었는데, 나중에 헤이조쿄에 모셨다.

제사는 다카노노 니가사와 간무 천황이 집전했다. 헤이안쿄로 천도하면서 이 이마키 신을 히라노 신사에 옮긴 것이다. 구도신은 백제 성왕의 선조인 제6대왕 구수왕(仇首王)과 관련이 있으며, 백제계 도래인 오하라 씨[大原氏]가 섬긴 신이다. 후루아키 신은 백제의 시조 온조(溫祚)의 형인 비류(沸流)와 5대 왕인 초고(肖古)라고 한다.

히라노 신사는 황실의 수호신으로서 숭앙되었다. 헤이안 중기 이후에는 조정이 존숭(尊崇)한 22사 중에서 이세신궁(伊勢神宮), 가모 신사[加茂神社 上, 下], 이와시미즈하치만 궁[石清水八幡宮], 마쓰오다이샤 다음에 위치할 정도로 격이 높았다. 백제 왕실과 그 도래인이 일본의 왕가와 얼마나 밀접한 관계를 맺고 있었는지 엿볼 수 있는 증거이다. 히라노 신사는 벚꽃의 명소이기도 하다.

히라노 신사의 벚꽃 축제

무역 제국 신라의 위대한 흔적

교토의 동북쪽에 위치한 세키잔젠인[赤山禪院, 적산선원]은 천태종(天台宗) 총본산(総本山)인 히에이 산 엔랴쿠지[延暦寺]에서 갈라져 나온 절이다. 자각 대사(慈覚大師) 엔닌이 임종할 때 내린 명령에 따라 천태좌주(天台座主) 안네[安慧]가 888년에 창건했다. 엔닌은 엔랴쿠지의 개조(開祖, 한 종파의 창시자) 사이초[最澄]의 직계 제자로, 젊은 날에 일본에서 당으로 사신의 배를 타고 건너가 천태교학을 배우고 돌아왔다(838~847). 그는 일본에 돌아오는 항로를 평온하게 수호해 준 출항지의 산신 적산대명신에게 감사하는 마음과 천태종을 수호해 달라는 염원을 담아 이 절을 세우라고 유언했다.

적산대명신은 중국 산동성 문등 현(文登県) 적산촌(赤山村) 신라방(新羅坊)에 있는 적산법화원(赤山法華院)이 모시는 신이었다. 엔닌이 귀국 도중 폭풍우를 만났을 때 이 신이 뱃머리에 나타나 하늘을 향해 흰 깃털의 화살을 쏘자 곧바로 비바람이 멈춰 무사히 귀국했다고 한다. 이 선원에는 적산대명신의 화상이 본전에 안치되어 있다. 어떤 이는 도교의 조신(祖神) 태산부군(泰山府君)이라고 하지만 사실은 신라의 신이다.

엔닌은 일본의 불교사에 뛰어난 업적을 남긴 대승려다. 당 유학 경험을 정리한 그의 책 『입당구법순례행기(入唐求法巡禮行記)』는 일부에서 마르코 폴로의 『동방견문록』과 현장(玄藏)의 『대당서역기(大唐西域記)』와 더불어 세계 3대 여행기로 불린다. 미국의 저명한 동양사학자이자 주일본 대사를 역임한 라이샤워(Edwin Oldfather Reischauer)는 엔

세키잔젠인(적산선원) 본전

닌의 일기를 자세히 분석한 책을 몇 권 간행했는데, 우리의 관심을 끄는 것은 그가 엔닌의 일기 속에 등장하는 신라인에게 특별한 의미를 부여하고 있다는 점이다. 라이샤워가 보기에 엔닌이 중국에서 접촉한 사람은 중국인보다 신라인이 더 많았다. 신라인은 8~9세기에 중국-신라-일본의 무역을 장악하고 있었다. 그는 이런 사람들이 활동하던 신라는 지리적·언어적·문화적으로 오늘날과 같은 '국가'를 유럽보다 훨씬 앞서 확립했다고 평가했다.

　당시 신라인 무역상은 산동반도 남안 일대와 화이허 강[淮河, 회화] 하류 일대에 집중되어 있었다. 대운하와 화이허 강을 연결하는 추저우[楚州, 초주]에는 신라의 거대한 조계(租界, 외국인 거주지)가 있었고, 신라인 총독이 신라방의 행정을 관장했다. 적산법화원의 법회에는

200~250명이 참석했는데, 일본인 네 명을 제외하면 모두 신라인이었다. 신라방과 그 총관(總管)은 치외법권을 누리고 있었다. 중국의 바다와 운하 연안에서 선박을 거느리고 있던 무역상은 대부분 신라인이었기 때문에, 일본의 견당사(遺唐使, 당나라에 보내던 사신)도 신라의 선원과 통역을 고용하지 않으면 움직일 수 없었다.

당의 수도 장안(長安)은 인구 1백만 명 이상을 가진 국제도시였는데, 그곳에서 북적대는 외국인 중에는 신라인이 가장 많았다. 신라인은 유라시아 무역의 종착지인 장안에서도 발군의 실력을 발휘했다. 고구려 장군 고선지(高仙芝)는 1만 명의 중국 군대를 이끌고 인더스 강까지 진출했고, 신라 승려 혜초(慧超) 등은 인도로 구법 여행을 떠나기도 했다.

 ## 고승 엔닌과 무역왕 장보고

라이샤워가 보건대, 중국에서 활약한 신라인 중 가장 출중했던 이는 장보고(張寶高, ?~846)였다. 그는 모험가이자 무역왕이었다. 그는 중국에서 군인의 성격을 가진 관료로 출세한 뒤 신라에 돌아와 완도(莞島)에 청해진을 설치했다. 장보고는 1만여 명의 군사를 거느리며 해적을 소탕하고 무역로를 장악했다. 그는 마지못해 신라의 신무왕(神武王)을 옹립하는(839) 등 정치에도 말려들었는데, 그의 힘을 두려워한 모략 정치가 김양(金陽)의 하수인 염장(閻長)에게 암살당했다(841). 그 후 장보고의 세력은 일본으로 망명했고, 해상무역은 중국인의 수중으로 넘어갔다. 장보고가 죽자 일본의 서부 해안에 새 무역상이 등장하고 해적이 날뛰었다. 라이샤워는 장보고를 세계에서 가장 먼저 상업 제국을 건설한 위대한 무역왕이라고 평가했다.

왜 신라인과 장보고의 이야기를 장황하게 늘어놓았는가 하면, 적산선원의 이면에는 이들과 관련된 더 많은 사실이 숨어 있다고 생각하기 때문이다. 엔닌의 당 유학은 전적으로 장보고 선단의 도움을 받아 이루어졌다. 그는 일본 사절에 끼어 당에 갈 때 장보고 선단을 이용했다(839). 산동의 적산법화원에 체류하면서도 장보고 휘하 신라 무역상의 도움을 받았다. 그리고 8년 유학을 마치고 귀국할 때도 신라 선단에 의탁하여 규슈에 도착했다(847). 엔닌이 인편을 통해 장보고에게 편지를 보냈는데, 거기에는 장보고의 보살핌에 대한 감사와 위대한 업적을 칭송하는 마음이 절절히 배어 있다. 나는 이처럼 간절하게 상대방에게 존경과 감사의 마음을 표현한 편지를 읽은 적이 없다. 따라서 엔닌이 적산선원에 적산대명신의 화상을 안치하라고 유언한 것은 그 이상의 더 깊은 사연이 있었을지 모른다.

적산선원의 경내에 있는 곤 신사[金神社]는 마쓰오 대명신[松尾大明神], 히라노 대명신[平野大明神], 가모 대명신[賀茂大明神], 신라 대명신(新羅大明神) 등을 모신다. 이것들은 모두 신라계 도래인인 하타 씨와 관계가 깊다. 신라 대명신은 미이데라[三井寺, 園城寺]의 수호신인 신라명신(新羅明神)을 권청(勧請)14한 것이다. 여기에서도 적산선원과 신라가 깊이 관련되어 있음을 짐작할 수 있다.

....
14 신이나 부처의 분령(分靈)을 옮겨 와 제사 지내는 일. 신불(神佛)의 영험이 오래 머물기를 기원하는 의미도 있다.

적산선원은 교토의 바깥 귀문(鬼門, 동북쪽. 귀신이 드나든다 하여 꺼리는 방위)을 수호하는 곳에 해당한다. 이곳에 적산선원을 세운 것은 신라인의 힘으로 교토를 재앙에서 구하겠다는 염원 때문이었을까? 이곳의 경내에는 일본에서 가장 오래된 칠복신(七福神)[15]도 모셔져 있다. 가을 단풍이 유명하니 신라의 영화를 그리면서 한 번쯤 가볼 만하다.

적산선원의 북쪽 이와쿠라[岩倉上蔵町]에 있는 다이운지[大雲寺, 대운사]도 신라명신(新羅明神)을 모시고 있다. 다이운지는 사이초의 제자 지증대사(智證大師) 엔친[圓珍, 814~891]이 다시 일으킨 미이데라[三井寺, 삼정사]의 별원(別院)으로, 971년에 건립되었다. 이곳에 모신 신라명신은 학문, 기예, 농경, 의학, 장사, 교통의 수호신이다. 그와 인접한 이와쿠라 신사[石座神社]도 마쓰오, 가모, 히라노, 이나리 등의 신을 모시고 있는데, 모든 신이 신라계 도래인과 깊은 관련이 있다.

신라선신당과 무장 미나모토노 요시미쓰

미이데라는 비와 호의 서쪽 히에이 산 기슭에 자리 잡고 있다. 행정 구역 상으로는 시가현[滋賀県]에 속해 교토를 벗어난 곳에 있는데도 일

---

15 일곱 종류의 '복덕의 신'이다. 어업의 신 에비스는 사업 번창을, 음식과 제복의 신 다이코쿠텐은 가내 번성과 자손 번성을, 무력으로 가난의 신과 잡귀를 물리친다는 비샤몬텐은 불법(佛法) 수호와 출세를, 물의 여신이자 음악의 여신 벤자이텐은 예술과 학문 및 지혜를, 술을 좋아하는 신선인 주로우진은 장수와 지혜를, 주로우진과 비슷한 모습과 특징을 해 동일 신으로 취급받기도 하는 후쿠로쿠주는 인덕과 장수 및 부귀영화를, 전설적인 승려가 모델이 된 호테이는 원만한 인격과 부귀 번영을 주관하고 있다.

부러 언급하는 것은 신라명신 때문이다. 미이데라는 원래 오토모[大友]가 686년에 씨사(氏寺, 혈연관계의 동족 집단이 섬기는 사원)로 창건했다. 그 후 지증대사 엔친이 당에서 구법수행을 마치고 돌아와 866년에 재흥했다. 오토모는 백제계의 도래인이다. 이 지역은 원래 도래인이 집단을 이루어 살던 곳으로, 한때 그들의 힘을 빌려 이 지역에 수도를 건설한 적도 있다. 따라서 사이초, 엔닌, 엔친 모두 도래인의 후손이라는 설도 유력하다.

미이데라에 신라명신을 안치하게 된 경위는 이렇다. 엔친이 당에서 귀국할 때(858) 항로가 험악했는데, 갑자기 노옹(老翁)이 나타나 신라명신을 칭하며 그대를 위해 불법(佛法)을 수호해 주겠다고 약속했다. 엔친은 신라명신의 가호로 무사히 귀국했고, 또 그 신의 안내로 미이데라를 재흥했으므로 신라명신을 이 절에 안치하도록 했다. 신라명신은 이폭 화상(二幅 畵像)으로, 일본의 국보로 지정되어 있다. 지금은 일반인에게 공개하지 않는다.

미이데라의 본전에서 한참 떨어진 곳에 신라선신당(新羅善神堂)이라는 친근한 이름의 사원이 있다. 원래는 미이데라의 경내에 있던 사원인데 절의 땅이 매각되어 관공서 등의 건물이 많이 들어선 탓에 지금은 별도의 사원으로 여기기 쉽다. 이 건물 자체도 국보이고 그 속에 안치되어 있는 신라명신의 신상도 국보이다. 이 신상 역시 일반인에게는 공개하지 않는 비불(秘佛, 남에게 보이지 않는 불상)이다. 헤이안 시대에는 조정과 민간의 신앙을 끌어 모았던 유명한 신상이다. 관심을 끄는 것은 헤이안 시대 말기의 무장(武將) 미나모토노 요시미쓰[源

미이데라(삼정사)의 관음당

미이데라의 금당(일본의 국보)

신라선신당

신라사부로의 무덤. 한국식의 봉분은 지금 천황 릉에서만 볼 수 있는 양식이다.

義光, 1045~1127]가 이 신상 앞에서 성인식을 치르고 신라사부로[新羅三郞]라는 이름으로 개명했다는 사실이다. 그는 우리나라에서도 상연되었던 일본 영화 「가케무샤[影武士]」의 주인공 다케다 신겐[武田信玄, 1521~1573]의 선조다.

미나모토노 요시미쓰는 활을 잘 쏘고 말을 잘 타는 등 무술이 신기(神技)에 가까워 일본 무사의 아버지라고 불리는 인물이다. 그는 왜 신라선신당 앞에서 성인식을 올리고 신라사부로라는 이름으로 개명했을까? 아마 신라명신을 존숭하여 그 앞에서 소원을 빌고 무언가를 단단히 다짐하거나 맹세한 모양이다. 신라선신당 오른쪽 숲에 숨어 있는 실낱같은 외길을 10분 정도 올라가면 신라사부로의 무덤이 있다. 흙으로 봉분을 쌓아올린 모습이 한국식 무덤과 똑같다. 봉분 위에는 세월의 무게를 이기지 못해 나무가 한 그루 자라고 있지만, 무덤은 그런대로 손질이 되어 있고 묘석 위에는 꽃도 꽂혀 있었다.

엔친은 왜 신라명신을 모셨을까? 엔친은 당 유학과 불법(佛法)을 수호해 준 그 신에 대한 경배의 마음으로 자신이 중건한 미이데라에 신라선신당을 짓고 비불로 모신 것이다. 문자 그대로 선신(善神)으로서 영원히 존숭하겠다는 뜻을 담았다. 엔닌은 적산대명신으로, 엔친은 신라명신으로 칭했지만, 모두 중국 산동성의 적산법화원에서 신라인이 모시고 있던 신이라는 점은 마찬가지다.

그런데 미나모토노 요시미쓰를 비롯한 일본의 무장들은 왜 신라명신을 수호신으로 섬겼을까? 소설가 최인호는 『해신(海神)』에서 신라명신이 장보고라고 설정하고 이야기를 풀어 나갔다. 기발한 착상이었다. 장보고가 궁복(弓福)이라는 별명을 가지고 있을 정도로 활에 능하고 무예가 출중했다니 미나모토노 요시미쓰가 자신의 모범으로 삼고 싶어 했을 개연성이 충분하다. 소설가는 결정적 사료가 없으면 말할 수 없는 역사가와 달리 마음껏 상상의 날개를 펼칠 수 있다. 게다가 최인호는 결코 호락호락한 소설가가 아니다. 끊임없이 공부하고 생각하는 작가다. 그는 미이데라까지 찾아와서 치밀하게 조사하고 취재한 끝에 신라명신이 장보고라는 확신을 가지고 『해신』을 썼던 것이다.

최인호는 1,100여 년 전에 이미 동아시아에 해상무역제국을 건설했던 장보고를 기리면서 21세기의 한국인이 본받아야 할 인물로 재탄생시켰다. 이 소설은 시대정신과 맞아 떨어져 베스트셀러가 됐다. 다만 최인호가 앞에서 내가 소개한 교토의 적산선원까지 조사하고 소설을 썼더라면 더욱 더 그럴듯하게 장보고를 그릴 수 있었을 거라는 아쉬움이 남는다.

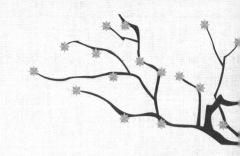

2부

중세: 무가의 득세와
선종의 융성

무사의 시대, 교토의 변신

헤이안쿄에서 교토로

헤이안 시대의 교토에는 한국과 관련된 유적·유물이 헤아릴 수 없을 정도로 많다. 그런 교토도 11~12세기를 거치면서 일본의 개성이 물씬 풍기는 도시로 바뀌게 된다. 이때는 무사가 권력의 전면에 등장하고, 불교가 민중의 신앙을 붙잡았다. 그에 따라 도시의 구조에도 변화가 나타나고 문화의 색깔도 달라졌다. 헤이안쿄라는 호칭은 점차 사라지고 교토라는 이름이 널리 사용되었다. 한국의 영향은 점점 약해지고 한국과 일본의 관계도 종래보다 소원해졌다. 따라서 2부에서는 일본의 역사 전개와 교토의 문화 양상에 대해 좀 더 많은 지면을 할애하겠다.

율령제를 대신한 장원공령제

농민의 유랑과 도망이 잦아진 9세기 후반에는 율령에 의한 지배가 어렵게 되었다. 한편 농민에게 곡식 등을 빌려 주거나 황무지를 개간하여 부를 축적한 부호 백성이 생겨났다. 이런 상황에서 지방행정관 중에는 일반 농민 대신 부호 백성을 지배 대상으로 삼아 이들에게 과세하는 사람도 나타났다.

10세기 초 권력을 장악한 후지와라 씨[藤原氏]는 율령제 지배 대신 모든 논밭을 국가가 장악하고 이를 부호 백성에게 대여한 뒤 경지 면적을 기준으로 세금을 거뒀다. 10세기 후반에 이르면 천황의 외조부가 섭정과 관백으로서 정치의 실권을 쥐었다. 후지와라의 자손이 천황의 외척이 되어 이 지위를 독점하고 11세기까지 전성기를 구가했다. 이 시기에 궁중에서 시중을 들던 여성을 중심으로 가나[假名]1 문자를 사용한 와카[和歌] 문학이 성행했다. 이 시기의 문화를 국풍문화(國風文化)라고 한다.

11세기에는 부호 백성이 경지 개발을 추진하고 주변 농민에게 이것을 경작하게 한 뒤 그들에게 '토지 사용 대가[지대(地代)]'를 받는 새로운 경영 방식이 나타났다. 11세기 중반에 이르자 조정은 이들 부호 백성의 경작지를 새로 과세지로 삼았다. 이것을 종래의 과세지인 공전(公田)과 함께 국아령(國衙領) 또는 공령(公領)이라고 불렀다. 부호 농민 중에는 조정의 과중한 세금과 수탈로부터 자신의 영지를 지키기 위해 자신이 그 땅의 관리자가 되는 것을 조건으로 하여 상급 귀족이나 사찰·신사에 기진하는 사람들도 나타났다. 이때 기진된 영지를 장

....

1　일본의 고유 음절(音節) 문자로, 한자의 표기를 빌어 그 일부를 생략하거나 간략하게 만든 문자이다. 히라가나와 가타카나가 있다.

원(莊園)이라고 한다. 기진을 받은 귀족·사찰·신사는 자신들의 권익을 강하게 하고자 이것을 다시 더 높은 귀족에게 기진했으므로, 장원은 점차 천황가와 섭관가(섭정·관백 가문)에 집중되었다.

초기에 장원은 조세를 부담하는 것이 원칙이었으나, 기진받은 상급 귀족의 정치력 여하에 따라 면세 특권(불수권(不輸權))이나 사자(使者)의 출입을 거부할 수 있는 권리(불입권(不入權))를 획득하는 장원이 나타나, 조정의 지배권이 미치지 않는 토지가 서서히 증가했다. 국아령과 장원을 바탕으로 형성된 토지제도를 장원공령제라고 하는데, 이것은 12세기 전반에 확립된 이래 중세 사회를 지탱하는 토지제도가 되었다.

◈ 전국적 무가 정권, 가마쿠라 막부 설치

11세기에 들어 불교의 힘이 약해지자, 세상이 망할 날이 다가온다는 말법사상이 확산됐다. 또한 염불을 외우면 아미타의 구원으로 극락정토에 갈 수 있다는 정토신앙이 퍼져서, 교토 부근 우지에 세운 뵤도인[平等院, 평등원]의 호오도[鳳凰堂, 봉황당]와 같은 양식의 건축이 유행했다. 12세기 말에는 호넨[法然]이 정토신앙에 기초를 둔 정토종을 개창했다.

그 사이 지방에서는 치안 유지를 담당하는 무사단이 출현했다. 중심 세력은 천황가에서 떨어져 나와 무사가 된 미나모토 씨[源氏]와 타이라 씨[平氏]였다. 미나모토 씨는 도호쿠[東北] 지방의 반란을 진압하여 명성을 얻었으며, 타이라 씨는 상황에게 영지를 기진하여 중앙 정계에 발을 들여놓았다.

11세기 후반에 즉위한 시라카와 천황[白河天皇]은 외조부가 섭관가가 아니었기 때문에 즉위 후 얼마 되지 않아 어린 아들에게 황위를 물려주고, 그 후에는 상황(上皇)으로서 정치를 주도했다. 상황의 거처를 원(院)이라 불렀기 때문에 상황이 주도하는 정치를 원정(院政)이라고 한다. 상황은 천황보다 관례에서 자유로웠고, 장원을 정식으로 인가했기 때문에 상황에게 장원을 기진하는 경우가 늘어나면서 서서히 경제적으로 섭관가를 압도했다.

　　시라카와 이후의 상황들은 아미타불의 구원을 바라는 마음에서 불교를 숭상하여 불상이나 사원을 대대적으로 지었기 때문에 큰 사찰과 신사의 세력이 강해져서 실력을 행사했다. 상황이 사찰과 신사의 세력을 제압하고자 미나모토 씨와 타이라 씨를 등용했고, 두 씨족은 중앙 정계에서 큰 힘을 발휘했다.

　　12세기 중엽, 정쟁에서 실력을 발휘한 타이라 씨의 장수 타이라노

타이라노 키요모리　　　　　　미나모토노 요리토모

키요모리[平淸盛]는 무사로서는 처음으로 최고 관직인 태정대신에 올랐다. 아울러 그는 자신의 딸을 천황에게 시집보낸 뒤 다시 외손자를 천황에 옹립함으로써 권력을 장악했다. 타이라 씨 일족은 모두 고관대작을 차지하여, '타이라 씨가 아니면 사람이 아니다²'라는 말이 유행했다. 타이라 씨는 최고의 권력을 휘둘렀기 때문에, 상황이나 섭관가 등의 귀족은 물론 무사들 사이에서도 심한 반발을 샀다. 바로 이런 기회를 틈타 미나모토 씨가 타이라 씨에 맞서기 위해 병사를 일으켰다. 그 중심에 선 미나모토노 요리토모[源賴朝]는 1180년 이즈[伊豆, 지금의 가나가와 현]에서 타이라 씨와 싸움을 벌여 한때 패배를 맛보았다. 그후 그는 도쿄 주변의 무사단을 우군으로 삼아 가마쿠라[鎌倉]에 거점을 둔 뒤, 1185년 타이라 씨를 무너뜨렸다. 그 사이 요리토모는 자신을 도와 준 무사들을 가신(家臣)으로 삼아 권력의 기반을 다지는 한편 가신들을 통솔하는 정치기구를 정비했다. 또 1185년에는 쿠니[國, 영주가 다스리는 번]에 슈고[守護]³를 두고 장원에 지토[地頭]⁴를 설치할 권한을 얻어 전국의 경찰권을 장악했다. 그리고 1192년에는 무사 계급의 최고 관직인 정이대장군에 임명됨으로써 명실상부한 전국적 무사 정권이 탄생했다. 이것을 본거지 지명인 가마쿠라를 따서 가마쿠라 막부[鎌倉幕府]라고 부른다.

....

2 그들만이 인간 행세를 할 수 있다는 의미.
3 가마쿠라·무로마치 막부의 직명. 각 지역의 군사·경찰 임무를 담당하고, 행정에도 관여했다. 나중에는 무사를 지배하고 장원을 침탈하여 영주가 되기도 했는데, 이를 슈고다이묘[守護大名]라 한다. 전국시대에는 하극상의 풍조 속에서 쇠퇴하였다.
4 가마쿠라·무로마치 막부의 직명. 세금 징수와 토지 관리 등을 담당했다. 영주가 된 슈고 아래서 관료가 되는 경우가 많았다.

무로마치 막부와 선종 문화

 무가의 권력 다툼에 멍든 교토

일본 역사의 시대구분은 참 이상하다. 헤이안 시대, 에도 시대 등 권력의 근거지가 어디였는가를 기준으로 삼는 경우가 많다. 나는 지난 10년 동안 일본인 연구자, 교육자들과 '한일 역사 공통 교재'를 개발하여 2007년 3월 『한일 교류의 역사 ― 선사부터 현대까지』를 간행했다. 그런데 작업이 시작될 때부터 양국의 의견이 충돌한 문제가 시대구분의 명칭이었다. 지금까지 보아 온 것처럼 시대 명칭에 조몬 시대, 야요이 시대 등의 이름을 덧붙인다면, 한국 학생들이 일본 역사의 흐름을 이해할 수 있을까? 한국사의 경우에는 구석기, 신석기, 청동기, 철기 등 세계와 소통할 수 있는 도구의 이름을 따서 명칭을 붙이거나 신라, 고려, 조선 등 나라 이름을 따서 시대를 구분한다. 그런데 일본은 토기의 문양이나 출토지의 이름 또는 권력자의 소재지 이름을 가지고 시대를 구분한다. 이것을 보면서 나는 일본의 역사 연구와 역사 교육이 민족주의의 멍에에서 벗어나기가 무척 어려울 거라고 생각했다. 조몬 시대, 야요이 시대, 헤이안 시대 등은 일본인들끼리만 통할 수 있는 시대구분 명칭이기 때문이다.

외국인들이 헤이안 시대나 가마쿠라 시대, 에도 시대까지는 외국인도 그런대로 쉽게 그 지명을 떠올리겠지만, 무로마치 시대(1336~1573년)는 도대체 어디를 근거로 하여 이름을 붙인 것인지 도무지 감을 잡지 못할 것이다. 나도 교토의 거리를 한참이나 헤맨 뒤에야 그곳이 어디인지 알게 됐다. 아시카가 다카우지[足利尊氏, 1305~1358]가 교토에서 막부를 개창한 후 3대 장군 아시카가 요시미쓰[足利義滿]가 그 본거지를 교토의 상경(上京)으로 옮겼다. 그의 저택은 무로마치토리[室町通]라는 거리에 면해 있어서, 사람들은 흔히 그곳을 무로마치도노[室町殿]라고 불렀다. 무로마치 시대라는 호칭은 이렇게 해서 생긴 것이다.

그런데 현재 교토 시내 상경구(上京區)에 있는 무로마치토리를 걸어 봐도 당시의 역사를 보여 주는 흔적은 아무것도 남아 있지 않다. '무로마치 막부 유적'이라는 것을 알려 주는 석주(石柱)가 작은 네거리 구석에 서 있을 뿐, 내력을 설명하는 간판도 없다. 한 시대의 이름이 유래할 정도의 지역이라면 좀 더 친절하게 안내할 만도 한데, 그런 것이 없다.

교토인들은 무로마치 시대에 남북조의 내란이 시작되고, 무로마치 막부가 천황을 박해한 것을 싫어하는지도 모르겠다. 아시아·태평양 전쟁에서 패하기 전 일본의 역사 교육에서는, 막부를 누르고 친정

(親政)을 선포한 고다이고 천황[後醍醐天皇]의 사적(事跡)을 융숭하게 대접했다. 반면, 천황과 반목한 무로마치 막부의 역대 장군이나 그 유적은 소홀히 취급했다. 황국사관이 유적의 서열을 매기는 잣대였기 때문이다. 지금은 시대가 바뀌었으니 그런 편향에서 벗어나도 좋으련만 아직도 그 타성이 교토의 거리에 살아 있는 것 같다. 아무튼 어느 나라를 막론하고 종교 단체나 정치가, 독지가 등의 스폰서가 붙어 있지 않은 유적은 누가 보더라도 초라한 모습이다.

8세기 말부터 12세기 말까지 지속됐던 헤이안쿄의 영화는 장군이 천황을 누르고 권력의 정점을 차지했던 막부 시대가 열리면서 잦아들기 시작했다. 특히 권력의 핵심이 멀리 간토(도쿄 도 및 주변 6현의 총칭) 지역으로 옮겨 간 가마쿠라 막부 시대(1185~1333년)에, 교토는 감시와 견제의 대상이 되었다.

무사 정권이 교토로 옮겨 온 무로마치 막부 시대(1336~1573년)에는 교토의 봄이 다시 찾아오는 듯했지만, 오닌 원년[應仁元年, 1467]에서 분메이 9년[文明9年, 1477]까지 11년간 계속된 내란으로 교토의 거리는 폐허가 되었다. 특히 싸움의 중심이었던 상경은 거의 괴멸 상태에 빠졌다.

오닌·분메이의 난후에도 전란은 계속되었다. 일본 전국 각 지역에 다이묘[大名]5가 권력의 똬리를 틀고 지배자가 되기 위해 밤낮으로

....

5 일본에서 헤이안 시대에 등장해 19세기 말까지 각 지방의 영토를 다스리고 권력을 행사했던 유력자를 지칭한다. 초기 무사 계급의 우두머리로 출발했으나 점차 그 권한이 확대되어 지역 내에 군사권 및 사법권, 행정권, 경제권을 갖기에 이른다. 에도 시대 서약을 통해 장군 아래로 편입되었으나 자신의 성(城)에서 가신들을 거느린 봉건 영주의 삶을 살았다. 19세기에 메이지 유신으로 영지의 통치권을 박탈당하고 귀족이 되어 연금을 받았다.

항쟁을 벌였다. 내전은 오다 노부나가가 무로마치 막부의 마지막 장군 아시카가 요시아키[足利義昭]를 앞세워 교토를 점령한 1568년에 이르러서야 잦아들기 시작했다. 일본 역사에서는 이 1백여 년의 세월을 전국시대(戰國時代)라고 부른다.

선종의 유행과 쇼코쿠지

가마쿠라 시대 이후, 무사 계급이 선종(禪宗)을 신봉했기 때문에 많은 사원이 건립되었다. 선종은 정치에도 큰 영향력을 행사하는 등, 세력을 크게 떨쳤다. 막부가 자리 잡았던 가마쿠라와 교토에 선종 사원이 많은 것은 그 때문이다. 특히 교토의 쇼코쿠지[相國寺, 상국사]6는 무로마치 막부 3대 장군 아시카가 요시미쓰가 설립한 대사원으로, 오늘날 임제종(臨濟宗) 쇼코쿠지파의 대본산(작은 절을 통할하는 큰 절)이다. 쇼코쿠지는 우리와도 인연이 깊다. 통신사가 교토에 행차하며 이곳에 머문 적이 있고, 쇼코쿠지의 승려들이 조선에 보내는 외교 문서를 작성한 때도 있었다. 근대에 들어서는 도시샤대학[同志社大學]에 유학했던 정지용(鄭芝溶, 1902~1950)이나 윤동주(尹東柱, 1917~1945) 등이 시상을 가다듬기 위해 학교 옆에 붙어 있는 이 절을 자주 산책했다고 한다.

요시미쓰는 무로마치 막부 역사에서 가장 권세를 뽐낸 장군으로,

....
6 정식 명칭은 상국승천선사(相國承天禪寺)이다. 교토5산 가운데 최고의 사찰로 대우받았다.

쇼코쿠지의 목욕탕 건물

일본사 교과서에 자주 등장하는 인물이다. 그는 남북조를 하나로 합치고 각지의 반란을 평정했으며 명(明)과 감합무역(勘合貿易)[8]을 개시하는 등 많은 업적을 쌓았다. 요시미쓰는 전국시대에 등장하는 오다 노부나가나 도요토미 히데요시에 못지않은 권력자로, 쇼코쿠지뿐만 아니라 고쇼와 로쿠온지(鹿苑寺, 녹원사. 현재의 킨카쿠지(金閣寺, 금각사)) 호쿠산덴(北山殿, 북산전)을 건립하는 등 선종을 크게 장려했다.

　　요시미쓰가 좌선수행을 위해 세운 선사인 쇼코쿠지는 현재의 도

────────────

7　명과 조선이 일본, 여진 등과 행한 무역 형태다. 본래 14세기 말 이후로 동아시아에서 이루어진 조공무역을 지칭한다. 중국 황제에게 공물을 바치고 그 반대급부로 회사품(回賜品)을 받는 것이다. '감합'이란 입국을 확인하는 일로, 그 문서를 감합부(勘合符)라고 한다. 감합무역은 1404년부터 150여 년간 지속된 명과 일본의 무역에서 두드러지게 나타난다.

시샤대학과 그 북부 일대를 포함하는 방대한 규모였다. 사지(寺地)를 확보하기 위해 사역(寺域)에 있는 귀족의 저택, 사원, 민가 등을 강제로 이전시켜 빈축을 샀다. 절의 건물도 법당, 불전, 조사당, 고원(庫院), 승당(僧堂), 방장(方丈, 주지스님의 방), 목욕탕, 동사(東司, 변소), 강당, 종루 외에 배문(拜門), 총문(總門), 산문(山門, 절의 입구, 한국의 일주문에 해당함) 등이 즐비하여 장군의 사원다운 규모를 자랑했다. 요시미쓰는 4년 (1382~1385) 만에 쇼코쿠지를 완성했지만, 1394년에 화재로 모두 불타 버렸다. 그는 곧 재건에 착수하여 3년 만에 주요 가람[8]을 다시 만들고, 1399년에는 108미터 가량의 7층탑까지 세웠다.

요시미쓰는 쇼코쿠지를 사적인 수행 시설로 이용하지 않고 교토 5산[京都五山]의 반열에 드는 격식 높은 사원으로 만들었다. 선종사원 (禪宗寺院)의 5산 제도는 중국 남송의 제도를 본 딴 것이다. 남송은 관료 제도를 정비하면서 선종사원에도 제산(諸山), 10찰(十刹), 5산(五山)의 등급을 매기고, 승려가 아래로부터 차례로 출세하여 주직(住職)[9]으로 올라가는 조직과 임면 방법, 문서의 격식 등을 정했다. 일본에서는 가마쿠라의 사원이 먼저 이를 도입했고, 이후 교토의 사원에서도 받아들여 점차 관사적(官寺的) 색채가 짙어졌다.

무로마치 막부는 1341년에 전국의 5산을 평가하여 순위를 결정했다. 그 결과 제1위가 겐초지[建長寺, 건장사]와 난젠지[南禪寺, 남선사], 제2위가 엔가쿠지[圓覺寺, 원각사]와 덴류지[天龍寺, 천룡사], 제3위가 주후

....
8 승려가 살면서 불도를 닦는 곳.
9 절을 주관하는 승려인 주지의 직무.

킨카쿠지(금각사)

쿠지[壽福寺, 수복사], 제4위가 겐닌지, 제5위가 도후쿠지[東福寺, 동복사]
였다. 이때는 가마쿠라의 선사를 약간 우위에 두면서 교토의 선사를
포함시켰다. 교토5산은 난젠지, 덴류지, 겐닌지, 도후쿠지, 만주지[萬壽
寺, 만수사]였는데, 요시미쓰는 1386년 난젠지를 '5산지상(五山之上)'으
로 올리고, 나머지 한 자리에 쇼코쿠지를 집어넣었다. 이때부터 교토
의 5산은 여섯 개의 사원으로 구성되었다.

　무로마치 막부는 신앙뿐만 아니라 정치에 대해서도 선종과 의견
을 교환했다. 쇼코쿠지가 매개 역할을 했다는데, 그 전에도 선승과 무
사는 깊은 관계를 맺어 왔다. 헤이안 시대에는 천태종과 진언종의 승
려가 조정에 조언을 했고, 선종이 전해진 후에는 선종의 승려가 상담
역을 하게 됐다. 승려는 당대의 지식인이자 생활의 조언자이고 정치

의 브레인이었다. 요시미쓰는 그때까지 개인적인 교류의 성격이 강했던 선승과 무사와의 관계를 막부와 선종을 연결하는 공적인 제도로 확립했다. 요시미쓰가 '5산 10찰'이라는 사격제도(寺格制度)를 만든 것도 선종을 끌어들이려는 정책의 일환이었다.

쇼코쿠지는 선종 전체의 승려를 통괄하는 탑두(塔頭)를 두고, 거기에 선승을 대표하는 승록(僧錄)이라는 승려를 두었다. 또 막부와의 교섭 창구로 음량헌(蔭凉軒)을 설치했다. 승록과 음량헌은 '5산-10찰-제산(諸山)'으로 구성된 선종 사원의 주지(住持)를 임면하고 선승에 관한 정보를 관장했다. 그 밖에 승록은 명과 일본의 무역에 지참하는 국서 집필과 막부의 주요 서류와 물건 보관 등의 임무를 맡았다. 막부 정치의 원활한 운영이 선승의 어깨에 달려 있었던 것이다.

쇼코쿠지는 사원(선원) 행정의 중심을 이루며 많은 고승(高僧)을 배출하고 선문화를 발전시키는 데 공헌했다. 그리고 킨카쿠지와 긴카쿠지[銀閣寺, 은각사]를 비롯하여 전국에 1백 개의 말사를 거느렸다. 1605년에 재건된 법당은 일본 최고(最古)의 것으로, 가노 미쓰노부[狩野光信]가 천정에 그린 「파룡도(蟠龍圖)」가 유명하다. 이 그림은 법당에서 손뼉을 치면 그 소리를 반사시킨다 하여 '우는 용'이라는 별명을 얻었다. 그 외에도 국보와 중요 문화재가 많이 소장되어 있다.

긴카쿠지와 난젠지의 일본식 정원

긴카쿠지는 무로마치 막부 8대 장군 아시카가 요시마사[足利義政]가

1482년에 건립한 임제종(臨濟宗) 쇼코쿠지파에 속하는 선종사원이다. 긴카쿠지라는 이름은 킨카쿠지에 대비하여 붙인 속칭이고, 원래 이름은 요시마사의 법호(法號)인 지쇼인[慈照院, 자조원]을 딴 히가시야마 지쇼지[東山慈照寺, 동산자조사]였다. 요시마사는 이 사원과 산장을 만드는 데 생애를 바쳤다. 그는 계절마다 변하는 자연 공간을 정신문화와 교묘하게 결합시켜 교토에서도 손꼽을 만큼 아름다운 정원을 만들었다.

긴카쿠지 정원은 일본의 근세적 생활문화, 곧 동산(東山) 문화를 빚어낸 산실이기도 하다. 정원에는 모래를 두텁게 깔고, 그 위에 잔잔한 파도를 그렸다. 아침에는 모래에 물을 뿌려 청순한 이미지를 주고, 저녁에는 마른 모래에 달빛이 반사되도록 만들었다. 반사된 달빛은 간논덴[觀音殿(관음전), 은각(銀閣)]과 도큐도(東求堂, 동구당) 등의 건물을 은은하게 비추었다. 그 달빛 문양을 그린 것을 은사라[銀沙灘]라고 한다. 모래 물결 가장 자리에 후지산을 본떠 모래를 쌓아 올린 것을 향월대(向月臺)라고 하는데, 이 향월대와 은사라는 사람들의 마음을 사로잡는다. 간논덴과 도큐도는 국보로 지정되어 있으며, 서원과 다실의 원류이기도 하다. 이름은 '은각'이지만 실은 나무판자를 잘게 썰어 지붕을 이었다.

긴카쿠지 정원에는 20여 종이 넘는 이끼가 구석구석 융단처럼 깔려 있다. 그 이끼는 자생하는 것이 아니라 절에서 정성을 들여 배양하고 가꾸는 것이다. 모처럼 긴카쿠지에 들렀을 때, 정원 숲 속에서 떨어진 동백꽃을 쓸어 내는 관리인을 본 적이 있다. 왜 좀 더 놔두지 않고 바로 쓸어 내느냐고 물었더니, 꽃잎이 쌓이면 이끼가 썩는다고 답변했다.

긴카쿠지의 은각(위)과 가레산스이(가운데). 맨 아래 사진은 은사탄이고, 오른쪽에 쌓아 올린 게 향월대다.

긴카쿠지를 제대로 구경하기 위해서는 아침 9시에 첫 손님으로 들어가야 한다. 관리인이 아침마다 정성 들여 비질을 한 흔적이 고스란히 남아 있는 모래판의 가레산스이[枯山水, 고산수(마른 산수)]10가 잔잔한 파도처럼 보는 이의 마음을 울리기 때문이다. 그런 아름다움 때문인지 긴카쿠지는 일 년 내내 관광객으로 붐빈다.

난젠지는 웅장하다. 정식 명칭은 서룡산태평흥국남선사(瑞龍山太平興國南禪寺)이고 임제종 남선사파의 대본산이다. 1264년에 가메야마 천황[龜山天皇]이 산수(山水)의 경치가 맑고 아름다운 이곳에 임시로 거처할 별궁으로 선림사전(禪林寺殿)을 지었다. 천황은 그 후 대명국사(大明國師)에 귀의하여 법황(法皇)이 되고, 1292년 이궁을 시사(施捨)하여 선사로 만들었다. 난젠지는 교토5산의 윗자리에 꼽혀 역대로 가장 걸출한 선승을 주지로 삼았다. 그리하여 난젠지는 '5산문학'의 중심을 이루게 되었다. 창건 당시의 가람은 세 차례나 불타 한 채도 남아 있지 않다. 현재의 난젠지는 모모야마 시대[桃山時代]11 이후 다시 세운 것이다.

난젠지의 서원에서 복도를 따라 나아가면 대방장(大方丈)인 세이료덴[淸凉殿, 청량전]의 넓은 마루가 나온다. 그 남쪽에는 대표적인 선원식

---

10 일본의 정원 구성 양식의 하나로, 식물과 물 없이 땅의 생긴 모양[地形]으로만 산수(경치)를 표현한 것이다. 돌을 주로 쓰는데, 모래로 물을 표현하기도 한다. 흰 모래와 작은 돌을 깔아 수면을 표현하거나 다리를 만들어 아래를 물로 간주하거나 돌 표면의 문양으로 물의 흐름을 표현하는 식이다. 이 양식은 특히 무로마치 시대의 선종사원에서 발달했다.
11 오다 노부나가가 천하를 통일한 1573년부터 도요토미 세력이 도쿠가와 세력에 패한 1615년까지를 보통 모모야마 시대라고 한다.

난젠지(남선사)의 법당

가레산스이 정원이 펼쳐져 있다. 세이료덴과 정원, 양각령대일산(羊角嶺大日山)의 차경(借景)12 등이 잘 어울려 품격을 뿜낸다. 자잘한 자갈로 물결을 그리고 바위로 산을 빗대었다. 일본인은 인공으로 조성한 가레산스이를 보면서 여백의 아름다움을 즐기는 것이 익숙하겠지만, 수목과 바위가 자연스럽게 어우러진 정원에 익숙한 한국인으로서는 왠지 사람의 손길이 너무 짙게 느껴져 숨이 막히기도 한다. 친숙한 분위가 아닌 것이다.

난젠지의 대소 방장은 국보로 지정된 건물이다. 소방장의 장지문에 그려진 '물 마시는 호랑이' 그림은 가노 탄유[狩野探幽]가 그린 걸작이다.

....

12 주택이나 정원의 바깥에 펼쳐진 훌륭한 외부 경관 요소(산, 들, 강 등의 자연환경)를 집 안에서 액자처럼 감상할 수 있도록 하는 정원설계법. 또는 그런 방식으로 만들어 낸 정원 풍경을 뜻한다.

그는 에도 막부의 명령으로 1643년 조선에서 온 통신사 박안기(朴安期)를 통해 조선 국왕에게 바치는 병풍을 그리기도 했다.

난젠지는 조선에 끊임없이 불상과 불경을 보내 달라고 요청했다. 조선은 억불숭유 정책(抑佛崇儒政策)을 펴면서도 간경도감(刊經都監)을 설치해서 불경을 간행했다. 나는 조선이 국책과 상반되게 불경을 많이 간행한 것이 일본의 이와 같은 구청무역(求請貿易)에 응하기 위해서였다는 사실을 이 절에 와서 깨달았다. 교토에 있는 수많은 절은 조선의 불상과 불경 등을 얻기 위해 혈안이 되어 있었다. 임진왜란 때에는 유명 사찰의 승려가 침략군의 고문관이 되어 조선의 불교 문물을 마구 약탈하기도 했다. 그리하여 난젠지 등에는 지금도 조선의 불교 문화재가 많이 소장되어 있다. 그렇지만 그런 사실을 알려 주는 기록은 쉽게 찾을 수 없는 듯하다.

나라와 시대를 뛰어넘은 고승의 존경과 공감

🌸 고잔지와 묘에 스님

교토역에서 버스를 타고 서북쪽으로 한 시간 정도 가면 등성이가 높고 계곡이 깊은 가즈노 산[葛野山]이 나오는데, 그 산록에 고잔지[高山寺, 고산사]가 있다. 적송과 삼나무 등이 우거진 곳에 자리 잡은 명찰로, 신라와 깊은 인연이 있는 절이다. 고잔지는 774년에 백제계 도래인의 자손인 가즈이 씨[葛井氏]의 승려 게이슌[慶俊]이 고닌 천황의 기원에 따라 만들었다. 그로부터 4백여 년 뒤 가마쿠라 막부[鎌倉幕府] 시대의 묘에[明惠, 1173~1232] 스님이 고토바 천황[後鳥天皇]으로부터 비호를 받고, 천황이 '일출선조고산지사(日出先照高山之寺, 아침 해가 뜨면 가장 먼저 비춰지는 것은 높은 산의 정상이다)'라는 칙액(勅額)[13]을 내리면서 화엄종

....
13 임금이 직접 글자를 쓴 편액(扁額: 종이, 비단, 널빤지 따위에 그림을 그리거나 글씨를 써서 방 안이나 문 위에 걸어 놓는 액자).

신라 고승 원효와 의상의 사연이 얽혀 있는 고잔지(고산사)의 세키스이인(석수원) 외부(위)와 내부

부흥의 도량(道場)**14**으로 유명해졌다. 고잔지는 두루마리 그림과 문서
· 전적 등 귀중한 소장품이 많은 문화재의 보물창고다. 가마쿠라 막부
시대의 유물을 중심으로 국보와 중요 문화재가 1만 점 이상 소장되어 있
다. 그중에서도 유명한 문화재는 묘에 스님이 기거하면서 수양했던 세키
스이인[石水院, 석수원]이다. 나는 그 툇마루에 앉아 울창한 소나무 숲을 바
라보며 타국에서의 쓸쓸함을 달랬다. 그곳에서 한참동안 앉아 고즈넉한
분위기에 젖다 보면 마치 태고(太古)의 세상에 들어온 기분이 들곤 했다.

신라가 삼국을 통일한 시대를 전후하여 동아시아는 국경이 무색
할 정도로 학문과 종교의 교류가 활발했다. 한반도 일대와 일본열도
의 많은 승려가 당으로 불법을 공부하러 갔다. 그리고 신라의 고승 원
효(元曉, 617~686)와 의상(義湘, 625~702)은 일본 불교에까지 큰 영향을
끼쳤다.

일본 내 원효대사의 위상을 보여 주는 일화

원효대사는 우리나라 역사상 대중에게 가장 친숙한 승려이기 때문에 그
와 관련된 이야기가 많다. 하지만 그런 유명세에 비해 원효의 생애를 전부
보여 주는 자료는 사실상 하나도 없다. 말하자면 깨어진 조각만 여기 저기
널려 있는 셈인데, 그것도 모두 시대를 달리 하고 있다. 이렇게 자료가 부족
하기에 더 중요하게 여겨지는 전기(傳記) 자료가 바로 1975년 경주 덕동댐
건설로 수몰된 고선사(高仙寺) 옛터 부근에서 발견된 서당화상비(誓幢和尙

---

14 부처나 보살이 도를 얻으려고 수행하는 곳, 또는 불도를 수행하는 절이나 승려들이 모인
   곳을 뜻함.

碑)이다. 애초에 원효는 요석공주와의 로맨스를 계기로 환속하여 거사(居士)로서 일생을 마쳤기 때문에 그의 사후에 특별히 비석을 세울 일이 없었다. 그런데 원효대사가 죽은 뒤 120년 만에 그의 후손인 설중업(薛仲業)이 비석을 세웠다.

　설중업이 서당화상비를 세우게 된 실마리를 알려 주는 일화가 일본에 남아 있다. 그가 일본에 사신으로 갔을 때(779), 평소 원효를 흠모해 온 고관 오미노 미후네[淡海三船, 722~785]를 만났다. 원효의 저서는 일찍부터 일본에 전해져 그곳의 많은 승려들에게 영향을 미쳤다. 그 고관은 특히 원효의 『금강삼매경론(金剛三昧經論)』에 흠뻑 빠져 있었는데, 원효의 후손을 직접 대면하자 감격에 겨워 시를 지어 바치는 등 극진히 대접했다. 이 이야기는 『삼국사기』에도 기록되어 있다. 설중업을 비롯한 신라 사신단은 먼 타국에서 뜻밖의 환대를 받으니 무척 뿌듯했다. 이 일을 계기로 설중업은 귀국한 뒤 원효 추모 사업을 추진했다. 그 일환으로 비석을 세운 것이 서당화상비이다. 비석이 완성된 것은 20여 년 후인 애장왕(재위 800~809년) 때였다. 자기 조상의 인물됨을 타국 사람이 깨우쳐 주어 알았으니 조금은 씁쓸한 일이다.

◧ 의상과 원효대사가 주인공인 두루마리 그림

13세기 고잔지를 중흥한 묘에 스님이 원효와 의상의 사상과 인품에서 많은 영향을 받았기 때문에 교토의 고잔지에도 원효와 의상에 얽힌 흥미로운 이야기가 있다.

　묘에 스님은 석가모니의 가르침에 따라 깨끗하고 사심 없이 공평한 무아(無我, 실체로서의 '나'가 없음)의 수행자이자 진짜 불자(佛子)로서 생애를 바침으로써 고잔지의 품격을 높였다. 그는 세속의 번민을 용맹정진으로 극복했다. 가마쿠라 막부 시대에 호조 씨[北條氏]와 천황이 권력 다툼을 벌여 큰 전쟁이 일어났다. 호조 씨가 승리함으로써 막부 정권은 계속됐지만 교토에는 전쟁으로 남편을 잃은 귀족 가문의 부인들이 넘쳐났다. 묘에 스님은 그들을 위해 젠묘니지[善妙尼寺, 선묘니사]를 짓고(1223년), 교화 사업을 했다. 여인들이 묘에 스님을 존경하여, 그가 죽었을 때 물에 뛰어들어 자살한 사람도 많았다고 한다.

묘에 스님은 왜 하필이면 젠묘니지를 지었을까? 나는 묘한 호기심이 발동했다. 선묘는 아리따운 아가씨고, 그 신상(神像)은 한국의 부석사에도 있지 않은가? 알고 보니 고잔지에는 선묘 낭자에 얽힌 가슴 뭉클한 이야기가 전해 내려오고 있었다. 그것도 총천연색의 선명한 두루마리 그림으로 말이다. 고잔지가 소장하고 있는 「화엄종조사회전회권 6권(華嚴宗祖師繪傳繪卷 六卷)」이 바로 그것이다. 이 두루마리 그림은 신라의 의상과 원효대사의 일화를 그린 것으로, 의상대사의 것이 네권, 원효대사의 것이 두 권이었다. 현재는 이것을 보수하여 재편집하는 과정에서 각각 세 권씩이 되었다. 분량은 공평해졌을지 몰라도

묘에 스님 조각상

원래의 뜻은 조금 훼손됐을 것이다.

「화엄종조사회전회권」은 송의 찬영(贊寧)이 982~988년에 쓴 『송고승전(宋高僧傳)』에 실려 있는 원효와 의상대사의 이야기를 그린 것이다. 『송고승전』은 당과 당말 5대(五代) 340년간에 활약한 고승 656명의 사적(事跡)을 기록했는데, 일본인 승려가 한 사람도 없는 것을 보면 불교에서는 확실히 일본이 한발 뒤져 있었음을 알 수 있다. 마침 이 두루마리 그림이 국립교토박물관에 옮겨져 있어서 고잔지에서는 볼 수 없었다. 나는 스님에게 절의 팸플릿에 소개되어 있는 그림을 보여 달라고 부탁했다. 그림은 에니치보조닌[惠日房成忍]이 그리고 문장은 묘에 스님이 쓴 것으로, 1223~1228년의 작품이다. 유려한 필치와 화려한 색채는 가마쿠라 막부 시대 초기의 대표적인 두루마리 그림으로 손색이 없었다.

이 두루마리 그림에는 원효도 의상과 함께 당의 양주(楊洲)까지 가서 불도(佛道)를 깨친 후, 의상은 장안으로 가고 원효는 귀국한 것으로 되어 있다. 그러나 사실 원효는 의상과 함께 661년 신라의 수도 경주를 떠나 당에 가는 도중에 무너진 무덤 속에서 자다가 해골바가지에 담긴 물을 마시고 깨달은 바가 있어서 유학을 포기하고 경주로 돌아왔다. 원효는 정토종 등에서 세계 최고의 승려가 되고, 의상은 화엄종에서 중국 불교계를 능가하는 대승려가 되었다. 둘 다 일본의 나라 시대 불교에 지대한 영향을 주었다.

의상대사를 향한 선묘 낭자의 연정

두루마리 그림에 담긴 이야기 중에서 선묘 낭자와 관련된 내용은 대충 다음과 같다. 당의 산동성 등주에 사는 예쁜 소녀 선묘가 의상을 사모하여 사랑을 고백했다. 선묘는 신라계 소녀로, 해적에게 끌려온 신라인의 자식이라는 설도 있다. 의상은 불가(佛家)에 귀의(歸依)하여 수행하는 몸이기 때문에 그 사랑을 받아들일 수 없다고 말하고 수도 장안으로 유학을 떠난다. 구법수행을 마치고 귀국하는 길에 의상은 선묘에게 이별을 고하기 위해 그 집에 들렀다. 마침 법화원에 가서 불공을 드리고 있던 선묘는 의상이 찾아온 것을 알고 달려왔으나 이미 의상이 귀국하기 위해 집을 떠난 뒤였다. 그녀는 수년에 걸쳐 정성을 다해 곱게 만든 가사(袈裟, 승려가 입는 법의(法衣))를 챙겨 들고 뒤쫓아 갔다. 하지만 배는 이미 부두를 떠나 저만큼 나아가고 있었다. 선묘는 부두에서 떠나는 배를 향해 옷 보따리를 던졌다. 그 옷은 휘몰아치는 파도의 조화로 배까지 전달되었다. 선묘는 의상을 사모하는 마음을 이기지 못해 거친 파도에 몸을 날렸다. 그 순정이 하늘을 감동시켰는지 선묘는 거대한 용으로 변했고, 그 용은 의상이 탄 배를 등에 싣고 험난한 바다를 무사히 헤쳐 신라에 도착했다.

신라에 돌아온 의상은 왕의 곁에서 국정을 자문해 달라는 청을 뿌리치고 전국을 돌며 불법을 전파하고 수행을 계속했다. 그는 신라 화엄종의 조사(祖師)[15]가 되었을 뿐만 아니라 중국의 동학(同學)을 능가

15 한 종파를 세워서, 그 종파 교의(敎義)의 취지를 펼친 사람을 높여 이르는 말.

선묘 낭자와 의상대사

선묘 낭자가 용으로 변해 의상대사가 탄 배를 등에 싣고 험한 바다를 건너는 모습

하는 경지에 도달했다. 의상은 영주에서 명산을 발견하고 화엄사찰을 건립하려 했으나 토착신의 방해로 어려움을 겪었다. 그때 용으로 변한 선묘가 나타나 큰 바위를 들었다 놓았다 하며 위력을 보이니 토착신도 잠잠해져 의상은 절을 지을 수 있었다. 그 절이 바로 신라의 부석사(浮石寺)다. 용이 된 선묘 낭자는 신라에서 영원히 화엄종을 지키는 수호신이 되었다.

⌂ 의상대사를 본받으려 한 묘에 스님

「화엄종조사회전회권」의 필치와 색채는 위와 같은 이야기를 너무나 생생하게 묘사하고 있어서 가슴을 저미게 만들었다. 아리따운 여성의 사랑과 집념을 숭불호법(崇佛護法)의 보리심(菩提心)16으로 승화시킨 애틋한 이야기는 듣기만 해도 가슴이 떨리는데, 그것을 총천연색의 그림으로 감상했으니 오죽하겠는가.

그런데 묘에 스님은 왜 이 그림을 그리게 했을까? 여인들에게 둘러싸여 있는 스스로에게 흔들리지 말고 불법수행에 정진하라고 채찍을 내려치는 심정이었을지 모르겠다.

젠묘니지(선묘니사)에 모셔진 선묘 조각상

---

16 불도의 깨달음을 얻고 그 깨달음으로 널리 중생을 교화하려는 마음.

즉 선묘의 연모를 뿌리친 의상을 본받겠다는 결의의 표현이었다. 또 한편으로는 묘에 스님을 사모하는 주변의 여인들(전쟁에서 남편을 잃고 갈피를 잡지 못하는)에게 쓸데없는 연정을 버리고 불법에 귀의하라고 권고하는 의미도 있었을 것이다.

나는 고잔지에서 내려오는 길에 젠묘니지를 찾아갔다. 다카오소학교[高雄小學校] 근처의 젠묘니지 근처에는 이인지[爲因寺, 위인사]라는 조그만 절이 있는데, 경내에 선묘의 무덤이 있었다. 선묘는 눈이 가늘고 길며 볼이 통통한 미인이었다.

1986년에 교황 바오로 2세의 축복으로 고잔지와 이탈리아 중부 움브리아 지방 스바지오 산의 언덕 위에 있는 도시 아시시(Assisi)의 성 프란체스코수도원이 종교 간의 벽을 넘어 형제 예배당이 되었다.

아시시의 성 프란체스코 수도원

아시시는 프란체스코 수도회 창시자 성 프란체스코(1181~1226)가 태어난 곳이며, 과거에는 고대 움브리아인의 마을이었다. 아우구스투스황제 시대에 번성하여 아시시움(Asisium)이라고도 불렸다. 고대 로마 시대의 번영의 상징은 미네르바 신전, 원형 극장, 포룸(forum) 등의 유적에 남아 있다. 그러나 이 마을이 알려진 것은 프란체스코가 여기에서 태어나, 청빈한 생활로 일생을 보내 성인이 된 덕분이었다. 그와 프란체스코회에 관련된 성소(聖所)가 마을이나 근교에 남아 있기 때문이다. 이곳은 이탈리아의 주요한 순례지로, 성인의 유체를 안치한 성 프란체스코수도원은 상하 두 당의 독특한 중층 형식으로 지어졌는데, 이탈리아 초기 고딕 양식을 보여 준다.

경북 영주시의 부석사. 봉화산 중턱에 자리하고 있다.

　고잔지와 성프란체스코수도원의 자매결연은 묘에 스님과 프란체
스코 성인이 동시대를 살면서 청빈일도(淸貧一途)의 생애를 보낸 것을
기리기 위해서였다. 그런데 좀 이상하다. 고잔지가 외국의 사원과 굳
이 자매결연을 한다면 한국의 부석사와 맺는 것이 합당하지 않을까?
「화엄종조사회전회권」이 그렇게 하라고 재촉하지 않는가? 의상과 원
효 등의 신라 고승들이 일본의 불교에 미친 영향을 생각하면 더욱 그
러하다.

　고잔지는 세계문화유산으로 지정되어 있다. 이 절에는 또 다른 유
명한 두루마리 그림인 「조수인물희화 4권(鳥獸人物戱畵 四卷)」이 있다.
이 그림은 개구리, 토끼, 원숭이의 행동과 놀이를 사람에 빗대어 그린

조수인물희화

것으로, 일본 만화의 원조라고 불리고 있다. 일본인들에게는 146쪽의 「화엄종조사회전회권」 그림보다 「조수인물회화」가 오히려 많이 알려져 있으며, 교과서에도 실려 있다.

근세 1: 교토의 개조와
임진왜란

통일 전쟁의 중심이 된 교토

오다 노부나가의 사라진 꿈

전국시대의 다이묘들은 권력과 경제의 중심지인 교토와 그 주변을 지배해야 통일 정권을 세울 수 있다고 생각했다. 교토 입성에 성공하여 이 대업의 선구자가 된 무장(武將)이 바로 오다 노부나가였다. 그는 아시카가 요시아키를 제15대 장군으로 옹립하고 그 권위를 빌어 주변 지역을 평정했다. 노부나가는 자신의 지위를 확고히 다지기 위해 니조조[二條城, 이조성]를 건립했다. 물론 이때의 니조조는 도쿠가와 이에야스[德川家康]가 만든 현재의 니조조가 아니다. 1569년에 오다 노부나가가 쌓은 니조조는 실제로는 장군의 저택이었기 때문에, 당시에는 '니조다이[二條第, 이조제]'라고 불리기도 했다.

오다 노부나가 1534. 6. 23.~1582. 6. 21

오다 노부나가

노부나가의 가문은 지방의 슈고 다이묘를 모시는 작은 호족 세력이었다. 1467년 무로마치 막부의 장군 후계자 문제를 명분으로 슈고 다이묘들이 항쟁한 '오닌의 난' 이후 일본은 130년간 각지의 크고 작은 영주들이 전쟁을 일삼는 전국시대로 접어들었다. 교토의 무로마치 막부는 명목상 존재했을 뿐 지방의 영주들은 서로 더 큰 땅을 차지하기 위해 이웃의 영지를 마구 침범하는 전쟁을 계속했다. 그 결과 일본 전역은 전쟁터로 변했고 일반 백성들은 1백 년 이상 지속된 전쟁 속에서 혼란과 고통 속에 빠져 있었다.

이런 상황 속에서 거듭되는 전쟁 상황을 빨리 끝내고 통일을 통해 안정을 되찾으려는 자각이 영주들 사이에서도 점차 생겨나기 시작했다. 하지만 서로 자신이 천하의 패권을 쥐는 일인자가 되려 했기에 전쟁은 좀처럼 진정되지 않았고, 교토로 진출하여 천하를 지배하기 위한 경쟁이 치열했다. 노부나가는 그 경쟁 속에서 교토에 가장 먼저 입성했다. 그리고 쓰러져 가는 무로마치 막부를 재건하고 실권을 장악해 나갔다. 이렇게 어지러운 때에 파죽지세(破竹之勢)로 일어나 일본 통일의 밑거름을 닦은 이가 바로 오다 노부나가다.

오다 노부나가가 대부분의 지방을 평정했지만 아직 추고쿠[中國] 지방에는 강력한 모리 씨가 남아 있었다. 노부나가는 하시바 히데요시에게 모리 씨의 정벌을 명령했지만 위기에 몰리게 되고, 이를 지원하기 위해 직접 출병했다가 부하 아케치 미쓰히데의 배반으로 사망하게 된다. 하시바 히데요시는 노부나가의 사망 소식을 접하자마자 회군하여 미쓰히데를 정벌하고 정권을 장악했다. 그 하시바 히데요시가 바로 통일의 대업을 이룩한 도요토미 히데요시[豊臣秀吉]다.

역대 무로마치 장군은 무로마치도노[室町殿]라고 불리는 자신의 저택을 가지고 있었다. 그러나 노부나가와 함께 교토에 진입하여 정이대장군에 취임한 아시카가 요시아키는 살 집이 없었다. 제14대 장군이었던 요시테루[義輝]가 1565년 암살당할 때 그 저택도 소실됐기 때문이다. 요시아키가 남의 집을 빌려 살지 않으면 안 되는 궁색한 처지에 놓이게 되자 노부나가는 요시테루의 집터를 확장하고 개축하여 요시아키의 새 저택으로 만들었다. 이것이 바로 니조조다. 1573년 노부나가는 요시아키를 장군직에서 내쫓고 니조조를 자신의 숙소로 사용했다.

오다 노부나가는 4~5년은 족히 걸릴 니조조의 축조를 불과 70일 만에 해치웠다. 빠르게 진행해야 할 돌관공사(突貫工事)1였기 때문에 돌담에 쓸 석재를 교토 내외의 오륜탑, 판비(板碑), 초석, 등롱(燈籠), 석불 등을 뜯어다가 충당하기도 했다. 히에이 산 등의 불교계는 이에 반발하여 니조조의 해체를 요구했다. 이런 저항은 나중에 노부나가가 히에이 산을 모두 불태워버리는 빌미의 하나가 되었다.

1582년 6월 2일, 오다 노부나가는 모리 씨(毛利氏)를 공격하고 있던 도요토미 히데요시 군대를 지원하기 위해 소수의 호위병을 거느리고 교토 시내의 혼노지[本能寺, 본능사]에 머물고 있었다. 그런데 부하 장수 아케치 미쓰히데[明智光秀]가 구원 본군을 이끌고 와서 그를 습격했다. 치욕에 떨던 노부나가는 절에 불을 지르고 스스로 목숨을 끊었다. 그 다음 날, 그의 장남 노부타다[信忠]도 니조조에서 자살하고, 건

....

1   장비와 인원을 집중적으로 투입해 강행하는 공사.

도쿠가와 이에야스가 건축한 현존 니조조(이조성)의 가라몬(당문)

니조조 현관(차의)과 니노마루고텐

물도 불타 없어졌다. 이 사건들은 전국시대 무장들의 적나라한 인간 상을 보여 주는 일화로 유명하다.

조영에서부터 겨우 11년, 니조조의 소실과 함께 전국을 지배하려 던 노부나가의 꿈도 사라졌다. 권불십년(權不十年, 권세는 10년을 넘지 못한 다)이요, 화무십일홍(花無十日紅, 붉은 꽃은 열흘을 가지 않는다)이다. 총애하 는 부하가 배반했으니 그 배신감과 치욕은 이루 말할 수 없었을 것이 다. 권력이란 원래 그런 것이다. 일본인들은 '적은 혼노지에 있다'라는 속담을 자주 들먹인다. 나는 이곳 혼노지를 보고서야 '적은 외부에 있 는 것이 아니라 내부에 있다'라는 뜻을 확실히 몸으로 느낄 수 있었다.

혼노지는 현재 중경구(中京區) 데라마치도리[寺町通] 고이케[御池]의 동쪽, 즉 교토시청 건너편에서 데라마치도리를 향해 문을 열고 서 있 다. 문 앞에는 노부나가 공[信長公]의 석비가 서 있다. 경내에는 노부나 가의 본묘(本墓)와 자살한 노부나가의 목을 부하가 씻겼다는 우물 등 노부나가와 관련된 흔적이 많다.

그런데 노부나가가 자살한 혼노지는 지금의 혼노지가 아니다. 본 문법화종(本門法華宗)의 본산인 혼노지는 1415년 니치류[日隆]가 아부 라코지[油小路] 다카쓰지[高辻]에 세운 절로, 원래는 혼노지[本應寺, 본응 사]라고 불렀다. 이전이 빈번한 교토의 절 중에서도 한 종파의 본산으 로서 혼노지처럼 자주 옮긴 절도 드물다. 현재의 혼노지는 소실한 절 을 재건하는 중에 히데요시의 명령에 따라 데라마치도리 부근으로 이 전한 것이다.

와카야마 현[和歌山縣] 고야산(高野山)의 오쿠노인[奧院] 묘역에는

현재의 혼노지(본능사) 본당

20만여 기(基)의 무덤이 빼곡하게 들어차 있다. 그 모습은 경탄을 넘어서 기가 질리게 만든다. 그곳에 노부나가와 미쓰히데의 돌무덤이 이끼를 뒤집어쓴 채 섞여 있다. 나는 그 광경을 보고 쓴 웃음을 지었다. 철천지원수지간이라 하더라도 죽으면 어쩔 수 없다. 원한 같은 것도 다 부질없는 것이다. 장수와 부하였던 그들은 같은 묘역에 누워 어색한 대화를 나누고 있는 것만 같다. 어쩌면 두 사람은 묘역의 주인인 홍법대사(弘法大師) 구카이(空海, 공해, 744~835)의 인도를 받아 극락왕생하기를 고대하고 있는지도 모르겠다. 그렇게 되려면 둘은 먼저 화해의 경지에 이르지 않으면 안 된다.

교토를 개조한 도요토미 히데요시

노부나가가 죽은 뒤 실권을 장악한 무장은 도요토미 히데요시이다. 그는 오와리[尾張, 지금의 나고야[名古屋] 부근]에서 빈농의 아들로 태어나 노부나가 밑으로 들어가 출사(出師)하여 전공(戰功)을 세워 무장이 되었다. 그는 모리 씨와 싸우던 중에 노부나가가 죽었다는 소식을 접하고, 말머리를 돌려 아케치 미쓰히데를 격파하는 충신의 면모를 보였다. 그는 1585년에 관백(關白), 그 이듬해 태정대신(太政大臣)에 취임하고 천황으로부터 도요토미라는 성을 받았다. 그리고 1590년까지 시코쿠(四國), 규슈(九州), 간토, 도호쿠(東北) 지역을 잇달아 평정하여 전국 통일을 달성했다.

도요토미 히데요시가 권력의 정점에 올라 전국을 통일한 기간은 교토의 개조 기간과 정확히 일치한다. 그는 위세를 내외에 과시하기 위해, 또 자신의 정치 무대를 새로 마련하기 위해 교토의 공간 구조를 뜯어 고쳤다. 당시 교토는 인구 10만이 넘는 대도시였다. 개조의 대표적인 예는 고쇼의 이축과 그에 따른 구게마치[公家町]2의 건설, 주라쿠다이의 건립과 그에 이은 다이묘야시키[大名屋敷]3의 배치, 토성 구축과 도로 신설에 맞춘 거리의 재편, 데라마치4의 조성 등이다. 히데요시의 교토 개조 사업은 1585년 주라쿠다이의 건조로 시작되어 1590년

....

2 벼슬을 하여 관청에 출근하는 관리 집안인 공가(公家)가 모여 살던 거리.
3 교토에 상경한 다이묘들에게 지급한 무가 양식의 주택이나 택지를 일컫는다. 다이묘가 다스리는 지역을 뜻함.
4 寺町(사정). 도요토미 히데요시가 궁성 안의 절들을 한곳에 모아 놓고 방어의 장벽으로 삼았다.

데라마치 건설과 1591년 오도이[御土居, 흙담의 성벽] 축조로 끝이 난다. 겨우 6년 동안에 수도를 완전히 뜯어고친 것이다. 이렇게 신속하고 철저한 일 처리는 오다 노부나가·도요토미 히데요시·도쿠가와 이에야스에게서 보이는 공통된 모습으로, 그저 혀를 내두를 수밖에 없다. 권력과 능력이 그만큼 탁월했기 때문이겠지만, 어쩐지 난폭하고 잔인한 느낌을 지울 수 없다.

도요토미 히데요시가 성벽을 쌓은 것은 불분명했던 교토의 내외, 즉 낙중(洛中)과 낙외(洛外)를 구분하여 시가지를 명확하게 만들고 기능에 맞도록 그 구조를 재편하기 위해서였다. 교토를 둘러싼 토성 '오도이'는 총 길이 23킬로미터에 높이가 5미터였다. 그리고 토성 바깥 주위에 폭 20미터에 깊이 5미터인 해자(垓子)[5]를 팠다. 오도이 둘레 사방에는 7~10개의 출입구가 있어서 통행을 제한하는 구실을 했다. 오도이의 축조는 도시의 외연이 확장되는 것을 막음으로써 낙중의 거주 밀도를 높였다. 히데요시가 4개월 만에 오도이를 완성했다고 하니, 노역에 동원된 민중의 고통은 오죽했을까 짐작이 간다.

도요토미 히데요시는 성벽 안에서 공가 계층은 고쇼를 중심으로, 무가 계층은 주라쿠다이를 거점으로 모여 살도록 했다. 그리고 일반 서민은 상점 거리에 모여 살도록 하고, 내외에 산재했던 사원은 데라마치에 집중하도록 했다. 모든 승려를 사원에서 쫓아내 토성 근처의 일정한 장소에 옮겨 살도록 했는데, 그 일을 수일 내에 해치웠다니 히

....
5 성곽이나 고분 주위에 둘러 판 못이나 도랑.

고쇼(어소)의 자신전(위), 건춘문(가운데), 건례문(아래)

데요시가 아니면 불가능했을 일이다. 이 조치가 사원과 승려에게 안긴 경제적·정신적 손실과 고통은 상상할 수 없을 만큼 컸을 것이다. 히데요시가 단숨에 조선을 침략하고 전국을 초토화한 것도 전광석화(電光石火)와 같은 그의 추진력에서 비롯된 것이었다. 이렇게 말하면 피해자인 조선 사람들에게는 너무 가혹한 칭찬이 될까?

일본의 도시 조영에서 사원이 모여 있는 데라마치는 때때로 방어 기능을 담당했다. 히데요시는 교토를 개조하면서 토성과 데라마치를 한 세트로 묶어 방어선을 구축했다. 이로써 상가와 사원은 명확히 구분되었다. 근대 이전 일본 도시 구조의 하나인 조카마치(城下町)는 영주가 그 지역의 요충지에 성을 쌓고 성 주위에 가신(家臣)을 비롯한 상공업자를 모여 살게 함으로써 출현했다. 조카마치 주변에는 사원을 집중적으로 배치했다. 이렇게 형성된 도시의 주위를 몇 겹의 해자와 성벽으로 둘러쌈으로써 성곽 도시가 완성되었다. 히데요시는 교토를 이런 모습의 조카마치로 개조한 것이다.

에도 시대에 들어 전쟁이 사라지면서 방어의 필요성이 줄어들자, 사원과 사원 사이는 물론 토성 밖에도 민가가 들어서기 시작했다. 데라마치의 모습이 바뀌게 된 것이다. 메이지 초기에는 거리 폭도 지금과 같은 넓이로 확장되었다. 나는 교토 시내에 나갈 때마다 데라마치를 걸었다. 이곳에는 수백 년에 걸쳐 고급 문구와 차를 팔고 있는 구쿄도[鳩居堂], 고바이엔[古梅園], 잇포도[一保堂] 등이 자리 잡고 있어, 묵향과 차향이 기분을 상쾌하게 해 준다.

현재 교토의 공간 구조는 도요토미 히데요시가 다시 만든 것이라고 해도 과언이 아니다. 그렇지만 교토를 찾는 한국 사람들이 거리에서 히데요시의 손길을 느끼는 경우는 별로 없는 것 같다. 일본사의 기초적인 사실이나 기본적인 흐름을 잘 알지 못하기 때문에 교토가 도요토미 히데요시의 화려한 활동 무대였다는 것을 까맣게 모르고 있기 때문이다. 그렇다면 이 책에서 도요토미 히데요시에 대해 좀 더 자세히 설명할 필요가 있다. 그는 일본인들이 가장 닮고 싶어 하는 자수성가 모델인 반면 우리에게는 무모하게 조선을 침략하여 온갖 만행을 저지른 불구대천의 원수이다. 교토의 구석구석에는 도요토미 히데요시의 그런 행적을 말해 주는 유적·유물이 많다. 지금부터 그중에서 우리와 관련된 곳들을 찾아가 보자.

교토에 배어 있는 도요토미 히데요시의 영욕

사치를 탐한 히데요시의 호화찬란한 저택, 주라쿠다이

나는 교토에 조금 익숙해지면서부터 오늘날의 교토는 간무 천황이 794년에 헤이안쿄로서 창건한 황도로서의 도시 구조가 아니라, 도요토미 히데요시가 관백에 취임한 1585년부터 새로 개조한 조카마치로서의 도시 구조라는 것을 알게 되었다. 교토의 가는 곳마다 히데요시와 관련이 있는 사원과 신사가 남아 있고, 그를 떠올리게 만드는 장소 이름이나 거리 이름도 적지 않다.

오늘날 교토에서 사람이 가장 많이 모여 북적대는 거리는 4조(시조) 가와라마치도리[四條河原町通] 부근으로, 그곳에는 특히 젊은이들이 많다. 교토시의 인구는 약 145만 명이고, 그 중의 약 10퍼센트가 대학생이다. 이 간단한 수치만 보더라도 교토가 교육의 도시라는 것을 금방 알 수 있다. 교토에는 교토 대학, 도시샤 대학, 리츠메이칸 대학 등 한국에 비교적 잘 알려진 대학 이외에도 이름이 낯선 대학이 여러 개 있다. 그 대학의 학생이나 직원이 회식이나 장을 보기 위해 주로 드나드는 곳이 바로 가와라마치도리 부근이다. 이곳의 한복판에 남북으로 뻗어 있는 거리가 데라마치도리[寺町通]인데, 투명한 플라스틱 지붕이 덮여 있어 비가 오나 눈이 오나 쇼핑을 즐길 수 있다. 이 거리의 북쪽으로 올라가면 천황이 거주한 고쇼를 왼편으로 끼고 돌 수 있다. 이 번화한 거리의 곳곳에도 고색창연한 절집이나 신사가 입을 벌리고 있다. 하지만 빌딩 속에 파묻혀 있기 때문에 여간 주의하지 않으면 그냥 지나치기 십상이다. 오다 노부나가가 부하 아케치 미쓰히데에게 죽임을 당한 혼노지도 데라마치의 일각에 숨어 있다. 이 데라마치도 히데요시가 불과 2~3년 만에 조성한 것이다. 무소불위의 권력자가 아니면 실행할 수 없는 도시 개조였다.

히데요시가 자신의 거처인 주라쿠다이를 조성하기 시작한 것은 관백에 취임한 다음 해였다. 주라쿠다이 건축은 1583년부터 시작된 오사카 성[大阪城] 축성 공사가 동시에 진행되었다. 주라쿠다이의 재목은 시코쿠와 간토 등에서 조달됐고, 석재와 식목(植木)은 여러 다이묘에게서 징발했다. 공사에 동원된 인부는 오사카 성의 7~8만 명보다 주라쿠다이 쪽이 오히려 더 많았다. 그 결과 새 거처는 6개월 만에 완성됐다.

주라쿠다이의 부지는 북쪽의 1조 대로에서부터 남쪽의 2조 대로까지였고, 동쪽의 호리카와[堀川]부터 서쪽의 오미야도리[大宮通]에 이르렀다. 오사카 성의 3리(里) 8정(町)에는 미치지 못했지만, 주라쿠다이가 해체된 후 거의 같은 곳에 세워지게 되는 도쿠가와 이에야스의 니조조

에 비하면 훨씬 더 웅장했다. 건물도 혼마루[本丸], 니노마루[二の丸], 기타노마루[北の丸], 니시노마루[西の丸] 등이 배치되어, 저택이라기보다 성곽의 모습을 띠고 있었다. 부엌까지 금칠로 장식했는데, 히데요시가 즐겨 이용했던 황금 다실은 특히 유명했다. 그는 사치를 탐했기 때문에 주라쿠다이는 건물뿐만 아니라 식기와 용기도 금을 듬뿍 사용하여 호화롭기 그지없었다.

도요토미 히데요시는 1587년 규슈 정벌을 끝내고 교토에 돌아와 주라쿠다이에서 정무를 보았다. 그는 이곳을 정권의 심벌로 내세우기 위해 고요제이 천황[後陽成天皇]의 행행(行幸)6을 받았다. 그 규모는 경비인만 6천여 명에 이르러 선두가 주라쿠다이에 도착해도 후미는 고쇼를 벗어나지 못하고 있을 정도였다. 술잔치와 연주, 와카[和歌, 일본의 노래] 등이 3일 이상 계속되고, 천황에게 은 5만 량, 조정의 고관대작에게는 미 8천 석이 분배되었다. 히데요시는 주연에 참례한 모든 다이묘에게 조정에의 존숭과 관백에의 충성을 맹서하게 함으로써, 무사와 조정에 자신의 권위를 뽐내고 정권의 안정을 과시했다.

 임진왜란을 예고한 조선 통신사와 도요토미 히데요시의 만남

주라쿠다이는 도요토미 히데요시가 조선에 임진왜란의 도발을 기정사실로 예고한 원한의 비극의 장소이기도 하다. 당시 조선과 일본에

················
6 임금이 대궐 밖으로 거둥하는 것을 이름.

양다리를 걸치고 무역과 외교를 중개하면서 생존을 도모하던 쓰시마는 조선과 일본이 하루 빨리 통교를 재개하길 바라고 있었다. 마침 전국을 통일한 도요토미 히데요시도 쓰시마에게 조선이 복속해 오도록 압박을 가했다. 이에 쓰시마는 조선이 일단 사신을 보내 도요토미 히데요시와 접촉하도록 꾀했다. 마지못해 쓰시마의 제안을 받아들인 조선 조정은 일본의 정세를 파악할 겸 히데요시에게 통신사를 파견했다.

정사(正使) 황윤길(黃允吉)과 부사(副使) 김성일(金誠一) 등은 1590년 11월 7일 주라쿠다이에서 히데요시를 만났다. 히데요시는 방자하기 그지없었다. 한 나라의 사신에 대한 접대가 소홀했을 뿐만 아니라 행동거지가 무례하기 짝이 없었다. 게다가 통신사를 까무러칠 정도로 놀라게 만든 것은, 히데요시가 지금부터 명(明)을 치러갈 테니 조선에게 길을 안내하라고 요구한 것이다. 히데요시가 이렇게 안하무인(眼下無人)의 태도를 보인 것은 전국을 통일한 여세를 몰아 대륙을 정복하려는 욕망에 사로잡혀 있는데다가, 조선이 쓰시마의 속국으로서 자신에게 조공을 바치기 위해 사신을 파견한 것이라고 오해했기 때문이었다.

그런데 더욱 어처구니없는 것은 1591년 봄에 조선에 돌아간 통신사의 보고와 이것을 듣고 선택한 조선 정부의 대책이었다. 정사 황윤길은 히데요시의 언동이 심상치 않은 데다가 그의 군대가 아주 잘 훈련되어 있어서 곧 침략해 올 것이라고 말했다. 반면에 부사 김성일은 그것은 히데요시가 일부러 꾸민 엄포와 허세에 불과하므로 침략의 징조로 볼 수 없다고 반론했다. 같은 자리에서 같은 상황을 지켜본 한 나라의 정부(正副) 사절이 서로 정반대의 보고를 한 것이다. 당파의 이익에 눈이 멀어 국가의 안보를 내팽개친 출장 보고였다. 정권 다툼과 무사안일에 빠져 있던 조선 정부는 실권파였던 동인(東人) 김성일의 견해를 받아들여 일본의 침략에 대한 대비를 팽개치고 마지막 순간까지 평화의 단잠을 즐겼다.

1591년 9월, 히데요시는 전국의 다이묘들에게 다음 해 3월에 조선을 침공할 테니 만반의 준비를 하라고 통첩했다. 그리고 조선과 가까운 규슈 북쪽 해안의 나고야에 발진 기지를 건설하라고 명령했다. 현재 사가 현[佐賀県] 가라쓰 시[唐津市]에 있는 나고야성은 그해 10월부터 축성에 들어가 이듬해 3월에 완공되었다.

한 나라의 지도자가 국제 정세와 국제 관계를 잘못 파악하고 엉뚱한 판단과 결정을 내리면 국가와 백성이 얼마나 무고한 희생을 치르는가를 히데요시와 선조(宣祖)의 경우처럼 극명하게 보여 주는 사례도 드물 것이다. 모름지기 나라의 지도자는 안팎 세상이 돌아가는 상황을 정확히 읽고 현실에 적합하게 대처해야 한다. 지도자가 무지하거나 선입견에 사로잡혀 그릇된 선택을 하면 나라를 멸망으로 이끌고 백성을 도탄에 빠뜨린다. 하지만 우리는 이러한 역사의 교훈을 아직도 제대로 깨닫지 못하는 것 같다. 한반도를 둘러싼 강대국의 이해 대립이 날로 첨예해지는데, 여야 정치 세력과 이익 집단은 여전히 정쟁에 몰두하고 갈등을 부추기는 모습을 보여 주고 있으니 말이다.

꽃이 피면 지기 마련인 것처럼 호화찬란한 주라쿠다이도 곧 그 명을 다하게 되었다. 도요토미 히데요시가 조카 히데쓰구[秀次]에게 관백의 자리를 양보하고 오사카로 옮겨 간 뒤, 주라쿠다이는 잠깐 히데쓰구의 거처가 되었다. 그러나 측실에게서 아들을 얻은 히데요시는

1595년에 못미더운 히데쓰구를 모반 혐의를 씌워 고야산으로 추방하여 자살하게 하고, 악연이라고 여긴 주라쿠다이를 부수도록 명령했다. 주라쿠다이의 건물들은 뜯겨서 사방으로 흩어졌는데, 그 일부가 도요토미 히데요시가 건설하고 있던 후시미 성의 자재로 활용되었다. 그러나 이것마저 나중에 도쿠가와 막부가 후시미 성을 폐멸시키자 흔적을 찾기 어렵게 되었다. 다이토쿠지[大德寺, 대덕사]의 당문(唐門)과 니시혼간지[西本願寺, 서본원사]의 비운각(飛雲閣)이 주라쿠다이의 유구(遺構, 실마리가 되는 잔존물)라고 한다.

📖 도요토미 가의 멸망을 부른, 호코지 동종의 명문

호코지[方廣寺, 방광사] 부지는 도요쿠니 신사[豊國神社]의 경내와 맞닿아 있다. 거대한 바위로 담장 초석을 쌓은 도요쿠니 신사는 교토국립박물관 정문의 북쪽 담에 연결되어 있는데, 도요토미 히데요시를 모시는 신사이다. 7조(七條) 야마토 대로[大和大路]가 그 앞에 펼쳐져 있고, 조선인의 귀와 코를 베어다 묻은 이총(耳塚)이 대로변에 자리 잡고 있다. 히데요시는 이곳에 나라[奈良]의 도다이지[東大寺, 동대사]7보다 더 큰 호코지 대불전(大佛殿)을 세웠다.

　　도요토미 히데요시는 1588년에 본격적으로 대불전을 짓기 시작했

7　나라 현 나라시에 있는 일본 화엄종의 대본산이자 세계문화유산으로 지정된 사찰이다. 745년에 처음 창건됐고, 1709년에 다시 세워진 세계 최대의 목조 건물이다.

다. 시코쿠 등지에서 큰 돌을 옮겨 오고, 교토 일대의 주요 건물 등에서 자재를 뜯어 왔다. 대불전을 짓는 공사를 시작할 때는 교토의 각 절등에서 4천여 명의 승려 등을 동원하여 공연을 펼쳤다. 공연에서 승려들은 수레에 술을 싣고 다니며, 피리를 불고, 대북을 치고, 춤을 추며부처님의 공덕을 치하하고 자비를 베풀어 줄 것을 간청했다. 히데요시는 같은 해 농민의 무장을 금지하기 위해 칼과 철포를 거둬들이는도수령(刀狩令)을 반포하고, 무사와 농민의 역할을 확연히 분리하는 제도를 확립했다. 이렇게 해서 압수한 무기들은 대불전을 만드는 재료로 활용되었다. 그리하여 반란의 위험성은 줄어들고 농업의 생산성은높아졌다. 히데요시답게 꿩 먹고 알 먹는 정책이었다.

대불(大佛)은 처음엔 동(銅)으로 주조할 계획이었는데, 완성을 서둘다 보니 도중에 목조에 칠교(漆膠, 옻칠하고 아교나 풀로 붙이는 것)를 하는것으로 방향이 바뀌었다. 그런데 1594년 후시미 지역에 대지진이 발생했다. 이상하게도 대불전은 무사했지만 거의 완성된 당내의 대불은큰 손상을 입었다.

히데요시가 죽은 후, 그의 아들 히데요리가 도쿠가와 이에야스의권유를 받아 1599년에 대불의 제작 공사를 재개했다. 그런데 이번에는 화재가 일어나 완성 직전의 대불은 물론 대불전마저 불타 버렸다.히데요리는 1608년부터 다시 대불 조립을 시작했다. 대불은 동체(銅體)에 금박을 입힌 웅장한 모습이었다. 대불을 안치한 대불전은 높이가 50미터 이상 되어 나라의 도다이지보다 거창했다. 대불전과 대불의 건조에 맞춰 1615년 거대한 동종이 제작되었다.

대불전과 대불은 1662년 대지진으로 다시 붕괴되었다. 도쿠가와 막부는 그때 생겨난 동의 파편으로 전화(錢貨, 돈)를 주조하여 유통시켰다. 그 후 대불전과 대불의 재건 공사가 또 다시 시작되었다. 이번에는 목조에 금칠을 한 불상을 만들어 대불전에 안치했다. 그러나 교토의 상징이던 대불전과 대불은 1799년 낙뢰로 완전히 소실되었다. 다만 호코지의 동종만이 용케 피해를 입지 않아서 지금도 부지 내 종각에 걸려 있다.

그런데 도요토미 히데요시가 교토 개조의 마지막 걸작으로 건립을 추진했던 호코지는 얄궂게도 도요토미 가문의 멸망을 초래한 저주의 사원이 되었다. '국가안강 군신풍락(國家安康 君臣豐樂)'이라는 글귀가 화근이었다. 거기에 얽힌 사연은 이렇다. 도쿠가와 이에야스의 가까운 신하 한 사람이 이 범종의 명문(銘文) 중에 간토(關東)를 저주하는 불길한 문구가 있다고 이의를 제기했다. '國家安康 君臣豐樂'이라는 문구에서, '國家安康'은 일부러 '家康[이에야스]'의 이름 두 자를 떼어 놓아 몰락을 예고한 것이고, '君臣豐樂'은 '豐臣[도요토미]'의 성을 붙여 놓아 번영을 기대한 것이라고 모함했다.

물론 정치판에 언제나 있는 음모가 꾸며 낸 해석이었지만, 이에야스는 이 모함을 그럴듯하게 받아들여 보름 뒤로 예정된 대불전과 대불의 낙성 경축 법요를 중단시켰다. 그리고 1614~1615년 겨울과 여름에 오사카 성을 두 차례 공격하여 도요토미 가를 멸망시켰다. 아울러 도요쿠니 신사도 파괴해 버렸다. 그 와중에도 호코지의 동종만큼은 간신히 본체를 보존하여 오늘날에도 그 자리에서 권력 다툼의 잔

호코지의 종각과 동종. 종의 왼쪽 상단에 흰색 페인트가 칠해져 있는 부분이 계략이 배어 있는 명문이다.

혹함을 증언하고 있다. 음험한 계략이 배어 있는 위의 명문에는 흰 페인트가 칠해져 있기 때문에 누구나 눈만 밝다면 쉽게 알아볼 수 있다.

　나는 호코지 터와 그 앞의 이총에 자주 들렀는데, 그때마다 히데요시에게 코와 귀를 잘린 조선인의 원혼이 도요토미 가문을 멸망으로 이끈 것이 아닌가 생각하곤 했다.

도쿠가와 이에야스 1543. 1. 31~1616. 6. 1

도요토미 히데요시가 죽자 그 가문의 권력 기반은 급속히 쇠퇴하였다. 게다가 히데요시의 아들 히데요리는 아직 어린아이였다. 이때 히데요리를 대신하여 정무를 장악한 자가 도쿠가와 이에야스[德川家康]다.

도쿠가와 이에야스

　이에야스는 미카와[三河]의 호족이었는데,

오다 노부나가와 동맹해서 도카이[東海] 지방에 세력을 뻗쳤다. 1590년
에는 히데요시를 도와 오다와라[小田原]의 호조 씨[北條氏]를 멸망시킨 후
간토(관동)의 6개국을 하사받았다. 이에야스는 도카이에서 간토로 이주
하여 약 250만 석의 다이묘로서 에도에 본거지를 두고 도요토미 정권의
5다이로[伍大老]의 우두머리로서 행세했다. 이에야스는 히데요시가 조선
을 침략했을 때 조선에 군사를 보내지 않았기 때문에 세력을 온존할 수
있었다. 이를 바탕으로 이에야스는 히데요시 사후 최고 실력자가 되었지
만, 히데요시의 충신 이시다 미쓰나리[石田三成]를 중심으로 하는 세력이
이에야스의 지배권 확대에 불만을 품고 다른 세력과 더불어 이에야스
타도에 나섰다(서군). 이에 맞서기 위해 이에야스는 다른 세력과 동맹했
다(동군). 양자는 1600년에 지금의 기후 현[岐阜県]에 있는 세키가하라[関
ヶ原]에서 한 판 승부를 겨뤘는데, 이에야스 측이 승리하여 패권을 장악
했다. 이에야스는 이 세키가하라 전투의 승리로 얻은 토지를 동군의 다
이묘들에게 증봉하거나 자신의 가신들에게 주고, 28명의 다이묘를 새로
세웠다. 그리고 도카이도와 나카센도[中山道] 등 전국의 주요 도로를 정
비·장악하고 교토, 후시미, 사카이, 나가사키 등 주요 도시와 항구를 직
할지로 삼았다. 그와 동시에 주요 금광과 은광, 화폐 주조권 등을 장악하
여 전국적인 경제 기반을 확보했다.

이에야스는 1603년 정이대장군에 임명된 후 에도에 막부를 개창했다.
이로써 260여 년간에 걸친 에도 시대가 열리게 된다. 이어서 1614~1615년
에는 도요토미 씨[豊臣氏] 세력의 보루인 오사카 성을 공격하여 히데요리
를 패사시켜, 도쿠가와 씨에 의한 전국 지배 체제를 확립했다.

🏯 한때 정치와 외교의 무대였던 후시미 성

도요토미 히데요시는 전국을 통일한 뒤 1592년에 후시미에 거처를 건설하기 시작했다. 지난해에 조카 히데쓰구에게 관백을 양보했기 때문에 물러나 은거할 성이 필요했던 것이다. 1595년에 후시미 성이 완성되자 히데요시는 이곳으로 이사했다. 그리고 후시미 성을 정치권력의 중심으로 삼기 위해 전국에서 인부 25만 명을 동원하여 대대적인 확장 공사를 벌였다. 주라쿠다이를 헐어 버리고 그 자재를 후시미 성의 축조에 사용하고, 요도 성[淀城]에서 천수(天守, 높게쌓은 망루)와 야창(矢倉, 나무를 짜서 높게 만든 대) 등을 옮겨와 거대한 성곽을 만들었다. 그러나 1596년 대지진이 발생하여 후시미 성은 덧없이 무너졌다.

히데요시는 후시미 일대가 심대한 피해를 입었음에도 불구하고 곧바로 후시미 산으로 불리는 모모야마 구릉의 정상 부근에 성을 재건했다. 후시미 성은 천수, 혼마루, 니시노마루 등의 중심부와 외곽을 갖췄다. 성 밖에 해자를 두른 것은 물론이고 오사카와 교토에서 선박의 출입이 가능하도록 운하도 팠다. 후시미는 성을 건설하기 이전에는 구쿄[九鄕]라고 불렸던 농촌이었지만, 성이 건설되면서 번화한 조카마치로 변모했다.

후시미 성은 전국을 통일한 히데요시가 건축한 마지막 성이자 그가 죽음을 맞은 곳이다. 그뿐만 아니라 히데요시의 사후 실권을 장악한 도쿠가와 이에야스도 후시미 성에서 정이대장군에 취임하고 2년 5개월에 걸친 장군 직무를 대부분 이곳에서 수행했다. 이에야스의 아

들 히데타다[秀忠]도 후시미 성에서 장군에 취임한 데다가 1617년 이
곳에서 오윤겸(吳允謙) 등의 조선 통신사 일행을 접견했다. 따라서 후
시미 성은 도요토미 정권 후기부터 도쿠가와 막부 초창기까지 전국동
란을 마무리 짓고 조선과 국교 수립을 실행해 간 정치 · 외교 무대였
던 셈이다.

후시미 성은 또한 임진왜란(1597) 때 남원(南原) 전투에서 우키다
히데이에[宇喜多秀家] 군대에게 잡혀 끌려온 병조좌랑(兵曹左郎) 강항
(姜沆)이 2년여 동안 살면서 승려 후지와라 세이카[藤原惺窩] 등에게 주
자학을 가르친 곳이다. 강항은 처음에 시코쿠의 오쓰[大洲]에 끌려왔
다가 그의 명성이 알려져 이곳으로 옮겨졌다(1598). 후지와라는 근세
일본 유학의 선구자가 된 인물이다. 근대에 들어서는 조선인 노동자
가 후시미 성 터에 조성하게 되는 메이지 천황릉 조성 공사에 참가했
다. 이처럼 후시미 성은 조선과 기구한 인연이 이어진 장소이기 때문
에 우리로서는 그냥 지나칠 수 없다.

1623년 3대 장군 이에미쓰[家光]는 후시미 성에서 장군 취임식을
거행했다. 그런데 도쿠가와 막부의 정세가 안정되자 다이묘의 거성
(居城)이 아닌 후시미 성은 존재 가치가 점점 떨어졌다. 도쿠가와 막
부는 후시미 성의 역할을 오사카 성이 대신하도록 하고 후시미 성을
해체해 버렸다. 그리고 그 자재는 니조조를 정비하는 데 활용했다. 후
시미 성의 부지에는 수만 그루의 복숭아나무를 심었다. 그리하여 봄
철에 후시미 산은 붉은색으로 물들었다. 그래서 지금은 모모야마[桃
山, 복숭아 산]라는 별명이 붙었다. 일본의 문화사에서는 주로 도요토
미 히데요시가 활약했던 시기를 모모야마 시대라고 구분한다. 밝고

화려한 양식이 유행한 시기였다. 히데요시에 걸맞는 명칭이라고 할 수 있다.

후시미 성은 아즈치 모모야마 시대(1573~1603년)를 대표하는 성이었지만, 지금은 성의 유구가 있던 곳에 메이지 천황릉이 자리 잡아 접근조차 할 수 없게 되었다. 나는 장군과 천황이 번갈아 가며 깔고 앉은 그 자리에 갈 때마다 권력과 세월의 무상함을 실감하곤 했다.

히데요시가 벚꽃놀이를 즐긴 다이고지

다이고지[醍醐寺, 제호사]는 후시미 성 가까운 곳에 있다. 이 절은 874년에 창건됐는데, 교토부 내에서 가장 오래된 목조건축물인 5층탑을 비롯해 많은 국보와 중요 문화재를 거느리고 있다. 진언종(眞言宗) 제호파의 총본산이며, 1994년에 세계문화유산으로 지정됐을 정도로 웅대하고 아름답다.

다이고지는 1598년 도요토미 히데요시가 죽기 직전에 가족을 거느리고 성대하게 벚꽃놀이를 즐긴 곳으로도 유명하다. 우리의 정서로는 무장들이 절에서 술판을 벌이고 춤 추는 일을 용납하기 힘들지만, 다이고지는 이를 기념하여 매년 4월 두 번째 일요일에 경내에서 그 풍경을 재현하는 화려한 잔치를 벌인다. 장군의 꽃놀이 행렬[太閤花見行列]은 화려하기로 정평이 나 있어 관광객으로 북새통을 이룬다. 이렇듯 돈벌이라면 죽은 히데요시라도 살려내는 게 일본 절의 장기다.

다이고지(제호사)의 금당

　하기는 무가 정권이 출현한 이래 사원은 호텔의 기능을 수행해 왔
다. 마땅한 숙박 시설이 없던 때에 거대한 사원만큼 손님을 재우고 먹
이는 데 편리한 곳은 없다. 사원의 정원이 아름답고 요리가 맛있는 것
은 손님에게 최상의 서비스를 제공하기 위한 것이었다. 이렇게 보면
오다 노부나가가 왜 혼노지에서 숙박하다가 아케치 미쓰히데에게 죽
임을 당했는지, 조선의 통신사 일행이 다이도쿠지 등에 묵었는지를
금방 알 수 있다. 교토에 있는 사원들의 아름다운 정원과 요리는 수양
을 위한 것이 아니라 접대를 위한 것이라고 할 수 있다.
　일본의 벚꽃놀이는 히데요시 때부터 시작되었다. 그는 전란에 지
친 무사들을 위로한다는 명목으로 유력한 다이묘들을 거느리고 나라
의 요시노[吉野]에 가서 벚꽃을 감상하며 연회를 베풀었다. 요시노는
역사와 경관으로 옛부터 꽤 이름난 곳이다. 세계문화유산으로 지정된

긴부센지[金峯山寺, 금봉산사] 자오도[藏王堂, 장왕당]는 높이가 34미터로, 목조건축으로는 도다이지에 버금가는 규모이며 수험도(修驗道)의 총본산이다.

긴부센지에서 요시노 산으로 올라가는 산등성이에 요시나가 신사[吉永神社]가 있다. 이곳은 원래 승방이었는데, 메이지 유신 때 폐불훼석(廢佛毀釋)8의 소용돌이 속에서 신사로 바뀌었다. 노송나무[檜] 껍질로 이은 지붕이 아름다운 일본 최고(最古)의 서원(書院) 양식 건물이다. 가마쿠라 막부를 세운 미나모토노 요리토모의 동생 요시츠네[義經]가 심복 벤케이[弁慶]를 데리고 숨어들었던 곳이고, 고다이고 천황[後醍醐天皇]이 이곳에서 교토의 북조 조정에 대항하며 남조를 세웠다가 패했다. 히데요시는 전국을 통일한 후 도쿠가와 이에야스, 다테 마사무네[伊達政宗], 마에다 토시이에[前田利家] 등의 무장을 거느리고 이곳에 와서 벚꽃놀이를 즐겼다.

그런데 히데요시는 멀리 요시노까지 출타하여 벚꽃놀이를 즐기는 것이 귀찮았다. 그리하여 다이고지에 벚나무를 옮겨 심도록 지시했다. 그의 명령에 맞추기 위해 꽃망울이 맺힌 벚나무를 급히 옮겨 심었기 때문에 꽃이 한 달이나 늦게 피었다고 한다. 그 후 히데요시는 다이고지에서 술판을 벌이면서 벚꽃을 감상했다. 히데요시의 벚꽃놀이는

----

8 메이지 정부는 일본의 고유 민족 신앙인 선조나 자연을 숭배하는 신도(神道)를 통해 국민을 교화하고 국가의 통합을 이루고자 했다. 이를 위해 신도와 불교를 분리하는 '신불분리령(神佛分離令)'을 발포했다. 이를 계기로 전국에서 불교 배척과 유물 파괴 운동이 일어났다.

다이고지의 벚꽃

점차 일본인의 연중행사로 자리 잡게 되었다. 에도 시대에는 그를 흉내 내어 서민층에서도 벚꽃놀이가 유행하게 되었다.

벚꽃놀이의 특징은 무리를 지어 음식을 먹고 마시며 춤추고 떠드는 것이다. 그렇게 하려면 서민층이 경제적으로나 시간적으로나 떼거리로 몰려다니며 놀 수 있는 여유를 어느 정도 가져야만 한다. 그리고 먹거리를 상하지 않게 들고 다닐만한 도시락 문화가 보급되거나 숙식을 제공할 만한 여관 시설이 갖춰져야 한다. 일본에서는 4백 여 년 전에 이런 문화가 싹 텄는데, 대규모 토목공사로 백성을 괴롭혔던 도요토미 히데요시에 의해 그런 벚꽃놀이가 뿌리를 내리기 시작했다니 역사의 장난이 아닐 수 없다.

나는 2005년 여름에 아오야마학원 대학의 기무라 미츠히코[木村光彦] 교수와 함께 히데요시가 앉아 있던 요시나가 신사의 그 자리에서 자오도를 바라보며 휴식을 취한 적이 있다. 벚꽃은 벌써 지고 없었지만, 풍광의 아름다움에 저절로 감탄사를 연발하지 않을 수 없었다. 숨이 턱턱 막힐 정도로 더운 날씨였지만 산 위인 데다가 바람이 잘 통해서 시원함마저 느낄 수 있었다. 내친 김에 땀을 비 오듯 흘리고 물을 하마처럼 들이키며 계곡 한참 아래에 있는 고다이고 천황의 무덤까지 찾아가 보았다. 장군에게 빼앗긴 권력을 되찾으려고 발버둥 쳤던 그의 노력은 수포로 돌아갔다. 그리고 천황이 권력의 정점으로 다시 부상하기까지는 5백여 년 후인 메이지 유신까지 기다려야 했다.

다이고지는 무척 장엄한 절이지만, 정치권력과 결탁하여 음주가무를 널리 알린 점에서는 타락한 절이기도 하다. 내가 방문했을 때는 벚꽃이 끝물이어서 화장이 흐트러진 여인의 얼굴을 보는 듯했다. 경내가 넓어 다 돌아볼 수 없어서 나는 산보인[三寶院, 삼보원]만 들렀다. 산보인의 건조물은 대부분이 중요 문화재로 지정되어 있다. 그중에서도 정원 전체를 건너다볼 수 있는 오모테쇼인[表書院, 표서원]은 침전건조양식(寢殿建造樣式)으로 알려진 모모야마 시대를 대표하는 건물이다. 국가의 특별사적·특별명승으로 지정되어 있는 이 정원은, 1598년에 히데요시가 벚꽃놀이를 위해 스스로 설계한 것으로, 화려한 분위기를 잘 보여 주고 있다. 오모테쇼인과 그 칙사문(勅使門)인 당문(唐門)은 국보로 지정되어 있다. 정원의 한가운데에는 이 절의 정비와 수복에 진력한 도요토미 히데요시의 영령을 도요쿠니 대명신[豊國大明神]으로 떠받드는 신사가 세워져 있다. 승려는 오모테쇼인과 정원의 사진 촬영을 엄하게 금지했다. 내가 그에게 사진을 찍으면 건물과 정원이 훼손되느냐고 물었더니 그렇다고 대답했다. 히데요시만큼이나 고약한 인심이다.

다이고지에는 그 밖에도 약사당(藥師堂), 오층탑, 약사삼존상(藥師三尊像), 오층탑벽화 등이 국보로 지정되어 있다. 상하 두 구역으로 나뉘어 있는 이 절의 경내에는 80여 개의 당탑(堂塔)이 즐비하다. 국보와 중요 문화재가 650여 점이나 있다. 오닌의 난 때 대부분 소실되었는데 히데요시의 귀의를 받아 재흥했다.

'제호(醍醐)'라는 단어는 원래 오미(五味)의 마지막 맛으로, 젖을 정제하여 얻을 수 있는 가장 맛있는 음식을 의미한다. 불교에서는 최고의 진리를 이에 빗대어 말한다. 다이고지(제호사)는 이름에 걸맞게 일본의 불교, 미술, 건축, 풍속의 정수를 압축하여 보여 준다.

도요토미 히데요시는 귀족들에 비해 뒤처지는 자신의 문화적 소양을 보완하고 전쟁에 찌든 백성에게 잠시나마 위안을 주기 위해 다이고지에서 벚꽃놀이를 열었다. 그 덕택인지는 몰라도, 다이고지는 지금도 일본 서민들이 즐기는 벚꽃놀이의 명소다.

◤ 히데요시와 센노 리큐의 비극적 교유

주라쿠다이의 흔적이 남아 있는 다이토쿠지는 일본 다도의 한 양식인 '와비 차'를 완성시킨 센노 리큐[千利休, 1522~1591]의 거처로도 유명하다. 센노 리큐는 사카이[堺]의 상인 가문 출신으로, 일찍부터 차를 배워 그 문화에 익숙했다. 그는 다이토쿠지에서 계(戒)를 받았는데, '리큐'라는 이름은 히데요시가 1585년 다이다이리(대내리)에서 다회(茶會)를 열었을 때 그 후견을 맡은 공로로 천황이 내린 것이다. 그는 도요토미 히데요시의 차 선생으로서 뿐만 아니라 정치에 관한 조언자로도 활약했다. 그런데 히데요시의 무신 이시다 미쓰나리[石田光成]가 센노 리큐를 배척하자, 히데요시는 1591년 그를 사카이에 보내 근신시킨다. 그리고 그를 곧 교토에 호송하여 자택 안의 후신안[不審庵, 불심암]에서 배를 가르도록 했다. 그때 리큐의 나이 일흔이었다. 그의 목은 1조의 다리 위에 내걸렸다. 그의 죄상은 다이토쿠지의 금모각(金毛閣) 위에 자신의 목상(木像)을 얹어 놓은 것이 참월하다는 것, 다두(茶頭)의 자리를 이용하여 다기(茶器)를 팔아 사복을 채웠다는 것 등이었다.

그렇지만 그것은 어디까지나 구실일 뿐이고, 문화적 콤플렉스에 시달리고 있던 히데요시가 센노 리큐의 고고한 취미를 용납할 수 없었기 때문일 것이다. 그와 센노 리큐 사이에 이런 일이 있었다. 히데요시는 리큐의 집 뜰에 나팔꽃이 만개했다는 소문을 듣고 찾아가 보았다. 그러나 나팔꽃은 어디에도 없고, 그의 다실에 들어가 보니 단 한 송이의 나팔꽃이 상 위에 꽂혀 있었다. 히데요시가 이것이 리큐의 조촐한 미의식을 보여 주는 한 예에 불과하다고 받아들였으면 그만인데, 화려한 것을 좋아하는 성미로서는 한방 얻어맞은 듯 울화가 치미는 것을 억제할 수 없었다. 진작부터 히데요시는 리큐가 투박한 흙색 찻잔으로 대접하는 것을 좋아하지 않았다. 황금 찻잔을 사용했던 히데요시의 취미와 막사발 같은 찻잔을 좋아했던 리큐의 취미가 서로

다이토쿠지(대덕사)의 대선원(위)과 용원원(아래)

맞을 리가 없었던 것이다.

나는 나팔꽃이 필 무렵 가랑비를 맞으며 다이토쿠지의 다이젠인 [大仙院, 대선원]을 찾아갔다. 이곳은 무로마치 시대를 대표하는 가레산스이 정원과 방장(주지 스님이 거처하는 방) 건축을 가지고 있다. 바위와 모래가 어우러져 있는 이 정원은 폭포에서 발원한 물이 냇물과 강물을 이루고 마침내 바다로 흘러드는 과정을 잘 묘사하고 있다. 정원이 방장 건물을 둘러싸고 있기 때문에 복도를 한 바퀴 돌면서 감상하게 되어 있었는데, 낙차를 절묘하게 배치한 것이 인상적이었다. 마루에 걸터앉아 모래와 바위로 이루어진 큰 바다를 바라보고 있자니 땀도 식어 버렸다. 마침 비마저 부슬부슬 내리니 더욱 운치가 있어서 나는 한참 동안 그곳에서 머물렀다. 국보로 지정된 방장의 한 칸 방에는 도요토미 히데요시가 센노 리큐와 차를 마시며 한담하던 정경이 재현되어 있었다. 상 위에 나팔꽃 한 송이가 꽂혀 있었던 것이다.

히데요시는 밑바닥 인생에서 출발하여 권력의 최고 자리까지 올랐다. 그렇지만 자라면서 문화에 대해 보고 듣고 배운 것이 별로 없어 문화인에 대한 열등감이 강했다. 희대의 영웅도 출신 성분의 한계를 벗어날 수 없었던 것이다. 도요토미 히데요시는 센노 리큐 등과 다도나 꽃꽂이를 논하고 무장과 승려 등을 불러 모아 벚꽃놀이를 즐겼지만, 가슴에 맺힌 자격지심을 완전히 씻을 수는 없었다. 그리하여 센노 리큐의 고상한 듯한 취미를 고깝게 여겨 자결을 명하게 된 것이다.

한 나라의 지도자는 무릇 교양이 있어야 한다. 그렇지 않을 바에야

콤플렉스를 혼자서 삭일 수 있을 정도의 도량을 가져야 한다. 그것은 저절로 갖춰지는 게 아니기 때문에 수양과 수련이 필요하다. 자기를 닦은 후에야 남을 다스린다는 뜻의 수기치인(修己治人)이라는 말은 그래서 생긴 것이다. 오늘의 한국에도 꼭 들어맞는 교훈이다.

교토의 단풍은 아름답기 그지없다. 환상적이라고 표현할 수밖에 없다. 나는 늦은 가을 저녁에 미국인 교수 백스터 씨 부부와 함께 다시 다이토쿠지를 찾았다. 다이토쿠지의 고토인[高桐院, 고동원]은 센노 리큐 등이 다도를 발전시킨 곳으로 유명하지만, 정원의 단풍 또한 일품이다. 나무숲에 가려진 정원의 일각에 조선 석등이 반쯤 깨진 채 이끼를 뒤집어쓰고 서 있었다. 백스터 교수의 말에 의하면, 리큐가 석등을 달라고 은근히 압박하는 히데요시의 요구를 피하기 위해 일부러 칼로 내려쳐 반쯤 깨 버렸다고 한다.

센노 리큐의 무덤 근처에는 임진왜란 때 가토 기요마사[加藤淸正]가 조선에서 가져온 나성문 주춧돌도 고즈넉하게 놓여 있었다. 다이토쿠지는 조선의 통신사가 머물던 사원이다. 황윤길 일행은 임진왜란 직전인 1590년 7월부터 이 절에 묵으면서 히데요시를 만날 날을 기다렸다. 앞에서 언급한 주라쿠다이의 회견은 이렇게 해서 실현된 것이었다.

센노 리큐의 아들은 후신안을 지키며 다도를 전수하여 교토의 다문화를 지키는 뼈대가 되었다. 다도에는 일본의 전통적 미의식과 손님을 접대하는 마음이 배어 있다. 각종 다기를 만드는 공예 기술은 다도가 이어지는 가운데 길러지고 발달했다. 헤이안 시대 이래 정치와 경제의 중심지였던 교토는 고도로 발전한 공예 기술로 제품을 만들어 전국에 팔았다. 교토에는 지금도 전통 기술을 전수하고 배양하는 모체로서의 기술 집단이 많이 모여 살고 있다. 교토부청 앞에서 3조도리[3条通]까지 남북으로 달리는 가만자도리[釜座通]와 가만초[釜座町]가 그곳이다. 이 길 역시 도요토미 히데요시가 교토를 개조하며 만든 거리 중 하나이다.

임진왜란의 상흔과 교토

 최악의 침략 전쟁, 임진왜란의 발원지 교토

도요토미 히데요시는 1592년부터 1598년까지 20만여 명의 군대를 동원하여 조선을 침략했다. 이 임진왜란에서 일본군은 조선의 국토를 짓밟고, 살상하고, 성곽과 선박을 파괴하고, 건물과 전적을 불태우고, 문물을 약탈하고, 여인을 겁탈하고, 사람과 짐승을 잡아가는 등 아비규환의 지옥을 만들었다. 일본인들은 이 잔악한 침략전쟁을 4백 여 년 전에 벌어진 옛일일 뿐이라고 가벼이 여기지만, 한국인들은 아직도 치유되지 않은 원한의 '왜란'이라고 무겁게 상기하고 있다. 이 명칭에는 치욕과 분노와 저주와 경멸의 의미가 포함되어 있다.

　보통 국가 간의 전쟁이란 쌍방 간의 대립이나 충돌로 발생하는 것이다. 그렇지만 임진왜란은 히데요시의 동아시아 정복욕이나 과대망상 혹은 잘못 입력된 국제 인식에서 촉발되어 일방적으로 조선을 침략한 전쟁이었다. 인류사에서 명분도 실리도 없이 그저 야만적인 살육과 약탈, 방화와 파괴만이 되풀이 된 전쟁으로서 임진왜란만한 사례가 또 있을까?

그런데 교토가 임진왜란의 발원지였다는 사실을 아는 한국인은 거의 없는 것 같다. 1592년 3월, 교토는 도요토미 히데요시의 명령에 따라 전국에서 결집한 각 다이묘의 군대들로 시끌벅적했다. 사람과 물자가 넘쳐나고, 장병의 활기와 살기가 번뜩였다. 3월 17일, 도쿠가와를 비롯해 다테, 마에다 등이 이끄는 군대가 거대한 군세를 뽐내며 교토를 출발했다. 집결지는 규슈 최북단의 해안에 구축한 나고야 성[名護屋城]이었다. 다만 전국의 유력한 다이묘 중 도쿠가와는 예외적으로 도요토미의 명령을 받아 나고야 성 옆에서 진을 친 상태로 대기하는 바람에 조선에 군대를 파병하는 데서 용케 빠질 수 있었다. 그리고 이것이 임진왜란 이후 조선과 에도 막부가 강화를 이룩하는 데 중요한 이점으로 작용했다. 역사에서 때로는 우연이 기막힌 결과를 초래하는데, 이것이야말로 '기막힌 우연'이라고 할 수 있겠다.

히데요시가 주라쿠다이를 출발하여 나고야로 향한 것은 1592년 3월 26일이었다. 교토 사람들은 길가에 구름같이 모여들어 환호성을 지르며 무운장구(武運長久, 무인으로서의 운수가 길고 오래 감)를 기원했다.

조선인의 원혼이 떠도는 이총

히가시야마[東山] 7조, 즉 교토국립박물관과 호코지 사이의 탁 트인 야

이총

마토 대로 주변을 걷다 보면, 정상적인 역사 교육을 받은 한국인으로
서는 끓어오르는 분노와 슬픔을 억제할 수 없는 곳이 있다. 이름 하여
이총(耳塚), 즉 임진왜란 때 일본군이 전쟁에서 세운 공적의 증거로 조
선인의 귀와 코를 베어다 묻은 무덤이다.

　나는 이총을 몇 차례나 참배했는데, 갈 때마다 한국인과 일본인의
역사 인식이 이렇게나 다르구나 하는 점을 절실하게 느꼈다. 한국인
들은 무고하게 살상한 사람들의 시신을 번화한 대로변에 산더미처럼
묻어 놓고 전공(戰功)을 자랑하지는 않는다. 일본인들은 희생자들의
원령이 나타나 해코지할까 봐 두려워 이총을 만들었지만 속셈은 군공
(軍功)을 기리고 선전하는 데 있었다. 나는 울화가 치밀면서도 무덤 앞

에 항상 꽃이 바쳐져 있는 것을 보고 그나마 조금은 마음이 누그러지는 것을 경험하곤 했다.

일본군이 조선인의 코와 귀를 벤 것은 임진년(1592)의 침략 때부터였지만, 이런 만행을 본격적으로 자행한 것은 정유년(1597)의 재침 때였다. 침략군은 처음에 전승의 증거로 조선인의 목을 히데요시에게 보냈으나 부피가 커서 많이 보낼 수 없었기 때문에 귀로 바꾸었다. 그러다가 한 사람이 두 개씩 가지고 있는 귀로는 살상의 숫자를 부풀릴 가능성이 있다 하여 코를 베어 보내는 것으로 바뀌었다. 군진에 따라서는 병사 1인당 코 세 개 이상을 베도록 할당된 경우도 있었다.

일본군은 조선인의 코와 귀를 소금이나 식초에 절여 자루나 통발에 담아 침략군의 발진기지였던 나고야 성을 거쳐 교토의 도요토미 히데요시에게 보냈다. 히데요시 휘하의 검수관은 그 수를 세어 영수증을 발행하고 논공행상(論功行賞)9의 자료로 삼았다. 자루나 통발 하나에 1,000~3,800명분이 담겨 있었다. 히데요시군은 이것들을 마차에 싣고 오사카와 교토 등지를 돌면서 민중에게 보여줌으로써 도요토미 히데요시의 승리와 무위(武威)가 얼마나 위대한지 각인시켰다. 후루카와가[吉川家]의 기록에 따르면 40일도 안 되는 동안 3만 1천 명의 코를 베었다고 하니, 살상당한 사람의 수가 얼마나 될지는 짐작할 수도 없을 정도다.

....

9   공적의 크고 작음을 논의하여 그에 알맞은 상을 줌.

보통 임진왜란을 통해 일본군에 학살되거나 기아와 질병으로 사망한 조선인이 100만~150만 명이라고 한다. 당시 인구의 5분의 1 내지 4분의 1에 해당한다. 강제로 일본에 끌려 간 피로인(被虜人)이 9~14만 명이다. 피로인이란 전쟁 중에 일본으로 끌려간 조선인을 가리키는 말이다. 전쟁에 참가하여 붙잡힌 사람을 흔히 포로(捕虜)라 부르는데, 피로인은 전쟁에 참가하지 않은 민간인이 잡혀간 것을 의미한다. 일본군에게 코와 귀를 베인 조선인은 적어도 10만 명이다. 그리하여 전쟁이 끝난 뒤에도 오랫동안 조선의 거리에는 귀와 코가 없는 상해자(傷害者)들이 넘쳐났다. 한편, 일본에서는 조선인 피랍자(被拉者)가 사역(使役)당하는 모습이나 목 놓아 슬피 우는 소리가 끊이지 않았다. 그만큼 도요토미 히데요시의 조선 침략은 잔악무도의 극치였다.

도요토미 히데요시는 1597년 9월 27일 조선인의 귀와 코를 확인한 뒤 호코지 대불전 서쪽에 묻고, 봉분 위에 오륜탑을 세웠다. 그리고 교토5산의 승려 4백 명에게 공양하도록 했다. 겉으로는 원혼을 달래기 위해 자민심(慈愍心)을 베푸는 것처럼 보였지만, 실은 자신의 군공을 선전하려는 것이었다. 교토의 이총에는 어림잡아 4만여 개의 귀와 코가 묻혀 있고, 나머지는 일본 각처에 만들어진 유사한 이름의 무덤에 잠들어 있다.

불교와 신도(神道)가 일상을 지배하는 일본의 민속에서 죽은 사람은 부처(호토케)가 되거나 신(가미)이 된다. 그렇지만 죽은 사람이 모두 신이 되는 것은 아니다. 후세 사람들은 위대한 업적을 이루었거나 억울하게 죽은 사람만을 신으로 떠받든다. 후자의 예로는 전쟁에서 패해 죽은 사람, 무고를 당하여 죽은 사람, 다른 사람을 위해 희생한 사람 등을 들 수 있다. 일본인은 이들의 영혼을 위로하고 떠받들지 않으면 복수를 당한다고 생각한다. 마을에 역병이 돌거나 악사(惡事)가 발생한다는 것이다. 한국에서는 처녀귀신이 원님 앞에 나타나 억울함을 풀어 달라고 호소하는 식이지만, 일본에서는 마을이나 국가의 구성원에 해를 끼치는 형태로 나타난다. 이를 피하기 위해 일본인은 그들의 영혼을 신으로 받들고 공양하는 것이다. 원령이나 혼령을 달래는 고료 신앙[御靈信仰, 어령신앙]이 일본에서 발달한 것은 그 때문이다.

도요토미 히데요시가 이총을 만들어 일본군이 죽인 조선인을 공양한 것은, 그들의 원한이 불러올 화(禍)를 미리 막아 내기 위함이었을 것이다. 그러나 이런 심보는 자칫하면 더 큰 살상을 불러올 수 있다. 무고하게 사람을 죽이더라도 공양만 하면 그만이라는 잘못된 생각이 민속이나 종교로 고착되면, 자신의 살상행위를 속죄하기보다는 합리화하는 기제로 작용하기 쉽다. 히데요시가 귀무덤과 코무덤을 만들어 조선인의 원혼을 달래겠다는 것이나 일본 정부가 야스쿠니 신사에 조선인과 대만인 전사자를 합사하여 위령(慰靈)하겠다는 것도 그런 심리가 작용했기 때문일 것이다.

요즈음 일본인 연구자 중에는 전쟁에서 적의 수급(首級, 전쟁에서 베어 얻은 적군의 머리)을 베어 바치거나 귀와 코를 베어 보내는 것이 예부터 있던 일본 풍속의 하나라고 주장하는 사람도 있다. 또 히데요시가 조선인을 공양하기 위해 이총을 만든 것은 무고한 넋을 기리기 위한 자비심의 발로였다는 논리를 펴는 경우도 있다.

그러나 되풀이하여 말하지만 이총을 만든 진정한 목적은 도요토미 히데요시의 위엄을 높이고 전승을 축하하며, 전공을 후세에 전하기 위한 것이었다. 일본 정부와 일본인은 그 목적을 진작부터 간파하고 있었다. 메이지 정부는 히데요시가 죽은 지 3백 년 되는 해인 1898년에 이총을 대대적으로 개수했다. 그 훨씬 전부터 예능인들은 도요토미 히데요시의 위대한 업적을 가부키로 만들어 상연했다. 히데요시의 승리를 기리고 선전하는 데는 관민이 따로 없었던 것이다. 그런 비틀어진 민족주의가 다시 대한제국을 침략하고 지배하는 광기로 연결되었음은 말할 필요도 없다.

임진왜란이 끝난 뒤 조선 정부가 파견한 회답겸쇄환사(回答兼刷還使)나 통신사는 억지로 이총을 참배하도록 강요하는 도쿠가와 막부의 공작에 끈질기게 저항했다. 그들은 일본인들의 위와 같은 의도를 너무나 잘 알고 있었기 때문이다. 당시에도 두 나라의 역사 인식은 이총을 둘러싸고 그렇게 부딪쳤던 것이다.

🏯 노예로 팔리거나 학대당한 조선인들

임진왜란은 현대의 한국 전쟁(6·25 전쟁)이나 베트남 전쟁 이상으로 규모가 큰 국제 전쟁이었기 때문에, 보는 관점에 따라 그 성격을 다양하게 정의할 수 있다. 그렇지만 분명한 사실 하나는 이 전쟁이 노예사냥 전쟁이었다는 점이다. 일본군은 임진왜란 중에 9~14만 명(일본 측 연구에서는 2~3만 명, 한국 측 연구에서는 20만 명을 주장하는 경우도 있으나, 10만 명 전후로 보는 견해가 다수이다)에 달하는 조선인 남녀노소를 잡아다 일본 국내는 물론이고 중국, 포르투갈 등의 상인에게 팔아먹었다. 어떤 사람들은 조선인 피로인이 일본에서 무사, 학자, 도공 등이 되어 문화와 기술을 전수했다는 점을 부각시키는데, 이것은 강제로 끌려온 일부 피랍자가 목숨을 내걸고 피땀 흘려 이룩한 성과를 마치 고대 한일 관계에서 자발적으로 이주한 도래인이 수행한 역할과 같은 수준으로 이해하려는 위험한 발상이라고 할 수 있다.

일본군이 조선인을 납치한 것은 농촌의 노동력 보충, 가사와 공장에서의 사역, 군사력 충원, 국제 노예상인의 판매를 위한 노예 확보 등을 노린 것이었다. 어린이와 부녀자까지 대거 납치한 것은 장기적이고 안정적인 노예 인력을 확보하려는 의도였다. 그때까지 일본은 1백여 년 동안 전국이 내란으로 들끓었기 때문에, 젊은 남자들은 대부분 전쟁에 동원되어 노동력이 턱없이 부족했다. 조선인은 이를 충당할 수 있는 더할 나위 없이 좋은 인적 자원이었다. 마침 중국 해안을 비롯하여 동남아시아를 연결하는 항로에 포르투갈 상인이 출현했다. 그들은 유럽과 아시아 대륙의 연안을 항행하며 세계적 규모의 중계무역을 벌였다. 노예 매매도 그중 하나였다. 동아시아 해역에서 노략질을 일삼던 왜구의 활동은 점차 잦아들었다. 임진왜란은 이렇게 위축된 약탈과 파괴를 국가적 차원으로 확대하고 강화한 것이었다. 조선에서의 노예사냥은 이처럼 세계적 차원의 무역 네트워크를 염두에 두고 자행된 침략 행위였다. 그런데도 일본에서는 임진왜란에 대해 아직도 '분로쿠 게이초의 역[文禄慶長の役]'이라는 용어를 쓰고 있다. 역(役)이란 중앙 정권이 반항 세력을 정벌·복속·진무하기 위해 벌인 전쟁을 가

리키는 용어이다. 좀 나아진 표현이 '도요토미 히데요시의 조선 출병'
이다. 조선에 군대를 파견했다는 뜻이다.

일본에 끌려온 조선인 피로인 중에는 의사 · 유학자 · 승려와 같이
무사층에 준하는 지식층이 있는가 하면, 도자기 · 공예품을 생산하거
나 무기를 조작하는 기술자 층도 있었다. 그렇지만 대다수는 주인에
예속된 노비 · 하인 · 하녀로 비참한 생활을 해야 했다. 그들은 시간이
지남에 따라 일본 사회에 적응하며 동화되었지만, 대부분 오랫동안
노예 신분에서 벗어나지 못한 채 평생 학대받으며 뼈 빠지게 고생하
지 않으면 안 되었다.

임진왜란 직후부터 조선 정부는 피로인의 쇄환에 노력하여 5천여
명을 귀환시킬 수 있었다. 귀환자 중에는 조선말을 잊지 않고 부모와
고향을 기억하는 등 조선인으로서의 자의식이 강한 사람이 많았다.
그러나 너무 일찍 잡혀가 조선어를 잊어버렸다거나 일본에서 생활 기
반이 어느 정도 다져진 사람들은 잔류하는 경우도 많았다.

귀환한 양반들은 대부분 관직에 임용되지 못한 채 재야에서 살아
가야 했다. 타의에 의한 것이었지만 일본에 잡혀간 것이 절의(節義)를
잃은 것으로 평가되는 분위기였기 때문이다. 쇄환된 천민들도 다시
천민 신분에 편입되었다. 시간이 지남에 따라 임진왜란의 상처가 아
물기 시작하고 기억도 흐려져 가자, 조선 정부는 피로인 쇄환 정책에
소극적인 태도를 취하게 되었다.

일본에 잔류하여 지배 계층으로 진입한 피로인 중에는, 조선인으

로서의 자의식과 자부심을 가지고 그 가계(家系)를 중시하여 기록으로 남긴 경우도 있었다. 그렇지 못한 일반 피로인들은 통신사 일행을 만나 조선인으로서의 자신의 존재를 자각하기도 했지만, 시간이 경과함에 따라 일본인으로 동화되었다. 피로인의 후예 중에는 18세기 중반까지 상투를 틀고 수염을 기르며 일본 속의 조선인으로서 살아간 사람도 있었다.

교토에서 유학을 가르친 조선의 학자들

조선인 피로인 중에 교토에 끌려 와서 일본의 지배층에게 큰 영향을 끼친 사람으로 유학자 강항(姜沆, 1567~1618)을 들 수 있다. 그는 당시

전남 영광군의 내산서원(강항 선생을 추모하는 서원)에 있는 강항 선생상

불교와 주자학 사이에서 사상적 모색을 하고 있던 후지와라 세이카[藤原惺窩, 1561~1619]를 만나 그가 유학자로서 다시 태어나는 데 결정적인 영향을 미쳤다. 세이카는 많은 제자를 길렀을 뿐만 아니라 제자 하야시 라잔[林羅山, 1583~1657] 등을 통해 도쿠가와 막부에게 주자학을 정치의 주요 이념으로 주입시킨 인물이다. 그리하여 강항은 근세 일본의 유학

에히메 현 서부를 흘러 바다에 이르는 히지가와

사와 정치사를 논할 때 빼놓을 수 없는 존재가 되었다.

나는 2005년 11월 중순, 시코쿠의 마쓰야마 시[松山市]에서 남쪽으로, 버스를 타고 한 시간 가량 걸리는 오쓰 시[大洲市]에 갔다. 오쓰 시 민회관 앞에는 1597년 이 곳에 강제로 끌려왔던 강항을 기리는 '홍유강항현창비(鴻儒姜沆顯彰碑)'가 세워져 있었다. 그는 이 지역을 흐르는 히지가와[肱川] 하류의 나가하마[長濱]에 상륙하여 강을 거슬러 올라와 오쓰에 도착했다. 임진왜란 직후, 그 강에 걸린 다리 위에 저녁마다 조선인 피로인들이 모여들어 고향을 그리며 울곤 했다고 한다. 나는 히지가와 강변에 서서 그 다리를 하염없이 바라보았다. 그러다 보니 4백 년 전 조선인 피로인의 처절한 모습이 떠올라 가슴이 울컥해졌다. 나라가 튼튼하지 못하고 지도자가 지혜롭지 못하면 백성들이 고난을 당한다. 고향 산천과 부모처자를 떠나 낯선 적지에 끌려온 그들의 고통은 얼마나 깊었으며 마음은 또 얼마나 아렸을까.

강항이 조선의 대유학자라는 사실이 알려지자 그는 교토로 이송됐다. 강항과 후지와라 세이카가 만난 것은 1598년 가을이었는데, 주로 후시미 성에 있는 아카마쓰 히로미쓰[赤松廣通, 1562~1600]의 저택에서 교류했다. 이들의 교류는 강항이 귀국할 때까지 1년 반 동안 지속됐다. 강항은 주자학에 대한 지적 욕구에 목말랐던 두 사람에게 좋은 스승이 되었다.

후지와라 세이카는 강항과의 교류를 바탕으로 1599년 2월 『사서오경왜훈(四書五經倭訓)』 20여 권을 저술했다. 강항이 이 책의 완성을 도운 것은 말할 것도 없다. 이 책은 사서오경에 대한 주자(朱子)의 집주(集註)10에 일본식 훈(訓)을 단 것으로, 일본에서 유학에 대한 주자학적 이해의 본격적인 출발점이 됐을 뿐 아니라 주자학 보급에 결정적인 역할을 했다. 세이카를 일본 근세 유학의 시작[비조(鼻祖)]이라고 부르는 이유도 여기에 있다. 강항은 교토에 체류하면서 성리학 서적 등 16종 21책을 직접 필사하여, 일본에 주자학을 전파하는 데 기여했다.

강항은 2년 8개월 동안 일본에 억류되었다가 1600년에 귀국했다. 그는 일본 사정을 세심하게 관찰하고 조선인 유학자의 시각에서 일본 문화를 깊이 연구했다. 강항이 귀국하여 쓴 『간양록(看羊錄)』은 조선 시대의 일본 관찰기 중에서 가장 풍부하고 정확한 내용을 담고 있다. 강항과 후지와라 세이카 등의 교류는 비록 침략전쟁이 가져온 불의의 결과였다고는 하지만, 한일 문화 교류의 역사에서 특필할 만한 사례라고 할 수 있다.

....
10 한 서적에 대한 주석(註釋)을 한데 모음, 또는 한데 모은 책.

교토와 인연이 있는 또 다른 피로인 유학자로 기이번(紀伊藩)11의 이진영(李眞榮, 1571~1633)과 이전직(李全直, 1617~1680) 부자(父子)를 들 수 있다. 이진영은 1592년 7월 곽재우(郭再祐) 산하의 의병으로 참전했다가 진주성 전투에서 아사노 나가마사[淺野長政]의 군사에게 잡혀 오사카 등지로 끌려다니며 온갖 고생을 다 하다가 22세 무렵에 기이번으로 옮겨 갔다. 기이번에는 도쿠가와 이에야스의 열 번째 아들인 도쿠가와 요리노부[德川賴宣]가 첫 번주12로 부임했다. 그리하여 기이번은 도쿠가와 막부의 가장 가까운 영지가 되었다. 요리노부는 이진영의 학문을 존중하여 여러 차례 초빙했다. 이진영은 조선과 일본에서 두 주군을 섬길 수 없다며 계속 거절하다가 귀국이 무산된 1626년에 이르러 비로소 번주의 시강(侍講)13이 되어 성리학과 제왕학(帝王學)을 가르쳤다. 진영의 사후 그의 아들 이전직은 17세에 번의 유관(儒官)이 되었다. 이전직의 호는 매계(梅溪)인데, 지금의 와카야마에서는 매계가 훨씬 잘 알려져 있다. 그는 교토에 유학한 후 1634년부터 후일 2대 번주가 된 도쿠가와 미쓰사다[德川光貞]의 사부가 되어 학문을 지도했다.

나는 2016년 6월에는 한국청소년연맹 이사진과 8월에는 오사카 지역의 일본인 교사들과 함께 와카야마 시의 가이젠지[海善寺, 해선사]에 있는 이진영과 이전직의 묘와 현창비를 찾아갔다. 동행한 사람들은 한국과 일본의 지식인들로서 후세의 교육에 큰 영향을 미치기 때

....

11 번(藩)은 에도 시대 당시 1만 석 이상의 영토를 보유했던 봉건 영주인 다이묘가 지배했던 영역을 뜻한다. 기이번은 지금의 와카야마 현 일대이다.
12 각지에 설치되었던 번의 우두머리, 곧 영주를 뜻함.
13 군주나 동궁(東宮, 황태자)에게 강의함. 또는 강의하는 사람.

문에 이진영과 이전직이 일본인의 교화에 얼마나 큰 공로를 세웠는지 알려 주고 싶었다. 특히 이전직의 가르침이 들어 있는 '부모장(父母狀)'을 보여 주는 게 목적이었다. 부모장의 원문은 개인이 소장하고 있지만 가이젠지에는 그것과 노산 이은상이 번역한 한글본이 함께 새겨진 큰 비석이 세워져 있다.

부모장에 얽힌 이야기는 다음과 같다. 기이번의 험한 산중인 구마노[熊野]에서 한 젊은이가 부친을 죽인 죄로 잡혀 왔다. 사형에 해당하는 죄인데도 범인은 전혀 반성하지 않았다. 오히려 "내가 죽인 것은 다른 사람의 부모가 아닌 내 부모다. 제멋대로 말했기 때문에 죽였다. 나는 잘못한 게 없다"고 뻗댔다. 번주 요리노부는 자신의 정치가 민중에게 미치치 못했음을 한탄하면서 이전직에게 범인을 가르치도록 했다. 3년여의 세월이 흘러 범인은 마침내 잘못을 자각하고 눈물로써 죄를 뉘우쳤다. 요리노부는 다시는 이런 일이 일어나지 않도록 하기 위해 이전직의 도움을 받아 '부모장'을 써 번의 구석구석에 세웠다.

부모장의 내용은 이렇다. "어버이에게 효도하고 법도를 지키며, 염치와 겸손으로 제 일에 충실하고, 정직을 근본으로 삼아야 하는 것은 누구나 알지만, 좀 더 다짐하기 위하여 항상 가르치고 타일러 줌이 옳으니라."

이전직의 가르침이 담겨 있는 '부모장'. 왼쪽에는 한글 문구가 있다.

이 부모장은 기이번의 민중 교화의 규범이 되어 번내

에 안정과 평화를 가져오는 데 기여했다. 무력으로 백성을 통치하는 게 막번 체제의 상례였는데, 기이번에서 유교의 지식과 교양으로 정치를 행한 것은 이진영과 이전직 덕분이었다.

이처럼 이진영과 이전직 부자는 번주의 시강으로서 조선의 성리학과 윤리 도덕을 기이번에 정착시키는 데 크게 기여했다. 그들은 또 많은 저술을 남겨 후대에 이르기까지 기이번의 정치와 문화 발전에 큰 영향을 끼쳤다. 나중에 기이번의 영주는 도쿠가와 막부의 마지막 장군이 되는데, 메이지 유신이 무혈혁명으로 끝난 데는 국내외 정세를 정확히 판단하고 내린 그의 영단(英斷)이 큰 몫을 했다. 그리고 이진영과 이전직 부자의 가르침이 숨쉬고 있는 와카야마 현은 오늘날 일본에서 범죄율이 가장 낮은 것으로 알려졌다. 그런 배경에 조선 유학의 가르침이 숨어 있을지도 모른다고 생각한 것은 나만의 억측일까?

또 한 사람의 피로인 유학자는 사가 번[佐賀藩]의 홍호연(洪浩然, 1581~1657)이다. 그는 12세에 1593년 진주성 전투에서 사가 번의 장수 나베시마 나오시게[鍋島直茂]에게 잡혀 끌려갔다. 나오시게는 그의 재주가 비상함을 알고 교토5산에 유학시켰다. 홍호연은 교토에서 돌아온 뒤 나오시게의 아들이자 초대 번주인 가쓰시게[勝茂]의 시강이 되어 사가번학의 기초를 세웠다. 그는 유학자뿐 아니라 서예가로서도 많은 작품을 남겼다. 홍호연은 번주로부터 파격적인 대접을 받았는데, 가쓰시게가 죽자 그를 따라 순사(殉死)까지 했다. 조선유학자로서 절의를 지키고 충성을 보였다고나 할까. 그의 후손들도 사가 번의 요직을 역임했다.

계획적인 조선 문물 약탈과 보전

임진왜란의 또 하나의 성격은 문물 약탈 전쟁이었다는 점이다. 도요토미 히데요시는 침략전쟁 초기부터 전투 부대와는 별도로 여섯 개의 특수 부대를 편성하여 조선의 문물을 조직적으로 약탈했다. '도서부'는 고전 등의 서적류 수집을 맡았고, '공예부'는 자기류를 포함한 각종 공예품 및 목공·직공·도공 등 공장(工匠)의 납치를, '포로부'는 한의사와 젊은 남녀의 납치를 맡았으며, '금속부'는 조선의 병기(兵器) 및 금속 예술품·금속활자 등의 탈취를 책임졌다. 또 '보물부'는 금은보화와 진기품의 노획을 맡았고, '축부(畜部)'는 가축을 포획했다.

일본군에는 교토5산의 학승(學僧)들이 자문역으로 종군하고 있었다. 알아야 면장을 한다고, 문화적 안목 없이 약탈만 하다가는 헛손질할 가능성이 많았기 때문이다. 쇼코쿠지의 승태(承兌), 난젠지의 영삼(靈三), 도후쿠지의 영철(永哲)과 문영(文英), 안코쿠지[安國寺, 안국사]의 혜경(惠瓊) 등이 바로 그들이었다. 이들은 종군문서비서참모부(從軍文書秘書參謀部)에 속했는데, 조선 서적을 약탈할 때 그 가치를 식별하는 역할을 맡았다. 모리 데루모토[毛利輝元]가 지휘한 성주성 전투에서는 이이(李珥)의 『격몽요결(擊蒙要訣)』, 서경덕(徐敬德)의 『화담문집(花潭文集)』, 김시습(金時習)의 『금오신화(金鰲新話)』 등 귀중본을 다수 약탈했다.

임진왜란 때 약탈한 문화재의 상당수는 지금도 교토의 각 사원이나 문고에 보전되어 있다. 도쿠가와 이에야스는 도요토미 히데요시가 약탈한 서적 중 3백 여 종을 회수하여 교토 후시미의 엔코지[圓光寺, 원광사], 후시미 학교[伏見學校], 아시카가 학교[足利學校] 등에 기증했다. 이것들은 현재 국립국회도서관에 이관되어 있다고 알려져 있다.

정유재란 때 일본군총사령관 우키다 히데이에[宇喜多秀家]는 경복궁의 교서관(校書館) 주자소(鑄字所)를 습격하여 금속활자 20만 자와 인쇄 기구, 조선본과 중국본의 서적을 약탈하여 도요토미 히데요시에게 바쳤다. 일본군은 금속활자 이외에 사찰에서 주로 사용하던 목활자도 약탈해 갔다. 이 활자들은 에도 시대에 활발하게 서적을 간행하고 인쇄 문화를 발전시키는 데 많이 활용되었다.

교토의 각 박물관은 지금도 조선의 국보급 불화(佛畵)를 많이 수장하고 있는데, 대부분 임진왜란 때 일본군이 약탈한 것으로 추정된다. 「아미타삼존도(阿彌陀三尊圖)」(14세기), 「수월관음도(水月觀音圖)」(1323년), 「칠성도(七星圖)」(1569년), 「관경십육관변상도(觀經十六觀變相圖)」(1323년), 『감지금자대보적경권(紺紙金字大寶積經卷)』(1276년), 『감지은자문수사리문(紺紙銀字文殊舍利文)』(1276년) 등이 그것이다.

교토 시 기타 구[北区]에 재일동포 정조문 씨의 후손이 운영하는 고려미술관은 일본에서 유통되는 한국의 문화재를 비싼 가격으로 구입하여 소장하고 있다. 그중에는 도요토미의 침략군이 약탈해 온 것도 포함돼 있을 것이다. 고려미술관에 갈 때마다 교토의 한복판에 이마저 없었더라면 구천을 떠도는 한국 문화재의 원혼을 어떻게 달랠 수 있을까 생각하며, 불행 중 다행이라는 마음으로 설립자 정조문(鄭朝文) 선생에게 감사드렸다.

조선의 꽃나무까지 파 간 일본군

교토의 앙증맞은 게이후쿠 전차[京福電車] 기타히라노 선[北平野線]을 타고 기타노 하쿠바이초[北野白梅町]에서 내려 길을 건너면 곤양산지 장원(昆陽山地藏院)이라는 조그만 사원이 있다. 보통 쓰바키데라[椿寺, 춘사]라고 불리는 절이다. 이곳에 울산에서 가져온 아주 별난 동백나무가 있어서 그렇게 부른다. 오색팔중산동백(五色八重散椿)이라는 이 동백은 한 나무에서 백색, 적색, 분홍색 등의 꽃이 섞여 피고, 꽃잎이 한 장 한 장 떨어지는 것이 특색이다. 매년 3월 하순에 피기 시작하여 4월 중순까지 간다. 수령이 400년이나 된 1세는 1983년에 말라죽고, 현재는 수령이 약 120년 된 2세가 본당 앞에서 자태를 드러내고 있다.

이 동백나무는 임진왜란 때 일본군이 조선에서 가져와 심었다. 일본군의 제2군 장수 가토 기요마사는 조선의 호랑이를 다 잡았다고 할 정도로 악명이 높았는데, 쫓겨 가면서 조선군과 명군이 사방을 포위했기 때문에 울산성에 틀어박혔다. 임진왜란은 사실상 울산성 전투에서 종지부를 찍었다. 쌍방이 수많은 희생을 치렀다. 일본 생존자가 구술한 내용을 바탕으로 그린 울산성 전투 장면이나 울산 충의사에 봉안된 임진왜란 유공자위패를 보면 이 전투가 얼마나 처절했는가를 알수 있다. 기요마사는 울산 왜성(倭城)에서 말의 피로 배고픔과 목마름을 달래며 사선을 넘나들었다. 그는 패퇴하면서 울산의 기와, 도예, 축성 기술자 등을 마구 잡아서 규슈의 구마모토[熊本]로 돌아갔다. 그후

구마모토 성(1870년대)

그는 조선의 앞선 기술을 이용해 일본 3대 명물 성으로 손꼽히는 구마모토 성을 쌓았다.

구마모토에는 지금도 임진왜란에서 유래한 지명이나 인명 등이 곳곳에 남아 있다. 피로인으로 끌려 온 울산 사람들이 모여 살았다는 울산마치[蔚山町]와 울산마치역, 울산 사람들이 담가 먹었다는 울산간장 등이 있다. 울산·울주군의 서생 지역에서 잡혀 온 사람들은 '니시오[西生, 서생]'라는 성씨를 만들어 사용했다. 그들은 지금도 정기 모임을 열고 있다. 상처의 흔적은 울산에도 있다. 일본군을 사지로 몰아넣었던 울산 왜성은 가토 기요마사가 병영성의 돌로 쌓았다. 가토가 축성한 서생포왜성도 남아 있고, 그 부근에는 왜군 포로들이 집단으로 거주했던 곳도 있다.

기요마사는 울산전투에서 패하고 돌아가는 길에 울산 지역에서 동백나무를 파다가 도요토미 히데요시에게 헌상했다. 히데요시는 기

즈이간지(서암사) 경내에 남아 있는 고승들의 면벽 수행 동굴

타노 대차회[北野大茶會]로 인연을 맺은 쓰바키데라[椿寺, 춘사]에 그 나
무를 심도록 했다. 일본군은 사람과 물건뿐만 아니라 나무까지도 약
탈한 것이다. 그 때문인지 정작 본거지인 울산에는 동백나무가 없어
져서 최근에 쓰바키데라의 동백나무 묘목을 되가져 가 울산시청 앞에
심었다고 한다. 참으로 기묘하고 기구한 사연이다.

그러고 보니 나는 1999년에 멀리 센다이[仙臺]의 마쓰시마[松島]에
서도 이와 유사한 사연을 접한 적이 있다. 일본의 3대 절경 중 하나인
마쓰시마에는 바다가 아스라이 바라다 보이는 명당에 즈이간지[瑞巖
寺, 서암사]라는 유명한 사원이 자리 잡고 있다. 장엄하고 아름다운 금
당의 앞마당 좌우에는 홍매(紅梅)와 백매(白梅)가 늘어져 있다. 그런데
이 매화는 임진왜란 때 조선을 침공한 센다이 영주 다테 마사무네가

경상남도 진주 지역에서 가져다 심은 것이다. 일본의 변방에서까지 임진왜란 때 전리품으로 파다 심은 매화나무를 보고 임진왜란이 저인 망식 약탈 전쟁이었다는 사실을 새삼 깨달으며 모골이 송연해지는 것을 느꼈다.

임진왜란은 문화재 약탈 전쟁이라는 고상한(?) 이름을 붙이기도 어려운 무지막지한 침략전쟁이었다. 약탈의 대상은 물건뿐만 아니라 사람, 가축, 나무 등 닥치는 대로였다. 1990년대 이후 일본의 학계와 정계에서 임진왜란이 동서양 국제 정세의 재편 과정에 도요토미 히데요시가 능동적으로 침입하여 거행한 세계 분할 전쟁이자 국위선양 전쟁이라고 재평가하려는 움직임이 꿈틀거리고 있다. 그러나 아무리 미사여구를 갖다 붙이더라도 임진왜란은 그 본질에 있어서 도요토미 히데요시를 우두머리로 하는 흉포한 살인마 도적떼가 국가적 수준에서 조선의 모든 부문을 유린하고 파괴하고 약탈한 '왜구식(倭寇式) 침략전쟁'이라고 정의하는 게 타당할 것이다.

일본은 조선에서 빼앗은 인적·물적 자원을 적극적으로 활용하여 도쿠가와 시대에 근세 문화를 발전시킬 수 있었다. 반면에 조선은 그 손실을 보전(補塡)하고 치유하는 데 많은 정력과 시간을 소비하다가 쇠망의 길로 접어들었다. 따라서 도요토미 히데요시야말로 일본과 조선이 정반대의 역사 인식을 갖게 만들고 조선인이 일본인을 불구대천(不俱戴天)의 원수로 여기게 만든 장본인이라고 볼 수 있다.

메이지 정부, 도요토미 히데요시를 영웅으로 부활시키다

임진왜란을 대하는 한일 양국의 의식 차이는 전쟁을 일으킨 당사자 도요토미 히데요시에 대한 견해에서도 분명히 드러난다. 내가 교토에서 가장 좋아하는 거리는 지온인[知恩院, 지은원]에서 마루야마 공원[圓山公園, 원산공원]을 지나 조라쿠칸[長樂館, 장락관]을 거쳐 고다이지[高臺寺, 고대사] 앞을 가로지르는 길이다.

그런데 그 거리를 걸으면서 마음 한구석이 켕기는 것은 고다이지 앞의 가장 아름다운 거리를 '네네(ねね)의 길'이라 부르기 때문이다. '네네'가 누구인가? 도요토미 히데요시의 정실 부인 기타노만도코로[北政所, 섭정·관백의 처를 높임말] 고다이인[高台院]을 가리킨다. 어렸을 때 이름은 네네이며, 12세에 히데요시와 혼인했다. 그녀는 남편의 보리(菩提)14를 위해 도쿠가와 이에야스의 원조를 받아 고다이지를 창건했다. 고다이지의 수많은 두루마리 그림은 화려한 의장(意匠)15 등으로 유명하다. 또한 모모야마 시대의 대표적인 칠공예품도 소장하고 있다. 난세를 헤치며 살아갔던 철혈 여인의 숨결이 깃들어 있는 사원이다. 교토 사람들은 그녀와 도요토미 히데요시의 인연이 깃든 이 거리를 소중히 여겨 '네네의 길'이라는 이름을 붙였을 것이다. 히데요시는 그만큼 교토인들에게 친숙하고 위대한 영웅이다.

그 밖에도 교토에는 도요토미 히데요시를 기리는 유적과 유물이

---

14 불교에서 수행 결과 얻어지는 깨달음의 지혜 또는 그 지혜를 얻기 위한 수도 과정.
15 물품에 외관상의 미감(美感)을 주기 위하여 그 형상, 색채, 맵시 또는 그들의 결합 등을 응용한 장식적인 고안.

네네의 길

고다이지(고대사)의 와룡 낭하

도요쿠니 신사의 가라몬(당문)과 본전

사방에 널려 있다. 이총을 앞에 두고 있는 도요쿠니 신사[豊国神社]는 국보로, 항상 일장기가 펄럭이고 있다. 경내의 보물전에는 히데요시와 관련된 유물이 소중하게 보관·전시되어 있다. 그 옆에는 부속 유치원이 있어서 원아들이 매일같이 히데요시를 벗 삼아 놀고 있다. 도요토미 히데요시는 4백여 년 전에 죽은 역사의 인물이 아니라 교토인들의 일상 속에 살아 있는 현실의 위인이다.

도요쿠니 신사 옆의 교토국립박물관을 끼고 돌아 언덕길을 걷다 보면 교토여자중고등학교와 교토여자대학이 나온다. 그 길을 끝까지 올라가면 아미타봉이라 불리는 산에 이르게 된다. 그 산 위에 도요토미 히데요시의 무덤이 있다. 교토에 10여 년이나 유학한 한국인들 중에서도 이곳에 히데요시의 무덤이 있다는 사실을 아는 사람은 거의 없다. 나는 485개나 되는 가파른 돌계단을 올라가 히데요시의 무덤을 둘러보았다. 30만 평의 경내에 세워진 석조 무덤이 웅장하기 그지 없었다. 주변은 무서울 정도로 숲이 울창했다.

도요토미 히데요시는 1598년에 죽음을 맞아 이곳에 안장되었다. 그러나 1615년 도쿠가와 이에야스가 오사카 성을 공격하여 도요토미 가를 무찌르고 집권하자 그의 무덤은 파괴되고 시신마저 팽개쳐졌다. 그런데 비바람에 훼손된 폐묘를 수습하여 이렇게 훌륭한 무덤으로 다시 꾸민 것이 바로 메이지 정부였다. 도쿠가와 막부를 무너뜨리고 집권한 메이지 정부는 '적의 적은 내 편'이라는 생각에서 히데요시를 소중히 대접했다. 아니, 히데요시가 추구했던 전국 통일과 대륙 침략의 야망이 메이지 정부의 국내외 정책과 딱 맞아떨어진 것이 더 큰 이유였다. 메이지 정부는 히데요시의 사후 3백 년을 기념하여 그의 묘를 재건했다(1898). 이로써 히데요시는 근대 일본의 천황제국가에서 국력을 확장하고 세계로 웅비한 영웅의 상징으로 부활한 것이다. 메이지 천황은 그에게 도요쿠니 대명신[豊國大明神]이라는 신위와 함께 정일품의 관직을 내렸다. 히데요시 묘의 입구에는 그의 위대한 업적을 칭송하는 노래와 문장을 큼지막하게 새긴 석물이 위풍당당하게 세워져 있다.

도요쿠니 신사 앞의 이총에는 메이지 천황이 그 옆의 소학교를 방문했다는 표지석이 세워져 있다. 부국강병을 국정의 최우선 과제로 설정했던 메이지 천황은 이총과 도요쿠니 신사를 예사로 보아 넘기지는 않았을 것이다. 메이지 천황은 이곳에 와서 도요토미 히데요시가 이루지 못한 꿈을 기필코 실현하겠다고 다짐했을지도 모른다.

최근 일본에서는 메이지 유신의 선진성, 무혈성, 효율성, 광범성,

철저성 등을 긍정적으로 평가하는 연구가 활발하다. 그리고 그 결과로 성립된 메이지 국가가 얼마나 위대했는가를 추켜세우는 분위기가 확산되고 있다. 소설가 시바 료타로[司馬遼太郎] 등이 그런 역사관을 창도한 대표적 인물이다. 그의 역사관을 아시아·태평양 전쟁까지 확장하여 재구성한 것이 바로 물의를 빚은 중학교『새 역사 교과서』(후쇼샤[扶桑社] 간행)16이다. 이러한 역사관은 자연스럽게 도요토미 히데요시까지 거슬러 올라가 일본의 '민족주의를 고취하는 국민의 이야기'로서 널리 회자되고 있다.

나는 1991년에 한국과 일본의 초등학교 4학년부터 대학 4학년까지, 학생 6천 명을 상대로 역사의식을 조사한 적이 있다. 그때 한국인 학생들에게 '일본인'하면 떠오르는 사람의 이름을 단답형으로 차례대로 쓰라는 질문을 했다. 압도적인 1위는 단연 도요토미 히데요시였다. 아마 한국인들에게 히데요시가 악독하고 잔인한 일본인의 표상으로 각인되어 있기 때문일 것이다. 거꾸로 일본인 학생들에게 '한국인'하면 떠오르는 사람의 이름을 차례대로 쓰라고 했더니 조용필을 1위로 들었다. 당시 그는 일본에 가장 잘 알려진 가수였다. 나는 너무나 다른 차원의 대답을 어떻게 해석할 것인가를 놓고 한참 고민했다.

....

16 이 교과서는 역사 왜곡 정도가 가장 심한 것으로 평가되고 있다. 후쇼사는 일본의 우파 신문인 산케이[産經]와 후지TV를 거느린 후지·산케이 그룹의 계열사다. 한국과 중국 등의 비판에도 불구하고 일본 문부과학성은 2001년 이후『새 역사 교과서』를 검정에서 합격시키고 있다.

더욱 기가 찰 노릇은, 때마침 일본의 공영방송 NHK가 실시한 여론 조사에서 일본인이 제일 존경하는(좋아하는) 인물로 도요토미 히데요시가 1위를 차지한 것이었다. 가장 밑바닥 인생에서 출발하여 오로지 자신의 능력만으로 가장 높은 자리에까지 올라간 히데요시야말로 뒷배경 없는 민중이 본받고 싶은 모델임에는 틀림없다. 그리하여 부모들은 자식들에게 그를 국가 통일의 영웅으로서 뿐만 아니라 자수성가의 모범으로서 본받으라고 가르친다. 근대와 현대의 일본인들은 메이지 국가의 틀 속에 살면서 히데요시를 '야마토 민족의 영웅'으로 배워왔다. 따라서 그 후손들이 도요토미 히데요시를 제일 숭배하는 인물로 거명하는 것은 당연하다고 볼 수도 있다.

　나는 교토에 산재해 있는 도요토미 히데요시의 유적·유물을 보면서 한국과 일본의 역사 갈등은 그 뿌리가 깊고 넓으며, 그것을 완화하고 극복하는 길도 멀고 험하다는 것을 새삼 깨달았다. 한국인과 일본인의 역사 인식 차이를 좁히기 위해서는 좀 더 긴 호흡을 가지고 끈질기게 연구와 대화를 계속하지 않으면 안 될 것이다.

근세 2 : 통신사 외교와 교류의 확대

지략과 간계가 뒤엉킨 임진왜란 강화 회담

험난한 임진왜란 전후 처리

임진왜란은 도요토미 히데요시가 일으킨 무고한 침략전쟁이었다. 동 아시아 전체를 뒤흔든 그 전쟁의 규모와 영향은 현대의 한국 전쟁이 나 베트남 전쟁보다 컸다고 볼 수도 있다. 전쟁이 끝난 후 싸움터였던 조선은 용케도 왕조를 유지했지만, 중국에서는 명(明)에서 청(淸)으로, 일본에서는 도요토미 가[豊臣家]에서 도쿠가와 가[德川家]로 국가 권력 이 교체됐다. 임진왜란은 동아시아의 역사를 새로운 흐름으로 바꿔 놓을 만큼 큰 자취를 남긴 것이다. 이에 따라 조선과 일본의 외교 시스 템에도 근본적인 변화가 일어났다. 종래 쓰시마 번이나 서부 일본의 영주들이 조선과 벌여 왔던 다원적 교류가 쓰시마 번을 매개로 에도 막부와 조선 정부의 일원적 교류로 전환되었다. 조일 관계가 중세에 서 근세로 재편된 셈이다.

임진왜란이 혹독한 대전이었던 만큼 전후 처리 또한 험난했다. 일방적으로 침략을 당했던 조선으로서는 일본을 불구대천의 원수로 여겼고, 조선 전역을 짓밟은 일본은 아예 그 반을 영토로 챙기려 들었다. 조선에 지원병을 보낸 명(明)도 자신에게 유리한 상황을 만들려고 꼼수를 부렸다. 전쟁이 진행 중일때부터 삼국은 국익을 관철시키기 위해 불꽃 튀기는 외교 공방을 벌였다. 그리하여 임진왜란의 전후 처리가 가닥을 잡아 가는 데는 10년 이상의 세월이 걸렸다. 그리고 조일 관계가 정상으로 돌아가 신의(信義)를 나누는 통신사가 에도를 방문하는 데는 40여 년을 기다려야만 했다.

현대에 들어서도 한국과 일본은 35년간의 식민 지배를 처리하는 방안을 논의하기 위해 14년 동안 1,500회 이상의 크고 작은 회담을 거듭했다. 그 결과 두 나라는 해방과 패전을 맞은 지 20년이 지나서야 국교를 정상화 하는 조약을 맺을 수 있었다(1965년). 임진왜란의 뒤처리도 이에 못지않은 험난한 외교 전쟁이었다.

❈ 강화회담의 물꼬를 튼 송운대사

임진왜란의 전후 처리 과정에서 혁혁한 공을 세운 사람은 송운대사(松雲大師) 유정(惟政, 1544-1610)이었다. 그리고 그 강화 회담이 타결의 방향으로 가닥을 잡은 장소가 바로 교토였다. 사실 국가가 서로 적이 되어 싸우고 있는 마당에 정부의 공식적 직함을 가진 외교관이 나서는 것보다는 학식과 덕망뿐 아니라 군략까지 갖춘 민간인 고승이 막후에서 교섭하는 것이 훨씬 부담이 적고 유연할 수 있었다. 게다가 일본의

국가 권력이 도요토미 가(오사카)에서 도쿠가와 가(에도)로 기우는 중
이기는 했지만, 교토는 아직도 수도로서의 권위를 가지고 있었기 때
문에 회담 장소로서는 안성맞춤이었다.

송운대사는 경상남도 밀양에서 태어났다. 속세 성은 임(任)이고
본관은 풍천(豊川)이다. 속세 명은 응규(應奎)고, 자는 이환(離幻)이며
호는 사명당(泗溟堂·四溟堂)이다. 우리는 흔히 그의 호를 따서 사명대
사라고 부른다. 유정은 그의 법명이다. 그는 어려서 조부 밑에서 공
부하다가, 1556년(13세) 황여헌(黃汝獻)에게 『맹자(孟子)』를 배우고, 황
악산(黃岳山) 직지사(直指寺)의 신묵(信黙)을 찾아가 승려가 되었다. 그
리고 1561년 승과(僧科)에 급제했다. 유교와 불교에 모두 능한 학자
승려가 된 셈이다. 1575년 봉은사(奉恩寺)의 주지로 초빙되었으나 사
양하고, 묘향산 보현사
(普賢寺)의 휴정[休靜, 서
산대사(西山大師)]을 찾아
가서 선리(禪理)를 탐구
하여 3년의 고행 끝에
도를 깨쳤다(31세).

1592년, 임진왜란이
일어나자 송운대사는
승병을 모집하여 휴정
의 휘하로 들어갔다. 호
국불교의 전통을 몸소

송운대사

실천하기 위함이었다. 그는 금강산에서 일본군과 조우하여 그 무도함을 힐책하고 쓸데없는 살상을 멈추게 했다. 송운대사는 이듬해 승군도총섭(僧軍都摠攝)이 되어 명의 군사와 협력하여 평양을 되찾았다. 또 도원수 권율(權慄)과 함께 의령(宜寧)에서 왜군을 격파하는 전공을 세워 당상관(堂上官)의 위계를 받았다. 1597년 정유재란(丁酉再亂)이 발발하자 그는 명의 장수 마귀(麻貴)와 함께 울산의 도산(島山)과 순천의 예교(曳橋)에서 전공을 세웠다. 그 후 패주하는 일본군을 쫓아 각지에서 승리하고, 산성을 수축하며, 농경을 장려하고, 무기를 제조하는 등 군사와 목민의 양면에서 지도력을 발휘했다. 송운대사는 1602년 중추부동지사(中樞府同知使)가 되었다. 그리고 선조가 승하한 뒤 해인사(海印寺)에 머물다가 그 곳에서 죽었다.

송운대사가 일본군 제2군 장수 가토 기요마사를 만난 것은 1594년이었다. 그는 명군의 총병(摠兵) 유정(劉綎)과 의논하여, 같은 해에 가토의 진중을 세 차례나 방문하여 강화(講和, 종전을 위한 합의)를 논의하면서 적의 움직임을 살폈다. 가토는 고니시 유키나가[小西 行長]의 제1군에 이어 부산을 침공한 후 북상을 계속하여 한성을 함락하고, 파죽지세로 동해안의 강원도와 함경도 공략에 나서 한때 두만강 건너 간도 지역까지 진출했다. 그리고 전투 중에 군사를 모으기 위해 활약하던 조선의 왕자 임해군(臨海君)과 순화군(順和君)을 인질로 잡았다. 그 후 조선군의 반격과 명군의 압박으로 후퇴를 거듭했는데, 1594년 4월에는 부산에 가까운 서생포(西生浦)에 왜성을 쌓고 전황을 관망했다.

이때 제1군 장수 고니시와 명의 장수 심유경(沈惟敬) 사이에 교착 상태인 전국(戰局)을 타개하기 위한 강화 회담이 시작됐다. 도요토미 히데요시가 제시한 강화 조건은 명의 황녀를 천황의 비로 보낼 것, 조선의 북쪽 4도를 돌려주는 대신 경기도 남반부와 충청, 경상, 전라의 4도를 일본에 할양할 것, 조선의 왕자와 대신을 인질로 일본에 보낼 것 등이었다. 그렇지만 고니시는 히데요시가 내건 조건을 명에 명확히 제시하지 않았고, 또 명이 히데요시에게 요구한 항복 문서의 문구를 그럴듯하게 위조하는 등, 당장의 곤경에서 벗어나기 위해 사술(詐術)을 부리는 데 급급했다.

조선 정부는 당사자를 제치고 고니시와 심유경이 강화 교섭을 벌이는데도 도요토미 히데요시의 진의조차 파악할 수가 없어 애를 태우고 있었다. 이때 송운대사가 고니시와 라이벌 관계에 있던 가토의 진영에 들어가는 데 성공했다. 첫 번째 회담에서 가토는 송운대사에게 히데요시의 강화 조건을 들이댔다.

두 번째 회담은 7월에 열렸는데, 가토는 히데요시의 강화 조건에 변함이 없다고 말하면서도, 조선의 남부 4도 중에서 2도를 할양하면 타협할 여지가 있다는 뜻을 내비쳤다. 가토는 조선에서 믿을 만한 사람은 송운대사뿐이라고 추켜세우고, 자신이 강화 교섭에 대해 주도권을 쥐고 있다는 뜻을 넌지시 내비쳤다.

세 번째 회담은 12월에 열렸다. 송운대사는 30여 명밖에 안 되는 소수의 아군을 이끌고 가토 진영에 들어가서, 종래와 같이 일본군의 무조건 철퇴와 피로인의 송환을 요구했다. 임진왜란 때의 피로인은 적어도 10만 명 이상이라는 게 정설이다. 임진왜란을 노예 약탈 전쟁이라고 부르는 것은 이 때문이다. 그렇기 때문에 피로인의 송환이야말로 조선 정부로서는 최대의 현안이었다. 이에 부담을 느낀 가토는 송운대사와 만나는 것을 의식적으로 피했다. 조선 정부가 고니시와 접촉을 개시한 것을 눈치 챈 것도 한 이유였다.

고니시는 가토와 송운대사의 회담이 성공하고, 자신의 허물이 밝혀질까 봐 두려웠다. 그리하여 히데요시에게 모략을 써서 가토를 귀국시켰다. 조선 정부는 송운대사가 가토와 벌인 적진 회담의 정보를 바탕으로 하여 일본 측의 진의를 파악할 수 있었다. 도요토미 히데요시가 영토 할양 등 터무니없는 요구를 하고, 고니시가 명에 대해 사기 행각을 벌이고 있는 상황을 파악함으로써 앞으로의 강화 회담에 대비할 수 있었던 것이다.

 ## 쓰시마 번의 조일 강화 중개

도요토미 히데요시가 교토 후시미 성에서 죽은 것은 1598년 8월이었다. 뒷일을 부탁받은 도쿠가와 이에야스와 마에다 토시이에[前田 利家] 등 실세 번주는 그의 죽음을 비밀에 부치고 곧 조선에서 군대를 철수하도록 조치했다. 그렇지만 조선과 명은 그가 죽은 사실을 알아차리고 퇴각하는 왜군에게 총공격을 퍼부어 철퇴 작전은 곤란하기 짝이 없었다.

7년 동안의 왜란을 겪으면서 일본 측이 가장 타격을 입은 곳은 쓰시마 번이었다. 조선 침략의 전진기지였던 쓰시마 번은 고니시 유키나가의 제1군에 배속되어 첨병 노릇을 했다. 5천여 명의 병사를 선봉으로 내보내고, 다량의 작물을 군량으로 제공해야만 했다. 그리고 전쟁이 끝난 후에는 노동력이 부족하여 생업이 부진했고, 섬의 경제를 지탱해 주었던 조선과의 무역마저 끊어져 파산 사태에 직면했다. 실제로 대부분이 산지인 쓰시마에게는 조선과의 교류에서 얻는 세사미(歲賜米) 등이 생명줄이나 마찬가지였다. 오죽하면 쓰시마 번은 조선 국왕에게 번속(藩屬, 변방 속국)의 예를 갖추며 충성을 바쳤겠는가.

도주(島主) 소 요시토시[宗 義智]를 비롯하여 쓰시마 사람들은 폐번(廢藩)의 위기 상황에서 벗어나기 위해 한시라도 빨리 조선과 일본이 국교를 재개하고 무역을 회복하기를 바랐다. 쓰시마 번은 전쟁이 끝난 이듬해부터 바로 사자(使者)를 부산에 파견하여 강화를 타진했다. 그렇지만 조선 정부는 은혜를 원수로 갚은 쓰시마 번의 죄를 쉽게 용서할 수 없어 사자들을 모조리 처단했다.

교착 상태를 타개하기 위해 부심한 쓰시마 번은 1600년에 사자와 더불어 조선인 피로인 160여 명을 송환했다. 이후 일본 측은 소 요시토시뿐만 아니라 고니시 유키나가 등의 연명(連名)으로 조선에 서간을 보내 강화사(講和使)를 파견해 줄 것을 요청했다. 조기 복교(復交)가 쓰시마 번 뿐만 아니라 일본 전체의 요망이라는 뜻을 알리려는 의도였다.

소 요시토시는 조선 침략에 나서기 직전인 1591년 기독교 세례를 받고 같은 교인인 고니시의 딸과 결혼했다. 사위와 장인의 관계를 맺은 것이다. 당시 기독교인이 된 영주를 '기리스탄 다이묘'라 부르는데, 에도 막부가 강력한 금교 정책을 펴기 전까지 규슈 지역에는 한때 기독교인이 40만 명을 넘었다.

요시토시는 히데요시 가와 도쿠가와 가가 패권을 다툰 세키가하라 전투[關ゕ原戰鬪, 1600]에서 도쿠가와 쪽에 붙고, 고니시는 히데요시 쪽에 붙었다. 도쿠가와가가 승리하자 고니시는 자살할 수밖에 없는 처지로 내몰렸다. 요시토시는 재빨리 고니시의 딸과 이혼하여 생존을 도모했다. 권력이 재편되는 미묘한 상황에서 줄을 잘못 섰다가 얼마나 낭패를 당하는지, 그리고 위기 상황에서 살아남기 위해서는 신앙으로 결합된 마누라마저 버려야 한다는 비정한 현실을 고니시와 요시토시는 생생하게 보여 주었다.

쓰시마 번은 그 뒤에도 조선에 여러 차례 교섭을 요청하는 사신을 파견하고 피로인을 송환하는 등 성의 있는 노력을 거듭했다. 이에 조선 정부도 반응을 보이기 시작했다. 다수의 피로인을 적국에 방치하는 것은 조정으로서 차마 할 수 없는 일이었다. 조선 정부는 처음에 문서로 회답하는 정도에 그쳤지만, 나중에는 쓰시마의 동향을 살핀다는 명분으로 국정탐색사(國情探索使)를 여러 차례 보냈다. 그리고 1604년 8월 송운대사를 쓰시마에 파견하기에 이른다.

송운대사가 전후의 대일교섭에 다시 기용된 까닭은 가토와의 진중회담을 통해 일본에서도 이름이 알려져 있었을 뿐만 아니라 성품이 강직하여 강화 회담의 기초를 닦기에 적합하다고 판단했기 때문이었다. 그의 임무는 가까운 장래에 쓰시마가 종래처럼 부산에서 무역하는 것을 허용하고, 피로인을 돌려보내라고 재차 요구하는 것이었다.

 ## 일본의 전문 외교관, 조선수문직

일본이 송운대사를 맞는 데 내세운 인물은 하카다[博多] 쇼후쿠지[聖福寺, 성복사]의 승려 게이테쓰 겐소[景轍玄蘇, 1537-1611]였다. 그는 쓰시마 번주 소 씨의 요청으로 1580년과 1587년에 일본 국왕사(日本國王使)의 이름 아래 조선에 온 적이 있었다. 임진왜란 중에는 주군인 소 요시토시를 따라 군무에 종사했다. 전쟁이 끝난 후에는 쓰시마에 살면서 피로인을 응대하고 송환하는 일을 맡았다. 그는 조선에 사자를 파견하는 정책에도 관여했다. 겐소는 75세에 생을 마감할 때까지 쓰시마에 머물면서 일생을 조선 외교에 종사했다.

여기서 일본이 조선과 외교하는데 왜 승려를 활용했는지 좀 더 자세하게 살펴보자. 일본은 조선과 외교를 행하기 위해서는 고도의 한문을 구사하여 문서를 작성하거나 난해한 문서를 해독할 수 있는 전문가가 필요했다. 무가가 지배하는 일본에서 그러한 능력을 지니고 있는 사람들은 승려였다. 승려 겐소는 1580년에 쓰시마에 부임하여 외교 전문가로 활약했다. 겐소는 쓰시마 번주로부터 토지를 받아 이정암(以酊庵)이라는 사원을 짓고(1597년 또는 1611년, 절의 이름을 그가 탄생한 정유년(丁酉年)에서 땄다고 함), 그곳에서 조선이나 중국에 대한 외교

실무를 담당했다.

그런데 겐소의 후계자 겐포[玄方]가 이정암의 주지였을 때 조선에 보내는 국서를 위조한 것이 발각되었다(柳川一件, 국서 개작 사건). 1635년 겐포가 처벌을 받아 쫓겨나자 에도 막부는 교토에 있는 최상급 선종 사원(5산)의 승려 중에서 석학이라 불리는 최고의 인물에게 조선수문직(朝鮮修文職)이라는 관직을 주어 교대로 파견했다. 이른바 이정암윤번제(以酊庵輪番制)가 시행된 것이다. 조선수문직의 임기는 처음에는 1년이었는데 1655년부터 2년으로 연장되었다.

겐소가 이정암윤번제로 쓰시마에 파견된 1580년부터 일본이 외교 체제를 개편한다는 구실로 조선수문직을 폐지한 1867년까지 조선수문직의 역할을 담당한 사람은 126대 89명이었다. 그들 중에 재임(在任)이 31명, 삼임(三任)이 4명이었다. 이들은 조선통신사 등 외교사절 접대, 무역 감시, 문서 작성 등을 담당했다. 이런 사실을 보면 이정암은 막부의 명령에 따라 활약한 외교 기관이라고 할 수 있다.

메이지 유신의 동란기에 에도 막부는 1866년 쓰시마 번에 대해 이정암윤번제의 폐지를 통고했다. 그리고 곧 이어 수립된 메이지 정부는 쓰시마 번으로부터 조선에 대한 외교권을 박탈했다. 격변하는 한일 관계 속에서 주인이 없어진 이정암은 1868년 폐사되었다. (이정암과 관련된 더 상세한 내용은 243쪽 참조) 이후 겐소 등이 남긴 물건과 자료 등은 가까운 곳에 있는 서산사(西山寺)로 옮겨졌다.

송운대사와 도쿠가와 이에야스의 후시미 성 담판

쓰시마 번주 소 요시토시는 모처럼 찾아온 강화의 기회를 살리기 위해 송운대사가 쓰시마에 와 있다는 사실을 에도에 있던 이에야스에게 알렸다. 이 보고를 받은 이에야스는 송운대사를 교토에서 만날 테니 모셔 오라고 명령했다. 작년에 막 정이대장군이 되어 최고의 권좌에 오른 이에야스로서는 새 정권의 기반을 다지기 위해서라도 조선과 외교 관계를 수복할 필요가 있었다. 더구나 외국에서 오는 사신은 국내에 권력을 과시하기 위해서도 환영할 만한 일이었다.

양국의 국교 회복과 무역 재개를 목마르게 기다리던 쓰시마 번으로서는 이에야스의 명령이 복음과 같은 것이었다. 요시토시는 곧바로 겐소에게 송운대사의 동의를 얻어 교토까지 호행(護行)하도록 지시했다. 송운대사 일행이 교토에 도착한 것은 1604년 12월이었다.

송운대사는 이듬해 3월 이에야스를 만날 때까지 교토에 머물면서 일급의 무사와 학자를 만나 교유했다. 그 과정에서 신기하고 기이한 수많은 일화를 만들어 냈다. 송운대사가 만난 사람 중에는 훗날 일본 유학의 대학자가 되는 하야시 라잔[林羅山, 1583-1657]도 끼어 있었다. 대사는 13세에 불과한 라잔이 좋은 글을 알아 볼 수 있는 대단한 식견을 가졌다고 칭찬했다. 그가 나중에 일본 최고의 유학자가 된 것을 보면 송운대사의 안목이 훌륭했음을 알 수 있다.

송운대사를 접대한 사람은 앞의 겐소와 교토 쇼코쿠지의 승려 사이쇼 죠타이[西笑 承兌, 1584-1607], 킨카쿠지(金閣寺)의 승려 유세쓰 즈이호[有節 瑞保] 등이었다. 죠타이는 선승(禪僧)이라고는 하지만 히데요시의 측근으로, 임진왜란 때 발진기지 나고야 성에 나가 군략을 지도한 정승(政僧)이었다. 그는 1605년 2월 교토의 호코지[豊光寺, 풍광사]에서 송운대사를 맞아 연회와 시회를 열었다. 대사의 제시(題詩)를 받아 죠타이가 차운(次韻)을 읊고 죠타이의 차운에 대사가 창화(唱和)하면 겐소도 이에 화답했다. 죠타이는 대사의 시문이 구구언언(句句言言) 기묘하여 흐뭇함이 끝이 없고 필적도 유려하다고 침이 마르도록 칭찬했다. 그리고 대사의 시문을 자신의 보배로 간직하겠다며 소매 속에 넣고 갔다. 겐소도 송운대사가 박람강기(博覽强記)[17]한 인재라고 평가했음은 더 말할 필요도 없다.

송운대사에게 깍듯이 예의를 갖췄던 죠타이는 1607년에 조선 정부가 제1회 회답겸쇄환사를 교토에 파견했을 때 조선을 멸시하는 언동을 했다. 이때 송운대사는 회답겸쇄환사 편에 죠타이에게 서간을 보내, 이에야스와 여러 장수가 피로인 송환에 전력을 다하도록 진언해 달라고 부탁했다. 조선을 깔보던 죠타이도 송운대사의 부탁만큼은 거절할 수 없어서, 귀국을 희망하는 사람은 돌려보내도록 힘쓰겠다는 답장을 보내왔다. 그 영향 때문인지 에도 막부도 피로인을 돌려보내는 것을 기본 방침으로 삼았다. 이처럼 송운대사는 이에야스가 교토에 오기를 기다리는 중에 일본의 지식인과 교류를 거듭하면서 조선인의 능력과 담력을 마음껏 과시했다.

....
17 여러 가지의 책을 널리 많이 읽고 그 내용을 잘 기억함.

새롭게 복원된 현존 후시미 성의 천수각

송운대사는 마침내 1605년 3월 후시미 성에서 도쿠가와 이에야스를 만났다. 이때 이에야스는 송운대사에게 '나는 임진년에 간토에 있었기 때문에 전쟁에 나가지 않았다. 조선과 나는 실제로 원수진 일이 없으므로 통화(通和)를 바란다'는 뜻의 말을 했다. 이에 대해 송운대사는 '통화의 여부는 오로지 일본이 성실한가 아닌가에 달려 있을 뿐이다'라는 뜻의 말로 쐐기를 박았다. 실제로 이에야스는 임진왜란 때 히데요시로부터 1만 5천 명의 병사를 거느리고 나고야 성에 집결하라는 명령을 받았지만, 조선에는 한 사람의 병사도 보내지 않았다. 도요토미 히데요시의 속셈은 가장 강력한 라이벌이었던 도쿠가와 이에야스를 지근거리에 묶어 두려는 것이었다. 그런데 그의 꿍꿍이속이 오히려 이에야스로 하여금 병력과 자원을 보전하여 도요토미 가를 무너뜨리고, 조선과 통교를 수복하는 데 이점으로 작용하게 만들었다. 이래서 매사는 새옹지마라고 하는 모양이다.

송운대사는 교토에서 도쿠가와 이에야스의 삼남이자 곧 제2대 장군에 취임하는 도쿠가와 히데타다[德川秀忠, 1542-1632]를 만난 후 피로인 3,500명을 인솔하고 당당히 귀국했다. 송운대사는 이에야스가 재침의 의사가 없고 강화를 맺고 싶은 의지가 강하다고 조선 정부에 보고했다. 이에 조선 정부는 대일 강화 교섭의 조건을 신중하게 논의하기 시작했다. 송운대사의 활약 덕택에 조선과 일본은 드디어 임진왜란의 전후 처리와 강화 성립에 성큼 다가서게 되었다.

서로를 알아 가는 한일 역사 기행

나는 2005년 2월부터 서울에 거주하는 일본인을 위해 역사 기행을 인솔하고 있다. 그동안 서울 시내는 물론 강화도, 인천, 서산 마애삼존불, 수덕사, 윤봉길 의사 생가, 추사고택 등을 돌아보았다. 일본에서는 교토, 미야자키 등 주로 한일 관계사의 흔적이 많이 남아 있는 곳을 방문했다.

2007년 7월에도 서울에 거주하는 일본인 20여 명을 안내하여 대구의 김충선(金忠善, 1571~1642)¹⁸ 마을과 밀양의 송운대사 출생지 등을 돌아본 적이 있다. 임진왜란과 그 전후 처리의 실상을 깊게 이해하는 것이 한일 양국의 역사 인식을 접근시키는 데 도움을 줄 것이라고 생각했기 때문이다.

김충선의 사당과 묘소는 아담하게 잘 정비되어 있었다. 김충선은 누구인가? 교토 옆의 와카야마 현(임진왜란 직후에는 기슈 번[紀州藩]) 출신으로, 1592년 4월 가토 기요마사[加藤淸正]의 부하 장수로 부산에 침입했다. 그는 문화 선진국인 조선을 아무 이유 없이 침략하는 것이 부당하다고 여기고 3천여 명의 군사를 이끌고 조선군에 투항했다. 그는

---

18 임진왜란 때 한국에 귀화한 일본인 무장으로, 일본 이름은 사야가[沙也哥]이다. 임진왜란 때 가토 기요마사의 좌선봉장으로 조선을 침략했으나, 조선의 문물이 뛰어남을 흠모하여 경상도병마절도사 박진에게 귀순했다. 이후 누차 큰 공을 세워, 가선대부를 제수받았고, 이어 자헌대부에 올랐다. 김해 김씨(임금이 하사한 성씨라 하여 사성 김해 김씨라고 부름)성과 충선이라는 이름을 하사받았다. 그 뒤 국경 방어 임무를 맡았고, 병자호란 때 여진족의 군대 5백 여 명을 물리치기도 했다.

화승총을 잘 다루었기 때문에 일본군을 격퇴하는 데 많은 공을 세웠다. 선조는 그를 가상히 여겨 김해 김씨의 성명(김충선)을 하사하고 대구 교외의 우록동에 토지를 주었다. 그의 자손은 현재 7천여 명으로 불어났다.

송운대사의 생가와 그 주변도 웅장한 사적지로 조성되어 있었는데, 어안이 벙벙할 정도로 큰 규모였다. 우리는 송운대사의 넋을 기리는 표충비와 표충사에도 들렀다. 나는 사적 앞에서 임진왜란과 그것을 전후한 시기의 한일 관계사에 대해 자세히 설명했고, 일행은 모두 진지하게 경청했다. 한국과 일본에 붙어 다니는 역사의 그림자를 걷어내기 위해서는 사실을 정확히 파악하고 인식을 깊게 하는 것이 중요하다. 이를 위해서는 역사의 현장에서 그것에 얽힌 사연과 사론(史論)을 이야기해 주는 역사 기행이 가장 효과적이다.

내가 인솔하는 일본인을 위한 역사 기행이 벌써 열 번째를 넘어 서고 있다. 역사 기행을 다녀온 사람들은 항상 역사의 현장을 보고 나서 한일 관계의 깊고 넓은 의미를 새삼스럽게 깨달았다고 말한다. 그리고 그에 관련된 유적·유물이 그렇게 많이 남아 있는데도 지금껏 몰랐다는 사실을 반성하며 학교에서 배운 엉터리 역사 교육에 대해 불만도 터트린다.

2005년 여름에는 교토를 둘러보았다. 한국인이 일본인을 데리고 일본의 천년고도를 안내한다는 것이 이상해 보일 수도 있지만, 꼭 필요한 일이었다. 교토는 인간의 이동, 전쟁의 충격, 물자의 교역 등 모든 면에서 한일 관계사의 흔적이 넓고 깊고 짙게 새겨져 있는 곳이다.

그렇게 때문에 교토를 제대로 견학하기만 하면 한일 간의 웬만한 역사 갈등은 현장에서 확 풀려 버린다.

한국에 장기간 체류하는 일본인은 정부와 기업의 간부들이고 반쯤은 한국인의 정서를 이해하기 마련이다. 그런데도 한국의 역사와 문화를 본격적으로 배울 기회가 없어 대부분은 일본인끼리 골프를 치거나 음주를 하면서 시간을 보내는 경우가 많다. 나는 이들이야말로 한국의 역사와 문화를 일본에 전파할 수 있는 사람들이라고 생각한다. 나는 지난 20여 년 동안 한국과 일본의 역사 인식과 역사 교육에 대해 활발히 발언해 온 처지이므로, 이들에게 정확한 사실을 전파한다면 한국과 일본이 역사 갈등을 극복하고 상호 이해를 넓혀 가는 데 가교 역할을 할 수 있지 않을까 기대한다. 소위 민간 레벨의 교류와 연대가 확산될 것이기 때문이다.

그 일환으로 나는 2003년부터 매 학기마다 광화문 한복판에서 이들에게 한일 관계의 역사와 문화에 대한 강좌를 개설했다. 매주 두 시간씩 16주 동안 강의한 이 강좌는 시험과 휴강이 없었으므로 대학 강의보다도 충실하게 운영됐다. 또 일본어로 강의했기 때문에, 일본인 사이에 금방 선풍적인 인기를 불러일으켜 항상 만원사례를 이루었다. 이 강좌에 관한 소식은 마이니치신문[每日新聞]을 통해 일본에도 크게 보도되었다. 그 후 일본의 가와이 하야토[河合 隼人] 문화청 장관은 보좌관을 대동하고 서울에 와서 나를 만나 식사를 대접하며 그 공로를 치하했다. 이 강좌는 지금도 형태를 바꾸어 가끔 진행되고 있다.

그런데 2016년 8월 교토에 체재하고 있던 나는 와카야마 시에 김충선, 즉 사야카[沙也加]의 현창비가 세워져 있다는 소식을 듣고 오사카 지역의 일본인 교사들과 함께 그곳을 방문했다. 사야카 현창비는 도쿠가와 이에야스와 요리노부를 신으로 모시는 기슈도쇼구[紀卅東照宮] 경내의 참배로 옆에 서 있었다. 금호아시아나 그룹 박삼구 회장, 와카야마 현 출신 국회의원 니카이 도시히토(현재 자유민주당 간사장)의 이름으로 '한일의 진정한 우정을 위하여'라는 글이 새겨져 있다. 2007년 서울의 일본인을 인솔하여 대구의 김충선 사당을 견학한 적이 있는데, 그후 10년쯤 후에 오사카의 일본인 교사들과 함께 와카야마의 사야카 현창비를 방문할 줄은 꿈에도 몰랐다. 역사는 이렇게 우연이 쌓여서 만들어지는가 보다.

하나 덧붙이면, 앞에서 소개한 이진영과 이전직의 현창비도 2001년 4월 그들의 고향인 창녕군 영산의 연못가에 세워졌다. 와카야마 현 한일문화교류단과 지사·국회의원 등이 참배했다는 기념비도 서 있다. 나도 서울에 체류하는 일본인을 안내하여 이곳에 가 봐야겠다.

나의 강의를 듣거나 함께 역사 기행을 한 일본인들은 한결같이 한국과 일본이 서로 이해하고 협력하는 이웃이 되기를 염원한다. 그리고 기회가 닿을 때마다 한국과 일본의 곳곳에 산재한 한일 관계에 관련된 유적과 유물을 찾아다니며 그 깊은 뜻을 음미하기도 한다. 그런 사람 중에는 자신이 보고 느낀 것을 사진집과 에세이로 만들어 출간한 열성적인 분도 있다. 교토를 중심으로 하여 한일 관계사를 기술한 이 책이 한국인과 일본인에게 화해와 상생을 모색하는 역사 자료로 활용된다면 더 이상 바랄 게 없을 것 같다.

조선과 도쿠가와 막부의 실리 외교

🌸 조선의 강화 조건과 쓰시마 번의 책략

조일의 국교가 무로마치 막부 때처럼 회복되기 위해서는 양국이 국서를 교환하고 사절이 왕래하는 것이 필요했다. 조선 정부는 국교 재개를 바라는 일본에 대해 두 가지 조건을 내세웠다. 첫째, 도쿠가와 이에야스가 먼저 국서를 만들어 보낼 것. 둘째, 전란 중에 한성(서울)의 왕릉(성종의 능인 선릉과 중종의 능인 정릉이 그 예다)을 파괴한 범인을 체포하여 인도할 것. 그 밖에 앞 장에서 언급한 것처럼 피로인의 송환을 강력하게 요구했음은 말할 필요도 없다.

조선의 요구 사항들은 1606년 3월 쓰시마 번주를 통해 에도의 이에야스에 전해졌다. 도쿠가와 이에야스로서는 조선에 국서를 먼저 보내면 자신이 발동한 전쟁이 아닌 임진왜란에 대해 사죄하는 것처럼 비칠 것 같아 석연치 않았다. 또 십여 년이 지난 마당에 왕릉을 훼손한 범인을 잡아낼 방도가 전혀 없는 것 또한 난감한 일이었다. 그렇지만 도요토미 히데요시 정권을 계승한 일본의 최고 권력자로서 어떤 형식으로든지 의사를 표명하지 않으면 안 되는 것도 엄연한 현실이었다.

쓰시마 번은 도쿠가와 막부의 어정쩡한 사정을 꿰뚫어보고 이에야스가 조선 국왕에게 보내는 국서를 조선 측의 요구 조건에 맞춰 개작 또는 창작하였다. 국서에는 정중하게 '일본 국왕'이라는 인장이 찍혀 있고 명의 연호(年號)19도 써 있었다. 일본도 명의 책봉 체제에 들어 있다는 것을 보임으로써 조선의 호감을 사서 대등한 외교 관계를 맺고 싶다는 뜻을 표현한 것이었다. 이와 아울러 쓰시마 섬 안의 죄인 두 명을 왕릉 훼손범이라고 꾸며서 조선에 보냈다. 같은 해 11월의 일이었다.

조선 정부는 일본이 보낸 국서와 범인의 진위를 둘러싸고 연일 격론을 벌였는데, 결국 도쿠가와 막부가 요구를 받아들였다고 보고 국서를 접수하는 한편 범인도 처형했다. 때마침 만주에서 세력이 커진 여진족이 북쪽 국경을 소란스럽게 할 조짐이 보여 남쪽 국경을 안정시키는 것이 무엇보다도 필요한 과제로 부상했기 때문에 더 이상 일본과 실랑이를 벌일 계제가 아니라고 판단했던 것이다.

쓰시마 번은 계속해서 도쿠가와 장군이 조선 국왕에게 보내는 국서를 위조하고, 조선 국왕이 도쿠가와 장군에게 보내는 국서에도 손을 댔다. 국서의 위조는 조선과 일본의 틈바구니에 끼어 생존의 길을

....
19 해의 차례를 나타내기 위하여 붙이는 이름으로, 황제나 천황의 치세를 헤아릴 때 사용한다. 우리나라에서는 현재 '서기(西紀)'를 쓰고 있다.

모색할 수밖에 없던 쓰시마 번의 눈물겨운 처지를 상징하지만, 외교 상식을 뛰어넘는 희대의 사기 사건임에 틀림없다. 다른 한편에서 보면 이것은 중앙집권의 시스템이 제대로 정비되어 있지 못했던 일본 외교의 맹점을 보여 주는 증거였다.

◢ 궁리 끝에 보낸 외교 사절, 회답겸쇄환사

어쨌든 조선 정부는 강화 조건이 충족되었다고 보고 1607년 국왕의 이름으로 일본에 사절을 파견했다. 이 사절단의 명칭은 통신사가 아닌 회답겸쇄환사(回答兼刷還使)였는데, 총인원이 5백 여 명에 달하는 대규모였다. 도쿠가와 장군의 국서에 회답한다는 의미로 일부러 회답사(回答使)라고 부르고, 침략전쟁에서 끌려간 피로인을 데려온다는 의미에서 쇄환사(刷還使)라는 용어를 덧붙였다. 사절단에게는 일본의 정세를 탐색하여 보고하는 역할도 부과되었다. 이처럼 회답겸쇄환사는 조선 정부가 궁리 끝에 마련한 대일 외교의 주체적 자세가 확연히 드러나는 명칭이었다.

한편, 쓰시마 번은 1609년 꿈에도 그리던 조선과의 통교무역(通交貿易) 약조를 맺었다. 기유조약이 그것이다. 이 조약은 12개 조항으로 되어 있는데, 일본 각지에서 조선으로 도항하는 모든 배는 조선 정부가 쓰시마 번주에게 내준 허가증을 지참하도록 규정했다. 1년에 조선에 파견할 수 있는 배를 20척으로 한정했는데, 이것은 무로마치 막부 때의 50척보다 크게 줄어든 숫자였다. 조선 침략을 선도한 것에 대한 책임을 물었기 때문이다.

기유조약 체결을 계기로 부산의 두모포에 왜관을 설치했다. 왜관은 나중에 초량으로 확장 이전된다. 반면에 조선 정부는 일본사절단의 상경은 엄격하게 금지했다. 일본사절의 상경로가 임진왜란 때 침략 루트로 활용된 점을 무겁게 인식한 조처였다. 그리하여 이후 일체의 일본사절은 왜관에서 국서 전달 등의 용무를 마쳐야만 했다. 아울러 쓰시마 번의 가신들은 조선에서 세사미와 무역 특권 등을 받는 대가로 조선 국왕에 대해 신하로서의 예를 갖춰야만 했다. 쓰시마 번이 조선 정부에 코뚜레를 꿰인 셈이었다.

쓰시마 번주 요시토시는 하루 빨리 일본이 조선과 수교하여 마음껏 무역하게 되길 바라는 희망을 안고 통신사 일행을 정성껏 수행하여 에도까지 왕복했다. 일행은 에도 성에서 도쿠가와 막부의 제2대 장군 히데타다와 회견하고 국서를 교환했다. 이로써 조선과 일본의 국교는 완전히 회복되었다.

도쿠가와 히데타다

그런데 강화의 단초를 연 도쿠가와 이에야스는 이때 장군직을 아들인 히데타다에게 물려주고 시즈오카의 슨뿌성[駿府城]에 은거하고 있었다. 회답겸쇄환사 일행은 에도에서 돌아오는 길에 강화의 공로를 치하하는 뜻에서 시즈오카 슨뿌에 들러 도쿠가와 이에야스를 회견하고, 하야시 라잔 등의 관료·학자와 필담을 나눴다. 하야시는 이미 당대 일류 유학자이자 역사학자로 성장했는데, 전통적인 일본 중화의식에 경도되어 있었다.

조선 국왕은 쓰시마 번주 소 요시토시가 1615년에 48세로 숨을 거두자 그의 노력을 가상히 여겨 원호(院號) 만송원(萬松院)을 본 딴 도서(圖書)20를 내리고, 보리사(菩提寺)인 만송원에서 매년 한 척의 무역선을 부산에 보낼 수 있도록 허락했다.

조선 정부는 1617년에도 회답겸쇄환사를 파견했다. 이 사절의 명목은 도쿠가와 가가 오사카 전투(1615)에서 히데요시 가를 멸망시킨 것을 축하하는 것이다. 그렇지만 진짜 이유는 조선과 기유조약(기유약조(己酉約條), 1609)을 맺은 쓰시마 번이 조일 관계를 안정시키기 위해 사절단 파견을 강하게 요청하고, 조선 정부도 피로인을 귀환시키기 위해서는 사절단 파견이 필요하다고 판단했기 때문이다.

사절이 도착했을 때 장군 도쿠가와 히데타다는 앞에서 설명한 대로 교토의 후시미 성에 있었다. 그는 도요토미 가를 추종할 우려가 있는 서부 일본의 여러 다이묘를 통제하느라 눈코 뜰 새 없이 바빴다. 그런 와중에 조선의 사절을 맞은 히데타다의 기분은 최상이었다. 아버지 도쿠가와 이에야스가 죽은(1616) 이후 후견인 없이 혼자 힘으로 처음 국제 의례를 주재한다는 자부심이 충만한데다가, 자기 권력이 안

----

20 조선 정부가 왜인 통제를 위해 일본인에게 지급한 도장. 이 도장이 찍힌 문서를 가져오는 사람에게만 조선과의 통상을 허락했다.

정되었다는 것을 국내외에 마음껏 과시할 수 있었기 때문이다. 그는 후시미 성의 큰 응접실에서 국서 전달 의식을 거행한 후 금술잔을 들고 몇 차례나 사절의 원행(遠行)을 치하했다.

도쿠가와 히데타다와 접견을 마친 조선의 사절단은 서부 일본에 산재한 피로인을 귀국시키려고 애썼다. 그러나 귀국 희망자가 적어 3백여 명을 모으는 데 그쳤다. 전쟁이 끝난 지 20여 년이 경과하여 일본에 생활 기반이 마련된 자도 있었고, 귀국한 뒤의 생계를 걱정하는 사람이 많아 돌아가기를 주저했기 때문이다. 전쟁의 상처가 아무리 심각하더라도 세월이 흐르면 새살이 돋고 잊히는가 보다. 조선 정부는 1624년에도 회답겸쇄환사를 파견했는데, 그 목적은 도쿠가와 이에미쓰[德川家光]가 제3대 장군에 취임한 것을 축하하기 위한 것이었다.

 임진왜란의 전후 처리가 주는 교훈

최근 북한과 일본의 관계는 최악의 상황이다. 북한에 의한 일본인 납치 문제의 처리를 둘러싸고 상호 불신이 팽배해져 있는데다가, 미사일 발사와 핵 실험의 강행으로 동북아시아의 안보 정세가 불안해졌기 때문이다. 게다가 식민지 지배에 대한 사죄와 배상 등을 둘러싼 갈등이 얽히고설켜 양국은 대결 국면을 벗어나지 못하고 있다.

이를 타개하기 위해서 2002년 9월 이래 고이즈미 총리는 두 차례나 평양을 방문하여 김정일 국방위원장과 정상회담을 갖고 국교 수립을 향한 포괄적 해결 방향에 대해 합의했다. 그러나 납치 문제의 해결을 최우선 과제로 내걸고 대북 강경노선을 고수하는 아베정권의 출현으로 양국 관계는 오히려 더 험악해졌다.

나는 일본의 외교관이나 지식인에게 북일 관계를 개선하기 위해서는 임진왜란의 강화 회담과 전후 처리에서 교훈을 얻으라고 자주 제언한다. 당시 조선 정부와 에도 막부도 하고 싶은 말이나 내세우고 싶은 조건은 많았다. 그러나 양국은 국교 회복과 무역 재개가 더 중요한 과제라는 것을 인식하고 적당한 선에서 타협했다. 쓰시마 번의 국서 위조나 가짜 왕릉 도굴범의 압송까지도 눈감아 주면서 말이다. 북한과 일본의 당국자들은 4백 여 년 전에 양국의 책임 있는 정치가가 발휘한 지혜에서 평화공생의 돌파구를 찾을 수 있는 영감을 얻어야 할 것이다.

지쇼인에 남은 조선 통신사의 흔적

1633년 쓰시마 번에서는 번의 존망을 좌우할지도 모르는 대사건이 발생했다. 조일의 외교 문서, 곧 국서를 위조해 온 사실이 발각된 것이다. 그 경위는 번 내의 권력 투쟁에서 비롯되었다. 쓰시마 번의 가신 야나가와 씨[柳川氏]는 외교 사무를 담당하면서 큰 힘을 갖게 되었다. 조선 정부도 야나가와 씨에게 도항증21을 내줌으로써 그가 막대한 이

....
21 배를 타고 조선을 왕래하면서 무역하는 것을 허락하는 증명서.

쓰시마 번의 오후나에 유적지. 에도 시대에 쓰시마 번주가 사용하던 선착장이다.

익을 얻을 수 있도록 도와주었다. 그런데 나이 어린 번주가 자리에 오르자 야나가와 씨와의 대립이 두드러졌다. 번주가 가신의 횡포를 막부에 호소하자 야나가와 씨도 번주가 국서를 위조한 사실을 제소했다. 막부의 조사를 계기로 쓰시마 번주의 사기 행각이 백일하에 드러났다.

그런데 예상을 뒤엎고, 막부는 1635년 국서 위조가 가신의 자의적 소행이라고 규정하고 오히려 야나가와 씨에게 벌을 내렸다. 에도 막부는 쓰시마 번을 매개로 한 조선 외교를 손상시키고 싶지 않았기 때문이다. 그 뿐만 아니라 쓰시마 번주로 하여금 자신감을 갖고 조선 외교를 전담하라고 격려했다. 국서 위조 사건은 오히려 조선 외교에서 쓰시마 번주의 역할이 얼마나 중요한 것인가를 막부에 재인식시키는 계기가 된 셈이었다. 이후 쓰시마 번은 막부가 설정한 이중외교의 틀 속에서 독자적 지위를 보장받고, 조선 무역을 독점적으로 운영하여 번영의 길을 걷게 되었다. 메이지 정부가 조선과의 외교 중개권을 빼앗을 때까지는.

에도 막부는 조선 외교를 통제하고 국서 위조를 방지하기 위해 쓰시마 번에 실무 담당자 두 명을 파견하여 외교 문서를 관장하도록 했다. 앞에서도 자세하게 언급한 이정암윤번제가 그것이다. 1635년부터 실시한 이 제도는 메이지 유신(1868) 이후 일본 정부가 쓰시마 번의 조선 외교권을 박탈할 때까지 존속했다. 이정암에는 한 명의 석학 승려가 2년마다 교대로 파견되었다. 이들은 교토5산의 석학 중에서 선발되었다.

윤번승은 쓰시마 수문직(修文職)에 임명되어 막부가 조선과 주고받는 외교 문서를 검열, 번역, 작성하는 등의 일을 맡았다. 이들에게는 매년 쌀 80석이 지급되고, 쓰시마 번으로부터도 100석의 수당이 제공됐다. 조선도 그들에게 이정암 명의(名義)의 특송선을 부산에 파견하여 무역하는 것을 허용했기 때문에 경제적으로는 여유가 있었다. 윤번승은 임기 중에 통신사가 오면 접대하는 접반(接伴) 또는 관반(館伴)이라는 역할을 맡았다. 그러기 위해서는 쓰시마로부터 에도까지 통신사 일행을 수행하지 않으면 안 되었다.

이정암의 윤번승은 한문에 조예가 깊고, 유학과 불교에 대한 지식이 풍부하며 서화(書畵)에도 능했다. 그들은 통신사를 수행하면서 필담으로 의사소통을 하고, 또 긴 여정 중에 각지의 풍물을 제제(提題)로 삼아 시문을 주고받았다. 통신사가 남긴 사행록에는 이정암의 윤번승을 비롯한 교토5산의 승려들과 교류한 기록이 많이 남아 있다. 윤번승이 임무를 무사히 마치고 귀산(歸山)하면 본산의 주지가 되었다. 또 교토5산의 상위에 있는 난젠지의 공문을 수령하여 '준남선위(準南禪位)'라는 이름의 명예 법위(法位)를 받았다.

쇼코쿠지(상국사, 상국승천선사) 지쇼인은 막부 말기까지 여섯 차례나 윤번승을 산출해 냈다. 임제종의 대본산인 쇼코쿠지는 지금도 교토시 상경구 남단에 광대한 사찰 부지를 가지고 있다. 그 칠당(七堂) 가람 주위에는 많은 탑두가 본사를 둘러싸듯이 서 있는데, 거기에서 조금 떨어진 서북쪽에 지쇼인이 자리 잡고 있다. 쇼코쿠지 자체는 1382년에 창건되어 교토5산의 두 번째 자리에 올랐다. 지쇼인은 그보다 늦게 1405년 무로마치 막부 8대 장군 아시카가 요시마사[足利義政]의 영당(影堂)이 되자, 칙명에 따라 그의 원호(院號)를 본 따 지쇼인이라고 고쳐 부르게 되었다. 그 후 거듭되는 교토의 대화재에도 불구하고 불타는 것을 면해, 눈에 띄지 않는 비공개 사원이면서도 국가의 중요 문화재와 중요 미술품 등을 다수 소장한 명찰이 되었다.

지쇼인의 보물 중에는 통신사가 남긴 훌륭한 묵적(墨跡, 먹으로 쓴 필적)과 회화 여러 점이 있다. '한객사장(韓客詞章)'이라는 표제가 붙은 네 권의 두루마리 상자 속에는 이정암의 윤번승 벳슈 소엔[別宗 祖緣, 1657~1714]과 1711년 통신사의 정사(正使) 조태억(趙泰億) 등이 교환한 시문이 들어 있다. 모두 양질의 조선 종이에 쓴 귀중한 사료다.

나는 교토조형예술대학의 나카오[仲尾] 선생의 안내로 통신사가 묵었던 다이토쿠지, 혼포지[本法寺, 본법사], 쇼코쿠지 지쇼인, 혼코쿠지

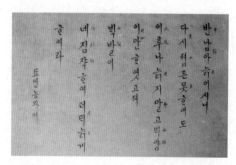

[本國寺, 본국사] 등을 답사했는데, 특히 지쇼인에서 통신사가 남긴 시문과 서화 60여 장을 직접 감상하고 사진도 찍을 수 있었다. 통신사와 관련된 이 귀중한 자료를

위 사진은 통신사 일행인 농와가 쓴 한글 시문으로, 지쇼인에 소장되어 있다.

정확히 점검하고 번역하여 소개하는 것은 지금부터의 과제이다. 지쇼 인의 유물에서 보듯이, 통신사는 엄격한 외교 교섭의 와중에서도 일본 의 지식인과 학문·예술을 주고받는 교류를 활발히 실행했던 것이다.

장군은 일본 국왕인가, 일본국 대군인가

에도 막부는 권력 기반이 안정되고 국제 관계가 원만하다는 것을 국 내외에 과시하기 위해 조선 정부가 파견하는 통신사를 대단히 소중 한 존재로 여겼다. 그런데 통신사 외교를 지속시키는 데는 여러 가지 어려움이 있었다. 두 나라의 국가 체제와 외교 행정이 전혀 달랐기 때 문이다. 이에 대해서는 앞에서 여러 차례 이야기했기 때문에 여기에 서는 생략하고 일본 외교의 최고 책임자를 어떻게 부를 것인가에 대 해서만 언급하겠다. 이것은 외교 관계의 존속이냐 파탄이냐를 결정할 만큼 중요한 명분 싸움이었다.

도쿠가와 막부는 조선 정부에 통신사 파견을 요청하면서 국서에 종 래에 사용한 일본 국왕이라는 호칭 대신에 일본국 대군(日本國大君)이라 는 호칭을 사용하겠다는 뜻을 비쳤다. 그러나 조선 정부는 이런 제안을 용납하지 않았다. 상대는 국왕과 동격이어야 하기 때문이었다.

그럼 여기서 조일 외교에서 장군(쇼군)의 호칭 문제가 왜 중요하고, 어떤 식으로 결착을 보았는가를 시대의 흐름 속에서 살펴보자.

원래 조선은 일본의 정치권력 구조를 석연치 않게 여기고 있었다.

실권은 없는 것 같은데, 수도 교토에는 일본을 대표하는 상징으로서 천황이 존재하고, 그 밑에 위치하는 듯하나 권력을 장악하고 있는 막부의 장군이 있었다. 그리하여 조선은 임진왜란 이전까지 외교의 상대로서 천황을 제치고 장군을 상대했다. 그리고 무로마치 막부의 장군 아시카가 요시미치가 명의 책봉을 받은 직후인 1404년부터 외교 문서에서 장군을 일본 국왕이라고 호칭했다. 그를 일본 최고의 실권자로 인정한 것이다. 반면에 막부 장군은 외교 문서에서 자신을 국왕이라 칭하지 않고 상국(相國)이라고 썼다.

그런데 일본이 조선에 보내는 외교 문서에서 장군을 일본 국왕으로 호칭한 것은 임진왜란 후 도쿠가와 이에야스가 1606년 조선에 강화를 요청하기 위해 보낸 국서에서였다. 나중에 발각된 사실이지만, 일본 국왕이라는 호칭은 강화를 성사시키기 위해 안달이 난 쓰시마 번이 고쳐 쓴 것이었다. 이것은 일본의 실질적 통치자로서 조선 국왕과 외교상 대등한 격이 되기 위해서는 일본 측에서도 반드시 일본 국왕이라는 칭호를 사용해야 한다고 조선 측이 강력히 요구했기 때문이다.

그렇지만 일본 측의 사정은 달랐다. 천황이 실권은 없으나 천황과 장군은 형식적으로는 군신관계였다. 그렇다고 하여 중국의 황제와 왕의 경우처럼 실질적으로 상하관계로서 맺어진 것은 물론 아니었다. 일본의 이런 애매모호한 정치권력 구조는 조선과 일본의 외교 과정에서 항상 말썽이었다. 1630년대에 접어들어 에도 막부는 정치가 안정되고 국제 교류가 순탄해지자 장군의 대외적인 칭호를 일본 국왕에서 일본국 대군으로 변경했다.

이때 조선은 명분을 내세워 일본 국왕을 고집할 수 없는 처지였다. 일본이 얼러 대는데다가 만주에서 청이 대두하여 북방의 국경이 위태로웠기 때문이다. 그리하여 조선은 일본국 대군이라는 칭호를 수용하는 자세를 보였다.

🌸 통신사 외교, 신의 속의 자존심 대결

1627년과 1636년에 후금의 침략(정묘호란, 병자호란)을 받아 국토를 유린당하고 굴욕적인 군신의 사대관계를 맺을 수밖에 없었던 조선은 일본과의 우호 관계 유지가 시급한 상황이었다. 그리하여 조선은 1636년부터 1811년까지 모두 아홉 차례 통신사를 파견했다. 통신사는 일본에서 장군의 교체 등이 있을 때, 막부의 요청을 받아 축하 명목으로 파견하는 사절이었다. 일본에서는 막부의 사절을 조선에 파견하지 않았다. 쓰시마 번이 이것을 대행했기 때문이다. 조선 정부도 임진왜란 이후 일본 사신의 서울 왕래를 금지했다.

통신사는 문자 그대로 대등한 처지에서 신의(信義)를 주고받는 사절이었다. 그렇지만 내심으로 에도 막부는 일본을 중심으로 한 화이질서(華夷秩序)22 속에서 조선을 바라보았고, 조선도 중화문화의 계승자라는 의식을 가지고 일본을 내려다보고 있었다. 즉 양국의 외교는

....
22 중국의 입장에서 중국이 주도하는 국제 관계를 가리킨다. 중화사상을 바탕으로 하여 주변 국가들에 대해 전통적인 우월 의식을 갖고 중국 중심의 국제 질서를 구축하는 것이다. 조선과 일본도 이것을 본따 상대방을 한 수 내려다보았다.

동북아시아의 국제 질서 속에서 상대방에 대한 우월 의식을 바탕으로 전개된 것이었다.

에도 막부는 통신사가 오면 국역(國役)이라는 국가적 조세제도를 마련하여 각지의 다이묘에게 접대 부담을 전가했다. 그리고 사행로의 수선은 물론이고 구경꾼의 행동거지까지도 규제하는 지시를 내렸다. 막부는 이렇게 사절에 대한 송영(送迎, 보내거나 맞아들이는 일) 제도를 정비함으로써 국가 외교로서의 색채를 강화하려 했다. 이것이 국내외에서 막부 정권의 권위를 높인다고 인식했기 때문이다.

조선 정부도 문화적으로 우월한 나라라는 의식을 가지고 일본을 교화함으로써 평화 관계를 유지하고자 했다. 조선 정부는 정사(正使), 부사(副使), 종사관(從事官)을 비롯하여 소동(小童), 악대, 무인, 의사, 통역, 화가 등으로 5백 명 규모의 일행을 구성했다. 일본인을 응접하는 책임자인 제술관에는 일류 문인이 선발되었다. 육로에서 통신사 일행을 영접하고 호위하며 동행하는 일본 측의 인원은 5천여 명이나 되었다. 에도 막부의 지배 아래 가장 큰 영주로 불렸던 가가 마에다 번[加賀前田藩]이 참근교대(參勤交代)23를 할 때 꾸린 행렬이 대개 2천5백 명에

....

23 각 번의 번주를 정기적으로 에도로 와서 체재하도록 하는 에도 막부의 제도. 각 번주는 한 해 걸러 한 번씩 자신의 영지와 에도를 왕래해야 하는데, 번주가 에도를 떠날 때는 정실부인과 후계 자제를 에도에 남겨 두어야만 했다. 이것은 장군과 영주가 주종 관계로 맺어져 있다는 것을 보여 주는 군사 의례였다. 전국으로부터 다수의 행렬이 왕래하는 과정에서 상품 유통과 숙박 시설 번성 등이 촉진됐다. 또 에도는 각 번의 물자와 문화가 집중됨으로써 100만 명 정도의 대도시로 발전했고, 융합된 문명을 전국에 파급하는 기지가 되었다. 장군은 각 영주에게 왕래와 체재에 따른 막대한 비용을 부담시킨 데다가, 그들의 처자마저 인질처럼 잡고 있음으로써 각 번의 충성을 끌어내어 전국을 안정적으로 지배할 수 있었다.

서 4천 명 정도였는데, 1827년 마에다 번의 참근교대 행렬 인원은 2천 명으로 줄어들었다. 에도 막부 말기에 가면 각 번이 재정의 압박을 받아 참근교대 행렬의 규모를 축소했기 때문이다. 이와 같은 사정과 비교하면 5천여 명으로 편성된 통신사 행렬이 얼마나 웅장한 규모였는가를 짐작할 수 있을 것이다.

◤ 통신사의 여정과 교유

통신사가 지나는 길은 대략 세 구간으로 나누어진다. 제1구간은 한성에서 부산까지의 육로, 제2구간은 부산에서 오사카와 교토까지의 뱃길, 제3구간은 교토에서 에도까지의 육로다. 통신사 일행은 출발에 즈음하여 한성의 창덕궁에서 국왕을 알현한다. 그들은 육로를 거쳐 부산에서 재집결하여 도쿠가와 장군 등에게 줄 선물을 비롯해 다양한 진물품(進物品)을 세 척의 배에 나누어 실었다. 그리고 거기서 길일을 골라 바다 신에게 항해의 안전을 비는 의식을 거행했다.

통신사 일행의 선단은 길이 40미터에 달하는 정사선(正使船), 부사선(副使船), 종사관선(從事官船) 외에 화물선 세 척까지 포함해 도합 여섯 척이었다. 여기에 쓰시마 번에서 영접하러 나온 배들을 합치면 거대 선단이었다. 그들은 순풍이 부는 날을 골라 쓰시마로 향했다. 그곳에서는 10일 내지 20일 정도 머물렀다. 통신사 일행은 해로를 통해 오사카까지 이동했다. 여기까지는 조선 배를 이용했는데, 오사카에서 요도가와[淀川]를 거슬러 올라가 교토로 갈 때에는 일본 배로 옮겨 탔다.

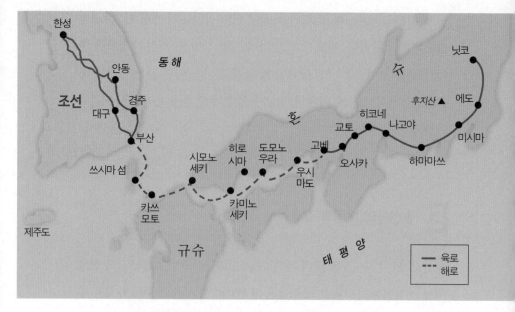

통신사의 노정. 서울에서 부산까지 육로로 이동 후, 부산에서 배를 타고 오사카까지 간 다음, 강을 거슬러 올라가 교토로, 이후부터는 육로로 도쿄를 향했다.

　교토로 향하는 통신사 일행의 모습은 요도번의 번사(藩土, 제후에 속하는 무사) 와타나베 모리카네[渡邊守業]가 1748년에 상세하게 그린 극채색의 그림을 통해서 알 수 있다. 정사 홍계희(洪啓禧)가 이끄는 통신사 선단을 맞이하기 위해 강바닥은 이미 배가 잘 통행할 수 있도록 준설되어 있었지만, 그래도 미덥지 않아서인지 준설선 다섯 척이 강바닥의 모래를 쓸어내며 달린다. 대선단의 선두에는 쓰시마 도주선이 있고, 그 앞을 안내선 두 척이 선행한다. 수십 척의 호위선 가운데 국서를 안치한 국서선과 정사선 등을 수많은 예선(曳船)이 이끌며 인도한다. 양쪽의 강둑에는 수십만의 환영 인파가 북적대는데, 저녁에는 수천 개의 횃불이 대낮처럼 불을 밝혔다고 한다. 대선단을 이끄는 뱃

사람은 연인원24 4만 명에 달하고, 배를 육지에 대는 것을 돕기 위해 모인 인부만 1천 5백여 명이었다.

요도의 당인안목(唐人雁木)이라는 선착장에 상륙한 통신사 일행은 일직선으로 뻗은 도로를 따라 교토의 동사(東寺, 지금의 교토역 서남쪽)까지 나아간다. 그리고 아부라코지[油小路]를 북으로 거슬러 올라가 앞에서 소개한 다이토쿠지 등의 사원에서 숙박한다. 통신사 일행은 2열로 행진하는데, 노상의 어린이에게 과자나 팽이를 나눠 줬다.

통신사가 교토에 도착하기 1년 전부터 3조대교(三條大橋)와 대화대로교(大和大路橋)는 정성껏 정비되고, 관람코스인 삼십삼간당과 대불전은 새로 색칠했다. 통신사가 도착한다는 연락이 오면 마쓰바라와 무로마치 가로 옆의 민가는 발을 내리고 양탄자를 깔며 흰모래를 뿌리는 등 야단법석이었다. 교토에서 인쇄된 각종 판화에 조선인의 모자, 부채, 인형, 주사위 등의 장난감이 많이 등장하는 것은 일반인들에게도 통신사의 이미지가 그만큼 강하게 새겨졌다는 것을 의미한다.

교토 동산(東山)의 호코지와 도요쿠니 신사 앞에 이총이 있다. 임진왜란 때 조선인의 귀와 코를 베어다가 묻은 무덤이다. 일본으로 끌려온 조선인들은 이곳에 쌀을 가지고 와서 제사를 지내곤 했다. 통신사 일행도 이 앞을 지날 때는 아픈 마음을 금할 수 없어 울음을 터뜨리기도 했다.

이런 일화도 있다. 1719년 정사 홍치중(洪致中)이 이끈 통신사에 제

---

24 어떤 일에 동원된 인원수와 일수(日數)를 계산하여, 그 일이 하루에 완성되었다고 가정하고 일수를 인수(人數)로 환산한 총 인원수. 예를 들면, 다섯 사람이 열흘 걸려서 완성한 일의 연인원은 50명이다.

술관으로 따라갔던 신유한(申維翰)은 귀로에 호코지의 대불(큰 부처) 앞에서 열린 항례의 연회에서 접반사 아메노모리 호슈[雨森 芳洲, 1668-1755]와 실랑이를 벌였다. 신유한은 원수 같은 적장 도요토미 히데요시의 사당 도요쿠니 신사와 조선인의 코와 귀를 베어다 묻은 이총 앞에서 연회를 베푸는 것을 받아들일 수 없다고 거절했다. 아메노모리는 호코지가 도요토미 히데요시의 원찰이 아니라고 우기면서 연회에 참석할 것을 종용했다. 그리고 거꾸로 조선은 어째서 일본을 왜, 왜인, 왜추(倭酋)라고 부르냐며 항의했다. 신유한은 당신들은 왜 조선인을 당인(唐人)이라고 낮춰 부르냐고 반박했다. 결국 통신사의 정사, 부사, 제술관이 연회에 참석했는데, 이들은 귀국 후 지탄을 받았다. 일본 측은 귀한 손님을 접대하기 위해 연회를 베푼다고 했지만, 사실은 인근의 이총을 상기시키며 위압하겠다는 뜻이 숨겨져 있었다. 이런 실

시가현 오미하치만 시에서 있는 조선인가도 표지석

랑이가 부담이 되었던지, 에도 막부는 통신사가 교토에 올 때는 이총 주위에 발을 쳐서 가리기도 했다.

그러나 통신사와 접반사가 왕복 8개월에 걸쳐 여행을 함께하다 보면 마음을 터놓는 친구가 되었다. 특히 아메노모리 호슈는 그 과정에서 교린(交隣, 이웃 나라와의 사귐)의 기본 법도를 깨닫고 평생을 조선 외교에

몸을 바친 별난 지식인이었다. 그는 조선과 일본이 대등(對等), 호혜(互惠, 혜택을 주고 받음), 부전(不戰)의 원칙 아래 성신(誠信)의 마음으로 교류해야 한다고 주장했다. 그는 자신의 이익을 위해서라면 국서조차 위조했던 에도 시대에 보기 드문 선각자였다. 미운정 고운정이 다 든 통신사와 접반사는 마지막에 쓰시마에서 헤어질 때 섭섭하여 눈물을 흘리기도 했다.

통신사 일행은 교토부터는 육로를 통해 에도로 향했다. 3조대교를 건너 오쓰[大津]로 가서 하룻밤 묵고 나칸센도[中山道]로 접어들었다. 내가 답사를 해 보니 그 길의 잔영(殘影)은 지금도 선명하게 남아 있었다. 도로의 폭은 5미터 정도였다. 비와 호 동편에는 통신사의 전용도로인 '조선인가도'가 설치되었는데, 지금도 그때의 장대한 행렬이 지나갈 것만 같은 환상을 불러일으킨다. 한성에서 에도까지 이르는 여정은 4개월 내지 5개월이 걸렸다.

통신사 일행은 일본 국내를 여행하는 도중에 일본의 학자, 문인, 승려, 의사, 화가 등을 만나 시문으로 응수하거나 필담을 나누는 등 활발하게 교류했다. 당시 일본에서는 유교와 한시가 교양의 필수 요소로 인식되었기 때문에 우수한 유학자나 문학자가 포함된 통신사 일행은 존경과 환영을 받았다. 이들의 숙사는 찾아오는 학자와 문화인으로 대단히 붐볐고, 시문과 서화를 주고받느라 새벽닭이 울 때까지 잠을 이루지 못하는 경우가 많았다.

에도에 도착한 통신사 일행은 거기서 20일 내지 30일 동안 머물렀다. 통신사가 장군에게 국서를 전달하면 장군은 먼 길의 여행을 위로

에도에 들어가는 통신사 행렬도

하는 잔치를 베풀었다. 일본 국내에서 통신사 일행이 오가는 길은 같
았지만, 조선에서는 왕복하는 길이 서로 달랐다. 도로변 주민의 부담
을 줄여 주기 위한 배려 때문이었다.

　통신사 일행은 일본과 조선에 다양한 영향을 미쳤다. 통신사 일행
을 수행하던 아이들의 춤에서 유래한 가라코 오도리[唐子·韓子 踊り]
나 통신사 행렬을 본 딴 도진 오도리[唐人·韓人 踊り]가 오늘날에도 일
본에서 공연되고 있다. 조선의 지식인층 사이에서는 일본 사정에 대한
인식이 심화되어 일본을 재평가하려는 움직임이 나타났다. 통신사가
제출한 출장 보고서라고 할 수 있는 수많은 사행록(使行録)의 행간에는
일본의 번화한 거리의 모습과 아름다운 산수풍경이 조심스럽게 묘사
되어 있다. 강진과 같은 변방에 유배 중이던 정약용도 일본의 유학 서
적을 읽고 그 수준이 대단히 높다고 평가했다. 한국과 일본의 지식인
사이에 상호 이해가 깊어지는 가운데 쓰시마 번의 유학자 아메노모리
호슈처럼 양국이 서로 속이지 말고 정성을 다해 성신외교를 해야 한

다는 주장도 나타났다. 이같이 통신사는 일본과 조선의 문화 교류와 평화 공존을 촉진하는 중요한 의례가 되었다.

 통신사 외교의 변질과 종말

1636년부터 9차에 걸쳐 파견된 통신사 외교는 1811년을 마지막으로 막을 내렸다. 그런데 마지막 통신사는 매우 이례적인 형태를 띠었다. 첫째, 장군의 취임을 축하하는 명목으로 파견되던 통신사의 관례가 무너졌다. 제11대 장군 도쿠가와 이에나리[德川家齊]는 이미 24년 전에 취임했던 것이다. 둘째, 막부 정권의 소재지인 에도가 아니라 조선에서 가장 가까운 쓰시마에서 통신사의 응접이 이루어졌다. 이것을 역지통신(易地通信)이라 부른다. 통신사를 응대하는 지역이 바뀌었다는 뜻이다.

　일본은 재정 지출을 줄이기 위해 약식으로 국서를 교환하는 역지통신을 제안했다. 통신사의 응접에는 막대한 경비가 들었기 때문이다. 특히 통신사가 육지를 이동할 때 필요한 인마와 경비를 부담하던 인근 다이묘와 농민에게는 감당하기 어려운 짐이 됐다. 도쿠가와 막부는 해안 방비를 위해 다이묘를 동원할 것을 구상했는데, 그렇게 하기 위해서는 쓰시마에서 통신사를 응접함으로써 육지를 왕래할 때 드는 막대한 비용을 줄일 필요가 있었다. 그리고 18세기 말 이래 차츰 현실 문제로 다가온 서구열강의 접근이 통신사 외교의 전환을 재촉했다.

조선 정부는 처음에 역지통신에 대해 강하게 반발했다. 쓰시마 번의 농간이라고 여겼기 때문이다. 그러나 막부와의 직접 교섭을 통해 역지통신이 통신사와 관련된 경비를 줄이기 위한 막부의 정책임을 확인하고 이에 응하기로 했다. 당시 조선도 자연재해가 빈발하고, 중요 예물이었던 인삼의 확보가 곤란했기 때문에 역지통신은 받아들일 만한 제안이었다. 게다가 17세기 중반 이후 계속된 동북아시아의 평화는 통신사의 또 다른 목적인 정탐의 필요성을 약화시켰다. 이렇게 경제, 외교, 군사 면에서 통신사의 의의가 줄어들자 조선 정부는 에도 막부의 제안을 받아들여 1811년 5월 쓰시마에서 역지통신을 실현했다.

에도 막부는 1837년 도쿠가와 이에요시[德川家慶]가 취임하자 쓰시마 번을 통해 조선 정부에 또다시 역지통신을 제안했다. 양국은 1842년 1월에 쓰시마에서 역지통신하기로 합의했으나, 막부는 생각을 바꿔 오사카에서 만나자고 수정안을 제시했다. 장군직 승계와 외교권 장악을 모든 다이묘에게 과시하는 데는 쓰시마보다는 오사카가 유리하다고 판단했기 때문이다. 조선 정부는 응접 장소의 갑작스런 변경에 강하게 반발하여, 10여 년 후인 1856년에 통신사를 파견한다는 것을 조건으로 오사카 역지통신안을 받아들였다. 그러나 예정된 해가 되기 전인 1853년 이에요시 장군이 갑자기 죽어 버려 이 계획은 실현되지 못했다.

그 후에도 조일 양국은 제13대 장군 도쿠가와 이에사다[德川家定] 등의 습직 등을 계기로 통신사를 통한 외교를 실현시키기 위해 계속 교섭했다. 그러나 1853년 미국의 페리 함대가 에도 근처의 항만에 출현하는 등 서양 열강의 압박이 강해짐에 따라 외교 정책에서 통신사가 점하는 시급성과 중요성은 줄어들었다. 지금 그 시대를 되돌아보면, 그런 상황이었기 때문에 오히려 신의와 정보를 주고받는 통신사 외교가 유지됐더라면 개항 전후의 한일 관계사는 마찰과 대립을 피하고 새로운 방향으로 나아갈 수 있을지도 모르겠다는 아쉬운 생각이 든다.

통신사 부활이 만든 지역 간 교류의 촉진과 세계기록유산 등록

일본에서는 10여 년 전부터 통신사와 연고가 있는 지역을 돌아가며 관련 지방자치기구 교류 대회가 매년 개최되고 있다. 통신사를 지역 경제와 향토 문화를 활성화시키는 데 활용하기 위해서다.

나는 2005년 11월에 오가키 시[大垣市]에서 열린 집회에 참석했다. 오가키는 통신사가 열 차례나 지나면서 숙박한 곳이다. 그래서 그곳에는 통신사의 흔적을 엿보게 하는 춤이나 조각 등이 남아 있다. 오가키 시 종합복지회관에서 열린 대회에는 일본 전국에서 2백 여 명 정도가 참석해 성황을 이루었다. 참석자는 대부분 통신사가 지나갔던 지역들의 문화 관계 공무원이거나 시민단체원이었다. 행사는 개회식, 연구 발표, 쥬로쿠초 풍년춤, 기조강연(지역문화와 조선통신사), 패널 토의(조선통신사와 미노지), 폐회 행사 등의 순서로 진행됐다. 학술적인 모임이라기보다는 관광과 교류 등에 초점을 맞춘 이벤트였다. 역사를 실용적으로 활용하는 데 능한 일본다운 발상이었다. 한국과의 우호친선을 증진하는 것도 그 목적의 하나였기 때문에 우리로서도 마다할

까닭은 없을 것이다.

부산광역시와 후쿠오카 시[福岡市] 등 통신사와 인연이 있는 한일의 지방자치단체들은 2014년 8월에 합동 회의를 갖고, 통신사와 관련된 양국의 기록물을 유네스코의 세계기록유산에 공동으로 등록하기 위한 운동을 시작했다. 나도 공동추진위원장으로 이름을 올렸다. 한국과 일본의 합동 추진위원회는 2016년 1월 유네스코의 세계기록유산에 신청할 통신사 관련 자료 111건 333점을 확정했다. 그리고 2016년 3월 말 '조선 통신사에 관한 기록: 17~19세기 한일 간의 평화 구축과 문화 교류의 역사'라는 제목으로 유네스코에 제출했다. 동 위원회는 2017년 3월에 등록이 실현될 것을 기원하며 응원 활동을 전개하고 있다. 통신사 자료가 유네스코의 세계기록 유산에 등재되면 통신사는 세계 만방에 21세기의 새로운 한일 관계를 보여 주는 상징으로서 부활하게 될 것이다.

비단·인삼·은화의 3국 교역과 교토의 번영

조일 무역의 창구, 왜관

조선과 일본의 무역은 외교 체제의 정비 과정과 밀접하게 연동하며 발전했다. 임진왜란의 전후 처리가 매듭지어지고 외교사절의 파견이 회답겸쇄환사에서 통신사로 안정화되어 감에 따라 조일 무역은 활기를 띠게 되었다. 특히 1661년에 청이 중국을 통일하고, 1678년에 부산의 초량에 거대한 새 왜관(倭館)이 완공되자 중국-조선-일본 사이의 동아시아 무역은 전에 없이 활발해졌다.

조선은 책봉 체제의 전통에 따라 해마다 정례 및 임시 조공 사절단을 중국에 파견했다. 흔히 말하는 연행사(燕行使)가 그것이다. 중국 황제는 주변국의 군장에게 관호나 작위를 주어 책봉하고, 주변국의 군장은 사신을 보내 황제에게 토산품을 바쳐 조공의 예를 갖췄다. 황제는 이에 대해 많은 답례품을 주어 —이를 회사(回賜)라고 칭함— 대국으로서의 위덕을 과시했다. 조공에는 회사가 수반되기 때문에 이것은 일종의 공무역(公貿易)이라고 볼 수도 있다. 이러한 조공, 책봉의 외교 관계가 가장 엄격하게 지켜지고 빈번하게 이루어진 것이 바로 조선과 청 사이였다.

그런데 외교사절의 움직임에 맞추어서 조선과 중국의 국경(주로 의주)에는 무역상인들이 몰려들었다. 연행사 일행도 베이징에 머물면서 가지고 간 물자를 교역했다. 그들에게는 일정 범위 안에서 사사로이 무역을 할 수 있는 권한이 부여되었다. 이러한 무역이권을 향유하기 위해 한성이나 개성 또는 의주의 상인들이 치열하게 경쟁했다. 그리하여 사행로(使行路, 사신이 임무를 수행하기 위해 다니는 길)를 중심으로 하여 공무역을 훨씬 능가하는 사무역(私貿易)이 전개되었다. 그 과정에서 밀무역도 성행했다.

사무역은 조선과 일본 사이에 더 활발하게 이뤄졌다. 조일 무역은 쓰시마 번이 중개했다. 부산에는 쓰시마인이 거주하며 무역에 종사할 수 있는 왜관이 설치되었다. 초량으로 이전한 새 왜관의 면적은 약 10만 평으로, 두모포(豆毛浦)에 있었던 구왜관보다 열 배나 넓었다. 일본의 나가사키에 설치된 중국 상인 거류지[唐人敷, 약 1만 평], 네덜란드 상인 거류지[出島, 약 4천 평]와 비교하면 10배 내지 25배에 해당했다.

초량 왜관의 신축 공사에는 연인원 125만 명의 조선인 목수와 인부가 동원됐다. 여기에 연인원 2천 명의 일본인 목수와 인부가 가세했다. 그야말로 조일 합작의 대형 프로젝트가 추진된 셈이다. 총 공사비는 조선 측에서 지불한 것만 대략 쌀 9천 석, 은 6천 냥인데 공무역으로 그것을 충당했다.

초량 왜관에는 약 5백 여 명의 성인 남자가 거주했다. 이들은 대체로 3년마다 교대했기 때문에 쓰시마의 인구 구성에서 보면 성인 남자는 일생에 한 번 이상 이곳에서 생활한 꼴이었다. 초량 왜관이 완공된 이듬해(1679) 일본인이 드나들 수 있는 지역의 경계가 정해졌다.

쓰시마는 왜관을 통해 조선으로부터 공작미(公作米)를 받았다. 공작미는 공무역의 결제 대금을 쌀로 환산한 것인데 해마다 1만 6천 가마니 정도였다. 이와 별도로 조선 정부는 일본 사신에게 체재비 명목으로 주는 각종 잡물을 쌀로 환산해 주었는데, 1790년의 경우에는 그것이 약 4천여 가마나나 되어 공무역의 약 4분의 1에 해당했다. 그리고 이런 공작미가 쓰시마의 중요한 식량 자원이 되었다.

그런데 봉진(奉進)**25**이나 공무역과 달리 사무역은 수량에 제한이 없었기 때문에, 이것을 합리적으로 경영할 수만 있다면 거액의 이익을 올릴 수도 있었다. 그리하여 쓰시마 상인은 왜관에서 돈이 될 만한 물건을 대량으로 사들여 빨리 일본으로 가져가 팔 수 있는 시스템과 네트워크를 구축했다. 교토·오사카·에도 등의 거대 소비지에 어용 상인을 지정하고 번저(藩邸)**26**를 설치했다. 특히 에도를 중심으로 하여 인삼 복용이 크게 유행하게 된 것을 감안하여, 에도에 인삼 판매소인 인삼좌(人蔘座)를 설치하여 직영했다(1674). 교토와 오사카의 번저에서

......

25 받들어 올린다는 뜻으로, 쓰시마가 조선과 행했던 공무역의 일종.
26 일본의 각 번이 교토, 오사카, 에도 등 주요 도시에 설치한 출장소, 즉 번의 영주나 고위 관계자가 머물며 일을 볼 수 있도록 마련한 저택이다.

는 생사(生絲)**27**나 견직물을 판매했다.

교토의 젖줄이 된 다카세가와 운하

교토의 거리를 걷다 보면 아름답고 고즈넉한 풍경에 끌려 걸음을 멈추고 사색에 잠길 때가 더러 있다. 철학의 길, 네네의 길, 폰토초, 가모가와 둔치, 다카세가와 주변 등이 특히 나의 마음을 사로잡았다. 나는 매사를 역사의 흐름 속에서 파악하기를 좋아하여, 그런 풍경을 조우할 때마다 그 거리의 연원을 더듬어 보곤 했다. 그런데 깜짝 놀란 것은 그런 곳의 역사에는 어김없이 한국과의 깊은 인연이 숨어 있다는 사실이었다.

다카세가와[高瀨川] 주변도 그러했다. 2조(二條)에서 시작하여 5조(五條)까지 가모가와에서 한 블록 떨어진 곳을 평행으로 흐르는 다카세가와는 지금은 좁고 얕은 개천처럼 보인다. 실제로도 얕은 개천 바닥 위를 맑은 물이 구르듯이 조잘거리며 흘러 청량감을 준다. 그렇지만 조선에서 통신사가 왕래했을 때는 이 다카세가와에 다카세부네[高瀨舟]라는 배가 오사카에서 교토를 부지런히 왕래하며 조일 무역품을 실어 날랐다. 나는 그곳에 서서 17~18세기에 교토를 풍미했던 중국의 비단, 조선의 인삼 그리고 일본의 은화를 상상했다.

....

27 고치에서 뽑아낸 실로, 가공하지 않은 상태의 실.

2조 대교 남서의 다카세가와 1번 선착장 위에 떠 있는 다카세부네(48쪽의 〈그림 2〉 참조)

다카세가와 주변은 지금 버드나무 가지가 하늘거리고 격조 높은 술집이 처마를 맞대고 있지만, 당시에는 뱃사람과 장사꾼이 운집하여 시끌벅적한 국제시장이었다. 이러한 경제 기반이 있었기 때문에 도쿠가와 막부 말기에는 유신을 꿈꾸는 지사들이 몰려들어 칼부림을 하는 혁명의 장소가 됐던 것일지도 모른다. 다카세가와 주변을 거닐면서 동아시아 무역의 모습과 실태와 메이지 유신의 활극을 상상하노라면 하루해가 금방 지나가곤 했다.

다카세가와는 교토 서쪽 사가[嵯峨]에 살던 금융업자 스미노쿠라 료이[角倉了以]가 뚫은 운하였다. 스미노쿠라 료이는 대대로 의술을 가업으로 하는 한편, 무역업과 금융업 등을 경영했다. 료이는 1603년 도쿠가와 막부의 명령으로 안남국(安南國, 베트남)과 주인무

스미노쿠라 료이 조각상

역(朱印貿易)28을 시작하여 막대한 부를 축적했다.

료이는 1604년 호즈가와[保津川, 桂川] 상류를 개착(開鑿)하여 배가 다니게 함으로써 교토 서쪽의 야마시로국[山城國]과 단바국[丹波國] 사이에 교역을 시도했다. 호즈가와 상류 지역에서 벌목하여 뗏목을 만들어 흘려보내면 사가에서 건져 올려 교토의 건축 자재로 활용했다. 또 배를 통행시켜 곡물·장작·소금·금물 등을 수송하여 막대한 이익을 얻었다. 현재 이곳은 뱃놀이 관광 코스로 유명하다. 일제강점기에는 한국 중등학교 4~5학년쯤 되면 대개 일본으로 수학여행을 갔다. 주로 들르는 곳은 유명한 사원, 신사, 메이지 천황릉 등이었는데 가끔 호즈가와에 와서 뱃놀이를 즐기는 경우도 있었다. 나도 딱 한 번 벚꽃이 만개한 아라시야마 사이의 호즈가와 계곡에서 배를 타고 신라계 도래인이 빚은 맑은 술을 음미하면서 신선놀음에 젖은 적이 있다.

호즈가와 개착에 성공한 스미노쿠라 료이는 이어서 후지가와[富士川]·덴류가와[天龍川]의 뱃길 개발에도 손을 댔다. 그리고 1610년

....
28 인주를 묻혀서 찍은 도장이라는 뜻으로, 이 표지를 가진 자만이 무역을 할 수 있는 특권이 주어졌다.

가모가와 둔치

다카세가와 주변 풍경

도요토미 히데요리가 지진으로 무너진 호코지 대불전을 재흥할 때는 후시미로부터 3조대교(三條大橋) 아래까지 재료를 운반하기 위해 가모가와에 수로를 확보했다. 그리하여 오사카에 흘러드는 요도가와 수운과 교토를 관통하는 가모가와 수운이 접속하게 되었다. 이것을 계기로 료이는 본격적으로 후시미와 교토를 연결하는 운하, 곧 다카세가와의 개착을 계획했다.

스미노쿠라 료이는 1611년 당초 둔치였던 가모가와 서쪽을 따라 2조(二條)부터 5조(五條)까지 수로를 파기 시작했다. 그리고 가모가와에서 2조 대교 서쪽 천변에서 가모가와의 물을 끌어들였다. 다카세가와는 가모가와와 병행하여 미나미 구[南区] 동구조(東九條)까지 남하한 후 가모가와를 가로질러 후시미에 이르러 우지가와[宇治川]와 합류했다. 연장 십 수 킬로미터의 운하가 완성된 것은 1614년 가을이었다.

스미노쿠라는 다카세와가 시작되는 2조에는 대저택과 창고 등을 짓고 다카세가와의 운영권과 주운(舟運, 배로 짐을 나르는 일)을 통한 물자 수송권을 독점했다. 현재 간코니조엔이라는 요정이 자리 잡고 있는 곳이다. 그 앞의 선창에는 복원된 다카세부네의 모형이 매여 있어 옛날의 영화를 짐작할 수 있다. 선창의 북쪽에 있는 건물은 시마즈[島津] 창업기념자료관이다. 다카세가와는 이곳으로부터 일직선으로 남쪽으로 흐른다. 강가에는 버드나무가 심어져 있고, 주변에는 격자문에 발을 친 음식점과 여관 등이 늘어서 있다.

다카세가와의 개통으로 오사카에서 요도가와에 들어선 배는 후시미에서 짐을 다카세부네에 옮겨 싣고 교토의 중심부까지 진입할 수 있게 되었다. 다카세부네는 총 159척인데, 운임은 한 척 1회당 2관 500문이었다. 그중 1관문은 막부의 몫이었고, 250문은 배 수선비, 나머지 1관 250문은 스미노쿠라의 차지였다. 배 한 척에는 보통 미곡 30석 정도를 실을 수 있었다. 다카세가와에는 아홉 개의 선착장이 있었다. 그러나 시가지의 변천에 따라 모두 메워져 지금 남아 있는 것은 263쪽의 사진에서 보이는 선착장 하나뿐이다.

17세기 이전 후시미-교토의 운수는 오로지 마차와 짐차에 의지했는데, 다카세가와의 완성으로 주운이 그것들을 능가하게 되었다. 그 결과 교토 사람들은 미곡과 장작 등의 가격이 내려 기뻐했다. 게다가 다카세가와의 주운을 통해 교토 사람들의 분뇨가 다량으로 근교에 운반되어 밭농사가 발전하는 데 크게 기여했다. 오늘날에도 교토의 채소는 맛있기로 유명하다. 그 이유는 교토 근교에서 영양이 풍부한 도시민의 분뇨를 비료로 사용해 온 농사 기술의 전통이 새로운 형태로 살아 있기 때문이다.

스미노쿠라 료이의 사후에는 그의 후손이 다카세가와 옆의 2조에 주거와 창고를 만들고 주운을 지배하여 번영했다. 지금도 고서 시장에서 고가로 팔리는 책 중에 '사가본(嵯峨本)'이라 불리는 판본이 있는데, 그의 아들 요이치가 출판한 것이다. 그는 가업을 계승하여 사업을 발전시키는 한편, 학문을 좋아하여 출판 사업에도 손을 댄 것이다. 사가본은 일본의 고전을 취급한 출판으로서는 가장 앞 선 것이었다.

일본의 출판 문화는 발전이 늦고, 내용도 경전과 한적(漢籍, 한문으로 쓴 책)이 대부분이었다. 그러나 기독교 전래와 더불어 들어온 활판 인쇄 기술과 임진왜란 때 약탈한 조선 활자의 영향을 받아 일본에서도 드디어 일반인을 상대로 한 출판을 시작했다. 임진왜란 때 병조판서, 영의정 등의 요직에 있던 유성룡(柳成龍, 1541-1607)은 왜군의 침입을 막지 못한 점, 전란 중에 정부의 대응에 잘못이 있었던 점 등을 자기 비판적으로 정리한 『징비록(懲毖錄)』을 저술했다. 1659년 교토의 야마토야[大和屋]는 이 책을 조선 종이로 출판했다. 18세기에는 교토의 명소를 소개하는 관광 안내서도 많이 출간되었다.

다카세가와는 철도와 도로가 주운을 대체하는 근대화 바람에 밀려 역사의 뒤안길로 사라지기 시작했다. 1895년에 기야초도리[木屋町通]에 일본에서 처음으로 노면전차가 달리게 되자 다카세가와의 폭은 약 8미터에서 5미터 정도로 좁아졌다. 선로를 만들기 위해 메웠기 때문이다. 다카세가와의 주운은 결국 1920년을 끝으로 운행을 중지했다.

◤ 무역의 결제 수단이 된 일본의 은화

17~18세기의 조일 무역은 조선 상인과 쓰시마 상인이 주도했다. 조선 상인은 중국에 인삼을 팔고, 생사와 비단 등을 사서 쓰시마 상인에게 되팔았다. 결제는 일본의 은화와 동화로 이루어졌다. 18세기 초에 일본이 쓰시마를 경유하여 조선에 지불한 은화의 양은 나가사키를 경유해 중국과 네덜란드에 지불한 액수보다 훨씬 더 많았다. 17세기 말에 도쿠가와 막부가 나가사키를 통해 은이 빠져나가는 것을 통제하고, 또 네덜란드가 일본과 중국 무역의 거점으로 삼고 있던 타이완을 상실했기 때문이다. 교토의 니시진에서 고급 견직물을 생산하기

위해서는 중국 생사의 수입이 필요했는데, 1705년부터 나가사키를 경유한 수입이 중단되자, 부산의 왜관을 통해 수입하게 되었다.

에도 시대만 하더라도 일본은 동아시아 최대의 은 생산국이었다. 에도 막부가 주조한 은화인 경장정은(慶長丁銀)은 순도가 80퍼센트나 되는 고품위 통화였다. 이 은화는 조선 무역에서 뿐만 아니라, 다른 나라와의 교역에서도 일본의 주력 수출 상품이 되었다. 일본 국내에서 생산된 은화의 90퍼센트 가량이 국외로 빠져나갔다. 은화는 일본의 국내 통화라기보다는 국제상품이었다. 특히 17세기 말에 왜관에서 조선 상인과 거래되는 은화의 양은 나가사키에서 중국 상인과 거래되는 양의 7배가 넘었다.

사무역의 중요 상품이었던 생사와 견직물은 조선 상인들이 중국에서 수입하여 일본의 은과 교환했다. 조선에서는 일본의 은을 가리켜 왜은(倭銀) 또는 모양이 개의 혀와 닮았다 하여 개설은[犬舌銀]이라고 불렀다.

조선과 중국 사이에서 은이 대량으로 거래된 시기는 정기 사절단인 역자행(曆咨行)29과 동지사(冬至使)30가 파견된 때다. 역자행은 8월에 한성을 출발하여 베이징에 체재한 다음 11월에 귀국한다. 동지사는 역자행보다도 규모가 더 큰데, 11월에 베이징으로 떠나서 신년하례 등 정례적인 의식을 치른 다음 이듬해 4월경에 돌아온다.

쓰시마는 왜관으로 은을 수송하기 위하여 은선(銀船)이라고 하는

....
29 조선이 중국의 책[曆, 주기적 현상에 따라 시간 단위를 정해 나가는 체계, 이것을 바탕으로 달력 등을 만든다]을 받기 위해 파견한 사절단.
30 조선 시대에, 해마다 동짓달(음력 11월)에 중국으로 보내던 사신.

자그마한 전용선을 띄웠는데, 은의 수송이 많은 시기는 7월과 8월 그리고 10월에서 11월에 걸친 4개월이다. 이 기간에 연간 총 수송량의 60퍼센트 이상이 집중되어 있었다. 쓰시마에서는 7~8월에 조선으로 싣고 가는 은을 황력은(皇曆銀), 10~11월에 실어 나르는 은을 동지은(冬至銀)이라고 불렀다. 다른 시기의 은 수송과 구별하기 위해서였다. 요컨대 역자행과 동지사의 출발 시기에 맞춰 왜관으로 은을 보냈던 것이다.

은 수송의 계절적 변동은 교토-쓰시마-부산-한성-베이징으로 이어지는 '은의 길'이 존재했음을 보여 준다. 은의 출발점인 교토의 3조 가와라마치도리의 번화가[31]에는 현재 가톨릭 성당과 호텔이 들어서 있다. 오늘날 교토로얄호텔 자리 주변에는 쓰시마의 교토번저가 자리 잡았었는데, 물건을 보관할 영주의 창고와 저택이 즐비했다. 쓰시마번저 앞쪽으로는 다카세가와의 선착장이 늘어서 있었다. 나는 교토의 학술회의에 참가할 때는 주로 이 부근에 머물면서 다카세가와를 산책하는 즐거움을 맛보곤 한다.

 교토의 비단과 염색

'은의 길'의 귀로는 그대로 '비단길'이 된다. 역자행이 11월에 귀국하면

----

31 가와라마치는 남북으로 뻗어 있기 때문에 3조 가와라마치도리, 4조 가와라마치도리로 이어진다. 메이지 유신 이전에 가장 번화한 곳은 3조 가와라마치도리였다. 이곳이 유명한 도카이도[東海道]의 교토 기점이었다. 그런데 메이지 시대 이후에는 4조 가와라마치에게 '번화가'라는 자리를 내주게 된다. 3조에는 이미 옛 건물들이 많아서 근대적인 대형 건물을 짓는 데는 4조가 더 편리했기 때문이다.

서 가져온 중국의 생사나 견직물은 이듬해 2~3월이면 왜관에 닿는다. 또 4월에 귀국하는 동지사 편에 실려 온 생사나 견직물은 6~7월이면 왜관에 도착한다. 이렇게 해서 '은의 길'을 역류하여 생사와 견직물이 일본 최대의 비단 산업 지대인 교토로 흘러 들어간다. 요컨대 교토는 '은의 길(실버 로드)'의 출발점인 동시에, '비단길(실크 로드)'의 종착지였다.

교토의 니시진에는 비단 짜는 공방이 길게 줄을 지어 들어서 있었다. 여기에서 짜는 고급 비단의 원료로 쓰이는 실은 새하얀 광택이 날 뿐만 아니라, 매듭 하나 없이 끊어지지 않고 이어져 있는 생사가 아니면 안 된다. 일본이 막부 말기인 19세기 중엽에는 세계 유수의 생사의 수출국이 되지만, 18세기 중엽까지는 일본의 국내 생사가 기술적인 면에서 중국의 백사를 따라가지 못했다. 원료 부족에 허덕이고 있던 교토의 직물업계에게는 쓰시마를 통해 들어오는 백사가 더없이 귀중한 존재였다.

니시진의 염색 기술(유젠조메)을 보여 주는 기모노

17세기 말부터 교토의 니시진에서는 비단 등에 화려한 채색으로 인물, 꽃, 새, 산수 등의 무늬를 선명하게 염색한 유젠조메[友禪染]가 발달했다. 유젠조메는 흔히 염색 기술의 정수(精髓)라고 일컫는다.

조일 무역으로 상인이 경제력을 갖게 되자 일본에서는 서민이 역사상 처음으로 문화의 소비자로 등장하게 되었다. 그리하여 귀족이나 권력자를 고객으로 삼았던 예술가가 직업인으로서 독립하여 불특정 다수를 손님으로 삼아 영업하는 것이 가능해졌다. 유젠조메는 회화와 같이 섬세하고 다채롭게 염색해 낼 수 있어서 서민도 비로소 아름다운 기모노를 몸에 두를 수 있게 되었다. 또 에도 시대에는 가문(家紋)**32** 이 일반화되어 무사뿐만 아니라 서민들도 눈에 띄는 흑색 가문을 새긴 옷을 즐겨 입었다.

교토의 염색업은 공정이 복잡하여 손이 많이 갔다. 그렇기 때문에 근대 이후에는 저임금과 장시간 노동에 내몰렸던 조선인의 취업장이 되기도 했다. 이 책의 후반부에 등장하는 고려미술관의 창설자이자 재일동포인 정조문 씨도 청소년 시절에는 니시진에서 품을 팔았다. 이렇게 이래저래 교토는 한국과 인연이 깊은 곳이다.

3국 무역의 최고 인기 상품, 조선 인삼

중국-조선-일본을 연결하는 무역로에서 가장 비싼 가격에 거래되는 특수상품은 조선 인삼이었다. 당시 조선의 주요 수출 상품은 금, 인삼,

....
32 가문이나 집안의 문장[상징적인 표지(標識)].

호피 등이었는데, 그중에서도 인삼은 중국과 일본에서 모두 죽은 사람을 살린다고 믿을 정도로 평판이 좋았다. 인삼은 공무역뿐만 아니라 사무역에서도 가장 인기 있는 상품이었다. 인삼은 오늘날의 한국산 반도체나 유조선보다도 더 부가가치가 높았다.

조선 상인은 인삼을 중국에 수출하고 그 대가로 생사와 비단을 받아 일본에 수출했다. 말하자면 중계무역을 한 셈이다. 결제는 일본의 은화로 했다. 의주 상인, 개성 산인, 동래 상인 등은 그 과정에서 많은 부를 축적했다. 한국 역사학계에서 조선 후기의 상업 자본의 축적이나 자본주의의 맹아를 운위하는 것은 이런 경제 상황을 염두에 둔 것이다.

에도 막부의 8대 장군 도쿠가와 요시무네[德川吉宗]는 조선 인삼이 대량 유입되는 대신 은화가 흘러나가는 것에 심각한 위기의식을 느꼈다. 이를 해결할 수 있는 묘안을 강구한 끝에 그는 조선 인삼의 모종을 입수하여 일본에서 대량으로 생산하면 쓰시마를 통해 빠져나가는 은화를 차단할 수 있을 것이라 생각했다. 현대판으로 말하면 수입대체 산업의 육성을 꿈꾼 것이다.

요시무네는 허준(許浚, 1539~1615)이 1597년부터 집필하여 1613년에 간행한 『동의보감(東醫寶鑑)』을 일생 동안 곁에 둘 만큼 소중하게 여겼다. 조선 의학서는 임진왜란 때 일본이 약탈한 많은 서적 중 하나인데, 도쿠가와 막부가 안정되자 그 가치가 더 높아지게 되었다. 실제로 쓰시마에서는 교토5산에서 파견된 이정암 윤번승이나 가신(家臣)이 중병에 걸리면 부산에 설치된 왜관을 통해 의사의 파견을 요청했다. 또

고가의 약용 인삼과 여러 약종이 공사 무역을 통해 수입되어 쓰시마 재정에 도움을 주었다. 이에 쓰시마는 『동의보감』 등의 의학서를 수입해 막부와 각 번의 수요에 응했다. 일본 전역에서 조선 의학서를 많이 찾게 되자 에도 막부는 아예 『동의보감』 등을 몇 차례 간행하여 보급했다.

인삼 국산화프로젝트는 바로 『동의보감』의 간행·보급에서 힌트를 얻었다. 물론 조선에서 보면 인삼은 외화 획득을 위한 중요 자원이었기 때문에 인삼 종묘를 외국으로 가져가는 것을 엄격히 금지했다. 그렇지만 장군의 엄명을 받은 쓰시마는 왜관을 거점으로 하여 조선의 약재와 식물을 몰래 조사하고 채취한 끝에 1728년까지 총 35뿌리의 생초·생근과 60알의 씨앗을 요시무네에게 헌상할 수 있었다. 산업스파이 활동이 성공을 거둔 셈이었다.

도쿠가와 요시무네

요시무네는 에도 성 등에서 인삼의 채종(採種)과 파종(播種)을 되풀이한 끝에 마침내 국내 생산에 성공했다. 그리고 20여 년 후에 일본 인삼의 대량생산 시대를 맞게 되었다. 막부의 허가를 받아 간다[神田]에는 조선 인삼을 판매하는 점포인 '조선인삼좌(朝鮮人蔘座)'가 개설되어 소비자를 끌어들였다.

동의보감

1610년에 허준이 완성한 의학서. 그는 내과, 외과, 유행병, 소아병, 부인병 등의 전문과별로 나누어 각 병마다 진단과 처방을 내렸다. 경우에 따라서는 자신의 임상 경험을 붙이기도 하였다. 각 병증의 항과 목이 주로 증상을 중심으로 열거되어 있다는 점이 가장 큰 특

동의보감의 일부(고전자료실 소장)

징이라 할 수 있다. 약재, 침술, 탕액, 약물, 약초의 약성·약미·약독의 유무 및 약효와 채취 시기 등에 관한 본초학적 지식을 간략하게 기록하였다. 환자들이 말하는 증상을 식별하기 위하여 많은 책을 참고하기 어려운 사람도 비교적 손쉽게 해당 병증에 대해 알 수 있어서 널리 읽혔다. 조선 의학사의 독보적인 존재이자, 동양에서 가장 우수한 의학서의 하나로 평가 받으며 오늘날에도 한의학도에게 널리 읽히는 명저다. 유네스코의 세계기록 문화유산에도 등재되었다.

중계무역의 쇠퇴와 갈림길에 놓인 조선

인삼의 일본 국산화는 엉뚱하게도 18세기 중기 이후 쓰시마의 경제를 다시 고난에 빠뜨렸다. 지금까지 조선 인삼을 독점적으로 수입·판매하여 떼돈을 벌었는데, 일본 인삼이 널리 보급되자 무역 거점으로서의 지위를 상실하게 됐기 때문이다. 그리고 이 무렵에는 생사의 일본내 생산이 늘어나서 중국산 견사의 수입 필요성도 크게 줄어들었다.

그리하여 요시무네를 고민에 빠뜨렸던 조선으로의 은 유출도 1740년 대가 되자 크게 줄어들게 되었다. 1753년 1월 두 척의 은선이 왜관에 입항했다는 기사를 끝으로 조선으로의 은 수송은 종말을 고하게 된 다. 쓰시마는 수출의 주체를 은에서 구리로 바꿔 나가면서 온갖 노력 을 시도했지만, 이미 이익의 원천을 잃어버린 조일 무역에서 과거의 번영을 되찾을 수는 없었다.

조일 무역이 쇠퇴하자 조선은 중국과의 무역에 힘을 쏟았다. 조선 은 17세기 말까지는 주로 산삼을 채취해 수출했다. 그런데 18세기에 들어 산삼이 고갈되는 조짐을 보이자, 영남 일부에서 인삼 재배를 시 작했다. 다행히 인삼의 재배는 성공하고, 18세기 말에는 전국으로 퍼 져나갔다.

인삼 재배는 토양과 밀접한 관계가 있는데, 개성 지방이 특히 적 합했다. '개성인삼'이라는 브랜드가 출현한 것은 그곳 농민의 기술이 탁월했던 점 때문이기도 하지만, 토양의 덕을 본 측면도 무시할 수 없 다. 조선은 이렇게 생산한 인삼을 쪄서 홍삼으로 만들어 중국에 수출 했다. 19세기 초에 베이징에서 거래되는 조선 인삼이 150원이면 일본 인삼은 3원이었다. 약효 면에서 비교가 되지 않을 정도로 조선 인삼이 뛰어났기 때문이다. 때마침 요동반도에서 생산되던 중국제 인삼이 절 종(絶種) 상태가 되자 조선산 인삼은 더욱 높은 가격에 팔렸다.

그러나 인삼은 어디까지나 아주 적은 분량의 농업생산품일 뿐이 었다. 자본주의 공장제 상품이 세계를 풍미하는 19세기 중엽에는 인 삼의 경쟁력이 저하될 수밖에 없었다. 조선은 결국 대량 소비에 적합한 수출 주력 상품을 개발하지 못한 채 '실크로드', '실버로드', '인삼로드'의 중계 이점마저 상실하게 되었다.

이런저런 사정을 고려하여 나는 19세기 이래 조선이 점차 쇠약의 길을 걷게 된 것은 세계정세의 변화와 국제무역의 흐름에 능동적으로 대응하지 못하고 변방으로 밀려났기 때문이라고 해석한다. 당시의 위정자들이 이런 상황을 간파하고 적절한 대책을 강구했더라면 조선은 외세의 압박을 극복하고 스스로 근대국가로 변신하는 데 성공했을 것이다. 이것이 어찌 나만의 부질없는 공상이라고 할 수 있을까.

외교 방식의 개편으로 궁지에 몰린 쓰시마 번

조선 후기, 곧 에도 시대의 한일 관계는 근대국가에서는 찾아볼 수 없는 두 개의 층을 가진 외교를 바탕으로 하여 전개되었다. 도쿠가와 장군은 '대군(大君)'이라고 하는 외교상의 호칭을 사용하여 조선 국왕과 대등한 서식으로 작성된 국서(國書)를 주고받았다. 양국의 대등한 지위는 표면에 드러나는 층이었다. 그런데 에도 막부는 조선 외교를 담당하는 부서를 막부 안에 따로 설치하지 않았다. 대신에 모든 실무를 쓰시마 번주에게 맡겼다. 이것이 조일 외교의 또 하나의 층이었다. 쓰시마 번주는 중세부터 조선 국왕에게 조공하는 처지였다. 막부는 그러한 위치에 있는 쓰시마 번주를 적극적으로 이용하여 조선 외교를 대행시켰다.

조일 관계가 이처럼 복잡한 구조로 되어 있던 것은 쌍방이 내심으로 중화주의 사상을 가지고 있었기 때문이다. 자국을 위에 놓고 상대국은 아래에 두려는 이런 자존 의식이 정면으로 충돌하는 것을 피하기 위해서는 쓰시마를 완충제로 이용하는 게 여러 모로 편리했다. 그도 그럴 것이 한쪽은 막번제(幕藩制, 중앙에는 막부를, 지방에는 번을 두는 제도) 사회이고 다른 한 쪽은 왕조(王朝) 사회라고 하는 이질적 국가 구조가 대등한 관계를 유지하는 데 어려움이 있었기 때문이다. 그래서 쓰시마 번주는 일본의 장군과 조선의 국왕 아래에 위치하면서 서로의 주의 주장을 완화시켜 가는 가운데 외교를 주선했다. 즉 외교의 현장에서 완충 장치이자 이질적인 두 나라를 연결시켜 주는 고리와 같은 존재였다.

그런데 완충 장치가 제대로 기능하기 위해서는 조일 양국으로부터 적절한 보상이 주어져야만 했다. 통신사 외교가 두절되고 무역마저 부진을 면치 못하자 두 개의 층위에서 전개되던 조일 관계는 파탄의 위기에 직면하게 되었고, 서양 세력의 침투가 그런 움직임을 더욱 부추겼다.

1863년 5월 쓰시마 번주는 서양 열강이 조선을 침략하기 전에 일본이 먼저 침략해야 한다는 건백서(建白書, 상부에 전하는 의견을 적은 서류)를 에도 막부에 제출했다. 막부도 이 건백서의 의견을 받아들여 조선의 국내 사정을 탐색할 계획을 세웠다. 그리하여 메이지 유신 직전에 이미 막부의 조선 외교는 변화될 조짐을 보이기 시작했다.

1869년 메이지 정부는 도쿠가와 막부를 대신하여 신정부를 수립했다고 통고하는 외교 문서를 쓰시마 번을 경유하여 조선에 보냈다. 그러나 이 문서에는 조선 국왕이 준 도장이 찍혀 있지 않았다. 외교 문서에 신뢰의 증표가 빠진 것이다. 그 뿐만 아니라 중국의 황제에게나 어울리는 황(皇)이라든가 칙(勅) 등의 문자를 일부러 사용하는 등 관행에서 크게 벗어나 있었다. 조선 정부는 양국의 우호 관계를 지속하기 위해서는 종래의 외교 체제를 유지해야 한다는 취지에서 이 외교 문서의 수령을 거부했다.

조일 관계가 갈등을 빚는 가운데 메이지 정부는 쓰시마 번의 조선 외교중개권을 몰수했다. 그리고 외무성 관리를 쓰시마와 왜관에 파견하여 직접 조선 외교를 관장하도록 했다. 그리하여 17세기 이래 지속되어 온 쓰시마 번을 매개로 한 조일 외교체제는 사라지고, 메이지 정부의 일원적 포함(砲艦) 외교체제에 흡수되어 버렸다. 조일 관계가 근세에서 근대로 재편된 것이다.

4-1부

근대 1: 메이지 유신과
재생을 위한 교토의 노력

혁명의 도시가 된 교토

교토, 혁명의 도가니에 빠지다

겉으로 보면 일본 근세의 교토는 천황의 도시였고, 에도는 장군의 도
시였다. 권력을 장악한 도쿠가와 장군이 똬리를 틀고 있던 에도는 정
치의 중심지였고, 권력의 허수아비인 천황이 거주하던 교토는 역사의
도시였다. 근대를 열었던 메이지 유신은 권력의 주체를 장군에서 천
황으로 바꾸는 왕정복고(王政復古)를 표방했다. 그렇기 때문에, 유신이
라는 정변의 질풍이 몰아친 짧은 기간 동안 정치의 중심은 에도에서
교토로 갑자기 옮겨졌다.

　메이지 유신은 지방분권적 봉건국가인 막번(막부) 체제를 무너뜨리
고 중앙집권적인 자본주의 사회와 근대 천황제국가를 수립하려는 정치
적·경제적·사회적·문화적 혁명운동이다. 따라서 메이지 유신이 전
개된 1850년대 중반부터 1870년대 중반까지 교토에서는 보수와 개
혁, 폭력과 탄압, 배반과 타협, 반란과 진압의 드라마가 숨 가쁘게 전

개되었다. 교토에서 가장 번화한 가와라마치나 다카세가와 주변을 걷다 보면, 여기저기에서 아무개 지사(志士)의 우거지(寓居地, 타향에서 임시로 사는 집) 또는 조난지(遭難地, 재난을 당한 곳)라는 표석을 자주 보게 된다. 서울의 북촌 일대에서도 삼일천하로 끝난 갑신정변의 유적을 많이 볼 수 있을진대, 하물며 동아시아의 판세를 바꿔 놓은 체제 변혁 운동이 20여 년이나 계속됐으니 기념할 만한 사적이 오죽 많겠는가. 그러므로 우리는 교토를 고색창연한 역사와 문화의 도시로만 보지 말고, 오늘날의 일본을 만들어 낸 혁명과 법고창신의 도시로 다시 봐야 한다.

메이지 유신은 한국인에게 각별한 의미가 있다. 이를 통해 일본은 근대화의 길로 나아간 반면, 조선은 그런 일본의 식민지로 전락했기 때문이다. 여기에 중국을 넣으면 메이지 유신의 무게는 더욱 묵직해진다. 일본은 메이지 유신을 철저하게 단행하여 근대국가로 탈바꿈했다. 반면에 중국은 근대화 운동인 양무운동(洋務運動)을 뜨뜻미지근하게 전개하여 근대국가로 변신하는 데 실패했다. 청일전쟁(1894~1895년)은 30여 년 동안 두 나라가 추진해 온 근대화 운동의 성과를 겨루는 결전장이었다. 일본은 이 전쟁에서 완전히 승리함으로써 동아시아의 패자로 우뚝 서게 되었다. 반면에 중국은 이 전쟁에서 패함으로써 열강에게 갉아 먹히는 반(半)식민지로 전락했다. 이런 점을 주목하면 메이지 유신은 한국·중국·일본이 각각 처지가 다른 세계로 나아가는 삼극분해(三極分解)의 기점이었다고 해도 과언이 아니다.

최근 일본의 근대사 연구에서는 메이지 유신이 세계 역사상 가장 효율적인 근대화 혁명이었다고 평가하는 사론(史論)이 늘어나고 있다.

프랑스혁명은 100만 명 이상을 희생하고도 반동으로 돌아간 것에 비하면, 메이지 유신은 관군끼리의 싸움까지 계산에 넣더라도 불과 3만 명 정도의 희생으로 성공적인 변혁을 이룩했다는 것이다.

이런 효율성과 철저성 때문일까, 메이지 유신은 국가를 개조하려는 한국 혁명가들에게 흉내 내고 싶은 모델이었다. 김옥균이 갑신정변(1884년)을 일으키고 박정희가 1965년에 5·16쿠테타를 감행한 것이 바로 그 예다. 그들은 부국강병과 근대화가 자신들의 절체절명의 과업이라고 인식했다. 그리고 메이지 유신이야말로 그것을 가장 신속하고 완벽하게 이루어 낸 쾌거로 받아들였다.

남북 분단이라는 악조건을 감안하면, 메이지 유신을 모방한 한국 근대화 혁명은 큰 성과를 거두었다. 그렇지만 경제 발전과 부국강병을 어느 정도 성취했음에도 불구하고 생활 격차와 이념 대립 등으로 국민이 온통 갈등의 소용돌이에 빠져 있는 오늘날의 한국으로서는 메이지 유신의 밝은 면과 어두운 면을 함께 보아야 할 것이다. 혁명의 도시 교토의 곳곳에는 그러한 사연을 말해 주는 유적이 많다. 이것이 바로 교토를 단순히 역사와 문화의 도시로서가 아니라 근대국가 수립을 향한 혁명과 법고창신의 도시라는 관점에서 새롭게 접근할 것을 권하는 이유이다.

그러면 먼저 메이지 유신을 거치면서 교토가 어떻게 근대도시로 변신해 갔는가를 살펴보기로 하자. 19세기에 들어서 서양 열강의 동아시아 침략이 한층 더 강화되었다. 1853년 미국의 동인도함대 사령관 페리가 류큐왕국[琉球王國, 오키나와 현에 있던 왕국의 이름]을 거쳐 일본의 도쿄만[東京灣]에 내항하여 수교와 통상을 요구했다. 에도 막부는 날벼락 같은 외국의 압박에 직면하여 어떻게 대응해야 좋을지 몰라 전전긍긍했다. 250여 년 동안 평화에 젖어 있던 막부는 돌발적인 사태를 민첩하고 단호하게 처리할 수 있는 순발력과 지도력이 상당히 약화되어 있는 상태였다. 에도 막부는 할 수 없이 미국의 요구에 굴복하여 미일화친조약(1854)과 미일통상항해조약(1858)을 체결하고 전국 각처의 요지 중에서 다섯 개의 항구를 열었다. 그 다섯 개의 항구는 하코다테, 가나가와, 나가사키, 니가타, 효고이다.

일본이 여러 나라와 수교하고 주요 항구를 개방하자 무역이 활발해졌다. 더불어 국내에서 생산된 생사(生絲)와 차(茶) 등의 수출이 급속히 증가했다. 이렇게 해서 벌어들인 외화는 나중에 일본이 국방을 강화하고 산업을 진흥하는 데 밑거름이 되었다. 그렇지만 당장은 그 부작용이 만만치 않았다. 상인이 물건을 마구 사들여 가격이 폭등하고, 또 물자가 모자라는 상황이 벌어져 하급 무사와 일반 서민의 생활이 곤궁해진 것이다. 이로 인한 정치적 · 경제적 혼란이 발생하자 무사와 백성 사이에서 막부를 타도하자는 운동이 전개됐다. 도쿠가와 가문이 권력을 확실히 장악하고 전국을 당당하게 통치하고 있을 때는 상상할 수도 없는 하극상이었다.

농촌에서는 '세상을 바로 잡겠다'고 주장하는 농민 봉기가 일어났고, 도시에서는 '세상을 때려 부수겠다'고 주장하는 서민 폭동이 일어났다. 전국 방방곡곡에서는 '이놈의 세상, 얼씨구 좋지 않은가'라고 외치며 춤추는 민중의 난무(亂舞)가 기세를 올렸다. 일본이 근대사회로 이행하는 과정에서 불안을 느낀 민중이 이렇게 무리를 지어 춤을 춤으로써 사회 변혁에 대한 열망을 발산했던 것이다.

에도 막부 말기, 교토에서는 갑자기 새로운 시대를 열어 가려는 변혁 운동이 용광로처럼 활활 타올랐다. 서양 세력을 몰아내려는 양이운동(攘夷運動), 막부를 타도하려는 토막운동(討幕運動), 외국과 수교통상하려는 개국운동(開國運動) 등이 불을 뿜었다. 각 운동은 교토의 구중궁궐 깊숙이 칩거하고 있던 천황을 끌어내어 자기편에 세우려고 암투를 벌였다. 이미 권력에 누수 현상이 발생한 막부에 연연하는 것보다는, 허수아비 같은 존재이기는 하지만 권위의 상징인 천황을 이용하는 게 민심을 수습하고 세력을 결집하는 데 유리하다고 판단했기 때문이다. 그러다 보니 천황이 거주하는 교토가 자연히 정쟁(政爭)의 중심 무대가 될 수밖에 없었다.

 ## 조슈 군과 사쓰마 군의 전투, 불타 버린 교토

천황이 거주했던 교토교엔[京都御苑] 주변은 현재 돌담으로 둘러싸여 있다. 사방에는 기와지붕을 얹은 몇 개의 문이 서 있는데, 이 문들은 천황이 살던 다이리의 것이 아니고 그곳을 둘러싼 구게마치(公家町, 공가정. 조정의 신하가 살던 거리)로 들어가는 문이다. 교토 사람들은 이 '문'에 존칭을 붙여서 '○○고몬[御門]'이라고 부른다. 그 문의 이름은 대부분 구게마치와 면한 거리의 이름을 따르고 있다.

그런데 서쪽의 거의 중앙에 위치한 문에는 하마구리고몬[蛤御門]이라는 애칭이 붙어 있다. 대합[蛤]을 구울 때 입이 벌어지는 것을 본 따

교토교엔에서 하마구리고몬을 통해 밖을 내다본 풍경

이런 이름을 붙였다고 한다. 에도 시대의 하마구리고몬은 지금보다 조금 동쪽으로 들어간 곳에 자리 잡고 있었는데, 지금처럼 서쪽을 향한 게 아니라 남쪽을 향하고 있었다. 하마구리고몬은 원래 '열리지 않는 문[禁門]'으로서 항상 잠겨 있었는데, 1788년 1월 30일 교토의 태반을 태워 버린 화재가 발생했을 때 비로소 한 번 열렸다.

1864년 7월 조슈 번[長州藩, 오늘날의 야마구치 현(山口縣)]의 군대가 대거 교토에 진입했다. 그들은 1863년 8월 교토에서 천황을 내세워 서양 세력 타도를 결행하려 했는데, 그 직전에 아이즈[會津, 오늘날 후쿠시마 서부의 분지]와 사쓰마[薩摩, 오늘날 가고시마현 서부]의 두 번(藩)이 쿠데타를 일으켜 교토에서 쫓겨났다. 그리고 1864년 6월 5일, 교토 번화가인 3조(三條) 기야초[木屋町]의 이케다야[池田屋]에서 조슈의 많은 번사(무사)가 신센구미[新選組]에게 죽임을 당했다.

신센구미는 에도 막부가 세리자와 가모[芹澤鴨], 곤도 이사무[近藤勇], 히지카다[土方] 등 무예가 뛰어난 무사를 모아서 편제한 직속 무사 집단으로, 존왕양이(尊王攘夷)1의 지사(주창자)들을 소탕하는 임무를 수행했다. 이들은 교토 슈고직[守護職]2에 속하여 막부를 무너뜨리려는 세력을 진압하는 데 힘을 쏟았다.

1864년 7월에 조슈 번의 군대가 교토에 진입한 것은 1년 전에 당한 위와 같은 굴욕을 털어내기 위해서였다. 그들은 천황이 최고위 자리에 있던 조정에 대해 번주와 공가(公家)의 사면을 요구했다. 막부가 지키고 있던 조정은 그들의 입경을 거절하고 철병을 요구했다. 그렇지만 조슈는 실력으로 교토에 밀고 들어오려 했으므로 정세가 갑자기 긴박해졌다. 7월 19일 조슈의 본대는 교토 남쪽의 후시미 쪽부터 진입하려고 노렸다.

한편, 조슈 번의 별동대인 7백 명의 기병은 높고 험한 산이 있는 교토 서쪽의 사가[嵯峨] 지역 덴류지에 진을 쳤다. 그리고 일거에 교토에 쳐들어와서, 다이리의 서쪽에 해당하는 지역에 도달했다. 여기에서 하마구리고몬을 경호하고 있던 사쓰마 군세와 조슈 군세가 격전을 되풀이하였다. 이 싸움이 바로 역사에서 말하는 '금문의 변(禁門의 變)'이다. 이때 양군이 쏴 대는 총탄의 유탄이 천황이 사는 고쇼[御所, 다이리] 안까지 날아들었다고 한다.

결국 조슈군은 '금문의 변'에서 패했다. 그들이 패주하는 와중에 공

----

1 1857년 일본이 미국의 압박으로 개항한 후 등장한 세력으로, 천황을 지지하고 서구 열강은 배척할 것을 주장했다.
2 가마쿠라 막부 아래의 직명으로, 모반자·살인자 등을 단속하는 일을 담당했는데, 점차 권력이 확대되어 영주가 되는 경우도 있었다.

가의 9조(九條) 저택에서 불이 났는데, 이 불은 때마침 불어온 바람을 타고 공가 거리뿐만 아니라 상인 거리까지 번졌다. 그리하여 이 화재는 교토의 태반을 불사르는 참화를 가져왔다. 이때 소실된 초[町] 수는 750초, 가옥 수는 3천 2백여 채였다. 졸지에 집을 잃은 사람들은 물을 찾아서 가모가와와 호리카와 둔치에 천막집을 짓고 살 수밖에 없었다.

교토 사람들은 '금문의 변'때 발생한 화재를 '철포화재(鐵砲火災)' 또는 '빵빵화재'라고 불렀다. 하마구리고몬의 전투에서 철포를 쏠 때나는 '빵빵' 소리가 사방을 뒤흔들고, 그때의 전화(戰火)로 화재가 발생했다는 뜻에서 붙인 이름이다. 교토 사람들은 '빵빵화재'라는 이름으로 그 피해의 참혹함을 지금까지 기억하고 있다.

조슈는 '금문의 변'에서 패함으로써 조정의 적이 되었다. 그 후 막부는 두 번에 걸쳐 조슈를 정벌하기 위해 나섰지만 모두 실패했다. 막부의 실패를 계기로 사쓰마와 조슈는 동맹을 맺는 길로 나아갔다. 이로써 막부를 쓰러뜨리는 역사의 대역전이 막을 올렸다.

⛩ 모반과 암살의 무대, 교토에 남은 유신의 사적들

메이지 유신은 에도 막부 말기부터 도쿠가와 권력을 타도하고 천황을 정점으로 하는 조정에게 정권을 되돌려 줄 때까지 계속된 20여 년에 걸친 정치 운동을 가리킨다. 교토에는 지금도 그것을 증언하는 사적이 많다. 그 중에서도 테라다야[寺田屋], 이케다야, 오미야[近江屋] 등의 숙사와 상점은 막부를 무너뜨리고 천황에게 충성을 바치려다가 참살당한 근왕지사(勤王志士)의 인연이 깃든 곳으로 유명하다.

막부 말기에서 메이지 유신에 이르는 시기는 기라성 같은 여러 유형의 인물이 등장하여 활약했다. 그 중에서도 일본인에게 특히 인기가 많은 인물 중 한 사람이 사카모토 료마[坂本龍馬]이다. 그는 도사 번 〔土佐藩, 지금의 시코쿠 남부, 고치 현[高知縣]〕의 하급무사 출신으로, 에도에 가서 무술을 배우고 국내외 정세의 변화를 깨달았다. 그리고 나가사키, 교토, 시모노세키, 에도를 전전하면서 해군과 상선회사의 모태인 해원대(海援隊)를 창설하는 등 서양의 선진 문물을 도입하는 데 앞장섰다. 뿐만 아니라 그는 번(藩)이 국가로서 인식되고 있던 당시로서는 특이하게, 번을 뛰어 넘어 일본이라는 통일국가를 구상하고 그것의 실현을 위해 매진했다. 그는 사쓰마와 조슈를 설득하여 앙숙 관계의 원한을 털어 내고 동맹을 맺게 함으로써 막부를 타도하고 천황에게 정권을 양도하는 메이지 유신의 길을 열었다. 일본이 260여 개의 소국으로 분립하고 있던 당시의 상황에서 볼 때 그는 지극히 국제적이고 개방적인 사상을 가진 인물이었다.

사카모토 료마의 파란만장한 일생에 대해서는 일본의 국민작가 시바 료타로[司馬遼太郎]가 쓴 『료마가 간다』를 읽어 보기 바란다. 이 소설은 료마를 일본 근대 민족주의의 표상으로 그리고 있기 때문에 꺼림칙하지만, 막부 말기부터 메이지 유신

사카모토 료마

(위)선숙 이케다야 왼쪽에 석비가 보인다.
(아래)사카모토 료마가 살해당한 상점 오미야 왼쪽에 석비가 보인다.

에 이르는 일본의 정치 운동을 무사들의 활극처럼 이해하는 데는 큰 도움이 된다.

나는 『료마가 간다』를 읽으면서 항상 갑신정변과 메이지 유신을 비교해 보곤 했다. 혁명이 성공하면 거기에 참가했던 필부(匹夫, 신분이 낮고 보잘것없는 사람)들까지 나중에 기라성 같은 인물로 성장한다. 그렇지만 혁명이 실패하면 그것을 주도한 기라성 같은 인물들조차 나중에 필부로 전락한다. 사실은 혁명에 가담한 사람들의 능력이 그것의 성패를 좌우했다고 보는 게 옳을 테지만, 갑신정변의 주역들은 역적으로 몰려 역사의 음지에 처박힌 반면, 메이지 유신의 주역들은 충신으로 뽑혀 역사의 양지에 등장했다. 근대국가를 건설하는 데 필요한 인력의 형성이라는 측면에서 보면 갑신정변은 그 주력을 제거해 버린 뺄셈의 쿠데타였고, 메이지 유신은 그 대군을 키워 낸 덧셈의 혁명이었다고 평가할 수 있다. 공연히 갑신정변과 메이지 유신을 비교하여 마음만 불편해졌다.

사카모토 료마는 1867년 교토로 향하는 배 속에서 자신의 영주인 도사 번주[土佐藩主] 야마우치 요도[山內容堂]에게 의견을 상신하는 문서를 하나 작성했다. 역사에서 흔히 '선중 8책(船中八策)'이라고 불리는 문건이다. 이 문건에는 료마가 기초한 8개조의 국가 구상이 담겨 있었다. 그 핵심은 막부가 정권을 조정에 반납하고, 의회를 개설하여 공의정치(公議政治)를 시행한다는 것 등이었다. '선중 8책'은 1867년 11월 9일 도쿠가와 제15대 장군 요시노부[慶喜, 1838~1913]가 정권을 조정에 반납한다고 선언한 대정봉환(大政奉還)의 기초가 되었다. 료마 개인의 건책(建

策)이 도사 번주뿐만 아니라 도쿠가와 장군을 움직여 역사상 드물게 권력자 스스로가 평화적으로 권력을 이양하게 만든 것이었다.

사카모토 료마는 사쓰마와 조슈가 동맹을 맺도록 주선하고, 막부가 권력을 왕실에 넘기는 '대정봉환'을 이끌어 냈다. 이러한 행적으로 보면 그는 '전쟁 영웅'이 아니라 '정치 거간(居間)'이었다고 할 수 있다. 그때 료마가 흥정한 것은 일본의 역사와 시대정신이었다. 당시 사쓰마와 조슈는 '금문의 변'에서 쌓인 원한도 있어서 만나면 서로 칼로 베어 버리는 원수 사이였다. 원한에 사무친 그들에게 료마는 "천황의 강성 국가를 만드는 것이 공통의 꿈이 아닌가."라고 달랬다. 반대로 막부에게는 "지금 체제로 당신들이 꿈꾸는 부국강병이 실현될 수 있겠는가."라고 물었다.

료마가 일본에 남긴 최대의 업적은 메이지 유신을 추진하는 세력이 표방한 존왕양이 사상에서 '양이(오랑캐를 물리침)'를 빼고 그 자리에 막부가 시도한 '근대화'를 집어넣은 데 있었다. 곧 두 적대 세력이 각각 지향하는 좋은 점만 골라서 '황금 결합'을 만들었다는 것이다. 메이지 유신을 적은 비용을 들여 많은 이익을 거둔 저비용 고수익의 혁명이라고 평가할 수 있다면, 그 공적의 많은 부분을 료마에게 돌려도 아깝지 않을 것이다.

그렇지만 사카모토 료마는 그의 혁신적이고 급진적인 발상과 행동으로 인해 막부를 지키려는 그룹과 막부를 무너뜨리려는 그룹의 양쪽으로부터 협공을 당하는 신세였다. 그는 '선중 8책'을 올린 지 불과 일주일 후인 1867년 11월 15일 교토에서 암살당했다. 교토의 번화가

인 가와라마치도리[河原町通] 구스야쿠시구다루[蛸藥師下ル]에서 된장
과 간장 등을 만들어 팔던 장유옥(醬油屋), 오미야가 그 장소였다. 그의
친구 나카오카 신타로[中岡愼太郎]도 함께 살해되었다. 이들을 급습하
여 칼로 베고 찔러 죽인 무리의 정체는 정확히 밝혀지지 않았지만, 당
시의 정황상 에도 막부가 운영한 미마와리구미[見廻組]였을 것이라 추
측된다. 미마와리구미는 막부가 말기에 교토를 수호하기 위해 조직한
경비대였다.

미마와리구미는 비슷한 시기에 조직한 신센구미와 함께 교토 슈
고직 마쓰타이라 가타모리[松平容保]에 부속하여, 막부를 반대하는 세
력을 진압하는 데 힘썼다. 대원은 주로 하타모토[旗本]의 자제로 구성
되었다. 하타모토란 에도 시대에 장군 직속의 가신 중에서 지행고(知
行高)3가 1만석 미만인 무사를 지칭한다. 그들은 장군을 직접 뵐 수 있
는 자격을 가지고 있었다.

현재 오미야의 옛터 서쪽에 들어선 여행 대리점의 입구 옆에는 '坂
本龍馬 中岡愼太郎 遭難之地(사카모토 료마 나카오카 신타로 조난지지)'라
고 새긴 석비가 세워져 있다. 사카모토 료마와 나카오카 신타로가 암
살당한 장소라는 뜻이다. 나는 그 자리에서 발걸음을 멈추고 료마가
마지막까지 검을 움켜쥐고 대항하려고 몸부림쳤던 처참한 장면을 상
상해 보았다.

그 밖에도 교토 시내에는 막부 말기부터 메이지 유신 시기에 조난

....

3 지행(知行)의 석고(石高). 지행은 상위자가 가신에게 준 영지를 뜻하고, 석고는 그 영지의
   생산고를 말한다. 보통 현미의 양으로 표시한다.

선숙 테라다야. 가운데 세워진 석비가 보인다.

을 당한 지사의 유적과 사적이 많다. 유적으로는 지금도 영업을 하고 있는 후시미의 선숙(船宿) 테라다야가 유명하다. 선숙은 항구나 포구에서 입항하는 선박의 승무원이 묵는 여관으로, 어로 도구와 식량 등을 판매하거나 자금과 자재를 빌려 주는 일을 했다. 테라다야는 사쓰마 번의 급진파 무사 아리마 신시치[有馬新七] 등이 1862년에 교토쇼시다이[京都所司代]를 암살하려고 모였다가, 사전에 이것을 탐지한 번주 시마즈 히사미쓰[島津久光, 1817~1887]의 명령으로 습격받고 살해당한 장소다.

일본사에서 쇼시다이는 무로마치 시대 이래 장관의 부하가 그 대리가 되어 사무를 본 것을 말한다. 교토쇼시다이는 교토에 근무하면서 조정과 관리에 관한 일을 처리하고 교토, 후시미, 나라 지역의 관리를 감독했다. 또 긴키[近畿] 지방의 소송을 관장하고 사원과 신사를 관할했다. 따라서 막부를 무너뜨리려는 무사들에게는 눈엣가시였다.

시마즈 히사미쓰는 막부 말기에서 메이지 유신 시기를 산 다이묘이자 정치가로서, 조정과 막부 사이를 오가며 협상을 주선했다. 유신 후에는 좌대신에 올랐으나 서구화 정책에 반대하여 가고시마로 은퇴했다. 그는 공작(公爵)의 작위를 받았다. 테라다야는 사카모토 료마와 연애 후 결혼하여 일본에서 처음으로 가고시마로 신혼여행을 간 오료라는 여인이 일한 선숙으로서도 유명하다.

후시미는 교토와 오사카를 오갈 때 반드시 들려야 하는 중계지였다. 특히 일본 서쪽 지역의 지사들이 교토에 올라올 때 지나지 않으면 안 되기 때문에 막부 말기에는 정치 무대의 하나가 되었다. 후시미항은 지금은 매립되어 없어진 상태다. 그리고 테라다야는 원래의 장소에서 조금 북쪽으로 이동한 곳에 자리 잡고 있다.

교토 시내에 있는 메이지 유신의 사적(史蹟)으로는 3조도리 기야초 니시하이루[西入ル] 북쪽에 세워져 있는 '유신사적 이케다야 소동지지 [維新史蹟 池田屋騷動之地]'가 관심을 끈다. 이곳은 신센구미의 이름을 세상에 떨치게 만든 이케다야 소동이 일어난 장소이다. 이 부근은 당시나 지금이나 마찬가지로 환락가이다.

조슈, 도사, 히고[肥後]의 지사는 1864년 6월 5일 이케다야에 모여 교토슈고직 마쓰타이라 가타모리의 암살을 모의했다. 이날 각 번의 존왕양이파(尊王攘夷派) 지사 약 20명이 참석했다. 교토 시내를 물 샐 틈 없이 감시하고 있던 신센구미는 그 낌새를 알아차리고 이들을 급습하여 다수의 사상자를 냈다. 이 참살은 조슈 번의 무사를 분격하게 만들어 나중에 '금문의 변'을 낳는 계기가 되었다.

존왕양이는 천황의 권위를 절대적인 것으로 여기고 서양과 수교하는 것을 반대하는 주의(主義) 주장이자 운동이었다. 이 운동의 주동자들은 막부가 천황의 칙어를 받지 않고 서양 열강과 조약을 맺었다고 비난하며 막부와 대립했다. 이들은 한때 교토의 고쇼에까지 세력을 뻗혀 정국의 주도권을 장악하지만, 1864년 7월 19일의 '금문의 변' 등을 거치면서 쇠퇴했다.

막부 말기에서 메이지 유신에 걸치는 시기에 지사들은 신센구미를 독사보다도 더 무서워하고 싫어했다. 언제 어디서 나타나 자신의 목을 벨지 몰랐기 때문이다. 교토에는 신센구미의 유적도 있다. 미부[壬生]의 두 저택, 마에가와[前川]와 야기[八木]는 신센구미의 전신인 로시구미[浪士組]가 진을 쳤던 곳이다. 로시구미는 번주를 이탈해 떠도는 무사로 구성된 집단을 말하는데, 이들은 존왕양이파와 토막파(討幕派, 막부를 토벌하는 집단)를 탄압하는 중심 세력이 되었다. 명분은 교토의 치안을 유지하고 낭인을 통제한다는 것이었다.

메이지 유신 단행과 국가 개조

메이지 유신이 아무리 무사들의 활극이었다고 해도, 그 중심에는 항상 장군과 천황이 자리 잡고 있었다. 메이지 유신은 무사와 장군 및 천황이 교토에서 합작으로 만들어 낸 드라마였다. 제15대 장군 도쿠가와 요시노부는 1867년 10월 교토 니조조의 대응접실에 전국의 다이묘를 모아 놓고 정권을 조정에 반상한다는 대정봉환을 선언했다. 이 선언을 받아 메이지 천황은 1867년 12월 교토 고쇼의 회의에서 에도 막부를 폐지하고 정권을 조정으로 옮기는 왕정복고를 단행했다. 이리하여 숨 가쁘게 전개된 막부와 천황의 세력 다툼은 후자가 승리하는 방향으로 가닥을 잡게 되었다. 천황이 정권에서 쫓겨나 뒷방 신세가 된 지 무려 8백 여 년 만에 찾아온 정변이었다.

　메이지 천황은 1867년 16세에 즉위하여 1912년 60세로 사망했다. 그는 일본이 근대 국민국가로 탈바꿈하여 대일본제국으로 융성하는 과정을 목도한 행운아였다. 그가 즉위한 것은 막부타도운동이 막바지에 이른 때였다. 그는 유신이 성공의 파도를 타자 1868년 3월 교토 고쇼의 자신전(紫宸殿)에서 공가, 다이묘, 백관 등을 거느리고 천지신명에게 서약하는 형식으로 유신 정권의 기본 방침인 5개조의 서약문을 발표했다. 그리고 메이지로 연호를 고치고, 천황 한 사람에 하나의 원호4를 부여하는 일세일원(一世一元)의 제도를 확립했다. 이 모든 행사는 토막파가 여러 정치 세력을 자기 아래 결집하고 열강 세력의 지지를 얻을 속셈으로 기획한 의식이었다. 또한 대외적으로는 여러 난관을 극복하고 메이지 유신이 마침내 성공했다는 것을 천명하는 행사였다.

　유신 정부의 관료는 메이지 천황의 권위를 최대한 존중했다. 각 번주는 토지와 인민을 조정에 환납했다(판적봉환(版籍奉還), 1869. 6). 그

4　천황이 즉위한 해에 그의 치세를 표시하기 위해 만들어 붙이는 칭호. 보통 연호라고 부른다.

리고 번을 폐지하여 지방 부현(府県)으로 통일했다(폐번치현(廃藩置県), 1871. 7). 일련의 작업을 통해 일본은 천황을 중심으로 하는 중앙집권적 통일국가로 모습을 바꾸었다. 유신 정부의 관료는 천황의 권위 아래 정권을 장악하고, 군인칙유(軍人勅諭, 1881), 대일본제국헌법(1889), 황실전범(皇室典範, 1889), 교육칙어(1890) 등을 잇달아 발포하여 근대 천황제국가의 법적 틀과 이데올로기적 근간을 마련했다. 그리고 10년 간격으로 청일전쟁(1894~1895)과 러일전쟁(1904~1905)에 승리하여 유신의 실적을 국내외에 과시하고 군국주의의 길로 매진했다.

그 후 일제는 불과 5년 만에 이른바 '한국병합조약'을 강제로 체결하여 대한제국을 폐멸시키고 식민지 지배를 강행했다(1910. 8). 일본의 '한국 병합'은 메이지 천황의 가장 큰 업적 중의 하나로 일컬어지고 있다. 그 장본인인 메이지 천황의 능묘는 지금도 교토의 후시미[伏見] 모모야마[桃山]에서 위용을 자랑하고 있다.

메이지 정부는 부국강병과 식산흥업(殖産興業)**5**을 슬로건으로 내걸고 근대국가 건설을 추진했다. 전국 각지에 건설된 관영 공장은 후에 민간인에게 팔아넘겨 미쓰이[三井] · 미쓰비시[三菱] 등이 재벌로 성장하는 데 기초가 되었다. 1871년에는 토지소유권을 확정하고(지조개정(地租改正))**6**, 신분 차별을 폐지했다(사민평등(四民平等)). 또 국민개병

....
5 생산을 늘리고 산업을 일으킴. 즉 근대적인 경제 개혁과 산업혁명을 의미한다.
6 신정부가 개혁을 진행하기 위해서는 많은 자금이 필요했다. 따라서 세수를 일정하게 유지하기 위해 국가나 지주가 자작농에게 지권(地券)을 분배하여 토지소유권을 명확하게 한 다음, 지권을 가진 자에게 토지에 상당하는 세금을 납입하게 했다.

(國民皆兵, 온 국민이 병역의 의무를 가짐)을 원칙으로 한 징병제를 실시하고, 학교 제도를 정비하는 등 서민 생활과 관련된 근대적 시책도 밀어붙였다. 나아가 홋카이도를 개척하고, 류큐왕국을 합병하여 오키나와현을 설치하는 등 영토를 확장했다.

급격한 변혁으로 인해 신분상의 특권을 빼앗긴 옛 무사 계급은 각지에서 반란을 일으켰다. 최대의 반란은 메이지 유신의 주역이었던 사이고 다카모리[西鄕隆盛]가 사쓰마에서 일으킨 반란이었다(세이난 전쟁[西南戰爭]). 이 반란이 정부군에 진압된 후 무력에 의한 반정부운동은 막을 내렸다. 대신에 언론을 활용하여 입헌정치를 요구하는 자유민권운동이 활발해졌다. 자유민권운동은 도시 지역에서는 신문·잡지를 발행하거나 연설회를 개최하고, 농촌 지역에서는 학습 결사나 정치 결사를 결성하는 등 폭넓은 운동을 전개하여 새로운 정치 문화를 만들어 내는 거대한 사회운동이 되었다. 신정부는 자유민권운동이 내건 헌법 제정·국회 개설 요구를 받아들여 1881년 국회 개설을 약속했다. 자유민권운동 세력은 정당을 결성하여, 국회 개설에 대비하는 동시에 각지의 결사에서는 여러 가지 민간의 헌법 초안을 기초하였다〔사의 헌법(私擬憲法)〕.

이토 히로부미[伊藤博文] 등은 프러시아 헌법을 모범으로 한 대일본제국헌법을 기초하고 1889년 천황의 이름으로 공포하였다. 이 헌법에서 천황은 주권자이고 외교권과 사법·행정 전반에 걸쳐 강력한 권한은 물론이고 군대의 지휘권도 지니게 되었다〔통수권(統帥權)〕. 1890년에 개설된 제국의회는 황족과 구 다이묘·귀족·유력 지주 등에서 임명된 귀족원과 인구비례 1.1퍼센트에도 미치지 못하는 극소수 유권자가 선출한 의원들로 채워진 중의원으로 구성되었다. 같은 해에는 근대 일본국가의 도덕적·정신적 지주가 된 교육칙어가 발표되었다. 교육칙어는 천황에 대한 경외의 마음을 기초로 하여 사람들이 지켜야 할 덕목을 열거했으며, 국가에 대해 충성하고 천황을 위해 전장에서 목숨을 바쳐야 한다는 내용이 들어 있다.

귀족원

귀족원(貴族院)은 근대 일본 제국의 의회로, 입법부의 한 주축이며 일본 제국 헌법에 따라 세워진 일본 제국의회 중 하나였다. 대일본제국헌법이 공포된 1890년 11월 29일부터 일본국 신헌법이 발효된 1947년 5월 2일까지 존재했다. 양원제에서는 상원 격이었으며, 구성원은 일본 제국의 귀족원 의원으로 이루어졌다. 이들은 중의원과 함께 입법부를 구성했고, 일본 제국의회에서 상원의 역할을 수행했다. 귀족, 황족, 왕공족 및 이들이 추천하는 명망가가 의원으로 선출됐다. 임기는 종신이며, 한국인 중에는 1932년 이후 십여 명, 타이완은 세 명의 귀족원 의원이 선출되었다.

귀족원의 회의 장면을 그린 그림. 토요하라 치카노부(Toyohara Chikanobu)의 1800년대 후반 작

정부는 의회 개최 후에도 조슈 번과 사쓰마 번 출신자를 중심으로 내각을 구성하고 부국강병 정책을 강력히 추진했다(번벌정치(藩閥政治)).[7] 이 때문에 자유민권운동의 흐름을 타고 민중의 부담을 경감시켜 주자고 주장하는 입헌자유당·입헌개진당과 정부 사이의 대립이 계속됐다. 그러나 청일전쟁이 발발하자 모든 정당은 정부에 대한 비판을 중지하고, 의회는 전쟁 관계의 예산안·법률안을 모두 승인하였다. 후쿠자와 유키치[福沢諭吉]는 청일전쟁을 '문명을 위한 전쟁'이라고 평가했는데, 이 전쟁에 승리함으로써 일본은 동아시아의 패자로 부상했다.

✿ 일본 애국의 성지, 료젠 묘역

막부 말기부터 메이지 유신에 걸친 시기의 정치 운동은 교토를 주요 무대로 삼아 전개되었기 때문에, 교토 시내에는 격동의 와중에서 비명횡사(非命橫死)한 지사를 알리고 기리는 사적이 널려 있다. 이것들에 대해 한꺼번에 알고 싶은 사람은 히가시야마[東山]의 료젠역사관[靈山歷史館]을 찾아가면 좋다. 료젠역사관은 막부 말기 메이지 유신에 초점을 맞춘 박물관이다. 박물관 건너편에 있는 료젠 묘역에는 유신에서 죽은 지사 약 3천1백 여 명이 합사(合祀)되어 있다. 마루야마 공원[圓山

7　하나 또는 소수의 번 출신자가 정부 요직을 독점하고 그에 따라 정치를 운영하는 것을 뜻한다. 조슈 번과 사쓰마 번이 중앙 권력을 독점했다.

公園]이나 도요쿠니 신사에서도 멀지 않은 곳이기 때문에 일본의 근현대사를 공부하기 위해서는 꼭 한번 가볼 것을 권한다.

메이지 정부에서 국정을 총괄하는 최고 기관인 다이세이칸[太政官]은 1868년 포고(布告)를 발하여, 1853년 이래 국사(國事)로 인해 죽은 제사(諸士) 및 재야 유지의 영혼을 히가시야마에 합사하도록 명령했다. 그들의 충혼을 기리기 위함이라는 명목이었다. 료젠 묘역은 이에 따라 만들어진 현충사(顯忠祠)로서, 도쿄의 야스쿠니 신사[靖國神社]와 비견되는 묘역이다.

야스쿠니 신사는 도쿄의 치요다구 구단기타[千代田區 九段北]에 있는 별격 관폐신사8였는데, 메이지 유신 및 그 후의 전쟁에서 국사로 인해 죽은 사람 250만여 명의 영혼을 합사했다. 1879년에 초혼사(招魂社)라는 이름을 야스쿠니 신사로 개칭했다.

료젠 묘역에는 사카모토 료마를 비롯하여 나카오카 신타로, 기토 다카요시[木戶孝允], 도쿠가와 나리아키[德川齊昭] 등의 영혼이 잠들어 있다. 마루야마 공원의 한복판에는 사카모토 료마와 나카오카 신타로가 함께 있는 동상도 세워져 있다. 이는 교토 사람들이 메이지 유신에 대해 얼마나 큰 자부심을 가지고 있는가를 보여 주는 사례일 것이다.

그런데 료젠 묘역을 둘러보며 상념에 젖어 있던 나는 최근에 세워진 아주 색다른 비석을 보고 너무 놀라 할 말을 잊어버렸다. 묘역의 입구 한가운데에 인도인 펄 박사의 공적을 기리는 비문과 그의 얼굴을

....
8   신사의 등급 중 하나로, 황실을 숭배하거나 천황 등을 제사 지내는 신사다. 궁내청에서
    제사에 관련된 비용과 폐물을 제공했다. 이 제도는 일본이 제2차 세계대전에서 패한 후
    맥아더 사령부에 의해 폐지되었다.

마루야마 공원에 세워진 사카모토 료마와 나카오카 신타로 동상

새긴 커다란 비석이 서 있었기 때문이다. 펄 박사는 누구인가? 일본이
아시아·태평양 전쟁을 일으킨 책임을 묻기 위해 열린 도쿄의 극동군
사재판에서 끝까지 일본의 무죄를 주장했던 판사가 아닌가. 그는 나
중에도 일본인에게 '승자가 패자에게 억지로 덮어씌운 전쟁범죄자라
는 누명에 굴하지 말고 긍지와 자부심을 가지고 훌륭한 나라를 만들
어 가라'고 격려했다. 일본의 애국자들은 그의 언동에 감격했다. 그리
하여 그를 기리는 비석을 교토의 료젠 묘역에 세운 것이다. 도쿄의 야
스쿠니 신사에도 그를 기리는 비석이 서 있다. 두 묘역이 공통의 목적
아래 굳게 연결되어 있음을 보여 주는 증거라고 할 수 있다.

　하나 덧붙이면, 아베 신조[安倍晋三] 총리가 제1차 집권기인 2007년
여름, 인도를 방문했을 때 그 바쁜 일정에도 불구하고 비행기로도 몇

시간 걸리는 지방까지 찾아가 펄 박사의 유족을 만난 적이 있다. 아베 총리는 펄 박사가 '일본은 무죄'라고 주장한 것에 대해 새삼스럽게 감사를 표하였다. 아베 총리는 국민의 애국주의를 한껏 자극하며 '아름다운 일본'을 만들겠다고 호기를 부렸다. 하지만 그는 엉터리 같은 정치 운영과 신병 악화로 불과 1년 만에 총리 자리에서 물러났다. 그후 아베는 절치부심 끝에 2012년 말 다시 정권을 장악하고 총리 자리에 복귀했다. 그리하여 한국과의 역사 대립은 한층 더 심해졌다.

아무튼 교토를 방문하는 한국인은 반드시 료젠역사관과 료젠 묘역에 들러 막부 말기부터 메이지 유신까지의 일본 역사를 공부해야 한다. 그리고 그 결과로 만들어진 오늘의 일본을 다시 돌아봐야 한다. 혁명의 도시 교토를 제대로 관람하기 위해서는 이렇게 발품을 팔고 머리도 굴려야 한다.

근대 한일 관계의 전개 과정

1875년 일본의 군함 운요호[雲揚號]가 조선의 강화도와 김포반도 사이를 침범했다. 지난 10여 년 동안 자국 해역에 외국 세력이 자주 출몰하는 것에 신경을 곤두세우고 있던 조선은 요소요소에 방어 진지를 구축하고 있었다. 조선군이 운요호에 포격을 가하자 일본군은 미리 준비한 작전대로 압도적인 무력으로 강화도와 영종도 일대를 점령했다. 그리고 조선에게 새로운 국교 관계의 수립을 압박했다. 때마침 정치의 실권을 장악한 조선의 고종도 대원군의 배외 정책에서 벗어나 외국과 국교 수립을 모색하고 있었다. 이런 상황 속에서 조일수호조규(朝日修好條規, 강화도 조약)가 맺어졌다(1876년). 근대 한일 관계가 시작된 것이다.

조일수호조규 체결 이후 전개된 70년의 근대 한일 관계는 파란만장한 것이었다. 일본의 국력은 세상 넓은 줄 모르고 뻗어가 세계 5대 제국의 하나가 되었고, 한국은 그런 일본에 치어 근대국가의 수립에 실패하고 식민지로 전락했다. 근대 한일 관계의 특징을 몇 단계로 나누어 개관하며 다음과 같다.

제1기(1875~1895년) • 한국과 일본이 근대국가로 전환하기 위해 서양 문명을 도입하고 내정 개혁을 단행한 시기였다. 일본은 메이지 유신의 성공에서 보듯이 천황 중심의 정치 체제를 확립하고 식산흥업과 부국강병의 길로 매진했다. 반면에 한국은 갑신정변의 실패에서 보듯이 개화파와 보수파가 싸우는 가운데 정치 개혁은 서구 근대 문명의 도입도 지지부진했다. 청과 일본의 압박 아래 국력의 신장은 답보 상태를 면치 못했다.

제2기(1895~1905년) • 일본이 청일전쟁에서 승리함으로써 동아시아의 강자로 부상하고, 한국에서 2천여 년 동안 큰 영향을 미쳐 온 중국 세력은 물러갔다. 한국도 고양된 민족주의를 바탕으로 대한제국을 수립하고 정치 개혁과 산업 진흥을 꾀했다. 독립협회 등의 민중운동도 활발해졌다. 일본과 러시아가 한국에서 주도권을 다퉜지만, 한반도를 대륙 진출의 발판으로 삼으려는 일본 세력의 침투가 압도적으로 우세했다.

제3기(1905~1910년) • 러일전쟁에서 일본이 승리한 후 을사조약의 체결을 강박하여 한국에 통감부를 설치했다. 대한제국은 일본에 외교권을 빼앗기고 내정까지도 통감의 지휘를 받는 이른바 보호국 상태가 되었다. 반식민지 처지에 놓인 한국인들은 나라의 자주권과 자신의 생존권을 수호하기 위해 의병투쟁과 애국계몽운동 등을 벌였지만 일본은 군대와 경찰을 동원하여 잔혹하게 탄압했다.

제4기(1910~1945년) • 일본이 한국을 식민지로 지배하고 한국에서 인력과 물자를 수탈했다. 식민지 지배 정책은 국내외 정세에 따라 바뀌었지만 기본은 한국을 완전히 일본에 편입시키고 한국인을 순전한 일본인으로 만드는 것이었다. 일본은 1937년 중국과 전면 전쟁에 들어간 이후 한국에서 황국신민화정책과 인력물자동원정책을 철저하게 강행했다. 이에 따라 한국 사회 전반에 일본식의 변화가 심하게 일어났다. 그렇지만 처음부터 한국인의 반발과 저항도 만만치 않아 국내외 도처에서 독립과 해방을 지향하는 민족운동이 불을 뿜었다. 그 과정에서 한국인은 세계 어느 민족보다도 강렬한 반일민족주의를 체득하게 되었다.

근대 한일 관계는 세계사의 문명 전환이라는 시각에서 보면 일본이 소화해 낸 서구의 근대 문명이 한국에 도입되는 측면도 있었다. 그렇지만 그것은 일본이 제국주의적 침략과 지배를 관철해 가는 과정에서 일어난 부수적인 현상일 뿐이었다. 최근 학계 일각에서 일어나고 있는 이른바 식민지 근대 논쟁은 제국주의가 초래한 문명화 현상을 과도하게 부각시킨 것이라고 할 수 있다.

위기를 기회로 바꾼 교토의 저력

수도 이전이 가져온 교토의 위기

고사성어 중에 토사구팽(兎死狗烹)이라는 말이 있다. 날쌘 토끼가 죽은 뒤 사냥개는 소용없게 되어 삶아 먹힌다는 뜻으로, 쓸모 있는 동안에는 부림을 당하다가 소용이 다하면 버림을 받는다는 말이다. 이것은 원래 사람에게만 적용되는 말이지만, 억지로 도시에 갖다 붙인다면 교토가 그 처지였다. 천 년 이상 천황이 거주하여 수도로서의 전통과 권위를 유지해 온 교토였지만, 정작 천황이 권력을 다시 장악하자 도쿄가 수도로서 이름을 올리게 된 것이다. 천황이 교토를 버리고 도쿄로 거처를 옮겼기 때문이다. 그리하여 메이지 유신의 무대였던 교토는 혁명이 성공하자 그 영광을 도쿄에 양보하지 않을 수 없게 되었다. 메이지 정부가 천도를 단행한 것이다. 천황은 당당한 의사 표명이나 화려한 행사도 없이 도망가듯이 은근슬쩍 이사해 버렸다. 이에 따라 천황의 일족 궁가(宮家)와 귀족 관료 공가(公家)가 즐비했던 고쇼 주

교토교엔

변은 시민의 공원인 교토교엔[京都御苑]으로 재편되고, 후시미궁과 카츠라궁 등의 이궁(離宮, 태자궁 또는 세자궁)도 도쿄로 옮겨 갔다. 졸지에 교토는 긍지와 활기를 잃어버릴 운명에 처했다.

　에도 막부가 무너진 직후부터 정치가들 사이에서 수도를 다른 곳으로 옮기자는 이야기가 터져 나왔다. 젊은 천황을 공가와 사사(寺社) 세력의 오랜 폐단으로부터 분리시키고 인심을 새롭게 하기 위해서는 교토에서 떠나야 한다는 논리였다. 오쿠보 도시미치[大久保利通, 1830~1878]가 1868년 정월에 오사카로 천도할 것을 건의했으나 받아들여지지 않았다. 에토 신페이[江藤新平, 1834~1874] 등은 유신 군대가 에도에 입성한 1868년 윤4월에 천황이 에도에 들어와 정무를 보는 것이 좋겠다고 건의했다. 에토는 사가번사(佐賀藩士)로서 막부 말기에 지사로 활약하고, 유신 정부의 사법경(司法卿)이 되어 개정율례(改定律例)를 제정했다. 나중에는 정한론이 받아들여지지 않자 하야했다. 그는 민선의원 설립을 제안하고 사가의 난을 일으켰으나 실패하여 처형당했다. 아무튼 에토 등의 건의에 따라 그해 7월에는 에도를 도쿄로 개칭하고, 일본 동방 경영의 거점으로 삼았다. 이로써 서쪽의 서울인 교토와 동쪽의 서울인 도쿄가 생겨났다.

유신 정부는 천황이 친히 도쿄에 와서 정치를 펼친다는 방침을 마련했다. 1868년 9월 20일 천황은 3천2백 명의 신하를 거느리고 교토를 출발하여 10월 13일에 도쿄에 들어왔다. 에도 성이 그가 거처하는 황거(皇居)가 되었다. 이번에 천황은 2개월 정도 머문 후에 교토로 돌아갔다. 그렇지만 1869년 3월 7일 다시 도쿄로 행차하고, 태정관도 도쿄로 옮긴다는 조칙을 발표했다.

교토의 공가와 시민 대다수는 천황이 그대로 도쿄에 눌러앉을까 봐 겁이 났다. 천황이 없는 교토가 폐허로 변하는 게 아닌가 불안했기 때문이다. 유신 정부는 천도의 여부를 일부러 명확히 밝히지 않고 단순히 행행(行幸: 왕의 대궐 밖 행차)이라고 이름을 붙였지만, 이것은 실질적인 천도나 다름없었다. 같은 해 가을, 황후도 도쿄로 옮겨 갔다. 이것을 알게 된 교토시민 수천 명은 9월 14일 고쇼 앞에서 깃발을 세우고 황후 계행(啓行)9 반대의 직소10를 올리려 했다. 하지만 이 소동은 경비병에 의해 진압되었다. 교토부는 시내의 유력자를 통해 천도하지 않는다, 내년에 다시 교토로 환행(還幸)한다고 설득하느라 진땀을 뺐다.

....

9 왕후나 왕자가 대궐 밖으로 행차하는 것.
10 규정된 절차를 밟지 않고 상급 관청에 직접 호소함.

교토고쇼 자신전 앞에서 궁중 음악인 아악을 연주하고 있는 모습

　　그러나 다음해인 1870년, 천황의 환행은 이루어지지 않았다. 유
신 정부는 교토시민의 동요를 막기 위해 환행을 연기한다고 발표했지
만, 속임수였다. 그 대신에 교토시민에게 세금을 면제하고, 교토부에
는 산업기금으로 5만 량을 주었다. 이리하여 천도에 관한 공식적인 발
표도 없이 실질적인 천도가 이루어졌다. 도쿄의 시대가 열린 것이다.
교토의 다이리 주변에는 미야케, 공가, 사원 등이 밀집해 있었다. 이것
들도 도쿄가 황거가 됨에 따라 차차 도쿄의 황거 주변으로 이사했다.
　　현재 궁내청(宮內廳)이 관할하는 좁은 의미의 교토고쇼[京都御所]
가 과거의 황거, 즉 다이리다. 황거의 외곽은 돌담으로 둘러싸여 있는
데, 현재는 미야케와 공가 등의 건물 흔적은 간데없고 잔디와 자갈이
깔려 있다. 이 지역은 교토교엔이라 불리는데, 환경청이 관리하고 있다.
현재처럼 돌담이 쳐지고 공원으로 지정된 것은 1877년 이후의 일이다.

교토 부활의 바탕이 된 소수사업

교토는 산으로 둘러싸인 분지다. 교토의 지리적 환경은 이곳에 사람이 살기 시작한 이래 쭉 변하지 않았다. 교토가 경제적으로 발전하고 유통이 중요해짐에 따라 교토 사람들은 바다를 끼고 있지 않은 교토가 운수·유통 면에서 뒤떨어지지 않을까 걱정했다. 이 때문에 교토 사람들은 일찍부터 운하를 파야 한다고 생각했다. 벌써 에도 시대 중엽에 교토의 여러 사람이 히에이 산 너머 비와 호의 물을 끌어들여 운하로 연결하자는 계획을 세웠다. 이것을 실행하기 위해서는 산에 터널을 뚫어야만 했다. 그 후에는 비와 호와 교토 사이의 운하 개착뿐만 아니라, 호즈가와(保津川)를 이용하여 교토와 동해를 연결하는 운하를 건설해야 한다는 장대한 계획도 등장했다. 한국의 이명박 대통령이 후보 시절 주장한 한반도 대운하 건설과 같은 계획이 일본에서는 2백 여 년 전에 계획되었던 것이다.

대운하 계획은 자동차 교통이 발달한 오늘날의 관점에서 보면 쉽게 납득할 수 없는 일이지만, 배로 나르는 것이 가장 빠르고 안전하게 대량으로 수송할 수 있는 교통수단이었던 당시로서는 결코 황당무계한 공상이 아니었다. 그렇지만 에도 시대의 계획은 토목 기술과 자금 조달이 어려워 실현할 수 없었다. 그런데 메이지 시대에 들어서자 교토와 비와 호를 연결하는 운하 계획이 실현 가능성이 있는 현실적 과제로 도마에 오르게 되었다.

1869년 3월 메이지 천황이 도쿄에 행행한 이후 교토는 정치 중심지로서의 지위를 잃었다. 정치적 보호와 수요를 잃어버린 경제계도 큰 타격을 입었다. 유신 정부와 교토부는 회사와 기업의 설립을 지원하고 사회간접자본을 투입하여 교토를 경제도시로 전환하려 했다. 그러나 교토의 민간 자본은 미약했고, 재정 사정도 열악해서 도시의 재생은 좀처럼 이루어지지 않았다.

이러한 상황에서 1881년 제2대 교토부지사가 된 기타가키 구니미치[北垣國道]는 교토 재생의 노른자위로 가모가와 동쪽 기슭을 개발하겠다고 선언하고, 그 중심사업으로 비와 호 소수 공사를 내세웠다. 비와 호 소수사업(疏水事業)은 근대에 들어서 피폐에 허덕이던 교토로서는 재생의 길이 열릴지도 모르는 큰 도박이었다.

소수는 관개, 급수, 주운 또는 발전(發電)을 위해 새로 산야를 개척하여 수로를 만들고 물을 통하게 하는 대형 프로젝트를 말한다. 대부분의 경우에는 호수와 하천으로부터 수로를 파서 물을 대는데, 지형에 따라서는 터널을 뚫기도 한다. 히에이 산을 통과하는 교토의 비와 호 소수가 대표적인 예다.

기타가키는 지사에 취임한 당초부터 비와 호 소수를 실현하기 위해 중앙 정계와 교섭하는 한편, 반대를 많이 하는 교토시민에게 소수의 중요성을 열심히 역설했다. 그리고 1885년 드디어 정부로부터 기공 허가를 받아 냈다. 기타가키는 공사를 맞이하여 도쿄에서 신진 토목건축 기술자 다나베 사쿠로[田邊朔郎]를 초빙했다. 다나베는 도쿄 태생으로 당시 24세였다. 1883년, 공부대학교[工部大學校, 현재의 도쿄대학 공학부]를 막 졸업했다. 기타가키가 불안을 무릅쓰고 다나베를 초빙한 이유는 그가 졸업 논문으로 '비와 호 소수 공사 계획'을 다뤘기 때문이다. 다나베의 계획은 기술자로서 실제 공사의 기술적 문제를 소상하게 분석했다. 그리고 교토와 비와 호를 운하로 연결하는 데만 집착한 것이 아니라, 물의 다양한 이용 형태(생활용수, 관개용수, 위생대책용수 등), 특히 소수를 이용한 수력발전을 통해 안정적이고 저렴한 비용의 전기 에너지를 개발한다는 데 중점을 두었다.

1885년 3월 다나베 사쿠로는 주임 기술자가 되어 비와 호 소수 공사를 시작했다. 총 공사비는 125만 엔으로, 도쿄로 행행한 천황이 내준 산업기립금(産業基立金), 공채, 교토시민의 세금 등으로 충당했다. 비와 호 소수 공사는 당시 교토 시 연간 예산의 수십 배에 해당하는 방대한 자금을 투입해야만 하는 거대 프로젝트였다. 대학을 갓 졸업한 젊은 기술자에게 이런 대형 공사를 맡기는 것은 오늘날에는 상상할 수도 없는 일이었다. 또 공사비의 20퍼센트에 해당하는 자금을 시민이 부담한 것도 놀랄 만했다.

1890년 4월, 5년간의 공사 끝에 비와 호 소수는 준공되었다. 그리하여 에도 시대부터 몇 차례나 계획되었던 교토-비와 호 사이의 운하가 개설됐다. 가모가와[鴨川]를 통해 케아게[蹴上]까지 거슬러 올라간 배는 일단 인클라인(incline)11의 레일 위 대차(臺車)에 실린다. 그리고 급경사에 깔린 인클라인을 이용하여 대차에 실린 배를 히에이 산에 뚫린 소수로 끌어 올린다. 이로써 해발 8백 미터가 넘는 히에이 산

----

11 경사가 진 곳에 레일을 깔고 동력으로 짐이나 배를 올리거나 내리는 장치. 경사철도(傾斜鐵道)라고도 한다.

을 사이에 두고 배를 통해 교토와 비와 호가 연결되었다. 비와 호의 입구는 시가 현[滋賀縣, 비와 호를 안고 있는 현] 남서부의 시, 오쓰[大津]였다.

그 후 가모가와 운하가 더 개착되어 1895년에는 오쓰에서 케아게를 거쳐 후시미에 이르는 수운이 완성되었다. 이로써 배를 통해 오사카-교토-비와 호 사이에 물자와 사람의 수송이 가능해졌다. 비와 호에는 동해와 면한 호쿠리쿠 지방[北陸地方]12의 물자와 사람이 유입됐기 때문에, 소수의 완성은 단순히 교토와 시가 현이 수운으로 연결되는 데 그치지 않고, 바다에 면하지 않은 교토 시가 우리나라 동해와 연결되었다는 점에 더 큰 의미가 있었다.

소수의 완성이 교토에 가져온 것은 물자 수송의 편리함뿐만이 아니었다. 메이지 초기에 지어진 관영공장은 소수가 안정적으로 공급하는 공업용수를 이용해 생산력을 높여 갔다. 그리고 교토에서는 소수를 통해 흐르는 물을 이용하여 전국 최초로 수력발전 사업이 시작되었다. 당시 발전 사업은 이미 주목을 끌고 있었는데, 그것은 모두 석탄을 원료로 하는 화력발전이었다. 화력발전은 매연과 운반이 문제였다. 소수를 이용한 수력발전은 이런 걱정과 관계없기 때문에 더욱 매력적이었다.

비와 호 소수 사업이 완성된 당시 교토전등회사[京都電灯會社], 교토도기회사[京都陶器會社], 간사이무역회사[關西貿易會社] 등이 교토에 본사를 두고 잇달아 탄생했다. 유신 후 한때 사양길을 걸었던 니시진직물업계[西陣織物業界]도 되살아나기 시작했다. 프랑스와 오스트리아에

....
12 일본 최대의 섬 혼슈[本州] 중앙 지역에 있는, 우리나라 동해에 접한 세 현인 후쿠이 현, 이시카와 현, 니이가타 현을 일컫는다.

인클라인으로 배를 옮기는 모습

비와 호 소수

서 도입한 선진 직기(織機, 직물 짜는 기계)를 개량하여 만든 일본산 직기가 본격적으로 가동했기 때문이다.

서양 기술을 도입하여 새로운 산업이 발달하고 전통 산업이 부흥하자 전력 수요는 더욱 늘어났다. 소수가 완성되고 확장됨으로써 전력의 공급도 확대되었다. 교토의 수력발전은 도시 재생의 기폭제가 되었다. 그것의 상징적인 예가 1895년에 개통한 교토전기철도[京都電氣鐵道]였다. 이로써 교토는 일본의 도시에서 아시아 최초로 노면전차가 운수영업을 개시하는 영광을 안게 되었다. 이처럼 비와 호 소수사업은 교토시민의 일상생활까지도 근대적으로 변화시키는 촉매 역할을 했다고 할 수 있다.

교토의 저력을 과시한 정도(定都) 1,100년 기념사업

교토 사람들은 온고이지신(溫故而知新, 옛 것을 익혀서 새것을 앎), 법고창신의 지혜가 탁월하다. 메이지 유신의 후폭풍으로 도시가 쇠락하게 되자 재빨리 거대한 소수프로젝트를 벌여 부흥의 동기를 만들었다. 소수사업으로 하드웨어를 갖춘 교토는 그것에 활력을 불어넣는 소프트웨어를 착착 개발했다. 교토 사람 특유의 진취적인 기획력을 발휘하여 각종 이벤트를 개최한 것이다. 이런 교토 사람들이 교토가 수도로 정해진 지 1,100년이 되는 1895년을 그대로 지나칠 리 없었다. 먼저 교토 사람들이 도시를 살리기 위해 어떤 방식으로 천도 1,100년을 기념하는 이벤트를 추진했는가 살펴보자.

1895년은 간무 천황이 헤이안에 천도하고 정월에 태극전(太極殿)에서 첫 조하(朝賀)13를 받은 지 1,100년에 해당하는 해였다. 교토는 기다렸다는 듯이 이것을 기념하는 행사를 기획했다. 즉 간무 천황을 주신(主神)으로 모시는 헤이안신궁[平安神宮]을 창설하고, 제4회 내국권업박람회를 개최하며, 일본 역사의 흐름을 재연하는 지다이마쓰리[時代祭リ]를 벌이는 사업이다. 이 모든 이벤트는 메이지 유신 후에 천황이 도쿄로 옮겨 가자 제도(帝都, 천황이 거하는 도성)로서의 지위를 잃은 교토의 침체된 분위기를 일신하기 위해 기획되었다.

헤이안신궁은 교토 시 좌경구(左京區, 사쿄구) 오카자키[岡崎]에 자리 잡았다. 태극전과 응천문(應天門)을 모방하여 만들고, 헤이안쿄의 다이다이리의 규모를 재현했다. 원래 이곳은 가모가와의 동쪽에 위치한 채소밭이었는데, 이미 개통한 비와 호 소수가 이 지역 옆을 통과하기 때문에 개발하기에는 안성맞춤이었다. 교토가 이곳을 매수하여 헤이안신궁을 건설하기 시작한 것이 1893년, 그리고 그 공사를 완성한 것이 1895년 2월이었다. 내국권업박람회가 개최되기 직전이었다.

오늘날 헤이안신궁의 상징이 된 참배로의 거대한 도리이는 1928년에 쇼와천황[昭和天皇]의 즉위를 기념하여 만들었다. 그리고 1940년에는 교토의 고쇼에서 생을 마친 마지막 천황인 고메이 천황[孝明天皇]을 이곳에 합사했다. 헤이안신궁의 창건은 천황이 있는 수도로서의 교토의 역사를 일단 정리하고 기억하기 위해 기획한 사업이었던 셈이다.

....
13 조정(朝廷)에 나아가 천황에게 올리는 축하 예식.

헤이안신궁(위)과 헤이안신궁의 도리이

헤이안신궁의 창건과 함께 내국권업박람회 행사장을 비롯하여 몇 개의 전시 시설도 건립됐다. 헤이안신궁의 뒤뜰에 펼쳐진 광대한 신원(神苑)은 내국권업박람회 때는 동방미술관의 부지로 사용되었다. 이 정원은 공원이나 정원을 설계·시공·관리하는 조원가(造園家)로서 이름이 높은 오가와 지베에[小川治兵衛]가 꾸몄다.

일본의 내국권업박람회는 1877년부터 개최됐는데, 3회까지는 도쿄가 그 무대였다. 교토는 이 박람회가 경제와 산업을 활성화시킨다는 것에 착안하여, 치열하게 경쟁한 오사카를 제치고 제4회 박람회를 유치하는 데 성공했다. 교토의 내국권업박람회는 1895년 4월 1일부터 7월 31일까지 개최했다.

교토가 내국권업박람회를 주최할 수 있었던 것은 그럴만한 능력을 축적해 왔기 때문이었다. 교토의 대(大)상인을 비롯한 시민들은 일찍부터 제도로서의 지위를 잃고 침체에 빠진 분위기에서 벗어나기 위해 새로운 기술을 개발하고 전통 문화를 재발견하는 데 열심이었다. 그리고 이것을 기반으로 하여 산업을 번성시키는 작업의 일환으로 교토박람회를 개최했다. 제1회는 1871년에 니시혼간지[西本願寺]에서 열었는데, 3일 만에 관람객이 1만 명을 돌파하며 성황을 이루었다. 1873년에는 야크와 낙타 등을 보여 주는 금수회(禽獸會)도 병행했다. 교토가 제4회 내국권업박람회를 주최할 수 있었던 것은 이런 능력과 실적이 쌓인 덕분이었다.

교토의 제4회 내국권업박람회장에는 농림관, 기계관, 수산관, 미술관, 동물관이 늘어섰다. 이 박람회의 개최에 맞춰 교토에서는 시가전차가 개업했다. 1895년 1월에 교토전기철도주식회사가 7조(七條)의

교토시미술관

정거장(현재의 교토역)에서 후시미까지 전차를 개통한 것이다. 그리고
같은 해 4월에는 고조고하시[五條小橋]-기야초니조[木屋町二條]-오자키
박람회장-난젠지의 노선이 개통되어 관광객을 박람회장으로 실어 날
랐다. 전기는 비와 호 소수의 물을 이용한 수력발전으로 이미 2년 전
부터 공급되고 있었다.

내국권업박람회의 개최와 더불어 헤이안신궁 부근에 교토시미술
관도 개관했다. 이것은 일본에서 두 번째로 지어진 공립미술관으로,
간사이[關西] 지역뿐 아니라 일본 전체의 문화를 계발하는 데 지도적
역할을 했다.

교토 천도 1,100년을 기념하여 개발된 행사 중 빠뜨릴 수 없는 것

이 있다. 1895년 10월 22일에 처음 상연된 지다이마쓰리가 그것이다. 이날은 간무 천황이 헤이안쿄로 수도를 옮긴 날이라고 한다. 1895년 이래 매년 10월 22일 거행되는 지다이마쓰리는 오늘날 교토의 3대 마쓰리(기온마쓰리, 지다이마쓰리, 가모 신사마쓰리)의 하나가 되었다.

지다이마쓰리에서는 역사상의 인물로 분장하고 차려입은 행렬이 장관이다. 행렬은 시대가 가까운 것부터 먼 것으로 거슬러 올라가는 형식으로 나아가는데, 마쓰리 행렬의 선두를 차지한 것은 메이지 유신 때 천황의 편에 서서 막부 군세와 싸웠던 농민의용병 '산국대(山國隊, 유신근왕대)'이다. 교토 사람들이 이들을 유신의 영웅으로 대접한 것은 자신들이 근왕대의 일원이었다는 긍지를 과시한 것이다. 산국대는 천황측 군의 깃발인 니시키노 미하타[錦の御旗]를 선두로 걸고 짧은 통소매 두루마기 차림에 허리에 검을 차고 머리에 흰 띠를 두른 이상한 복장을 한 민병대이다. 그들이 맨 앞에서 큰북, 작은북, 피리 등으로 군악을 연주하면서 대열을 지어 나아간다.

니시키노 미하타는 천황(조정)의 군대(관군)가 내거는 깃발로, 비단에 금색의 해와 은색의 달을 자수 놓거나 그려 넣었다. 가마쿠라 시대부터 조정의 적을 토벌할 때 관군의 표장으로 사용됐다. 천황이 관군의 대장에게 내려주는 관습이 있었다. 일상에서는 비유적으로 다른 사람에게 자기의 행위와 주장에 권위를 붙이기 위해 니시키노 미하타라는 말을 사용한다. 천황을 수호하고 보필한다고 자부하는 교토 사람들의 정신 자세를 보여 주는 행렬이다.

니시키노 미하타

지다이마쓰리 행렬

1867년 10월 14일 장군 도쿠가와 요시노부는 대정봉환의 뜻을 표명하고 정권을 조정에 반납했다. 사쓰마와 조슈 등의 토막파는 그해 12월 9일 천황의 왕정복고를 선언하는 자리에서 도쿠가와 장군에게 관직에서 물러나고 영지도 반납하라고 요구하여 양자는 대립하게 된다. 그리하여 막부군과 조정군은 교토의 교외 토바[鳥羽]와 후시미에서 결전을 벌이게 되었다. 이것이 보신 전쟁(戊辰戰爭, 1868. 1~1869. 5)이다. 이때 조정 측의 산인도 진무총독(山陰道鎮撫總督)인 사이온지 긴모치[西園寺公望]는 격문14을 발표하여 널리 근왕의 군대를 모았다.

사이온지 긴모치 1849~1940

교토에서 출생했고, 메이지 유신 때 해군에서 공을 세워 프랑스에서 유학했다. 귀국 후에는 「동양자유신문」의 사장이 됐고, 정계에 들어와 제2차 정우회(政友會) 총재와 1894년 제2차 이토[伊藤] 내각의 문부과학장관이 됐다. 이어 제3차 이토 내각에서도 문부과학장관이 되었다. 그리고 두 번의 수상을 역임했다. 러일전쟁 이후 일본이 한국을 침략할 때 수상을 지냈던 정치가라 우리나라와도 관계가 있다. 1919년

사이온지 긴모치

에 파리강화회의의 수석전권위원이 되었고, 1930년대 말의 전시체제기에도 정치에 관여했다. 패전 전 일본 근대사의 마지막 원로로서 공작이라는 최고 작위도 받았다.

....
14 어떤 일을 여러 사람에게 알리어 부추기는 글 또는 군병을 모집하는 글.

교토의 북쪽 가쓰라가와 상류에 있는 산국촌은 헤이안쿄를 건설할 때 목재를 공급한 곳으로, 그 후에도 수리사업(修理事業) 등으로 조정과 밀접한 관련을 맺어 왔다. 근세에는 해마다 공물을 바침으로써 조정의 경제를 지탱하고, 부역과 진상 등을 통해 정신적으로 황실과 깊은 연관을 맺었다. 이 산국촌에 사이온지의 격문이 도착한 것이 1868년 정월(음력 1월) 5일이었다. 당시 산국의 주민은 목재업과 농업으로 생계를 꾸렸는데, 황실과 가깝다는 정신적 인연 때문에 사이온지의 격문을 받자 재빨리 의용대를 편성하여 교토를 향해 발진했다. 그러나 이 때는 도바 후시미 전투[15]에서 막부군의 패배가 이미 결정된 후였다. 그래서 그들은 일단 산국에 돌아왔다.

산국대는 1868년 2월에 도쿠가와 군세를 쫓아 토벌하라는 천황의 칙명을 받들어 다시 결기했다. 선봉대로 참가하여 2월 23일 교토를 출발한 산국대는 나카센도를 거쳐 일단 에도에 주류한 후, 인바 번[因幡藩]과 도사 번의 군세와 함께 우츠노미야[宇都宮]에 출진하여 전사자를 내면서도 맹렬히 활약했다. 그리고 '니시키노 미하타'를 호위한다는 영예를 안고 교토로 개선했다. 산국대가 고적(鼓笛)을 울리며 대열을 정비하여 산국에 돌아온 것이 1869년 2월 18일이다. 고향을 떠난 지 1년이 지난 뒤였다. 교토시민들은 산국대의 용맹하고 과감한 활약에 감동했다. 그리고 그 인상이 강하게 남아서 오늘날에도 지다이마쓰리의 행렬에서 그들을 최선봉으로 내세우고 있다.

....
15 보신 전쟁의 서전(緖戰)이 된 전투(1868년 1월 27일~1월 30일).

교토에 활력을 불어넣은 교토의 기발한 기획
- 영화, 춤, 벚꽃, 시장, 교육

오늘날 교토 시내에서 가장 번화한 곳 중 하나가 신쿄고쿠[新京極]다. 데라마치에서 동쪽으로 수십 미터 떨어져 3조(三條)와 4조(四條) 사이를 남북으로 통하는 길이 신쿄고쿠도리이다. 봄과 가을에는 수학여행 온 학생으로 붐비는 이 거리에는 선물가게, 파친코 게임장, 영화관, 레스토랑, 쇼핑센터, 게임센터 등이 처마를 잇고 있다. 신쿄고쿠는 1872년 교토부지사인 마키무라 마사나오[槇村正直]의 명령으로 개설되었다. 이 거리는 당초부터 오락거리를 목표로 만들어졌고, 지금도 원래의 의도대로 환락가로서의 기능을 담당하고 있다.

그런데 신쿄고쿠가 활기를 띠게 된 것은 1897년 3월부터 6월까지 활동사진을 상영한 것이 계기가 되었다. 신쿄고쿠에서 상영된 시네마토 그라프는 스크린에 투영되는 방식의 활동사진이었다. 이것이 신쿄고쿠에서 처음 흥행에 성공했다. 신쿄고쿠의 시사회는 영화사업의 시작이 되었고, 나중에 교토를 영화의 메카로 끌어올리는 계기가 되었다.

교토의 봄은 먼저 벚꽃에서부터 시작한다. 그리고 초여름에 이르기까지 차례차례 여러 가지 꽃이 만발한다. 기온을 비롯하여 시내 각 유흥가에서 각양각색의 무기(舞妓)와 예기(藝妓)가 총 출현하는 춤판이 벌어지는 것도 이때부터다. 외지의 관광객뿐만 아니라 교토의 시민들도 꽃놀이와 춤판을 즐긴다.

1920년대의 신쿄고쿠(위)와 지금의 신쿄고쿠

관광객을 끌어들이는 공연으로 정착한 미야코오도리

　원래 유흥가의 춤은 2~3인이 앉을 수 있는 방안에서 지역의 노래에 맞춰 조심스럽게 추는 것이었다. 그런데 교토의 산업진흥을 위해 열린 1872년의 제2회 교토박람회 때 미술품과 신제품 등의 전시와 별도로 오락성이 강한 미야코오도리[都舞]가 무대에 올려 지게 되었다. 현재는 당연한 일이지만, 미야코오도리는 관객의 동원을 노리고 기획한 쇼 프로그램이었다. 기온신바시[祇園新橋]의 '마쓰야(松屋)'를 무대로 하여, 53인을 한 조로 구성한 무용단이 7조나 되는 등, 총 464명이 교대로 출연하는 대규모 쇼였다. 미야코오도리는 외국의 관광객들로부터 '체리 댄스'라는 이름으로 사랑을 받았다. 그리하여 이 대규모 춤은 박람회와는 별도의 연례행사로 정착했다. 공연장도 1873년부터 기온하나미코지[祇園花見小路]의 가무연장(歌舞練場)으로 옮겨 현재까지 상연되고 있다.

4조대교(四條大橋)의 서쪽 끄트머리 북쪽, 가모가와를 따라 숨어 있
는 좁고 가는 골목길이 폰토초[先斗町]이다. 에도 시대 중기에 기온과
함께 시마바라[島原]가 지배하는 외지벌이 유곽이 이곳에 설치되었
다. 이 지역은 가모가와에 제방을 쌓아 만들어졌는데, 동쪽에는 인가
가 있지만 서쪽은 아무것도 없었다. 거기에서 '끄트머리'라는 한자어
인 先端(선단), 포르투갈 말로 '선단'에 해당하는 '폰토'라는 단어를 따
서 '폰토초'라고 부르게 됐다고 한다.

폰토초의 동쪽에 자리 잡은 요정들은 여름에 가모가와 둔치에 평
상을 내어 달고 손님을 맞는다. 평상에 앉아 시원한 강바람을 쐬며 술
잔을 기울이는 풍경은 교토의 여름 풍물시(風物詩)라 할 수 있다.

교토의 벚꽃은 환상적이라는 표현 말고는 할 말이 없다. 그 아름
다움의 극치를 상징하는 것이 기온 옆 마루야마 공원의 시다레자쿠라
[枝垂櫻]다. 시다레자쿠라는 능수버들처럼 가지가 축축 늘어진 벚나무
를 가리킨다. 그리고 야사카 신사 동쪽 일대의 공원을 마루야마 공원
이라고 부른다. 이곳은 원래 마쿠즈가하라[眞葛原]라고 불린 들판으로,
야사카 신사의 전신인 기온지와 조라쿠지[長樂寺] 등의 경내지였기 때
문에, 이 절들에 속하는 암자와 방장이 흩어져 있다. 그러나 메이지 초
기의 폐불훼석운동 과정에서 기온지는 야사카 신사로 개칭되고, 조라
쿠지는 쇠망했다.

폐불훼석은 불교배척운동을 가리키는데, 1868년 신불분리령(神佛
分離令)이 내린 것을 계기로 신도(神道)를 중심으로 내세우기 위해 사
원과 불상을 파괴하고, 승려를 강제로 환속시키는 일 등이 벌어졌다.
1871년, 기온지와 조라쿠지 등에 토지를 상부에 반납하라는 명령이

내려졌다. 이에 따라 사원의 땅은 없어져 버렸다. 환수된 땅은 교토 시에 매각되어, 1886년 마루야마 공원으로 정비된다. 마루야마는 공원 뒤에 있는 산 이름이다.

현재 마루야마 공원은 시다레자쿠라, 특히 밤에 벚꽃을 구경하며 노는 야앵(夜櫻)으로 유명하다. 수많은 단카(短歌, 단가)16와 그림에도 묘사되어 있는 이 벚꽃은 기온의 심벌 중 하나다. 초대 벚나무가 말라 죽자 1949년에 2대 벚나무를 심었다. 그것을 정성 들여 가꿔 온 것이 지금의 시다레자쿠라이다. 원래 이 지역은 유락지로서 문인이 시를 읊조릴 뿐만 아니라 시민이 꽃놀이와 단풍놀이를 즐기는 장소였다. 메이지 시대에 이곳을 공원으로 만든 것은 시민 휴게지로서의 성격을 좀 더 분명히 드러낸 것이었다. 그렇지만 현재와 같은 기온의 이미지가 정착한 것은 시인들이 읊은 단카 덕분이다.

시다레자쿠라

교토의 시가지는 몇 개의 특징을 가진 독자의 문화권을 형성하고 있다. 대표적인 것이 상경(上京)을 중심으로 한 니시진, 하경(下京)의 무

---

16 일본의 전통 정형시를 대표하는 짧은 시 형식.

로마치, 히가시야마[東山]의 기온이다. 이 세 곳의 문화가 교토시민의 생활에 뿌리를 내린 교토다움의 전형이라고 볼 수 있다. 특히 니시진과 무로마치는 교토인의 기질을 기른 장소이다.

니시진은 '오닌의 난' 때 야마나 소젠[山名宗全, 1404~1473]이 서쪽에 진을 쳤다고 해서 붙은 이름이다. 그는 무로마치 중기의 무장으로, 오닌의 난 때 서군의 장수였으나 전투 중에 진중에서 죽었다. 원래 니시진 지역은 헤이안 시대에 관영공장의 원류인 직물직인(織物職人)이 밀집한 곳으로, 그들의 고도 기술을 바탕으로 하여 고급 직물이 생산되었다. 이것이 소위 니시진오리[西陣織]다. 니시진오리의 직물공장을 중심으로 하여 이토야[糸屋], 소메야[染屋] 등의 섬유 제조업이 발달했다.

무로마치는 고후쿠[吳服] 도매상 거리다. 고후쿠는 기모노 등을 만드는 직물을 뭉뚱그려 부르는 용어이다. 무로마치의 이름은 원래 남북으로 길게 뻗은 무로마치도리에서 연유한다. 이 거리에 막부가 설치되었기 때문에 무로마치 막부 시대라는 시대구분 명칭도 생겨났다. 이곳에서는 교토에서 생산되는 니시진오리와 유젠조메뿐만 아니라 전국의 산지에서 생산되는 모든 직물이 일단 모여진 후 다시 전국으로 판매된다. 유젠조메는 3백 여 년 전에 미야자키 유젠사이[宮崎友禪齋]라는 사람이 개발한 일본의 전통적인 염색 방법을 가리킨다. 이 염색법은 기모노 등에 널리 활용되었다.

기온은 요컨대 환락가로서 니시진이나 무로마치와는 성격이 약간 다르다. 야사카 신사 서쪽 문 앞, 즉 가모가와 동쪽 시조도리 남북단에 위치한 기온은 음식점과 유흥장을 중심으로 발달했다.

니시키 시장

   하나 덧붙이면, 교토인의 배를 부르게 만드는 니시키 시장[錦市場]에 가 보라고 권하고 싶다. 이곳은 텔레비전이 연말연시에 명절요리의 재료를 사려고 붐비는 사람들의 모습을 방영할 때 반드시 등장하는 시장이다. '교토의 부엌'이라고 할 만하다.

   시조도리[四條通] 한 구간을 동서로 횡단하는 니시키코지도리[錦小路通]에는 생선, 건어, 청과를 비롯하여 장아찌, 김치 등 음식 재료를 파는 가게가 150여 점이나 꽉 들어차 있다. 니시키 시장이 오늘날의 모습을 갖춘 것은 1927년 교토중앙도매시장이 생긴 이후부터다. 그렇지만 그 연원은 에도 시대 초기까지 거슬러 올라간다.

교토를 근대도시로 재생하는 데 기여한 또 하나의 요인은 학교다. 교토 사람들은 메이지 유신 직후부터 교육 도시를 목표로 내걸고, 지구 단위로 소학교를 설립하여 운영했다. 교육사업에 고장의 자산가와 명망가가 기부하고 지역주민이 이에 출자했다.

일본에서는 1872년 문부성 고시로 학교 제도가 공포되었다. 당시 급속히 근대화를 추진하고 있던 일본은 이를 짊어질 인재를 양성하기 위해 학교를 급히 개설하려고 애썼다. 교토는 학제의 공포에 앞서 1869년에 소학교 창건에 착수했다. 이 해 말에 교토에서는 벌써 64교가 개교했다. 이 소학교를 한구미소학교[番組小學校]라고 부르는데, 당시 새롭게 편성된 마치구미[町組]17 단위로 세웠기 때문이다. 그때 교토는 3조도리[三條通]를 경계로 하여 상경과 하경으로 나뉘었는데, 상경에 33한구미, 하경에 32한구미가 설치되었다. 이때 대부분의 한구미는 스스로 소학교를 갖게 되었다. 교토가 학제 공포에 앞서 이렇게 대대적으로 소학교를 건설한 것은 교육과 문화를 중시하는 교토인의 기질을 반영한 것이라고 볼 수 있다.

소학교의 건립과 운영은 교토부에 힘입은 바도 있었지만, 고장의 자산가와 명망가가 토지와 건설비를 기부하고, 주민 각 세대가 출자한 것이 더 큰 도움이 되었다. 초기의 소학교는 평균 1백 평 정도의 부지에 불과했지만, 단순히 교육 시설로서 뿐만 아니라 종합적인 커뮤니케이션 센터로서의 역할도 수행했다. 교토의 소학교 역사를 알기 위해서는 교토 시 학교역사박물관(시모교구[下京區] 고코마치도오리[御幸

----

17 교토에 있는 주민 자치 조직으로, 도로를 끼고 형성된 여러 '마치'가 모여 결성됐다.

町通] 소재)을 찾아가 보는 게 좋다.

　교토는 대학 도시이다. 실제로 교토에서는 현재 37개 대학에 13만 명의 학생이 재학 중이다. 총인구의 10퍼센트 정도가 학생인 것이다. 교토에 학생이 얼마나 많은가는 밤에 번화가에 나가 보면 알 수 있다. 고급 음식점가인 기온 근처에는 학생이 적지만, 가와라마치와 기야초 등에는 학생이 넘친다. 이런 풍경은 교토만의 특성이라고 할 수 있다.

　학문의 수도, 교토의 중심적 존재는 역시 교토대학이다. 오늘날 교토대학은 누가 뭐래도 일본을 대표하는 명문대학이다. 노벨상 수상자 수도 도쿄대학을 훨씬 앞지르고 있다. 교토대학은 현재 국립대학법인의 종합대학인데, 1897년에 설립된 교토제국대학의 뒤를 잇고 있다. 교토대학을 설립할 때 사이온지 긴모치가 힘을 썼다. 그는 구게문화와 승려 양성의 전통이 강한 교토를 학문의 수도로 부활시키고 싶어했다. 교토대학은 당초 이공계대학으로 출발했으나, 1899년 법과와 의과가, 1906년에는 문과가 증설되었다. 그리고 1919년 제국대학령에 따라 종합대학으로 승격했다. 제국 일본이 패전으로 붕괴한 이후, 1947년 교토대학으로 재편되고, 1949년 제3고등학교를 흡수하여 신제(新制) 대학이 되었다. 도쿄대학은 관료를 양성하는 기관이라는 성격이 강한 데 비해, 교토대학은 순수 학문을 연구하는 경향이 강하다. 따라서 자유주의적 학풍이 유지되었다. 교토대학에서 학문의 자유와 대학의 자치를 지키려는 운동이 끈질기게 이어진 것은 결코 우연이 아니다.

근대 2: 일본의 한국 지배와 한국인의 고투

국제 정세의 변화와 일본의 한국 강점

 러일의 대립과 광무개혁의 좌절

청일전쟁에서 승리한 일본은 한반도에서 청의 세력을 몰아내고 주도권을 장악하는 한편, 제국주의 열강의 반열에 오르게 되었다. 그렇지만 러시아 등은 동아시아에서 일본 세력이 부상하는 것을 쉽게 용납하지 않았다. 이토 히로부미 등은 일본이 한국에서 우월한 지위에 서는 대신에, 러시아가 만주에서 우세한 지위에 서는 것을 서로 승인하자는 '만한교환론'을 주장했다. 반면에 가쓰라 다로[桂太郎, 1848~1913]**18**와 고무라 주타로[小村壽太郎, 1855~1911]**19** 등은 일본이 한국에서 우세한 지위를 확보하기 위해서는 만주까지도 세력권에 넣어야 한다는 '만한불가분론'을 주장했다. 두 주장은 상황에 따라 일

....

18 도쿠가와 막부를 무너뜨리고 메이지 유신의 출발에 기여한 일본의 군인이자 정치가.
19 일본 메이지 시대의 외교관. 일본 제국주의의 대륙 팽창정책을 추진한 인물이며, 1910년 한국병합조약을 추진하는 데 주도적 역할을 했다.

본의 외교정책에 반영됐는데, 양쪽 모두 러시아와의 대결을 예상하고 군비를 대대적으로 증강하고 확장하자는 데에는 일치했다.

러시아는 중국의 화북 지역에서 일어난 의화단 운동(1900)을 진압한 후에도 만주에 군대를 주둔시키고 있었다. 러시아의 만주 점령은 한반도를 장악하려는 일본의 어깨를 짓누르는 압력이 되었다. 일본은 1902년 1월 영국과 동맹을 체결하여 러시아를 견제하고, 한반도를 독점적으로 지배하고자 했다. 그리고 이것을 발판으로 삼아 만주로 진출하려고 골몰했다. 이리하여 한국과 만주를 둘러싼 러시아와 일본의 대립은 격화되어 갔다.

의화단 운동

청 말기에 종교 단체 의화단을 중심으로 일어난 농민 운동으로, 서양 제국주의 세력의 침탈에 맞서 청의 민중들이 벌인 대표적 반(反)외세 운동이다. 청 말의 기독교는 서양 군사력을 등에 업고 들어온 종교였기 때문에 보수적 관료, 지방의 신사, 농민 모두 반대했다. 그리하여 1850년대부터 전국에서 반(反)기독교, 반제국주의 폭동이 일어났다. 이들은 1900년에는 북경에까지 들어와 관군과 함께 외국 공사관을 습격했으나, 영국·러시아·독일·프랑스·미국·이탈리아·오스트리아·일본 등 8개국 연합군에게 격파되었다. 일본군의 진압 활동이 특히 잔학했다. 1901년 9월 북경의정서(北京議定書)의 성립으로 의화단 운동은 수습되었으나, 이에 8개국 연합군은 청 정부를 압박하여 불평등 조약인 '신축 조약'을 체결했다. 엄청난 배상금 지불을 포함한 12개 항의 '신축 조약'은 독립국의 면모를 실추시키는 동시에 중국의 식민지화를 더욱 촉진시키는 결과를 가져왔다.

당시 대한제국 정부는 러시아와 일본이 전쟁도 불사하는 상황으로 치닫게 되자 전시 중립(戰時中立)을 선언했다. 국제사회에서 중립국으로 인정받음으로써 대한제국 영토 안에서 러시아와 일본의 교전을 막고, 설령 전쟁이 발발하더라도 여기에 말려들지 않고 독립을 유지하겠다는 전략이었다. 대한제국 정부는 일본 정부에 중립의 보장을 요구했으나 받아들여지지 않았다. 한국의 중립을 승인할 경우, 전쟁터가 될 것이 분명한 한국 영토에서 일본군의 군사 행동이 장애를 받게 될 것이라고 여겼기 때문이다. 대한제국 정부는 서양 여러 나라에게도 중립을 승인해 줄 것을 요청했다. 고종황제가 1904년 1월 한국의 전시 중립을 선언한 것은 한반도를 둘러싼 국제 정세의 변동에 어떻게든지 대처하려고 발버둥친 고육지책이었다.

일본 정부는 1904년 2월 육군을 인천에 상륙시켰다. 일본 해군은 밤을 틈타 중국의 뤼순 항을 공격하고, 인천 연안에서 러시아 함대를 습격했다. 그리고 첫 번째 전쟁에서 큰 성과를 올린 후에야 러시아에 선전포고를 했다. 일본은 또한 대한제국 정부의 전시 중립선언을 무시하고 수도 한성을 무력으로 제압했다. 곧이어 일본은 2월 23일, 군사력을 동원하여 대한제국 정부를 압박해 한일의정서**20**를 체결했다. 이 협정을 빙자하여 일본군은 한국 내에서 강제로 철도용지·군용지를 수용하고, 농번기에도 사람과 말, 식량을 징발했다. 대한제국의 민

----

20 대한제국의 영토와 주권의 안전을 지킨다는 미명하에 일본이 대한제국의 영토를 전략적으로 자유롭게 사용하고, 국가 통치에서 일본의 조언을 받는다는 것을 골자로 하고 있다. 대한제국의 주권을 철저히 짓밟은 강요된 군사동맹이었다.

중은 일본의 침탈에 맞서 각지에서 봉기하고, 전신선을 끊거나 철도 건설을 방해했다. 일본군은 이들에게 군법을 적용하여 사형에 처하거나 감금·구류·태형 등을 가하며 혹독하게 단속했다.

일본 정부는 대한제국의 내정에도 간섭했다. 한일의정서의 체결에 반대한 탁지부 대신 이용익(1854~1907)은 일본으로 끌려갔고, 다른 반대파도 서울에서 추방되었다. 이용익은 광무개혁을 추진한 중심인물이었고, 황실 재정과 정부 재정을 담당하면서 메가타[目賀田] 재정고문과 대립했다. 러일전쟁 직전에 전시 중립 정책을 주도한 그는, 한일의정서의 체결에 반대했기 때문에 일본으로 연행되어 약 10개월간 억류됐다. 그 사이 한성에서는 한일의정서를 조인한 이지용 외상(外相) 집에 폭탄을 투척하는 등 반대운동이 고조되고 있었다.

광무개혁

1897년 성립된 대한제국이 자주 독립을 지켜 나가기 위해서 1904년 러일전쟁이 일어나기 직전까지 주로 온건보수파가 주도하여 단행한 내정개혁이다. 고종이 1897년 황제에 등극하고 대한제국을 선포한 후 이 개혁이 집중적으로 진행됐기 때문에 고종황제의 연호인 '광무(光武)'를 따서 '광무개혁(光武改革)'이라고 부른다. 광무개혁은 대체로 고종과 그 측근이 주도한 위로부터의 개혁으로, 서재필 등 독립협회 세력이 주도한 아래로부터의 개혁과 비교되곤 한다. 광무개혁은 외세 의존적이고 외국 제도의 모방에 치중했던 갑오·을미개혁에 대한 반성에서 시작됐기 때문에 비교적 외세의 간섭 없이 자주적으로 추진됐다. 우선 왕권을 강화하고 통치권을 집중하는 데 목적을 두어 군제(軍制)를 개편하고, 기술 교육 정책으로 해외에 유학생을 파견하여 근대 산업 기술을 습득시켰다. 그 결과 많은 근대적 회사들이 설립되었고, 철도·운수 부문에서도 근대적인 기술과 기계가 도입되었다. 또한 한성은행 등 금융 기관을 설립하고, 재판소의 소재와 관할구역을 재조정했으며, 혜민원과 총혜민사 등 의료 기관도 설립했다. 그러나 전통에 기반을 두고 새것을 수용하는 방식으로 추진되던 광무개혁도 러·일 전쟁 이후 일본의 침략이 강화됨에 따라 중단되었다.

1904년 5월 일본 정부는 한반도의 지배권을 확실히 다지고자 하는 정책을 각의[21]에서 결정하고, 군사·외교·재정·교통·통신·산업 분야에서 이권을 확대하기로 방침을 세웠다. 이 방침에 따라 러일 전쟁이 한창이던 8월에 일본 정부는 대한제국 정부에 제1차 한일협약[22]을 승인하도록 강요했다. 그리고 일본 정부가 추천한 재정 고문과 외교 고문을 대한제국 정부에 보내어 두 분야의 권한을 장악했다. 재정고문에는 대장성 주세국장(主税局長) 메가타 다네타로[目賀田種太郞]를, 외교 고문에는 주미일본공사관 고문을 지낸 미국인 스티븐스(D.W. Stevens)를 임명했다. 스티븐스는 일본이 대한제국의 내정에 간섭하는 것에 대한 외국의 비난을 흐리게 하는 역할을 했고, 제2차 한일협약[23]

....

21 의원내각제 국가에서의 내각이 그 직무와 직권을 행하기 위해 여는 회의.
22 공식 명칭은 '외국인 용빙(傭聘) 협정'으로, 한일협정서라고도 한다. 러시아와의 전쟁이 일본에 결정적으로 유리하게 기울자 한국의 재정·외교 정책을 쇄신하기 위해서 외국 고문을 초빙해야 한다고 주장하며 이에 관한 협정 체결을 강요한 것이다. 이 협정이 체결됨으로써 외국인 고문을 통해 대한제국의 내정과 외정이 간섭받게 되었다.
23 일본이 대한제국의 외교권을 박탈하기 위해 강제로 체결한 조약으로, 을사오조약(乙巳五條約) 또는 을사늑약(乙巳勒約)으로 불린다. 통감부를 설치하여 대한제국의 외교권 등을 박탈한 것으로 유명하다.

『르 파트리오트 일러스트레(*Le Patriote Illustre*)』에 실린 러일전쟁을 그린 삽화(1904. 10)

의 체결을 유도했다. 일본 정부는 러일전쟁을 수행하면서 착실히 한
국을 '보호국'으로 만드는 일을 추진해 갔다.

　러일전쟁은 청일전쟁과는 비교가 되지 않을 정도의 대규모 전쟁
이었고, 양 군의 승패는 좀처럼 가려지지 않았다. 일본 정부는 재정상
의 한계로 전쟁을 계속하기가 어려워지자 미국 대통령에게 조정을 의
뢰했다. 한편 러시아 정부도 발틱함대가 패하고 국내의 혁명운동이
격화되어 곤란한 지경에 빠지자 미국의 조정을 받아들였다. 러일강화
회의는 미국 포츠머스에서 개최됐다.

　서양 열강은 세계 분할과 관련된 러일전쟁에 중대한 관심을 보였
다. 그래서 일본은 미국과 가쓰라[桂] 태프트 밀약을 맺어 미국의 필리
핀 지배를 인정하는 대신 일본의 한국 지배를 묵인하도록 했다. 일본
은 또한 영국과 제2차 영일동맹을 맺어 영국의 인도 지배를 인정하는

대신 일본의 한국 지배를 양해하도록 만들었다. 러일강화조약(포츠머스 조약)에서는 러시아가 일본의 한반도 지배를 인정했다. 러일전쟁의 결과 일본은 한국 외에도 사할린 남부, 요동반도, 만주 남부로 세력을 넓혀 제국주의 국가로서의 지위를 확립했다.

강요된 협약 체결에 의한 대한제국 폐멸

일본 정부는 1905년 11월 대한제국 정부에 대해 제2차 한일협약 체결을 강요했다. 그리고 다음해 2월에는 서울에 통감부를 설치하고, 초대 통감으로 이토 히로부미[伊藤博文]를 파견했다. 이토 통감은 대한제국 황제를 자유롭게 만날 권리를 가졌다. 또한 일본 정부를 대표하여 대한제국의 외교를 관리하고, 한반도에 주둔하는 일본군 사령관에게 병력 사용을 명령할 권한을 가졌다. 이밖에도 대한제국 정부에 고용된 일본인 고문을 지휘하고 사실상 대한제국의 중요 법안과 정책을 결정함으로써 내정 전반을 장악했다.

고종황제는 1907년 6월 이준 등 세 명의 특사에게 전권 위임장을 주어 네덜란드 헤이그에서 열리는 제2회 만국평화회의에서 제2차 한일협

고종황제

약이 무효라는 것을 참가국에게 호소하도록 했다(헤이그 특사 사건). 이토 통감은 이것을 협약 위반이라고 꼬투리 잡아 이완용 내각을 압박하여 고종황제를 물러나게 하고 순종황제를 즉위시켰다. 고종황제의 강제 퇴위에 반대하여 한성에서는 수만 명이 항의집회를 열고, 이완용의 집을 불태우는 등 반일운동이 일어났다. 대한제국 군대 중 일부도 이에 가담했다.

이토 히로부미

이토 히로부미 통감은 7월 하순 제3차 한일협약의 체결을 한국정부에 강요했다. 이로써 한국 정부는 법 제정과 중요한 행정 처분, 고급 관료의 임면 등을 통감의 승인이나 동의 없이는 행사할 수 없게 되었다. 또 협약에 부속된 비밀 각서에서 대한제국 군대의 해산이 결정됐다. 통감은 대한제국 정부의 각부 차관 등의 주요 관직에 일본인을 등용하고 이들을 통해 중앙과 지방의 내정을 직접 장악할 수 있는 체제를 마련하였다(차관정치).

일본 정부에 의해 해산당한 대한제국 군대의 일부 병사들은 항일 의병 투쟁에 가담했다. 일본 정부는 이것을 진압하고자 한반도에 일본의 군대·헌병·경찰을 증강했다. 1909년 10월에는 헌병이 경찰 업무를 겸하게 하는 헌병경찰제도를 실시하고, 다음 해에는 한국인을 헌병보조원으로 채용했다. 또 '학회령', '사립학교령' 등을 시행하여 한국인의 애국계몽운동을 엄격히 통제했다. 그러나 일본의 탄압에 맞선 한국인의 항일 투쟁도 날로 격렬해져 통감 정치는 목적을 달성할 수 없게 되었다.

이에 따라 일본 정부 내에서는 한국 병합을 요구하는 강경론이 힘을 얻었다. 이토 히로부미 통감은 1909년 4월 가쓰라 다로 수상이 제시한 한국 병합 방침을 받아들이고 통감직을 사임했다. 가쓰라는 야마가타 아리토모[山県有朋, 1838~1922]24와 같은 계열에 속하는 조슈 군벌[長州軍閥, 장주군벌]의 후계자로, 군부와 국가 기관에 큰 세력을 가지고 있었다. 그는 야마가타와 함께 무력을 사용해서라도 한국을 빨리 병합하는 것이 상책이라고 일찍부터 주장했다. 그는 타이완 총독, 육군대신 그리고 수상을 3회 역임했다. 반면에 이토 히로부미는 일본 정부가 한국인의 마음을 사로잡을 만한 문화정치를 실시함으로써 한국이 자발적으로 일본에 복속하도록 해야 한다고 주장했다.

결국 일본 정부는 이토의 주장을 물리치고 야마가타와 가쓰라의 주장을 받아들이고, 이해 7월 한국 병합을 실행에 옮기기 위해 새로운 방침을 세웠다. 이토 히로부미는 1909년 10월 하얼빈역에서 안중근에게 사살되었다.

독립운동가 안중근

......

24 일본 의회제도 체제 아래 최초의 총리, 1898년 일본 육군 원수가 되었고, 일본 총리를 두 번 지냈다(373쪽 참조).

일본 정부는 한국의 군대를 해산시켜 허수아비로 만든 후 사법권 마저 빼앗았다. 이로써 일본인이 한국의 재판과 감옥 등의 업무를 장악하게 되어 항일 세력에 대한 감시와 탄압은 더욱 강화되었다. 이어 일본 정부는 한국의 경찰권을 빼앗아 일본의 헌병경찰이 치안을 담당하도록 만들었다.

 ## 합법을 가장한 병합 조약

1910년 8월 22일 일본 정부는 대한제국 정부에 '한국병합에 관한 조약'을 체결하도록 강요했다. 이로써 대한제국은 폐멸되어 일본의 식민지가 되었다. 한국인들은 국권 상실에 분노했으며, 황현(黃玹)과 같은 애국지사들은 슬픔을 이기지 못해 자결했다. 병합조약의 체결은 마치 비상계엄 상태와 같은 삼엄한 경계 속에서 이루어졌다. 언론과 출판이 엄격히 통제됐기 때문에 많은 한국인이 그 사실조차 잘 알지 못했다. 반면에 일본에서는 '한국 병합'이 발표되자 각 신문이 기념호를 발행하고, 집집마다 일장기를 내걸어 축하했다. 거리에는 꽃으로 화려하게 장식한 전차가 내달리며 축제 분위기를 자아냈다.

제3대 통감으로 부임하여 한국 강점을 완료한 데라우치 마사타케[寺內正毅, 초대 조선총독이 됨]는 '한국병합조약'을 조인한 날 밤에 잔치를 열고, "만일 고바야카와, 가토오, 고니시가 이 세상에 있다면, 오늘 밤에 뜬 저 달을 과연 어떤 마음으로 바라보았을까?"라고 읊조렸다. 고바야카와 다카카게[小早川隆景], 가토오 기요마사[加藤淸正], 고니시 유키나가[小西行長]는 도요토미 히데요시가 조선을 침략했을 때 출정한 장수들이다. 데라우치 총독은 옛 장수들이 조선을 지배하려 했으나, 그들이 실현할 수 없었던 꿈을 자신이 이루었다고 자랑하며 위와 같은 소회를 털어놨던 것이다. 데라우치

데라우치 마사타케

총독 또한 조슈군벌의 한 사람이었다.

한편, 당시 일본에서는 한국 침략에 반대한 사회주의자들이 천황을 살해하려고 했다는 것을 구실로 탄압받고 있었다[대역사건(大逆事件)]. 지식인이 침묵할 수밖에 없었던 엄중한 상황에서, 한국 강점 이듬해에 시인 이시카와 타쿠보쿠[石川啄木]는 "지도 위 조선국에 새카만 먹을 칠하며 가을바람 소리를 듣노라"고 읊었다. 한국이 일본의 식민지가 되어 없어진 것을 '먹을 칠하'는 것으로 표현하고, 그 아쉬움과 허무함을 '가을바람 소리를 듣노라'고 읊조렸던 것이다. 이시카와는 일본인 가운데 한국의 식민지화를 슬프게 여긴 보기 드문 지식인이라고 평가할 수 있다.

그런데 제국 일본의 대한제국 폐멸은 어떤 용어로 표기하는 것이 실태에 적합한 것일까? 한국과 일본의 역사 교과서는 서로 다른 용어

를 사용하고 있다. 일본에서는 주로 '일한 병합' 또는 '한국 병합'이라고 표기하고, 한국에서는 '한국 강점' 또는 '국권 피탈'이라고 표기한다. 1910년 체결된 '한국 병합에 관한 조약'은 '병합'이라는 용어를 사용했다.

이 '병합'이라는 용어에는 일본 정부의 치밀한 계산이 숨어 있다. 일본 정부는 1909년 각료회의에서 한국을 식민지로 만들겠다는 방침을 결정했을 때도 이 용어를 사용했다. 당시 일본에서는 '합방'이나 '합병'이라는 용어는 '한일 양국이 대등하게 합일'하는 것처럼 받아들이는 경우도 있었다. 따라서 한국이 제국 일본의 일부 영토가 된다는 점을 분명히 하면서도, '식민지'와 같은 노골적인 용어를 피하기 위해 고심 끝에 사용한 용어가 바로 '병합'이었다.

그렇지만 한국인은 다르게 생각했다. 한국에서는 '한국 병합에 관한 조약'이 한국인의 의사에 반하여 강제로 체결되었기 때문에 당초부터 무효라고 여겼다. 또 조약의 비준서에 순종황제의 서명이 없는 등 절차상·형식상 결함이 많아 원천적으로 성립하지 않는다는 주장도 있다. 따라서 제국 일본의 대한제국 폐멸은 군사력에 의한 불법 점령, 즉 '강점'이었다고 보는 것이 당시부터 지금까지 견지해 온 한국인의 일반적 견해이다.

교토에 건재한 한국 침략의 유적

근대 일본의 상징 메이지 천황의 무덤

앞서 말했듯이 메이지 천황은 1868년 3월, 교토고쇼의 시신덴[紫宸殿, 자신전]에서 구게, 다이묘, 백관을 거느리고 천지신명에게 서약하는 형식으로 유신 정권의 기본 방침인 5개조의 서문을 발표했다. 그것은 토막파가 여러 정치 세력을 자기 아래 결집하고 열강 세력의 지지를 얻을 속셈으로 마련한 의식이었지만, 메이지 유신이 파란만장한 과정을 거쳐 마침내 성공했다는 것을 천명하는 행사였다. 그 이전에 이미 15대 장군 도쿠카와 요시노부는 교토의 니조조에서 정권을 조정에 반납했고, 고쇼 회의에서는 에도 막부를 폐지하고 정권을 조정에 옮긴다는 정변을 기정사실로 만들었다. 그 후 번주가 토지와 인민을 조정에 환납하고, 번을 폐지하여 부현으로 통일하는 작업을 통해 천황 중심의 중앙집권적 통일국가가 형성되었다.

유신 정부의 관료는 천황의 권위 아래 정권을 장악하고, 군인칙

메이지 천황

유, 대일본 제국헌법, 황실전범, 교육칙어 등을 잇달아 발포하여 근대 천황제 국가의 법적, 이데올로기적 틀을 확립했다. 그리고 10년 간격으로 청일전쟁(1894~1895)과 러일전쟁(1904~1905)에 승리하여 유신의 실적을 국내외에 과시하고 군국주의의 길로 매진했다. 그후 일본이 대한제국을 폐멸시키고 식민지 지배를 강행한 것은(1910. 8) 앞에서 설명한 바와 같다.

그렇기 때문에 메이지 천황은 일본인에게는 문명 개화와 근대국가 확립의 성군으로 비쳤지만, 한국인에게는 침략과 군국주의의 화신으로 보였다. 일본인은 메이지 천황이 죽은 후 그의 신령을 서울 남산 조선신궁에 모셔 놓고 정성껏 참배한 반면, 한국인은 내심으로 식민지 지배의 고통을 일깨워 주는 부적의 하나로 여겼다.

그런데 미국의 저명한 일본문학 전공자 도널드 킨(Donald Keene)이 쓰고 장년의 언론인 김유동이 번역한 『메이지 천황』은 전혀 다른 메이지 천황관을 보여 준다. 도널드 킨은 일본에 대해 우리 같은 역사적 원한이 없는 데다가 동일본대지진 재해(2011.3) 이후 일본인들에게 연대감을 표시하기 위해 일본 국적을 취득했을 정도로 이른바 '친일파'에 속한다. 그는 메이지 천황이 국내외 정책이나 전략의 실제 입안자가 아닌 인자한 통솔자였을 뿐이라며 일본 정부가 저지른 악행에 대한 책임을 묻지 않는다. 오히려 메이지 천황은 그 존재만으로도 수많은 변혁을 이끈 공신들에게 항상 마음의 의지처가 되었다고 본다. 그리고 그가 다스린 시대나 사람들을 비범하고 용기 있게 만든 '대제(大帝)'였다고 추켜세운다.

메이지 천황은 14세의 나이로 즉위했던 때만 해도 유신의 지도자들이 마음대로 할 수 있는 '로봇(손바닥 안에 있는 구슬)'으로 보였다. 메이지 천황의 총애를 받았던 이토 히로부미 등은 내심으로는 천황을 자신들이 조종하는 꼭두각시처럼 생각했다. 물론 이런 속내를 함부로 털어놨다가는 천황제 국가의 근본을 건드리는 것이기 때문에 살아남을 수 없었다. 그렇지만 그들이 남긴 글을 보면 천황제 국가가 국민을 통합하고 국력을 결집하기 위해 의도적으로 만들어 낸 가상의 국가라는 것을 알 수 있다. 메이지 천황은 막강한 권력을 스스로 행사한 것처럼 보이지만, 유신 정부의 관료들에 의해 치밀하게 가공되고 연출된 존재인 측면이 많았다.

메이지 천황은 끊임없는 학습과 수련을 통해 천황으로서의 위엄과 권위를 갖춰 갔다. 그는 자신에게 엄격한 사람이었으며, 좋고 싫음을 좀처럼 드러내는 법이 없었다. 또한 더위나 추위, 피로, 배고픔 등 사람을 괴롭히는 일들에 대해서 불평한 적이 없었다. 교통편이나 숙박시설이 형편없던 시절에도 그는 한증막 같은 가마를 타고 전국을 순행하며 국민들에게 근대 일본의 국가의식을 심어 주었다. 그리고 철도가 개통된 지역은 특별 열차를 타고 순행했는데, 그 의식은 치밀하고 장엄했다. 메이지 천황이 잠깐 멈추는 정거장에는 지역의 관민이 쇄도하여 알현하고, 논밭에서 일하던 농민은 달리는 특별 열차를 향해 허리를 굽혀 절했다. 메이지 천황은 어느새 근대 문명을 전파하는 전령으로서, 국민을 통합하는 상징으로서 행동하는 데 익숙해졌다. 그리하여 러일전쟁을 도발할 즈음에는 "백성을 위해 마음이 편할 때가 없네 / 몸은 구중궁궐 안에 들어 있건만"이라는 시가를 읊을 정도로 국가와 국민을 위해 노심초사하는 지도자로 군림하게 되었다.

메이지 천황은 일본이 보잘 것 없는 동양의 한 군주국에서 열강과 어깨를 나란히 하는 근대 제국으로 발돋움할 때 그 원동력이 된 존재였다. 따라서 '메이지'는 단순한 연호가 아니라 일본의 잠재된 에너지가 한꺼번에 폭발하여 세계로 뻗어나간 유신 시대를 상징하는 역사 용어라고 할 수 있다.

그런데 그 모든 것의 상징인 메이지 천황의 무덤이 교토에 있다는 사실을 아는 사람은 많지 않다. 나도 도쿄에 유학했을 때 하라주쿠 역[原宿驛] 근처에 있는 메이지신궁[明治神宮]이 그의 무덤인 줄 알고 뙤약볕에 땀을 뻘뻘 흘리며 멀고 먼 자갈길을 걸어서 찾아갔던 적이 있다. 그러나 실제로 메이지 천황의 무덤은 교토의 동남쪽 후시미에 있다. 메이지의 모모야마 어릉[桃山御陵] 묘역은 그 자체가 큰 산이다. 도요토미 히데요시가 쌓은 후시미 성이 그 근처에 복원되어 있고, 교토에 처음으로 수도를 정했던 간무 천황의 무덤도 그 옆에 있다. 일본 문화사의 시대구분에서 도요토미 시기를 모모야마 시기로 부르는 경우도 있는 것을 보면, 이곳은 일찍부터 일본의 역사를 대표할 만한 명당이었던 것 같다.

메이지 무덤은 한국식 봉분이다. 천황은 화장하지 않고 매장하기 때문에 그렇게 만들 수밖에 없었을 것이다. 다만 잔디로 덮지 않고 시멘트로 포장했다. 동산만 한 봉분에 잔디를 심고 관리하는 것은 결코 쉽지 않을 것이다. 또 잔디를 입혔다가 세월이 흘러 숲으로 변해 다른 고대 천황의 무덤처럼 만들고 싶지 않았을지도 모른다. 그렇지만 진짜 이유는 시멘트가 당대에 널리 사용된 최상의 건축 자재였기 때문일 것이다.

무덤 앞은 서북쪽으로 탁 트여서 멀리 고쇼를 바라볼 수 있다. 무덤에 오르는 정면 참도(參道, 참배 길)는 수백 개의 계단으로 되어 있는

메이지 천황의 대상(大喪)을 치르는 모습. 모모야마의 메이지 천황 묘역 앞

데, 운동 삼아 뛰어오르는 사람이 몇 있을 뿐 참배객은 별로 없는 것 같다. 메이지 무덤이 조성된 지 불과 1백여 년 만에 부속 시설이 체력 단련 도구로 변한 것이다. 격세지감이다.

사람은 죽을 때가 되면 고향을 그리게 마련이다. 메이지도 죽음을 앞두고는, 태어나서 자라고 천황에 즉위하여 메이지 유신을 지켜본 교토를 그리워했다. 그리고 고향에 묻히기를 바랐다. 그의 희망에 따라 메이지의 무덤은 모모야마에 쓰기로 결정되었다.

능묘 공사는 그가 죽은 때(1912. 7. 30)부터 매장 때(1912. 9. 14)까지 두 달 반 동안 계속되었다. 메이지 능묘 조성 공사에는 매일 6천여 명의 인부가 동원되었다. 그들 중에는 애꿎게도 한국인 노동자도 수십 명 포함돼 있었다. 한국인 노동자는 '한국 병합' 이전에 이미 오사카와 교토에 상당수 진출해 있었다. 그들은 하루 벌어 하루 사는 날품팔이 꾼이었기 때문에, 임금을 받을 수 있는 공사장이면 천황의 능묘 조영이건 철도 부설이건 가릴 바가 아니었다. 그러니 조국을 강점한 장본인의 무덤 조성 공사에 참여했다고 욕하거나, 한국인이 천황의 적자(赤子, 어린아이)로서 결초보은(結草報恩)의 마음으로 참가했다는 식으로 과장할 필요는 없다. 다만 아무리 호구지책이었다고는 하지만, 2년 전에 조국을 폐멸한 원수의 무덤을 만드는 일에 조력할 수밖에 없었던 그들의 딱한 처지만큼은 동정해야 할 것이다.

일본 경찰은 처음엔 천황의 백성이 된 한국인 노동자가 흙 한 덩이 모래 한 삽이라도 거들어 정성을 표시하겠다고 나선 것으로 받아들이고 기특하게 여겼다. 그렇지만 점차 그들의 언동이 심상치 않다는 것을 눈치 채고 감시와 단속의 눈길을 떼지 않았다. 일본인들은 한국인들이 아침부터 술을 마신다고 비난했다. 그날 벌어 그날 살 수밖에 없는 나쁜 버릇이라고 욕도 했다. 사실 한국인 노동자가 공사장에서 일본인 감독자나 노동자와 싸움을 벌이는 일도 자주 일어났다. 일본 경찰은 그것이 폭발하여 불경 행위로 이어지지나 않을까 노심초사했다. 처지를 바꿔 보면, 아무리 빈궁한 처지라 하더라도 적국에서 나라를 빼앗은 원수의 무덤 공사에 참가하여 밥을 빌어먹어야 하는 한국인 노동자들의 심정은 오죽 착잡했을까. 술의 힘으로라도 버티지 않으면 환장할 노릇이 아니었겠는가. 그리하여 공사가 진척됨에 따라 한국인 노동자는 한 자리 수 이하로 감소해 갔다. 그리고 마침내 일본 경찰은 한국인의 불경 행위를 방지한다는 명목으로 그들을 공사에서 배제하는 쪽으로 돌아섰다. 당시의 신문은 후시미 서장[伏見署長]이 한국인 노동자들을 엄중히 단속하라는 명령을 내려 나중에는 공사장에서 거의 사라졌다는 기사를 싣고 있다.

능묘가 완성된 이후 메이지의 모모야마 어릉은 연수 여행이나 수학여행의 명목으로 교토를 찾는 한국인의 단골 방문지가 된다. 아니, 일본 여행의 일정을 짤 때 아예 이곳을 참배하도록 집어넣는 경우가 많았다. 1910년대에 매일신보사, 동양척식주식회사,[25] 조선총독부 등은 전국에서 각종 명목으로 한국인을 모아 수차례 일본에 파견했다.

....
25 1908년에 한국에 설립된 일본의 국책회사로, 농업 개척과 식민 통치를 지원했다. 광대한 토지를 경영하는 최대 지주이자, 일본 농민에게 토지를 팔아서 안착시키는 이민 회사의 성격을 띠고 있었다.

이름은 '귀족관광단', '전북관광단', '동척시찰단', '유림시찰단', '조선 진신(縉紳) 내지시찰단', '교육시찰단', '불교시찰단', '잠업시찰단' 등등 으로 각양각색이었으나, 식민지 지배의 동조자 혹은 협조자를 만들기 위한 작업의 일환이었던 것은 마찬가지였다. 1920~1923년에는 시찰 단의 수가 무려 300여 개를 넘었다.

그럼 그들이 어느 곳을 시찰했는지 살펴보자. 1913년 가을에 동양 척식주식회사가 파견한 한국인 시찰단은 교사, 관리, 군인 등을 역임 한 사람들로 구성되었는데, 10월 6일에 메이지 무덤을 참배했다. 그들 은 교토에서 다른 곳도 들렀는데, 뒤에서 설명하게 될 아라시야마[嵐 山] 국유림, 니시진 동업조합, 시마즈[島津] 교육제품제작소, 소수사업, 상품진열관, 동서본원사(東西本願寺) 등이었다. 1921년 매일신보가 파 견한 일본 관광단은 4월 9일에 메이지 무덤을 참배했다. 그 밖에 그들 이 교토에서 관람한 곳은 기요미즈데라, 지온인, 야사카 신사, 소수 인 클라인, 동물원 등이었다. 다른 시찰단은 메이지 무덤 옆에 있는 노기 신사[乃木神社]를 참배하기도 했다. 이 신사에 대해서는 나중에 설명하 겠다.

한국인의 단체 일본 여행은 1920년대 후반에 점차 감소했다가 1930년대 후반 다시 증가한다. 1938년 10월 10일에는 조선총독부 육 군 지원병훈련소 생도 202명이, 1943년 6월 6일부터 8일 사이에는 조 선농민도장 직원연성대 20명이 메이지 무덤을 참배했다. 그 밖에 각 종 학교의 수학여행이 꼬리를 물었다.

일제강점기 한국인의 메이지 무덤 참배 중 가장 관심을 끈 것은 1917년 6월 대한제국의 마지막 황제인 순종의 행차다. 이에 대해서는

지온인의 본당, 미에이도[御影堂, 어영당]

나중에 조라쿠칸[長樂館]을 설명하는 부분에서 이야기하겠다.

시기에 따라 강약의 차이는 있었지만, 일제는 '일시동인(一視同
仁)'26을 슬로건으로 내세우고 한국인을 일본인으로 동화시키는 정책
을 일관되게 추진했다. 즉 한국인에게 일본인처럼 사고하고 행동하
도록 강요한 것이다. 일본은 한국인이 한국 병합을 실현한 메이지의
무덤을 참배하는 것이야말로 천황의 자애에 감복하여 충성을 맹세하
는 증거라고 선전했다. 1930년대 후반에 이르러 내선일체는 식민 통

....

26 모든 사람을 하나로 평등하게 보아 똑같이 사랑한다는 뜻으로, 당 한유(韓愈)의 시 「원인
(原人)」에 나오는 말이다. 일본은 이 말을 빌려 식민지 지배 정책을 밀어붙였다.

치의 최고 목표가 되었다. 이에 따라 한국인의 메이지 무덤 참배는 조선인이 진짜 일본인이 되었다는 것을 보여 주는 좋은 증거로 활용되었다.

오늘날 한일 관계는 그때의 상황과는 완전히 다르게 변했다. 메이지의 무덤을 찾아가는 한국인 여행객은 나처럼 특별한 목적을 가진 사람 외에는 거의 없다. 혹시라도 메이지 무덤을 찾아간다면, 그 앞에 서서 조국을 침탈한 장본인의 무덤 조영에 참여한 한국인 노동자들과 일제강점기에 억지로 그 무덤을 참배해야 했던 순종을 비롯한 한국인 여행객들의 착잡한 심정을 헤아려 보기 바란다. 역사를 추체험(追體驗)하는 것은 역사 인식을 단련하는 데 유익하기 때문이다.

나는 메이지의 무덤 앞에서 엉뚱하게 대한제국의 고종황제를 떠올렸다. 비슷한 시기를 함께 살았지만 메이지와 대조적인 상황에서 정반대의 평가를 받는, 어쩌면 동전의 양면과 같은 처지의 군주이다. 그는 메이지와 거의 같은 시기(1864)에 비슷한 나이(12세)로 왕위에 올라, 거의 같은 기간(44년) 재위하고 비슷한 나이(67세)에 죽었다. 그러나 그 인생은 전혀 달랐다. 메이지는 유신의 기세를 몰아 일본을 세계 5대 강국의 반열에 올려놓고 죽음으로써 대제라는 칭송을 받은 반면, 고종은 몇 번에 걸친 개혁의 기회를 놓친 채 5백 년 사직을 지켜 내지 못하여 사리에 어둡고 어리석은 황제라는 평가를 받고 있다. 고종을 그런 궁지에 몰아넣은 것이 바로 메이지였다. 나는 최근 그런 고종의 이미지를 개선시켜 주려고 분투하는 한국 사학계의 새로운 움직임을 곱씹어 보면서 메이지 무덤에서 발길을 돌렸다.

충신의 아이콘이 된 노기 마레스케

메이지 묘역 바로 옆에는 노기 마레스케 [乃木希典, 1849~1912]의 신사가 있다. 노기 마레스케는 조슈 번 출신의 군인으로, 메이지 유신 과정에서 일어난 여러 내전(內戰) — 보신 전쟁, 하기의 난[萩의 亂], 세이난 전쟁[西南戰爭] — 에 정부군으로 출정하여 진압하는 데 공을 세웠다. 1886년에는 독일에 가서 군제와 전술을 연구했다. 그후 청일전쟁에 출전하여 승리를 거두어 타이완총독[臺灣總督]이 되고, 러일전쟁에서는 제3군사령관으로 출진하여 뤼순[旅順,

노기 마레스케

여순]과 펑톈[奉天, 중국 펑톈성(봉천성)의 주도] 전투를 지휘했다.

노기는 뤼순 전투에서 러시아군에 육탄 공격을 되풀이한 끝에 난공불락의 요새라던 203고지를 함락했다. 그는 3차에 걸친 총공격에 13만 병력을 투입했는데, 사상자가 무려 5만 9천 명이나 되었다. 그의 두 아들도 그 전투에서 전사했다. 그 덕택인지, 일본은 러시아에 승리하여 한반도에서 독점적 지배권을 행사할 수 있는 지위를 확보하고, 뤼순·다롄과 남만주철도 등을 조차27하여 만주에 진출할 수 있는 교두보를 구축할 수 있었다. 노기는 그 후 군사참의관(軍事參議官), 학습

....

27 한 나라가 다른 나라 땅의 일부분에 대한 통치권을 얻어 일정 기간 지배하는 일.

원(學習院) 원장을 역임했다.

노기 마레스케는 메이지 천황이 죽었다는 소식을 듣고, 아내 시즈 코[靜子]를 칼로 죽인 후에 자신도 할복하여 세상을 놀라게 만들었다. 순사(殉死)함으로써 주군(主君)을 위해 몸과 마음을 다 바치는 사무라이의 모범을 보였다고나 할까. 그리하여 그의 죽음은 나쓰메 소세키[夏目漱石] 등의 작가에 의해 충신의 전형으로 형상화되었다. 나아가 뤼순전투에서 무모한 작전으로 부하를 무수히 희생시켰음에도 불구하고 군신(軍神)으로 떠받들어지게 되었다.

노기 신사[乃木神社]는 그의 자결 소식을 들은 간사이[關西]의 게이한[京阪] 전기철도회사의 무라노 야마토[村野山人] 사장이 사재를 털어 1915년에 지은 것이다. 메이지 묘역 옆에 신사를 지은 까닭은 그의 인

노기 신사 본전. 교토 시 남단의 후시미에 있다.

생과 죽음이 오직 천황을 위한 충성 그 자체였다는 것을 보여 주기 위함이다. 이 최후의 '사무라이'의 극적인 할복자살은 그 상징성으로 인해 이렇게 충군애국의 귀감으로 활용되었다. 역사 교과서도 노기 마레스케의 이야기를 감동적으로 기술했다. 이로써 노기의 할복자살은 학교 교육에서 황국신민을 기르는 데서도 위력을 발휘했다.

노기 신사의 경내에는 러일전쟁과 관련된 군사 유물이 많이 진열되어 있다. 203고지 함락 후에 노기가 항복해 온 러시아 사령관 스텟셀 중장을 접견했던 어수영도 옮겨져 있고, 노기가 엄격한 교육을 받으며 검소하게 자랐던 고향 집도 복원되어 있다. 그중에서 눈에 띄는 것은 육군대장 미나미 지로[南次郎, 1874~1955]의 휘호 '충혼(忠魂)'을 굵직하게 새긴 큰 비석이다.

미나미 지로는 오이타 현[大分縣] 출신으로 조선군사령관과 관동군사령관을 역임했고, 1936년부터 1941년까지 조선총독으로 재직하면서 병참기지화 정책과 황국신민화 정책을 가혹하게 밀어붙였다. 일본어 상용, 창씨개명, 지원병제도 등은 그 정책의 일부에 지나지 않았다. 미나미의 행적으로 보건대, 그는 노기를 육군 군벌(軍閥)의 선배로서뿐 아니라 성품이나 정책 면에서도 존경했을 것이다. 그가 무모하리만치 과감하게 추진했던 내선일체**28**의 정책과 노기가 시체를 방패삼

....
28 '내(內)'는 일본을, '선(鮮)'은 조선을 가리킨다. 일본은 그들의 해외 식민지를 '외지'라 부르고, 일본 본토는 '내지'라고 불렀다. 내선일체는 1937년 이후 일본이 조선인을 전쟁에 동원·이용하기 위해 내세운 구호로써, 조선인에게 '일본인과 똑같이 한마음 한몸이 되어 천황에게 충성을 바칠 것'을 강요한 철저한 동화정책이자 민족말살정책이었다.

아 돌격하여 203고지를 탈취한 작전은 어딘가 닮은 듯하지 않은가.

노기 마레스케는 왜 부인과 동반자살을 하면서까지 그토록 메이지에게 충성을 바쳤을까? 우선 분위기만 띄워지면 물불을 가리지 않는 시골 사무라이 출신의 특별한 의리라고 볼 수 있을 것이다. 그렇다면 수많은 시골 출신 사무라이 중에서 왜 노기일까? 이런저런 생각 끝에 퍼뜩 그가 조선인의 후예라는 사실이 떠올랐다. 최근에 밝혀진 사실에 의하면, 노기는 임진왜란 때 일본으로 끌려간 조선인 피로인의 자손이다. 그의 윗대는 몇 대에 걸쳐 조슈에 살면서 일본에 뿌리를 내렸다. 그는 조선인의 후예도 일본인 이상으로 천황과 대일본 제국에 충성을 바칠 수 있다는 본때를 보여 주고 싶었던 것은 아닐까. 여러 세대에 걸쳐 손가락질과 업신여김을 당하며 살아오는 과정에서 형성된 조선인으로서의 열등의식이 그를 순사(殉死)로 몰고 간 것은 아닐까. 즉 노기가 메이지 천황을 끔찍하게 섬긴 것은 조선인에게 태생적으로 붙어 다니는 불신과 편견의 굴레에서 벗어나려는 몸부림이었을지도 모른다. 또한 천황제 국민국가 건설의 광풍 속에서 조선인의 피가 섞인 노기가 출세하기 위해서는 그렇게 할 수밖에 없었을지도 모른다.

메이지와 노기는 죽은 뒤 얼마 지나지 않아 식민지 조선에서도 신으로 되살아났다. 경성 한복판의 남산 중턱에 조선신궁과 노기 신사가 건립된 것이다. 지금의 안중근 의사 기념관 위쪽에 자리 잡은 조선신궁은 전설상의 일본 건국시조인 아마테라스 오미카미[天照大神]와 한국 병합의 장본인인 메이지를 모시는 관폐대사(官弊大社)다. 조선총독부가 이 신사를 건립하기 시작한 것이 1918년, 두 신을 진좌(鎭坐)시킨 것이 1922년, 신궁을 완성한 것이 1925년이니, 메이지는 죽은 지 10년 만에 조선에서 신으로 떠받들어진 것이다.

노기 신사는 1934년 9월에 지금의 리라초등학교 교정 부근의 군경유자녀원(남산원)에 건립되었다. 일본이 만주국을 수립하여 대륙으로 뻗어 가는 기상이 한창 고조될 때였으니, 그 교두보를 닦아 준 노기를 신으로 모시고 싶은 열망이 대단했을 것이다. 메이지와 노기는 교토와 경성에서 서로 붙어 있으면서 제국 일본의 무궁한 번영을 기원했을 것이다. 그렇지만 그 후 한 세대가 못 가서 제국 일본이 패망하고 대한민국이 탄생하여 경성이 서울로 바뀐 것을 보면, 그들의 바람도 신통하지는 않았던 모양이다. 오늘날 남산에는 두 신사의 주춧돌 등의 흔적이 남아 있어 역사 교육의 현장으로 활용되고 있다.

★ 한국 강점을 정당화한 한국합병봉고제비 비문

교토 시내의 고쇼 좌측의 유서 깊은 지역 좌경구에는 '한국 병합'과 그 전후의 한일 관계를 보여 주는 유적·유물이 몇 개 더 있다. 미야케하치만 궁(신사)[三宅八幡宮]에 있는 한국합병봉고제비(韓国合併奉告祭碑)는 미야케하치만 신사가 메이지 천황의 생일(1910. 11. 3)에 맞추어 '한국 병합'의 위업을 내외에 포고하고 기리기 위해 건립한 것이다. 비문을 보면, '한국 병합'을 경축하는 성대한 잔치를 벌이고 나서 제막했다고 쓰여 있다. 실제로 '한국 병합'이 발표된 날 교토에서는 꽃전차가 다니

미야케하치만 궁(신사) 앞 배전(拜殿, 배례하기 위해 본전 앞에 지은 건물)

는 등 축하 분위기가 무르익었었다.

원래 미야케하치만 신사는 강력했던 사무라이 미나모토[源]를 모시는 곳이기 때문에 사무라이의 수호신으로서 기능해 왔다. 미야케하치만 신사가 고쇼의 동북쪽에 자리 잡은 것은 황성에 잡귀가 들어오는 것을 막는 진호신(鎭護神)으로서의 성격도 가졌기 때문일 것이다.

공교롭게도 미야케하치만 궁 근처에는 신라명신을 모시는 다이운사, 신라의 신인 적산명신(赤山明神)을 모시는 세키잔젠인 등이 산재한다. 신라명신과 적산명신은 신라인이 동북아시아의 해양을 주름잡던 9세기경에 중국의 산동반도 등에 진출한 신라인이 받들어 모셨던 신이다. 최인호는 유명한 소설 『해신』에서 이 신을 장보고로 설정하고 그렸다. 세키잔젠인과 다이운사는 장보고 선단의 도움을 받아 당에 유학했던 일본의 저명한 승려 엔닌과 엔친이 그의 은혜에 보답하기 위해 세운 절들이다. 미국 하버드대학의 저명한 동양학자 에드윈 라이샤워는 1950년대에 이미 엔닌과 장보고 등에 얽힌 이야기를 논문으로 써서 박사 학위를 받은 바 있다. 이런 이야기는 이 책의 앞에서 이미 자세히 다루었다.

그렇다면 일본과 신라의 밀접한 사연을 간직하고 있는 지역에 자리 잡은 미야케하치만 신사가 왜 한국합병봉고제비를 세웠을까? 그것은 비문의 내용을 보면 그 의도를 짐작할 수 있을 것이다. 원래 미야케하치만 궁은 진구 황후와 그 아들인 오진 천황을 모시는 신사로서 전국에 수 천 개의 말사(末社)를 거느리고 있다. 진구 황후와 오진 천황은 실존이 의심스럽지만, 많은 일본인들은 4세기 후반에 일본을 통치한 인물이라고 믿고 있다. 이곳의 미야케하치만 신사는 오진 천황을 가와치[河地] 신왕조를 연 인물 곧 천황가의 조신(祖神, 신으로 모시는 선조)으로 떠받들고 있다. 그러면 왜 한국합병봉고제비를 미야케하치만 신사에 세웠을까? 이 비문의 내용을 가능한 한 정확히 살펴보고 그 이유를 생각해보자. 한국합병봉고제비는 그다지 단단하지 않은 편무암으로 되어 있어 비문을 모두 정확히 읽을 수 없는 상태지만, 그 비문을 해석하면 다음과 같다.

메이지 43년 9월 29일 한국합병의 조칙이 반포되었다. 이에 야마시로국[山城国] 아타고군[愛宕郡] 미야케하치만 신사[三宅八幡神社]의 신직(神職)과 씨자(氏子)인 다카노[高野]의 주민은 신사의 제신(祭神)에 보고하는 제례를 행하고, 기념비를 세워 후세에 전하려고 계획하고, 가네다[兼田] 아타고 군장을 통해 나(비문을 지은 유모토후미히코[湯本文彦])에게 비문을 의뢰했다.

대저 우리나라(일본)와 한국과의 관계는 옛날 신대(神代)에서 시작한다. 그 후 신라의 왕자 하메노히보코[天日槍]가 우리나라에 귀화하고, 임나[任那, 가야]도 내조(来朝, 일본 조정에 복속)했다. 진구 황후가 삼한(三韓)을 원정(遠征)하고 일본의 세력을 넓힌 적도 있었다. 그 후 시대도 변하여 도요토미 히데요시[豊臣秀吉]가 침공하여 무용(武勇)을 크게 떨쳤다.

메이지 유신 이후 우리나라는 한국과 국교를 맺고 부조(扶助)하고 보호했지만, 한국에는 독립을 위협하는 여러 위기가 닥치고, 마침내 한국 황제는 대세를 보아 나라를 일본에 합병하기를 천황에 요청했다. 천황은 아시아의 평화와 한국의 안정을 위해 이것을 허가했다. 여기에 한국 전토는 우리나라의 일부가 되었던 것이다.

역사상 국토를 확대하고 풍요롭게 하는 데는 반드시 전쟁에 호소하고 크고 많은 희생을 치렀다. 지금 한국의 합병은 정의에 기초하고 평화롭게 이루어졌다. 실로 아름다운 일이 아닌가. 미야케하치만 신사는 오진 천황을 제신으로 삼는다. 오진 천황은 한국에서 위대한 공훈을 올린 분이니, 한국 합병을 받들어 고하여 축하하는 것은 당연한 일이다. 그것을 위해 이 비문을 돌에 새기는 바이다. 비록 돌은 닳아서 없어지더라도 영광은 만세에 걸쳐 썩지 않을 것이다.

위의 비문을 보면 미야케하치만 신사에 한국합병봉고제비를 세운 의도는 명백하다. 비문의 내용에 따르면, 일본은 천황이 제정일치의 통치를 행세하던 신화 시대 이래 한국을 지배해 왔는데, 역사시대 이후 일본에서 떨어져 나가 다른 나라가 되었다. 일본은 이런 한국을 정벌하기 위해 몇 차례 원정을 했는데, 진구 황후, 오진 천황, 도요토미 히데요시 등이 무용을 떨치고, 마침내 메이지 천황이 한국을 다시 일본에 편입시켜 한 나

미야케하치만 신사의 한국합병봉고제비

라로 만드는 대업을 이루었다. 옛날에 한국을 정벌하는 데 위업을 쌓은 진구 황후와 그 아들인 오진 천황을 제신으로 모시는 미야케하치만 신사에 메이지 천황의 공덕을 기리는 비석을 세워 그 사실을 알리고 축하하는 것은 신사 관련자와 주민이 마땅히 해야 할 일이다. 그리고 이런 영광스러운 행적을 돌에 새겨 영원히 만세에 전해야 한다는 것이다.

위와 같은 내용으로 보건대 미야케하치만 신사는 옛날부터 지금까지 일본의 민족주의, 군국주의, 애국주의, 천황주의를 선양하는 성지로서 면면히 그 전통을 쌓아 왔다고 볼 수 있다. 교토는 개척 당시부터 한국과 인연이 깊은 곳이다. 한국에서 건너온 사람들의 역할을 빼놓고 교토의 역사를 이야기할 수 없다. 진구 황후와 오진 천황이 활약

했다는 4세기 전후의 한일 관계에서 확실한 사실은 한반도 일대에서 많은 사람들이 일본열도에 건너와 대륙의 선진 문화를 활발히 전파했다는 것이다. 미야케하치만 신사 근처에도 그런 유적·유물은 많다. 그런데도 미야케하치만 신사에 한국합병봉고제비를 세우고 그것을 아직도 당당하게 보전하고 있는 것은 일본인들의 비뚤어진 역사 인식을 보여 주는 생생한 증거고, 교토가 그러한 역사 인식을 발신하는 기지라는 또 다른 모습을 보여 주는 사례라고 할 수 있다. 한국병합조약은 1910년 8월 22일에 조인되고 8월 29일 발표되었다. 그날을 축하하기 위해 교토에는 꽃전차가 다니고, 두 달 후에는 한국합병봉고제비가 세워진 것이다.

미야케하치만 궁의 경내에는 러일전쟁의 유물인 포탄 껍데기를 비석에 박아 세워 놓았다. 그리고 일본 남북조(南北朝) 시기에 고다이

러일전쟁 유물인 포탄 껍데기를 박아 넣은 비석

고 천황이 정사를 다스리는 데 충성을 바쳤던 무장(武將) 구스노기 마사시게[楠木正成, 1294~1336]의 말 탄 동상도 있다. 모두 전쟁에서의 승리와 천황에 대한 충성을 상징하는 것들이다. 신사를 참배하는 사람들은 이것들을 보면서 무슨 생각을 할까? 전쟁과 충성이 신앙으로 자리 잡았다가 어떤 계기

를 만나면 무서운 힘으로 폭발하지는 않을까?

한국에는 신앙과 밀착된 이런 장소가 없을까? 이와 비슷한 곳이라면, 기껏해야 전국 각처의 사적지에 왜구가 훼손한 것을 복원했다든가 임진왜란 때 불탄 것을 다시 세웠다는 사연을 적은 간판뿐이다. 아니면 한국인들이 식민지 지배에 맞서 얼마나 끈질기게 싸웠는가를 보여 주는 독립기념관과 서대문형무소의 전시물 정도일 것이다. 한국인들이 이것들만 보고서는 신앙에 물든 역사관을 갖게 되지는 않을 것이다. 반일 감정을 즉각적으로 발산하는 데는 도움이 될 것이다. 일본은 민족주의가 신앙과 결합하여 공기처럼 자연스럽게 배어 있다. 반면에 한국의 민족주의는 직설적인 언설로 주입하여 억지로 마음에 담겨져 있다는 생각이 들었다.

 ## 일본의 대러정책을 결정한 곳, 무린안

교토 좌경구의 큰 절 난젠지 건너편 큰길가에는 무린안[無鄰菴, 무린암]이라는 정원이 있다. 한국인이 거의 찾지 않는 곳이다. 무린안은 1898년에 유명한 정원사 오가와 지베에가 만든 것으로, 메이지 시대를 대표하는 정원이다. 히가시야마[東山, 동산]를 차경(借景)[29]하여 산에 이어진 듯이 정원을 꾸미고, 비와 호에서 끌어온 소수(疏水)를 받아들여 잔디밭에 흘러들게 만들었다. 도랑, 폭포, 연못, 이끼 등으로 어우러진 이

....
29 정원 밖 경치를 빌려 정원 내 경치와 어울리게 한 조경 또는 그러한 조원법(造園法).

무린안의 정원

정원은 단풍의 명소이기도 하다. 한국인이 한번쯤 들러볼 만한 이유는, 메이지와 다이쇼 시대의 원로이자 한국을 침략하고 지배하는 데 항상 앞장섰던 야마가타 아리토모의 별장이었기 때문이다.

무린안의 중심 건물인 양관(洋館)은 러일전쟁에 이르는 과정에서 중요한 대러정책을 결정한 '무린안회의(無鄰菴会議, 1903. 4. 21)'가 열린 곳이다. 사료에도 나오는 이 회의에는 원로 야마가타 아리토모, 수상 가쓰라 다로, 외상 고무라 주타로[小村寿太郎], 입헌정우회(政友會)30 총재 이토 히로부미가 출석하여, 러시아에게 만주로부터 철퇴하고 일본이 한국에서 우위를 차지한다는 것을 인정하도록 요구하자는 방침을

....
30 1900년에 이토 히로부미가 헌정당과 일부 관료 등을 모태로 하여 만든 정당으로, 거의 항상 제1당의 지위를 유지했다.

결정했다. 그리고 같은 해 6월 23일의 어전회의에서는 이 취지를 살려, 일본이 건설 중인 한국 철도를 만주로까지 확장하고 한국에서 일본이 벌이는 군사 행동을 승인할 것 등을 러시아에 요구하기로 결정했다. 무린안은 러일전쟁으로 치닫는 일본의 러시아 정책을 결정한 역사적 장소인 셈이다. 따라서 대한제국의 운명과도 깊은 관련이 있는 곳이다.

야마가타 아리토모는 조슈 출신의 군인이자 정치가였다. 기병대의 군감(軍監, 군사를 감독하는 직책)으로 막부군을 쳐부수는 데 큰 공을 세우고, 유신 후에는 유럽을 시찰하고 와서 육군경과 내상을 역임하면서 징병령 반포(1872), 군제 확립, 지방제도 개혁 등을 추진했다. 그가 쓴 「외교정략론」(1890. 3)에서 일본의 존립에서 일본열도는 주권선(主權線), 조선반도는 이익선(利益線)이기 때문에 이를 보전하기 위해 대규모 군비 확충을 단행할 것을 촉구했다. 주권선과 이익선의 개념은 일본의 국력이 외부로 팽창함에 따라 점점 확대되어 갔다. 그리하여 주권선이란 일본의 국가 권력이 배타적으로 미치는 지역을, 이익선이란 일본의 국가 이익이 타국보다 우월하게 관철될 수 있는 지역을 의미하게 되었다.

야마가타 아리토모

야마가타는 청일전쟁에 제일군사령관 및 육상(陸相)으로 참전하여 「한국방책(韓国方策)」(1894. 9)과「조선정책상주(朝鮮政策上奏)」(1894. 11)를 수상 이토 히로부미에게 제출하고, 부산에서 의주까지 철도를 건설할 것을 주장했다. 그는 러일전쟁에서는 참모총장으로서 전쟁을 총지휘하여 승리로 이끌었다. 그 후에는 정부와 천황에 강하게 영향력을 행사할 수 있는 원로 등을 역임하며 2회에 걸쳐 내각을 조직하여 수상이 되었다.

야마가타 아리토모는 전형적인 번벌정치가로서 한국 병합을 위한 정책을 구상하고 실천하면서 침략을 강력하게 추진했다. 그는 한만철도(韓滿鐵道)의 연결과 강화를 주장하여 동북아시아 육상 교통로의 원형을 그려 냈다. 야마가타 아리토모의 라이벌이었던 이토 히로부미가 대한제국을 어르고 달래는 정책을 쓴 반면, 그는 항상 강경하게 억누르고 짓밟는 정책으로 일관했다. 두 사람의 노선 중 결국 야마가타의 주장이 일본의 외교정책으로 채택됐다. 통감으로서 한국 통치에 실패한 이토 히로부미도 나중에는 그의 노선에 따를 수밖에 없었다.

야마가타는 농촌의 미천한 무사 출신으로 권력의 정점에 오른 사람이었다. 그는 교토의 요지에 아름다운 별장을 갖고 우아하게 풍류를 즐기고 싶은 욕구가 강했다. 별장의 이름 무린안은 그가 고향 조슈에 가지고 있던 초가집이 인가가 없던 한가한 곳에 있었다는 뜻에서 지은 것이라고 한다. 야마가타는 한편으로는 고향을 그리기 위해, 다른 한편으로는 출세를 자랑하기 위해 역사와 문화의 도시 교토에 별장을 짓고 싶었을 것이다. 무린안은 1941년 교토 시에 기증되고, 1951년 메이지 시대의 명원(名園)으로서 국가의 명승(名勝)으로 지정됐다.

조선총독 아베 노부유키의 별장, 간코다카세가와니조엔

야마가타 아리토모는 무린안을 짓기 이전에 이미 다카세가와 시발지에 다른 별장을 가지고 있었다. 지금은 간코다카세가와니조엔[がんこ高瀬川二条苑]이라는 요정이 되어 있는데, 다카세가와 등의 하천 교통을 개발하여 호상(豪商) 무역가로 입신 출세한 스미노쿠라 료이가 에도 시대 초기에 별장으로 지은 것이었다. 제2의 무린안이라 불리는 이곳은 야마가타에게서 아베 노부유키[阿部信行, 1875~1953]로 소유권이 이전되었다가 이후 요정이 되었다.

그렇다면 아베 노부유키는 누구인가? 다름 아닌 마지막 조선총독이다. 그는 이시카와 현[石川県] 출신의 군인이자 정치가였다. 1920년대 군축 시대에는 군무국장을 역임하고, 예비역 대장으로서 수상에 취임했다(1939. 8~1940 1). 그는 중일전쟁 조기 해결, 유럽전쟁 불개입, 가격 통제 등의 정책으로 국민의 불만을 사고, 정당과 육군의 반대에 부딪쳐 사임했다. 조선총독(1944. 7. 24~1945. 9. 28)으로서는 한국인을 징용 등의 이름으로 강제로 동원하여 일본의 탄광이나 공사장으로 내몰고, 한국인을 귀족원 의원에 일곱 명이나 천거하고, 전시교육령을 발포하는(1945.5) 등 단말마적인 황국신민 연성정책과 전쟁 동원정책을 추진했다. 1945년 9월에 한국에 진주한 미군에 항복하고 식민 통치를 마무리 지은 것도 아베였다.

나는 조선총독 아베가 교토에 별장을 가지고 있었다는 게 신기했다. 그래서 일부러 몇 번이나 그 집에 가서 안팎을 감상하고 저녁을 먹었다. 가모가와의 물을 끌어들여 정원에 개울을 만들고, 담 너머로 강을 내다볼 수 있는 정자를 세운 정원은 아름다웠다. 음식 값도 그다지 비싸지 않았다. 대중음식점보다 좀 비싼 요정인 셈이다. 그 집에서 역사의 회한을 짓씹으며 취할 때까지 마시다 보면, 어느새 달은 가모가와 중천까지 떠올랐다. 아베의 독려로 전장에 끌려 나가 개죽음을 당한 한국의 청년, 노무자, '위안부'가 얼마나 많은가. 식자우환(識字憂患)31이라고, 나는 도깨비도 죽일 정도로 맛있다는 일본 술 설중매를 혀에 적시지도 않은 채 그냥 목에 털어 넣었다. 달콤하기는커녕 씁쓸함이 목젓을 따끔하게 만들었다.

교토에 이름난 정원은 수도 없지 많지만, 한국과 관련된 곳을 하나 더 소개하자면 세이후소[清風莊]를 들 수 있다. 사이온지 긴모치의 부탁으로 오가와 지베가 만든 이 별장은 스미토모 가[住友家]에 넘어갔다가 교토대학에 기증되었다(1945. 6). 그가 1898년에 교토제국대학(현 교토대학)을 창립하는 데 공을 세웠기 때문일 것이다. 사이온지는 공경(公卿)이자 정치가로서 몇 차례 내각을 조직했는데, 1차 때(1906. 1~1908. 7)는 군비 확장과 철도 국유화를 단행하고 남만주철도와 관동도독부를 설치했다. 일본이 한국에 부설한 경인선·경부선·경의선·마산선 등의 철도도 이때 국유화되어 통감부가 일률적으로 관리하게 되었다. 헤이그 특사 사건을 구실로 고종을 퇴위시키고 한일신협약 체결을 강요하는 등 한국의 식민지화를 추진한 사람이기도 하다(325쪽 참조).

....
31 글자를 아는 것이 오히려 근심이 된다는 뜻으로, 도리를 알고 있어 오히려 불리하게 되었음을 이르거나 차라리 모르는 편이 나을 때를 이른다.

내가 세이후소를 찾아갔을 때는 단풍이 아름다움을 뽐내고 있었다. '나무는 별장 주인의 행적과는 무관하게 꽃을 피우고 잎을 물들이는가 보다'라는 생각이 들었다. 내가 이렇게 꼬치꼬치 따지고 드니 아름다운 경치를 제대로 감상할 수 없었다. 교토의 단풍은 절정을 맞았는데도 마음은 벌써 낙엽이 진듯 스산하기만 했다. 이제 웬만한 견문으로 마음이 아플 나이는 훨씬 지났음에도 불구하고 한일 관계의 역사를 연구한다는 업보 때문에 의식의 갈등은 걸핏하면 불거져 나온다.

⊟ 통감 이토 히로부미와 순종황제의 영욕을 품은 조라쿠칸

마루야마 공원에서 고다이지로 가는 어귀, 즉 '네네의 거리'가 시작되는 길모퉁이에 우아하고 장엄한 양식 건물이 자태를 뽐내고 있다. 바로 조라쿠칸이다. 일본 정계의 최대 거물 이토 히로부미가 교토에 오면 체류한 곳이다. 그는 한국의 초대 통감으로, 안중근에게 사살당한 전력 때문에 한국인에게 가장 많이 알려진 일본인이다. 이토 히로부미는 이곳에서 바라본 마루야마 공원의 주변 경치가 너무 아름다워 칠언시(七言詩)를 읊었다. 그 구절 중에 조라쿠[長樂, 오래 즐김]라는 단어가 들어 있어 이 건물의 이름을 조라쿠칸이라고 지었다고 한다. 지금은 호텔이자 레스토랑이다.

조라쿠칸의 원래 창건자는 무라이 기치베[村井吉兵衛]다. 그는 메이지 시대에 담배공장을 경영하여 떼돈을 벌고, 무라이은행 등을 설립했다. 한국의 경남에서는 무라이농장도 경영했다. 이 건물은 그가 미

조라쿠칸의 외관(위)과 내부

국인 건축가 가디너에게 의뢰하여 별장으로 세운 것이다. 릿쿄대학[立
敎大學] 학장이었던 가디너는 도쿄의 아카사카[赤坂]와 아오야마[靑山]
고쇼를 설계했다. 조라쿠칸은 1904년 기공하여 1909년 5월에 준공했
다. 르네상스 양식의 건물인데, 내부는 루이 15~16세 시대의 취미가
풍부하게 재생되어 교토의 영빈관 노릇을 했다.

　조라쿠칸에서는 화려한 집회가 자주 열렸다. 영국의 웰즈 경, 미국
의 부통령 페어뱅크, 록펠러 재단 설립자, 일본의 사이온지 긴모치, 야
마가타 아리토모, 오쿠마 시게노부, 이노우에 가오루, 기요우라 게이
고[淸浦奎吾], 다나카 기이치, 마쓰가타 마사요시[松方正義] 등의 수상급
정치가가 다수 머물렀다. 이토 히로부미도 료젠 묘역에 있는 기토 다
카요시의 묘소를 참배하러 왔을 때, 막 준공된 이 건물에 묵었다. 그때
창에서 바라본 아름다운 경치를 칠언절귀로 읊고 편액에 조라쿠칸이
라는 휘호를 써 주었다.

　조라쿠칸은 현재 레스토랑과 차를 마실 수 있는 공간, 호텔 등을 겸
하고 있다. 마루야마 공원을 산책하고 나서 이곳에 들러 1,200엔에 파
는 샌드위치와 커피의 모닝서비스를 즐기는 것도 괜찮은 일인 듯하다.

　내가 약간 장황하게 조라쿠칸을 소개한 진짜 이유는 대한제국의 마
지막 황제였던 순종이 이곳에 묵었다는 사실을 알리고 싶기 때문이다.
이미 나라를 빼앗겨 '이왕(李王)'으로 격하된 순종은 1917년 6월 8일
에 일본을 방문하여 28일에 귀국했다. 그는 귀로(歸路) 중인 22일에 교
토에 들렀다. 오후 4시 10분 교토역에 내려 조라쿠칸에 여장을 푼 순
종은 교토에 머무는 동안 후시미 모모야마에 있는 메이지 천황의 묘

덕수궁 석조전에서 촬영한 조선 황실 가족의 사진. 왼쪽부터 의민태자, 순종, 고종, 순정효황후, 덕혜옹주

조선의 제27대 왕이자 대한제국 최후의 황제, 순종

를 참배했다. 대한제국을 폐멸시키고, 또 자신을 황제의 자리에서 쫓아낸 장본인인 메이지 천황의 묘를 참배하는 순종의 심정은 어떠했을까? 지금의 내가 조라쿠칸의 레스토랑에 앉아 그 정경을 떠올리며 가슴을 치고 있을진대, 당신의 마음은 오죽했을까. 마루야마 공원의 시다레자쿠라는 흐드러지게 피었는데, 내가 앉아 있는 조라쿠칸은 아직도 봄이 온 것 같지 않았다.

도일한 한국인의 비참한 생활

늘어난 재일 한국인

일본이 대한제국을 강점할 때까지 일본에 살고 있던 한국인은 그리 많지 않았고, 그 대부분은 유학생이거나 단기노동자였다. 그러나 재일 한국인의 수는 1910년대부터 늘어나기 시작해 1930년대 중엽에는 재한 일본인 수를 초과했다. 계절노동자로서 도일했던 사람들 중에는 서서히 일본으로 가족을 불러들여 일본에서 눌러 살게 된 사람들도 증가했다.

재일 한국인의 증가는 일본의 식민지 지배와 밀접한 관련이 있다. 1910년대에 조선총독부는 토지조사사업을 실시했다. 그 영향으로 농촌을 떠나지 않을 수 없었던 농민이 급격히 증가했다. 같은 시기에 조선총독부는 회사령을 제정하여 한국 내의 상공업의 발전을 억제하는 정책을 취했다. 그 때문에 한국에서는 노동력을 흡수할 만한 곳이 없어서 생활난에 허덕이던 한국인들이 일을 찾아 일본으로 건너간 것이다.

제1차 세계대전을 거치면서 일본 경제는 급성장하여 오사카·도쿄 등에 대규모 공장들이 건설되었고, 노동력 부족 현상이 나타났다. 이 러한 사정은 자연히 한국인의 일본 이주를 자극하여 1920년에는 재 일 한국인이 약 3만~4만 명에 달하였다.

산미증식계획도 재일 한국인이 급증한 원인의 하나가 되었다. 일 본은 산미증식계획을 실시하여 한국에서 쌀을 증산하고, 그것을 값싸 게 사들여 일본의 식량 부족을 메우고 외화 유출을 줄이려 했다. 그러 나 일본은 증산된 쌀보다도 훨씬 많은 쌀을 한국에서 실어 갔기 때문 에 한국에서는 쌀 부족으로 쌀값이 뛰어올라 서민 생활이 한층 더 어 려워졌다. 생활난에 허덕이던 한국인 중 일본으로 건너가는 이들이 증가해 1930년 말 재일 한국인의 수는 90만 명을 넘어섰다.

▌ ✿ 재일 한국인의 민족차별 속 생존 투쟁과 민족운동

재일 한국인이 익숙하지 않은 일본 땅에서 적응하는 것은 쉽지 않았 다. 말이 잘 통하지 않는데다가, 한국인에게는 취업과 거주에서 차별 이 심했다. 1920년대까지 한국인은 공사 현장의 육체 노동자, 방적공 장의 직공이 되는 경우가 많았다.

1920년대에 들어오면, 오사카 등 대도시에서는 한국인이 모여 사 는 마을이 형성되기 시작했는데, 하천부(河川敷)·임해부(臨海部)를 비 롯하여, 일본인이 거의 살지 않는 지역이 많았다. 한국인 집거지에는 한국요리점이나 식재점(食材店), 한국 의류·잡화 등을 취급하는 가게가 들어섰다. 한국인 중에서는 볼트나 나사 등의 금속 부품 제조, 고무 제품 가공 등 가내공업에 가까운 제조업에 종사하는 사람들도 생겨났다. 그러나 1930년대에도 한국인 가운데 압도적인 다수는 하루벌이 육체 노동자나 직공이었고, 일본인과의 임금 격차가 매우 컸다. 넝마주이 같은 폐품 회수업에 종사하는 사람도 많았다.

재일 한국인은 열악한 환경 속에서도 한국 독립을 실현하기 위한 민족운동을 전개했다. 재일 한국인 유학생은 다양한 단체를 결성했는데, 1919년 2월 8일에는 도쿄의 유학생이 중심이 되어 독립선언서를 발표했다. 이것은 한국에서 3·1독립운동의 도화선이 되었다. 또 재일 한국인은 일본인 노동자와 함께 노동운동을 전개했다. 전쟁 중의 일상 생활에서 정부가 추진하는 동원 정책에 적극적으로 협력하지 않거나 일본인과 함께 침략 전쟁에 반대하는 운동을 전개한 사람들도 있었다.

◤ 간토대지진과 한국인 학살을 부른 유언비어

1923년 9월 1일 낮, 일본의 간토 지방에서 진도 7.9의 대지진이 발생했다. 대지진은 도쿄와 요코하마 일대를 거의 폐허로 만들고 그 여파는 주변 지역으로 확대되었다. 전소된 가옥이 약 57만 호, 사망자 및 행방불명자는 약 14만 명, 피해 총액은 60억 엔에 달했다.

대혼란 속에서 '조선인이 폭동을 일으켰다', '조선인이 우물에 독약을 넣었다'는 등의 근거 없는 유언비어가 퍼지고, 군대·경찰과 민중이 약 6천7백 명의 한국인을 학살했다. 당시 동경에는 약 1만 2천 명,

가나가와에는 약 3천 명의 한국인이 거주하고 있었다. 정부는 '조선인 폭동'이라는 유언비어를 이용하여 계엄령을 공포하였고 청년단·재향 군인회·소방단 등 지역 민간 단체를 조직하여 무고한 한국인을 살해 했다. 그 배경에는 한국을 식민지로 지배하는 데서 연유한 민족 차별 의식이 자리 잡고 있었다. 게다가 한국 민중이 3·1독립운동 등을 통해 항일의 자세를 선명히 내보이자, 이에 대한 공포심이 잔악한 보복을 불러일으키는 동력으로 작용했다. 많은 일본인이 한국인에 대한 멸시 와 증오에 사로잡혀 '한국인 폭동'이라는 악선전을 그대로 믿고 한국 인 살해에 가담했다. 반면 학살될 뻔한 한국인을 보호한 소수의 일본 인도 있었다.

일본 정부와 언론은 진상을 규명하려 하지 않았고 피해자를 방치했 다. 일부 중의원 의원 등이 정부의 책임을 묻고 '인도적으로 서글픈 이 대사건'의 진상을 밝히고 사죄할 것을 호소하였으나 정부는 이를 무시 했다. 일본 정부는 그저 이 사건으로 국제사회의 비판을 받는 것을 두 려워했고, 조선총독부는 학살의 사실이 한국에 알려지면 3·1운동 같은 독립 운동이 다시 일어나지 않을까 긴장할 뿐이었다.

 ## 한국인 동화 사업과 전시 동원

관동대지진 이후 한국인 대책을 협의하는 가운데 한국인의 보호·구제 를 명목으로 한국인 집거지에 내선협화회 또는 내선협회가 만들어졌 다. 실상은 한국인을 다독거리는 데 목적이 있을 뿐이었다. 그런데 대

다수 일본인은 한국인에 대한 차별 의식이 강하여 껍데기에 불과한 '내선 융화'정책에 대해서조차 반대했다. 그래서 한국인의 주거 환경이나 임금 격차는 시정되지 못하고 각지에서 분쟁이 계속 일어났다.

일본 정부는 이전부터 '내선 융화'를 실현한다는 명목하에 형식적으로는 재일 한국인에게 참정권을 부여해 왔는데, 1925년에 보통선거법의 제정과 함께 납세 요건이 없어짐으로써 실질적으로도 재일 한국인이 참정권을 행사할 수 있게 되었다. 그러나 실제로 한국인 중에서 투표가 가능한 사람의 비율은 대단히 낮았다. 거주 요건을 채울 만한 사람이 적었기 때문이다. 선거에 입후보한 한국인도 노동자를 관리하는 입장에 선 사람이나 지식인 계층의 사람이 많았다. 이들은 재일 한국인의 이익을 대변하기보다는 일본 정부의 의도대로, 한국인과 일본인의 융화·친목을 주장하는 경향이 강했다.

그 후 일본의 중국 침략이 진행되는 가운데 '내선 융화' 사업은, 한국인의 교화를 더욱 강화하고, 한국인 조직을 관리·통제하는 방향으로 나아갔다. 먼저 경찰서를 단위로 재일 한국인을 일본인으로 만들기 위해 관제단체인 협화회가 만들어졌다. 그리고 1939년에는 중앙협화회가 설립되어 재일 한국인의 황국신민화와 전시 동원을 한꺼번에 담당했다.

중일전쟁 이후 국가총동원법이 한국에서도 시행되자, 한국인도 전시 동원의 대상이 되었다. 1939년 이후 한국인 도일자의 수가 급증하여, 1945년 재일 한국인 수는 약 200만 명에 달했다. 일본 정부는 일본인의 징집으로 인한 노동력 부족을 해소하기 위하여 한국인 노동자의 일본 이입을 장려했다. 국가 정책의 일환으로 모집·알선·징용이 단계적으로 추진되고, 징병제와 여자근로정신령 등에 의해서도 많은 한국인이 일본에 끌려왔다. 전시 동원된 사람의 수는 정확하게 파악하기 어렵지만, 적어도 70만 명 이상일 것으로 추정된다.

이러한 전시 동원 정책에 의하여 일본으로 끌려온 한국인은 일본 각지의 탄광·광산·토목공사 현장이나 공장 등 중노동에 종사했다. 이들 노동 현장에 배치된 사람들은 열악한 주거 시설에 수용되어 집단생활을 하는 것이 보통이었다.

강제 노역에 종사한 한국인의 생명은 매우 소홀히 취급됐다. 산악 지대의 댐 건설이나 철도 부설 현장에서 목숨을 잃거나 부상당하는 사람이 많았다. 강제 노동에서 벗어나고자 도망치는 자도 있었는데 익숙하지 않은 타지에서 일본인의 감시망을 뚫기란 여간 어려운 일이 아니었다.

아시아·태평양 전쟁 말기 재일 한국인들은 미군의 공습으로 피해를 입었다. 전후 후생성 담당국은, 전쟁으로 재난을 입은 한국인을 약 24만 명으로 추산했다. 원자폭탄 투하로 희생된 한국인도 많았다. 원폭으로 사망한 사람은 히로시마에서는 13만~15만 명, 나가사키에서는 6만~8만 명이었는데 그중에는 수만 명의 한국인도 포함되어 있었다. 겨우 살아남아 한국이나 북한에 귀국한 피폭자도 있었으나 적절한 치료를 받지 못하여 일찍 죽거나 육체적·정신적 고통에 시달리는 경우도 많았다.

일본의 항복과 한국인의 귀환

일본이 연합국에 항복하자 재일 한국인들 사이에서는 한반도로 돌아가겠다는 열기가 폭발했다. 강제 연행되어 일본에 온 사람들이 귀환 운동에 앞장섰다. 그러나 8·15 직후에도 일본에서는 여전히 강압적인 통치 체제가 유지되고 있었다. 게다가 재일 한국인에게는 일본인으로부터 위협이 가해질지도 모른다는 분위기가 감돌고 있었다. 그러한 상황 속에서 한국인들은 드러내놓고 광복을 기뻐할 수도 없었고, 그저 한시라도 빨리 일본에서의 생활을 청산하고 귀국하기를 바랐다. 해방 당시 약 200만 명이었던 재일 한국인은 1946년 말까지 대략 140여 만 명이 귀환했다. 여기에는 강제 연행된 사람뿐 아니라 1938년 이전에 자발적으로 일본으로 건너가 정주했던 사람들도 포함되어 있었다.

한국인들은 귀국하기 위해 하카타[博多], 사세보[佐世保], 마이즈루[舞鶴], 센자키[仙崎] 등 일본의 각 항구로 몰려들었다. 특히 한국으로 통하는 시모노세키[下關], 하카타, 센자키 등의 항구에는 일본 각지에서 몰려든 수십만의 한국인들로 붐볐다. 그들은 언제 승선할 수 있을지도 모른 채 항구 주변의 판잣집 혹은 창고나 마구간에 머물렀다. 심지어 며칠씩 야숙(野宿)하는 사람들도 있었다. 그중에는 여비가 없어 귀국을 단념하는 사람도 많았다. 8·15 직후 부산과 시모노세키의 연락선 통행을 금지시켰던 연합군 사령부는 9월 1일부터 이를 해제하고 연락선 홍안호(興安丸)와 덕수호(德壽丸)가 하카타-부산 혹은 센자키-부산 사이를 왕래하는 것을 허락했다.

우키시마 호(좌), 마이즈루 만에서 침몰하는 우키시마 호

일본 각지 항구에서 조국을 향해 출발했던 한국인 가운데 어뢰나 해적 또는 풍랑을 만나 피해를 입는 사례도 적지 않았다. 그중에 가장 큰 피해가 발생한 것은 우키시마[浮島丸] 호의 침몰이었다. 8월 22일 해군특별수송선 우키시마 호(4,730톤)는 한국인 노동자와 가족 3,735명 그리고 해군 승무원 255명을 태우고 아오모리 현[靑森縣]의 오미나토 항[大湊港: 지금의 무쓰시]을 출항하여 부산항을 향해 항진했다. 그런데 중간 기항지인 마이즈루항에 들어오기 직전 교토부의 마이즈루 만[舞鶴灣]에서 어뢰를 맞아 폭파되었다. 우키시마 호의 침몰로 한국인 승객 524명과 일본인 승무원 25명이 사망했다. 이때 흉흉한 소문이 떠돌았다. 일본인들이 고의로 배를 자폭시켜 한국인 노동자 7천여 명을 죽였으며, 일본인 승무원들은 모두 도망쳤다는 내용이었다. 사실 불명의 소문으로 인해 일본인들에 대한 한국인들의 적개심은 더욱 증폭되었다.

일본에서만이 아니라 만주 등지에서도 100만 명 이상의 한국인들이 8·15 직후 한반도로 귀환했다. 또 중국이나 미국, 소련 등 해외 각지에서 활동했던 독립운동가들도 새나라 건설을 위해 속속 귀환했다.

교토에서 고난을 헤쳐 나간 한국인의 자취

한국인 노동자와 니시진

교토 곳곳에서는 지금도 한국인 노동자의 피땀이 배어 있는 유적·유물을 만날 수 있다. 교토 여행에서 그 현장을 찾아가 보는 것도 역사 공부의 하나다. 물론 그에 얽힌 사연을 알아야만 보이는 환상 같은 것이지만.

먼저 해방 이전 교토에 거주한 한국인 수가 어떻게 증가했는지 살펴보기로 하자. 교토에 수십 명의 한국인 노동자가 등장한 것은 한국 병합 직전부터였다. 그후 한국인 수는 점차 늘어나서, 1920년에는 1,068명(남 823명, 여 245명)이었다. 단신 외지벌이가 대부분이었다. 파악할 수 있는 범위 안에서 그들의 직업을 산업별로 나누어 보면, 섬유산업 460명, 토목건설 165명, 상업 53명, 교통업 33명, 농업 22명, 공무·자유업 11명, 기타 77명, 무직 55명이었다. 토목건설자는 공사판의 막노동꾼이 대부분이었고, 섬유산업자는 기모노를 만드는 교토 서부 니시진의 영세 공장에서 옷감을 짜거나 염색을 하는 직공이었다.

　니시진은 지금도 수공으로 화려한 기모노를 만드는 지역으로 유명하다. 17~18세기에는 한국 상인이 일본 상인을 매개로 하여 이곳의 업자들에게 중국산 비단과 생사를 공급했다. 한국 상인은 그 대가로 받은 일본 은을 중국에 가지고 가서 다시 생사와 비단을 구입하여 일본에 팔았다. 이른바 중계무역을 한 셈이다. 이로써 동북아시아에서 한·중·일을 오가는 실크로드와 실버로드가 형성되었다. 이때 한국 인삼이 더 비싼 상품으로 삼국에서 거래됐기 때문에 인삼로드라고 부르는 게 더 타당할지 모르겠다(272쪽 참조).

　그러나 오늘날도 니시진에서는 하루에 몇 차례씩 예쁜 아가씨들이 패션쇼를 벌인다. 그녀들은 손으로 짠 형형색색의 기모노를 입고 미모를 뽐낸다. 그러나 아리따운 자태에 홀려 그 이면에 한국인 노동자의 손길이 숨어 있다는 사실을 잊어서는 안 된다. 대한제국이 식민지로 전락한 이후 한국인은 교토에 흘러들어와 토목공사장이나 니시

니시진의 기모노 패션쇼

진에서 혹사당하며 중노동과 저임금에 시달렸다. 이들이 결국 교토의 인프라를 건설하고 전통 산업을 일으키는 데 기여한 것이다.

교토의 한국인은 1927년 1만 1천 명, 1933년 3만 2천 명, 1937년 5만 명, 1941년 8만 명으로 가파르게 증가했다. 그들은 하천부지와 교외에 토막집을 짓고 집단으로 거주했다. 토목공사의 현장이나 도산한 방적공장 부지에서도 살았다. 일본인이 한국인에게 집을 빌려주지 않았기 때문이다. 그들의 집은 돼지우리 같고 마을은 쓰레기더미 같았지만, 그곳으로 돌아가기만 하면 마음껏 마시고 떠들 수 있었다. 한국인의 해방구였기 때문이다. 그들은 자식을 학교에 보낼 만큼 여유가 없어서 유학생의 도움을 받아 서당이나 야학을 운영했다. 유치원, 보육원, 소비조합도 경영했다. 경찰은 한국인이 민족운동을 벌일 것을 염려하여 탄압의 칼날을 들이대기도 했다.

■ 비와 호 소수 공사에 참여한 한국인 노동자

한국인 노동자가 활약한 것으로는 우선 제2 소수 공사(1908~1912)를 들 수 있다. 소수 공사의 전모에 대해서는 난젠지 앞의 비와 호 소수기념관(琵琶湖疏水記念館)에 가면 잘 알 수 있다. 입장료도 없는 이 기념관은 비와 호 소수 준공 100주년을 기념하여 건립되었다(1989).

교토는 도쿄 천도로 침체된 경제를 부흥시키기 위해 비와 호의 물을 끌어들여 수력발전을 하고 공장을 일으킬 것을 기획했다. 또 그 물길을 연장하여 가모가와에 이르는 운하를 파서 배에 의한 교통을 활성화시키려는 프로젝트를 추진했다. 이를 위해서는 높고 험한 히에이 잔에 터널을 뚫어 물을 끌어와야만 했다. 이 꿈같은 일을 당시의 교토 부지사 기타가키 구니미치와 토목기사 다나베 사쿠로가 밀고나가 성공시켰다. 다나베는 메이지 정부가 설립한 공부학교(工部學校)에서 토목기술을 배웠는데, 그것을 응용하여 터널을 뚫고 수로를 파고 발전소를 지은 것이다. 영국과 미국의 관계자는 일본인의 이런 능력을 대단히 높게 평가하고 곧 자신들의 경쟁자로 부상할 거라고 예상했다. 한국이 개화 정책의 추진을 둘러싸고 보수와 진보로 나뉘어 싸우고 있던 1880년대에 일본은 이미 자력으로 최첨단의 기술을 구사하여 소수 공사를 해냈으니 대단히 가상한 일이다. 몇 명의 창조적 인간이 사회를 어떻게 바꿔 놓는가를 보여 준 사례라고 할 수 있다.

제1 소수는 125만 엔의 예산으로 1885년에 착공하여 1890년에 완성되었다. 그 물로 가모가와 운하를 건설하고(1892~1894), 게아게[蹴上] 발전소를 만들었다(1891). 여기에서 생산된 전기를 이용하여 교토에 전차를 달리게 했다(1895). 그 후 제2 소수 공사에는 한국인 노동자가 참여했는데, 공사 과정에서 한국인과 일본인의 마찰이 심했다. 한국인을 위험한 굴착 공사에 배치한 데다가 임금은 일본인의 절반에 불과했기 때문이다. 일본인 감독이 한국인 노동자에게 폭력을 휘두른 것도 한 원인이었다.

교토 시는 난젠지 경내의 장엄한 수로각(水路閣)과 게아게의 인클라인을 문화재로 지정했다. 하지만 비와 호 소수기념관 등 어느 곳에도 한국인 노동자의 이야기는 쓰여 있지 않다. 한국인 노동자는 그냥

난젠지 경내의 수로각

소수 사업에서 날품팔이꾼으로 참가한 엑스트라에 불과했기 때문일 것이다. 그렇다고 해서 이곳을 찾는 한국인까지 그들의 희생을 잊어서는 안 된다. 머리가 나쁘면 손발이 괴로운 것처럼 나라의 지도자가 우둔하면 백성이 괴롭고, 나라의 운영이 부실하면 백성이 곤궁해진다. 한국이 그러했던 시기에 적국 일본에서 피땀 흘린 한국인 노동자의 아픈 사연만이라도 기억해 주어야 하지 않겠는가.

한 가지 사족을 달아 두겠다. 제1 소수의 완성과 거의 같은 시기에 대한제국의 황도 한성에서도 전차가 운행되었다(1898년 말). 대한제국의 황실과 미국의 자본가가 합작으로 건설한 전차 노선은 서대문에서 청량리까지 종로를 관통했다. 교토에 이어 동양에서 두 번째로 개통한 전차 운행이었다. 그때 교토에서 불러온 운전사가 전차를 몰았다. 서울(한성)과 교토의 묘한 인연의 일면이다.

⬠ 돼지우리라고 불렸던 한국인 노동자의 집단 거주지

한국인 노동자는 1920년대 후반 히에이 산 케이블카와 로프웨이 공사에도 참여했다. 오늘날 교토의 명승 중의 명승으로 손꼽히는 곳이다. 히에이 산을 여행하는 한국인은 그 아름다움에 취하기 전에 험한 이곳을 깎고 닦아 전선을 깔고 전차를 운행하게 한 한국인 노동자의 피땀을 생각해 봐야 할 것이다. 당시 도시샤대학 영문과에 다니면서 시를 짓는 데 열중했던 정지용이나 교토제국대학에 다니면서 민족운동을 모의했던 송몽규(宋夢奎) 등은 이곳에서 조선인 노동자들이 위험한 노동에 종사하는 것을 보고 안타까워했다. 정지용이 쓴 수필 『압천 상류(鴨川上流)』 중에는 아가씨와 산책을 하다가 그 광경을 목격하고 울적해진 심정이 잘 묘사되어 있다. 같은 젊은이로서 누구는 뼈 빠지게 일하고 누구는 금단추 다섯 개 달린 학생복을 입고 데이트나 하는 것이 영 켕겼던 모양이다. 세상은 다 그런 것이라고 치부하기에는 정

지금도 운행 중인 히에이 산 케이블카

지용의 감수성이 아직 날카로웠던 것이다.

한국인 노동자는 교토와 오사카를 잇는 한큐전철공사[阪急電鐵工事, 西院, 向日市, 1920년대], 우지화약제조소[宇治火藥製造所], 우지수력발전소[宇治水力發電所], JR 산인선(山陰線), 마이즈루[舞鶴] 제3해군화약창 조제공장 등에서도 일했다. 노동자 수가 많아지면 자연히 조직이 생기고, 그것을 바탕으로 노동운동이 일어나게 마련이다. '조선인노동총동맹'이 결성되어 활약한 것이 그 예이다. 한국인 노동자들은 가끔 임금인상과 차별 대우를 철폐하라며 파업을 일으켰다. 한국인 유학생들이 그들을 도왔다. 피는 물보다 진했던 것이다. 경찰이 감시의 눈을 번득인 것은 말할 것도 없다. 한국인 노동자가 활약한 이곳들은 대부분 교토부에 속하는 지역으로, 교통의 요지거나 관광 명소이다. 이곳들을 지나면서 한번쯤은 한국인 노동자의 숨결을 느껴 보는 것도 좋을 것이다.

교토의 한국인은 일본인 속에 섞여 살지 못하고 집단부락을 이루었다. 교토 동남부의 히가시쿠조[東九條, 동구조]가 대표적인 곳이다. 지금은 대한기독교 교토남부교회(1995년 신축)를 중심으로 신앙과 휴게, 생활과 문화의 거점을 이루고 있지만, 식민지 백성으로서 차별을 받을 때는 천민 거주지 같은 취급을 받았다. 인프라도 없었다. 오죽하면 일본인들이 돈구조(豚九條, 한국인 노동자가 모여 살던 지역인 동구조(東九條, 히가시쿠조)와 한자 음독의 발음이 같다), 즉 돼지우리라고 멸시했겠는가.

1941년 한국인 교회의 장로와 신도가 치안유지법 위반으로 검거되었다. 한국어로 찬송가를 부르고 설교했다는 혐의였다. 황선이(黃善伊) 목사는 "조선이 일본에 예속하는 한 조선은 멸망할 수밖에 없다.

한국 기독교도는 복음 전도에 임하여 조선 동포의 민족의식을 높이고 민족 전통의 문화를 유지하고, 민족성을 지속하여 단결을 꾀하고, 조선의 독립을 위해 헌신할 사명을 띠고 있다."라고 설교했다. 황 목사와 장로 김재술(金在述)은 이후 집행유예로 석방된다. 교토에 한국인 신자가 등장한 것은 1920년대부터였고, 일시 폐지되었던 예배당이 다시 설치된 것은 1976년이었다.

 가파르게 늘어난 한국인 유학생

교토의 조선인 유학생 수를 시간의 흐름에 따라 살펴 보자. 한국 강점 이전의 유학생으로는 이동인(李東仁)을 들 수 있다. 그는 니시혼간지 [西本願寺]에서 학습한 것 같다. 개화승(開化僧)으로서 갑신정변에 참가 했다가 행방이 묘연해진 것으로 알려져 있다. 한국인이 일본의 근대적 학교에 처음 유학한 것은 도쿄에서 후쿠자와 유키치[福澤諭吉]가 세운 게이오기주쿠[慶應義塾, 1881]에 들어간 것이지만, 교토에서는 법정전문학교(法政專門學校, 리쓰메이칸대학(立命館大學)의 전신)에 입학한 것이 최초다(1905). 물론 그들은 일본에서 중학교를 다녔기 때문에 유학 연도는 조금 더 거슬러 올라갈 것이다.

교토의 조선인 유학생 수(중학생 이상)는 한국 감정 이후 급증한다. 그것을 다른 지역과 비교하면서 살펴보자. 1915년 말 교토 28명, 도쿄 362명, 전체 481명이었던 것이 1920년 말에는 교토 47명, 도쿄 682명, 전체 828명으로 늘어난다. 1926년 6월에 교토 214명, 도쿄 1,420명, 전체 2,204명이었는데, 1930년 10월에는 교토 494명, 도쿄 3,483명, 전체 5,285명이다. 1940년의 교토 유학생 수는 1,700명, 1942년에는 2,096명으로 정점에 이르렀다. 유학생 수는 후기로 갈수록 가파르게 늘어나고 도쿄로 집중되는 경향을 보인다. 일본 전체의 한국인 유학생 중에서 교토는 약 10퍼센트, 도쿄는 약 80퍼센트다. 오사카는 1930년대에 급증하여 교토를 제치고 2위를 차지한다.

그러면 교토에 유학한 한국인은 어떤 학교에 다녔을까? 학교 종류별로 그 수를 살펴보면 다음과 같다. 1925년 10월 관공립대학 32명, 사립대학 20명, 고등학교 13명, 전문학교 8명, 중등학교 48명, 실업학교 7명, 기타 52명, 합계 180명. 1930년 10월 관공립대학 64명, 사립대학 44명(여 13명), 고등학교·전문학교 29명(여 13명), 중등학교 344명(여 12명), 합계 494명(여 26명). 1935년 12월 관공립대학·사립대학 100명(여 2명), 고등학교·전문학교 148명(여 33명), 중등학교·실업학교 345명(여 12명), 합계 593명(여 47명). 1939년 9월 관공립대학·사립대학 146명, 고등학교 12명, 전문학교 51명, 중등학교 987명, 기타 152명, 합계 1,348명. 1942년 말 관공립대학 69명, 사립대학 112명, 고등학교 179명(여 15)명, 중등학교 1,597명(여 124명), 합계 2,096명(여 139명).
1930년대 이후 중학생(오늘날의 고등학생) 수가 급증한 것은 한국에서 상급학교에 진학하기를 희망하는 학생이 급증한 반면에 그 학생들을 수용할 수 있는 고등보통학교 수가 턱없이 부족했기 때문이었다. 그들은 아예 일본에서 중학교부터 다니는 것이 대학에 진학하는 데 유리하다고 생각했다. 또 대학에 유학하려는 이유는 한국에는 경성제국대학 하나밖에 없어서 입학 기회가 적은데다가 목표로 하는 학과가 없었기 때문이다. 그 속을 더 파고들면 경성제대의 교수는 식민지배의 앞잡이어서 진정한 학술을 배울 수 없는 경우가 많은 데다가, 한국보다도 일본이 사상과 학문의 자유가 더 보장되어 있다는 점을 들 수 있었다. 또 한국에서는 학적을 가질 수 없는 경우에도 일본에서는 그것이 가능했고, 가난한 학생이 고학할 수 있는 기회도 많았기 때문이었다.

유학생의 생활은 각자의 처지에 따라 각양각색이었다. 대한제국 때는 매년 50여 명을 관비유학생으로 일본에 파견했다. 나라가 망한 후에도 1920년대 중반까지는 수십 명을 보냈으나 장학금의 지급액은 크게 줄어들었다. 반면에 사비 유학생이 1905년부터 증가했다. 그중에는 고학생이 30~40퍼센트나 된 것을 보면 사비 유학이라고 하더라도 반드시 돈 많은 집의 자녀만 유학한 것은 아닌 듯하다. 고학생들은 주로 신문이나 우유를 배달하여 학비를 벌었다. 1920년대 중반에 고학생 공제회 등이 조직되고, 그들 중에는 사회주의사상에 빠지는 경우도 생겨났다. 교토 유학생 중에는 한국의 사찰에서 일본의 사찰 학교로 보낸 불교 학생도 많았다. 절이 많은 교토의 특성을 반영하는 현상이었다.

한국인 유학생의 활동과 민족운동

교토의 한국인 유학생은 '경도조선유학생친목회'를 조직했다(1915). 교토제국대학 법과생 김우영(金雨英)이 주동이 되어 교토제국대학의 기독교청년회관에서 개최한 창립총회에 20명이 참가했다. 경찰은 이들 중에 요시찰인32이 많다고 보았다. 따라서 이 단체가 앞으로 위험 사상을 고취하는 기관이 될 거라고 의심하고 감시의 눈초리를 번득였다. 친목회는 1920년대에 '조선인유학생학우회'로 개칭하여 종전까지 존속했다. 김우영은 도쿄제국대학의 교수이자 정치평론가였던 요시노 사쿠조[吉野作造]와 교류하고, 졸업 후 일본 정부의 관리가 되어 중국 안동의 일본영사관 부영사로 근무했다. 해방 후에는 친일파로 몰려 불우한 생애를 보냈다.

　조선인유학생학우회는 『학조(學潮)』라는 기관지를 발행했다. 발행인은 교토제국대학의 송을수(宋乙秀)였고, 연락처도 그의 기숙사인 요시다료[吉田寮]였다. 그는 민족운동과 공산주의운동 분야에서 활약했다. 학우회는 테니스 대회 등을 통해 친목을 도모하고, 한국 각지를 순회하며 강연했다. 강사의 한 사람이었던 최현배(崔鉉培, 1894~1970)는 교토대학에서 교육철학을 전공하고, 졸업 후 연희전문학교의 교수가 되었다. 그는 한글의 연구와 보급에서 독특한 업적을 쌓은 학자다. 입명관우리친목회에서는 기관지 『건설(建設)』을 발행했다(1926). 도쿄의 한국인 유학생들이 발행한 『학지광(學之光)』, 『학조(學潮)』와 『건설』을 대비해 보면 재미있을 것이다. 기독교청년회관과 요시다료는 지금도 교토대학의 요시다캠퍼스 부근에 남아 있다. 이곳을 찾아가 식민지 청년의 고뇌와 낭만을 더듬어 보는 것도 좋지 않겠는가?

....
32 사상이나 보안 문제 등과 관련하여 행정 당국이나 경찰이 감시해야 할 사람.

최현배

1910년에 관립한성고등학교에 입학하여 재학중 박동(지금의 종로구 수송동) 보성학교 안의 국어강습원에서 주시경의 강의를 듣고 그의 민족주의적인 언어관에 큰 영향을 받아 평생 국어 연구, 국어 운동의 길로 들어섰다. 유학생으로 히로시마 고등사범학교와 교토제국대학에서 공부하고 돌아와 사립동래고등보통학교 교원으로 부임한 선생은 우리말을 가르치고 연구하기 시작했다.

독립운동가이자 국어학자 최현배

그때 국어의 문법 체계를 세울 목적으로 어법 및 문법에 관한『우리말본』의 초고를 만들기 시작하여 1937년에 완본으로 출판했다. 그리고 이해에 연세대학교의 전신인 연희전문학교 교수로 취임,『우리말본』의 저술을 계속하는 한편, 같은 해에 조선어학회의 전신인 조선어연구회의 회원이 되어『한글』지 창간 및 '한글날' 제정에 참여했다. 이후 1929년에는 우리 사회 각계 108인의 발기로 조직된 '조선어 사전편찬회'의 준비위원 및 집행위원으로 활동하면서 1933년까지 한글 맞춤법 통일안을 만들기 위해 진력했고 표준어 사정, 외래어 표기법 제정에 핵심적인 역할을 했다. 일제가 중국 침략을 앞두고 민족주의 단체 회원들을 단속하기 위해 조작한 '흥업구락부 사건'으로 검거되었다가 같은 해 다시 조선어학회를 독립운동 단체로 규정해 검거한 '조선어학회 사건'으로 해방이 될 때까지 옥중 생활을 했다.

해방 이후 감옥에서 풀려난 뒤에는 가장 시급했던 우리말 교과서 편찬을 위해 '조선어학회' 재건을 위한 회의를 열고, 조선어학회 안에 '국어교과서편찬위원회'를 구성, 국어 교재 편찬에 착수했다. 동시에 조선어학회 주최로 교원강습회를 열어 교사 강습에 들어갔다. 그리고 교과서편찬

분과위원회의 위원장이 되어 교과서 편찬의 기본 방향 수립에 주도적인 역할을 했다. 이때 '조선교육심의회'가 결의한 교과서 편찬의 기본 방향은 첫째, 초·중등학교 교과서는 모두 한글로 하되, 한자는 필요한 경우에 괄호 안에 넣을 수 있게 한 것이며, 둘째, 교과서는 가로쓰기로 한다는 것이었다. 또 조선어학회의 『조선말큰사전』(을유문화사) 편찬 일에도 힘을 쏟았다.

선생은 대한민국 정부 수립 후인 1951년 1월 20일에 다시 문교부 편수국장에 취임하여 1955년에 『우리말에 쓰인 글자(한글, 한자)의 잦기 조사』와 1956년의 『우리말의 말수 잦기 조사』를 냈다. 맞춤법 간소화 안에 반대해 문교부를 떠난 선생은 연희대학교 교수로 돌아와 연구 생활을 하는 한편, 여러 저서를 내면서 국어 발전에 절대적인 영향을 끼쳤다.

교토의 한국인 유학생은 공부만 한 것이 아니었다. 그들은 민족운동, 사회운동, 공산주의운동에 열심히 참여했다. 1921년 11월 17일 한국인 학생 20여 명이 시모가모 신사에 몰래 모여 워싱턴회의에 한국의 독립을 청원하자고 협의했다. 1926년 2월 2일에는 미에 현[三重縣] 구마노[熊野] 기모토초[木本町] 도로공사에서 한국인 노동자 두 명이 소방단과 재향군인에게 학살당한 것을 항의하는 집회를 열었다. 1927년 6월 25일 신간회경도지회가 교토제국대학 기독교청년회관에서 열렸다. 여기에는 도시샤대학과 교토제국대학 유학생 십수 명과 노동자가 참가했다. 신간회가 해산된 1930년대 이후 이 지회는 일본공산당에 흡수되었다. 신간회가 일본에서 교토 이외에 지부를 둔 곳은 도쿄, 오사카, 나고야였다.

유학생들은 한국인 보육원과 야학을 지원했다. 1930~1940년대 교토의 한국인 사회는 보육과 야학을 위해 향상관(向上館)을 운영했다. 향상관의 이사 중에는 교토제국대학의 조교수 이태규(李泰圭)와 조선인소비조합도 들어 있었다. 이 보육원은 지금도 재일 대한기독교회 향상사보육원으로 존속하고 있다.

일본 경찰은 1936년부터 유학생이 한국어로 집회하는 것을 금지했다. 때로는 유학생, 소비조합, 신문기자단 등이 강연회, 음악회 등을 개최하는 것도 금지했다. 당시 교토에는 「조선일보」의 지국이 있었다. 경찰은 1939년에 '조선인유학생학우회'에 대해 '유학생'이라는 말을 삭제하라고 압력을 가해, '조선인학우회'로 개칭하도록 했다. 일본과 조선이 하나인데 무슨 유학이냐는 이유에서였다. 내선일체와 황국신민화 정책이 유학생의 존재까지도 부인하는 상황에 이르렀다.

 학도병 소집과 대일 협력

일제는 전쟁이 막바지로 치닫자 한국인 유학생을 특별지원병이라는 이름 아래 학도병으로 끌어갔다. 교토대학악우회관(京都大學樂友會館, 1925년 건립)에서는 1943년 11월 11일 오후 6시 30분부터 조선장학회가 '반도동포출진(半島同胞出陣)의 밤'을 개최하여 특별지원병에 지원하라고 격려했다. 조선장학회에서 이사장 가와기시 후미사부로[川岸文三郎] 중장, 이사 고야마 미쓰로[香山光郎, 소설가 이광수가 창씨개명으로 지은 이름], 학도 측에서는 교토제국대학, 리쓰메이칸대학과 도시샤대학에 재학 중인 한국인 유학생 100여 명이 출석했다. 가와기시와 고야마의 결의 독려에 따라 교토제국대학생 15명이 즉석에서 특별 지원을 했다.

이에 앞서 1943년 6월 20일에는 조선장학회 총재 미나미 지로[南次郞, 전 조선총독] 대장, 가와기시 이사장을 비롯하여 전 건국대학 교수 최남선(崔南善), 고야마 미츠로[香山光郞, 이광수], 김연수(金秊洙, 삼양사 창업자) 등이 미야코호텔에서 교토제국대학의 하네다[羽田] 총장 및 각 대학의 책임자와 간담회를 가졌다. 김연수는 교토제국대학 출신이었다. 미나미 총재와 가와기시 이사장은 한 사람도 빠짐없이 특별 지원병에 지원하도록 요청하고 하네다 총장 등은 협력을 다짐했다. 조선총독부는 이에 지원하지 않는 자에 대해서는 휴학 조치를 하고 징용에 나서겠다고 겁을 주었다.

교토의 한국인 유학생은 학도 동원에 저항하는 움직임을 보였다. 가미교구[上京區] 공원의 화장실에서는 '끝까지 이루자, 조선의 독립국 번영의 나라'라는 낙서가 발견됐고, 경찰은 불온 언동에 촉각을 곤두세웠다.

물론 친일파, 즉 대일협력자도 있었다. 박석윤(朴錫胤)은 교토에서 명문 삼고(三高)를 나와 도쿄제국대학을 졸업하고 조선총독부 재외연구원으로서 영국 케임브리지대학에 유학한 후 귀국하여 조선총독부의 한국어 기관지인 「매일신보」의 부사장에 취임했다. 또 만주 간도에서 친일적인 한국인을 모아 민생단(民生團)을 조직하여 독립운동을 분열시켰다. 나중에 일본의 괴뢰국가인 만주국의 외무 관리가 되고, 1939년에는 만주국의 바르샤바 주재 총영사에 취임했다. 그는 해방

후 북한에서 처형당했다.

박석윤은 일본군의 전략가 이시하라 간지[石原莞爾, 1889~1949]33가 이끈 동아연맹운동(東亞連盟運動)에 공감하고 친일파의 길을 걸어갔다. 동아연맹론34에 심취하여 친일파의 길을 걸어간 교토의 유학생 중에 조영주(曺寧柱, 1919~1996)도 있었다. 그는 경성고보 재학 중에 일찍이 사회주의에 기울어 학생운동을 선동했다. 1932년에 일본에 와서 교토 중학교를 졸업한 후 리츠메이칸대학에 입학했다. 독립운동의 일환으로 한국인 유학생의 사회주의 운동을 이끌었으나, 전시 체제 아래 탄압이 심해지고 독립의 전망이 보이지 않자 전향하여 이시하라 간지가 이끈 동아연맹운동에 가담했다. 철저한 민족협화를 실현해야 한다는 동아연맹론에 공감해기 때문이다. 그는 교토에서 한국인 유학생을 대상으로 단체를 조직해 동아연맹운동을 전개했다. 그러나 이 운동은 어디까지나 일본 천황을 최고 권위로 떠받들어 일본인과 한국인의 일체화·평등화를 실현할 것을 지향했다. 우익적 대일협력운동의 극단적 변형인 것이다.

....

33 일본의 육군사관학교와 육군대학을 우수한 성적으로 졸업한 엘리트 군인으로, 한국 강점 당시 춘천에 근무했으며 만주를 침략하고 지배하는 데 앞장섰다. 중국과의 전쟁을 반대하고 한국에 대한 가혹한 식민지 지배 등을 비판하여 군에서 쫓겨났다. 동아연맹론을 주창한 것으로 유명하다.
34 이시하라 간지가 주창한 일본·중국 연대의 이론이다. 두 민족 간의 차별과 전쟁을 반대하고 일본·만주·중국의 대동단결을 내세웠다. 민족 차별에 불만을 품고 있던 한국인 중에서도 동아연맹론에 빠져든 경우가 있었다.

교토제국대학의 한국인 교수

교토의 한국인 유학생은 보통 교토제국대학이나 도시샤대학에 다녔다. 요시다[吉田]에 자리 잡은 교토제국대학은 1897년에 설립되었다. 원래 이공과대학으로 출발했으나 곧 법과, 의과, 문과대학이 증설되어 종합대학으로 발전했다. 도쿄제국대학이 관료 양성 기관의 성향이 강한 데 비해 교토제국대학은 순수 학문 연구를 표방했다. 그래서 학문의 자유와 대학의 가치를 지키려는 움직임이 강했다. 패전 후에는 제3고등학교를 흡수하여 신제 대학으로 탈바꿈했는데, 이 대학 출신의 한국인 중에는 뛰어난 학자가 많았다. 시계탑이 확 눈에 띄는 100주년 기념 건물 주변에 옛 제국대학의 자취가 남아 있다.

교토제국대학의 조선인 유학생으로서 두각을 나타낸 과학자는 이태

교토제국대학 본관 시계탑(1940~1950). 교토제국대학은 패전 이후 교토대학으로 개편되었다.

규(李泰圭, 1902~1992. 화학자)와 이승기(李升基, 1905~1997. 고분자과학자)였다. 이태규는 1924~1931년까지 교토제국대학에서 수학하고, 1931년 9월에 한국인 최초의 이학박사 학위(화학 전공)를 받아 교토제국대학의 조교수가 되었다. 1944년 교토제국대학의 교수로 승진한 그는 해방 후 서울대학교 문리과대학 초대 학장이 되었다. 이태규는 화학과 물리학에서 세계적으로 인정받는 과학자였다. 그는 도시샤대학에 다니던 정지용과 절친한 사이였다. 정지용의 인도로 천주교에 입교한 그는 식민지 백성으로서의 정신적 갈등을 신앙으로 극복했다. 정지용은 또한 공부에 몰입한 이태규에게 교토의 여자 유학생 박인근(朴仁根)을 소개하였고 이들은 결혼하게 되었다. 이태규는 전 한나라당 대통령 후보 이회창의 큰아버지이기도 하다.

이승기는 1939년 1월에 교토제국대학에서 응용화학으로 공학박사 학위를 받고 조교수가 되었다. 일제강점기에 발표한 논문 편수를 보면 이태규 37편, 이승기 66편으로, 일본의 저명한 과학자에 비해서 손색이 없었다. 그 수준도 탁월하여 나중에 이태규는 물리학에서 리-아이링 이론을, 이승기는 섬유화학에서 나일론에 이은 세계 두 번째 화학섬유인 비날론을 개발하여 명성을 드높였다. 교토제국대학 출신으로, 경성방직을 경영했던 김연수는 이태규와 이승기를 후원했다.

이승기는 해방 이후 서울대학교 공과대학 초대 학장에 취임했으나 6·25 전쟁(한국 전쟁) 때 북한으로 끌려갔다. 김일성은 1960년대에 '전국토의 요새화'를 강령으로 내걸고 지하 군사 시설을 대대적으로 건설했다. 일제 말기와 6·25 전쟁 때의 유산을 활용하기도 했다. 그 일환으로 카바이트 공장이 있던 청수(靑水, 평안북도 삭주군의 공업 지구) 가까이에 있는 산 중턱에 큰 동굴을 파고 화학연구소를 설치했다. 그 책임자가 이승기였다. 이승기가 좀 더 나은 여건에서 세계의 과학계와 호흡하며 연구했더라면 한국인 최초로 노벨상을 탔을지도 모른다.

그 밖에 교토제국대학의 졸업생으로, 우리의 기억에 남아 있는 사람은 박재철(朴哲在, 물리학자), 최현배(崔鉉培, 한글학자), 김태길(金泰吉, 철학자, 제3고 졸업), 이양하(李敭河, 영문학자), 이순탁(李順鐸, 경제학자), 김연수(金秊洙, 경제인), 민관식(閔寬植, 정치인) 등이다. 이순탁은 사회운동에 열심이었는데, 해방 이후 북한에 가서 토지개혁 단행에 주도적인 역할을 했다. 윤동주와 함께 민족운동 혐의로 체포되어 후쿠오카 감옥에서 옥사한 송몽규도 반드시 기억해 두어야 할 인물이다. 그에 대해서는 도시샤대학의 윤동주를 이야기할 때 언급하겠다.

교토제국대학의 조선인 유학생이 기거하며 공부하고 활동한 교토제국대학기독교청년회관[地鹽寮, 1913년 건립, 신간회경도지회 창립], 교토제국대학학생집회소[吉田寮, 『학조(學潮)』 창간호의 연락처], 교토대학 악우회관(1925년 건립, 조선장학회의 '반도동포출진(半島同胞出陣)의 밤' 개최)은 일본의 등록 유형문화재다. 나는 이 건물들을 돌아보면서 회한에 잠겼다. 식민지 청춘의 고뇌가 머리를 어지럽히고, 남북 분단의 비애가 가슴을 아프게 했다.

윤동주의 시비를 세운 도시샤대학

도시샤대학은 1875년에 니지마 조[新島襄]가 설립한 기독교계 사립학교였다. 미국에서 모은 기부금과 미국인 선교사 데이비스의 도움이 컸다. 처음에는 도시샤 영학교[同志社英學校]로 출발하여, 여학교, 병원, 간호학교, 법정학교, 해리스 이과학교 등을 증설하여 전문학교, 대학으로 발전했다. 패전 후 오늘날과 같은 새로운 제도의 대학으로 개편된 이후에도 기독교 이상주의의 건학 이념을 계속 표방했다.

도시샤대학은 일본에서는 흔치 않은 기독교풍의 교육을 실시함으로써 독특한 인재를 많이 길러 냈다. 패전 전에는 미국과 유럽을 본떠 사회의 민주적 개혁과 평화주의의 실현을 주장한 도쿠토미 소호[德富蘇峰, 1863~1957], 기독교 사상가의 연구와 교육에 힘쓴 에비나 단조[海

1900년대 초반에 촬영된 도시샤대학 정문 정면에 보이는 건물은 해리스 이화학관이다.

老名彈正, 1856~1937] 등을 배출했다.

도시샤대학에서 공부한 유명 인사로는 정지용, 윤동주, 김말봉(金
末峰) 등을 들 수 있다. 이들의 경력에서 알 수 있듯이 교토제국대학에
비해 문인이 많은 것에 주목할 필요가 있다. 그들은 사랑과 자유를 표
방하는 기독교 이상주의의 건학 이념에 끌려 도시샤대학을 택했을까,
아니면 암울한 식민지 조선의 청년을 이해해 줄 수 있는 교수가 있다
고 판단했기 때문일까?

도쿠토미와 에비나의 경우에서 보듯이 도시샤대학의 분위기도 일
본의 민족주의에서 크게 벗어난 것은 아니었다. 도쿠토미 소호는 일
본에서 손꼽히는 역사가·평론가로서, 『근세일본국민사(近世日本國民
史)』 100권을 저술하여 일본인의 역사 의식을 고양시키는 데 기여했
다. 또 조선총독 데라우치 마사타케[寺內正毅]의 요청을 받고 조선총독
부 기관지 「경성일보(京城日報)」의 편집감독을 맡아 식민지 언론의 역
할을 확립하는 데 수완을 발휘했다(1910~1918). 에비나 단조는 독일의
자유주의 신학의 영향을 받아 일본조합기독교회의 지도자가 되고, 러
일전쟁과 '한국 병합' 등을 기독교 정신의
실현이라고 지지했다. 식민지 조선에 일
본식 기독교를 전파하는 데도 기여했다.
도쿠토미나 에비나는 한국인의 관점에서
보면 일본의 국가주의를 고취한 민족주의
자였다고 평가할 수 있다.

윤동주

도시샤대학의 이마데가와 캠퍼스는

아담하고 아름답다. 고쇼의 광활한 공원이 길 하나를 사이에 두고 앞에 펼쳐져 있고, 통신사가 묵었던 유서 깊은 사찰 쇼코쿠지가 담 하나로 뒤에 놓여 있다. 이 캠퍼스에 들어서면 반드시 윤동주와 정지용의 시비(詩碑) 앞에 고개를 숙여야 한다. 교문의 수위는 언제나 친절하게 윤동주 시비에 관한 자료를 무료로 나누어 준다. 두 사람의 비석은 캠퍼스의 한가운데 가장 좋은 곳에 자리 잡고 있어 쉽게 찾을 수 있다. 그 주변의 창영관(彰榮館),[35] 유종관(有終館),[36] 예배당(禮拜堂),[37] 클라크 기념관, 해리스 이화학관 등은 모두 역사가 오래고 의미가 깊기 때문에 국가의 중요 문화재로 지정되어 있다. 정지용과 윤동주는 이 건물들을 드나들면서 때로는 낭만을 즐기고, 때로는 민족의 현실을 안타까워했을 것이다.

윤동주의 생애와 그의 시에 대해서는 너무나 잘 알려져 있기 때문에 여기에서는 도시샤대학 시절에 관한 것만 간단히 살펴보겠다. 그는 1943년 7월 14일 교토에서 사상 탄압을 전문으로 하는 특별고등경찰 형사에게 체포되어 시모가모경찰서[下鴨警察署] 유치장에 감금되었다. 조선의 독립운동을 했다는 죄목이었다. 송몽규가 중심이었고 윤동주와 고희욱(제3고등학교 3년생)은 그에 동조한 것으로 되어 있었다. 백인준(白仁俊), 마쓰야마[松山龍漢], 마쓰바라[宋原輝忠], 장성언(張聖彦) 등도 함께 체포되었으나 검사국으로 넘겨진 사람은 송몽규, 윤동주, 고희욱이었고, 기소되어 실형을 선고받아 복역한 것은 송몽규와 윤동

35 1884년 완공, 교토 시내의 가장 오랜 벽돌 건물이다.
36 1887년 완공, 도서관, 교실, 사무실 등으로 사용되고 있다.
37 1886년 완공, 일본에서 가장 오래된 프로테스탄트교회 건물.

한글로 쓰여 있는 윤동주 시비(위)와 정지용 시비(아래)

뒷줄 오른쪽이 윤동주고, 앞줄 가운데가 송몽규다.

주뿐이었다.

송몽규와 윤동주는 북간도 용정의 윤동주 집에서 함께 태어나고 자란 고종사촌 간이었다. 윤동주는 도쿄의 릿쿄대학에 들어가서 한 학기가 지난 1942년 10월 1일에 도시샤대학 문학부 문화학과 영어영 문학 전공에 입학했다. 그때 송몽규는 교토제국대학에 재학하고 있었 다. 사실은 그 전에 윤동주도 송몽규와 함께 교토제국대학에 응시했 으나 낙방했다. 윤동주는 송몽규와 함께 지내고 싶어 교토로 간 것인 지 모르겠다. 아무튼 윤동주는 교토에 간 지 10개월 만에 체포되었다.

윤동주는 1944년 3월 31일 교토지방재판소에서 미결구류일수 120일을 포함해 징역 2년을 선고받고(치안유지법 제5조 적용) 후쿠오카 형무소에 수감됐다. 이 형무소는 일본 형무소 가운데 한반도와 가장 가까운 곳으로, 주로 한국독립운동 관계자를 수용했다. 윤동주는 독방에서 투망 뜨기, 봉투 붙이기, 목장갑 코 꿰기 등의 노역을 하는 한편, 한 달에 한 번 일본어로 엽서를 쓰거나 영어와 일본어가 함께 쓰여있는 성서를 읽는 것으로 소일했다. 건장했던 그는 이름 모를 주사를 계속 맞은 끝에 1945년 2월 16일 외마디 비명을 지르고 운명했다. 광복을 6개월, 만기 출소를 9개월 반 앞둔 시점이었다. 향년 29세, 너무나 젊고 아까운 나이가 아닌가! 그를 죽음으로 이끈 주사액은 당시 규슈제국대학에서 개발하려고 실험하고 있던 혈장 대용 생리식염수였다는 설이 있다.

윤동주의 장례식은 1945년 3월 6일 북간도 용정 집의 앞뜰에서 거행됐다. 아버지가 신경(新京, 괴뢰국가 만주국의 수도로서 오늘날 중국의 장춘), 안동(安東, 지금의 단둥), 서울, 부산을 경유하는 열차를 타고 후쿠오카에 가서 시체를 인수했다. 윤동주의 시체는 화장하여 뒷동산에 묻었다. 장례식은 용정중앙장로교회 문재린 목사(문익환 목사의 부친)가 주관하고, 친척이 연희전문학교 시절의 동인지 『문우』에 실린 그의 시 「자화상」, 「새로운 길」을 낭독했다. 1945년 6월 14일, 고향의 뒷동산에 '시인 윤동주 비(詩人尹東柱之碑)'가 건립되었다.

뒷줄 왼쪽부터 장준하, 문익환, 윤동주

윤동주의 하숙(좌경구 다나카다카하라초[田中高原町] 27 다케다[武田]아파트)은 1936년에 지어졌는데, 교토제국대학과 도시샤대학 학생 70명이 입주하고 있던 목조 2층 건물이었다. 1945년 전후에 불에 타 없어지고, 지금은 그 자리에 교토예술단기대학 건물이 세워져 있다. 그 하숙은 철골조의 창고 같은 건물이어서 황량한 분위기였다. 그곳에서 도시샤대학까지는 약 3.5킬로미터로, 윤동주는 매일 걸어서 가모오하시[加茂大橋]를 건너 학교에 갔을 것이다. 가모가와, 고쇼, 쇼코쿠지 등이 어우러진 절경을 보면서 그는 얼마나 많은 시상(詩想)을 떠올렸을까. 윤동주가 정지용의 시 「압천(鴨川)」을 걸작이라고 평한 것을 보면 오리 한마리, 풀 한 포기도 그냥 지나치지 않았을 것이다.

도시샤대학의 학사 처리는 엉성하고 느슨하다. 윤동주가 체포된 후에도 계속 강의를 들은 것으로 되어 있다. 1948년 12월 24일에야 교수 회의에서 장기 결석과 학비 미납으로 제명한다고 결의했다. 그렇지만 학교의 명당에 윤동주 시비를 세운 것도 도시샤대학이다. 그가 옥사한 지 50년 만의 일이다. '윤동주 시비 건립 취지서'는 이렇게 쓰여 있다.

전쟁과 침략이라고 하는, 입에 담기조차 무서운 말이, 성전(聖戰) 혹은 협화(協和)라는 이름으로 미화되어, 헤아릴 수 없을 만큼 많은 무고한 사람들을 죽음으로 내몰았고, 빛나는 미래를 꿈꾸고 있던 수많은 청년들의 귀중한 생명을 앗아 갔습니다.

"하늘을 우러러 한 점 부끄럼 없기를" 하고 읊었던 시인 윤동주도 그 가운데 한 사람이었습니다. 시인이 공부했던 도시샤의 설립자

니지마 조[新島襄]는 "양심이 전신에 충만한 대장부들이 궐기할" 것을 말했습니다만, 시인의 생전 모습이 바로 그러했습니다. "별을 노래하는 마음으로, 모든 죽어 가는 것을 사랑해야지"라고 하면서 양심이 명하는 바에 따라 그는 살았습니다. 그 치열한 삶의 모습을 우리는 흉내조차 낼 수 없습니다만, 그럼에도 불구하고 잘못을 부끄러워하는 것이 아니라, "같은 잘못을 반복하는 어리석음을 저지르지 않는, 혹은 저지르지 않게 하기" 위해서라도, 시인의 말을 가슴에 새기고 싶은 것입니다.

아베 신조 총리의 집권 아래 일본이 전쟁을 할 수 있는 나라로 바뀌어 가고 있는 상황에 대한 이웃 나라의 우려가 높아지는 요즈음 윤동주 시비 건립의 취지문은 새삼스럽게 우리의 가슴을 뭉클하게 만든다. 나는 작년 서울에서 상영된 〈동주〉라는 영화를 감상하면서 도시샤대학의 고즈넉한 캠퍼스와 윤동주의 잔잔한 시구를 겹쳐 떠올리면서 눈시울을 붉혔다.

교토제국대학의 송몽규와 독립운동

다음은 윤동주와 운명을 함께한 송몽규에게 눈을 돌려 보자. 그는 1942년에 교토제국대학 문학부 사학과 선과생(選科生)[38]으로 입학했

---

38 일부의 학과만을 선택하여 듣는 학생.

송몽규

다. 1935년 4월 중국 남경(南京)에 잠입하여 김구(金九) 계열의 낙양군관학교에 입교하고(왕위지(王偉志), 송한범(宋韓範), 고문해(高文海) 등의 가명 사용), 1936년 4월 10일 지난(濟南, 중국 산둥 성에 있는 도시) 주재 일본영사관 경찰부에 체포되어 웅기경찰서로 이송되었다가 석방되었다. 이러한 경력만 봐도 그가 민족의식이 투철했다는 것을 알 수 있다.

송몽규는 교토제국대학에 다니면서 유학생을 선동하여 한국의 고유문화를 유지·향상시키고, 한국의 독립 성취를 위해 궐기할 것을 촉구했다. 특히 한국에서 징병제를 실시하는 것을 비판하면서도, 군대에 들어가 무장하게 되는 한국인이 일본의 패전을 틈타 무력 봉기를 결행하면 독립을 쟁취할 수 있다고 주장했다. 그가 자주 만난 유학생은 윤동주, 고희욱, 백인준(릿쿄대학 재학) 등이었다. 그들은 하숙이나 야세(八瀬) 유원지 등에서 자주 회합했다. 송몽규의 하숙(좌경구 키타시라가와(北白川) 히가시히라이(東平井町) 60번지(番地))은 윤동주의 하숙에서 걸어서 5분 거리에 있었다. 그리고 야세 유원지는 정지용이 산책하고 조선인 노동자가 전철 공사에 참여한 곳이기도 했다.

송몽규는 1944년 4월 13일 교토지방재판소에서 미결구류일수를 포함하지 않고 징역 2년을 선고받았다(치안유지법 제5조 적용). 1946년 4월 12일이 출소 예정일이었다. 그렇지만 그 날이 오기 1년여 전에 윤동주와 마찬가지로 후쿠오카 형무소에서 이상한 주사를 계속 맞은 끝에 1945년 3월 7일 운명했다. 윤동주가 옥사한 지 20일 후였다. 그의 부친은 북간도 장재촌에 그의 유해를 안장하고 그의 무덤 앞에 '청년문사송몽규지비(靑年文士宋夢奎之碑)'를 세웠다. 윤동주의 묘비보다 앞서 세운 것이다. 송몽규는 용정에서 살 때 「동아일보」의 신춘문예 공모 수필 분야에 당선된 바 있다.

송몽규의 무덤은 1992년에 윤동주와 같은 묘역으로 이장되었다. 생전에 고락(苦樂)을 같이 하며 조국의 독립을 위해 분투하던 죽마고우가 저승에서도 길동무가 되어 영원한 여행을 함께하고 있는 것이다.

교토제국대학의 학사 처리는 재빠르고 가차 없었다. 1944년 2월 22일 송몽규가 기소되자 곧 무기정학 처리하고, 징역 2년이 확정되자 1944년 5월 18일자로 퇴학 처분했다. 도시샤대학과는 차원이 달랐다. 대일본제국을 이끌어 간 관립대학다운 학사 행정이었다. 그렇지만 제국도 붕괴하고 한일의 우호 협력을 부르짖는 시대가 되었으니, 교토대학(구 교토제국대학)이 교토제국대학 시절의 신속한 학사 행정의 솜씨를 발휘하여 교정에 송몽규의 기념비라도 하나 세우면 좋지 않을까 하는 아쉬움이 남는다.

정지용과 교토의 시상(詩想)

교토, 특히 도시샤대학의 한국인 유학생 중에 정지용을 그냥 지나칠 수는 없다. 그는 충북 옥천군 옥천면 하계리 40번지에서 태어났다. 휘

정지용

문고등보통학교를 거쳐 도시샤대학을 졸업한 후 휘문고등보통학교의 영어 교사, 이화여자전문학교 교수, 경향신문 주간, 이화여대 교수를 역임했다. 그가 한국 전쟁 때 북한으로 끌려갔고, 지금은 국민적 시인으로 칭송을 받는다는 점은 새삼스럽게 언급할 필요조차 없다. 여기에서는 교토에 관련된 이야기만 조금 소개하겠다.

정지용은 고향에 아내를 두고 교토의 도시샤대학에 1923년(22세)부터 1929년(28세)까지 재학했다. 휘문고보가 교사로 근무할 것을 조건으로 그의 학비를 대 주었지만, 유학 생활은 경제적으로 풍요롭지 못했다. 그가 도시샤대학에 간 이유는 기독교에 대한 관심도 있었지만, 그 대학의 영문과가 간사이[關西]에서 가장 이름 높기 때문이다. 문인의 감성에서 고도(古都) 교토의 자유로운 학풍에 끌린 것은 두 말할 필요도 없다. 그가 재학한 영문과에는 한국의 민중예술에 심취하여 민예운동을 펼치고 있던 야나기 무네요시[柳宗悅]가 출강하여 휘트먼과 블레이크를 강독하고 있었다. 이 학과에서 정지용은 '윌리엄 블레이크 시에서의 상상'이란 주제로 논문을 쓰고 졸업했는데, 그의 졸업논문은 그다지 높은 평가를 받지는 못한 것 같다.

정지용은 기타하라 하쿠슈[北原白秋, 1885~1942]의 작품을 탐독하고 본뜨면서 시작(詩作)에 매진했다. 기타하라는 일본 근대 시사(詩史)에서 광범위한 영역을 개척하고 운문학(韻文學)의 모든 부문에서 불세출의 재능을 발휘한 시인이었다. 일본어에 새 목숨, 새 숨길을 불어넣은 시인으로, 일본 국민 중 그의 영향을 조금이라도 받지 않은 사람이 없을 정도이다. 한국의 김소운(金素雲, 1907~1981)도 그의 추천을 받아 일본 문단에 등단했다.

정지용은 기타하라에게 직접 지도를 받은 적은 없었지만 그의 작품을 열심히 베끼고 흉내 내며 사사했다. 그것도 일본어로. 그를 얼마나 높게 평가하고 존경했으면, "레오나르도 다빈치가 되라면 어떻게 해서 흉내는 내질 것 같아. 하지만 기타하라 하쿠슈 만큼은 어림도 없어."라고 김소운에게 털어놓았을까. 정지용이 한국 전통 민요의 가락을 살리면서 새 시의 경지를 개척한 것이나, 초기에 수식이 화려한 시를 많이 쓰다가 중간에 종교적 깨달음의 기쁨을 노래한 시를 쓰고, 후기에 자연에 몰입한 취향의 시를 쓰게 된 것은 기타하라로부터 영향을 받은 것이었다.

정지용은 1920년대에 교토에 살면서 도회지 풍경과 도회지에 사는 사람의 정서를 시로 표현했다. 당시 일본에서는 소위 다이쇼[大正] 데모크라시39의 파도를 타고 대중문화가 꽃을 피우고 있었다. 정지용은 가와라마치의 번화가, 가모가와의 풀섶, 히에이 산 산록를 거닐면서 「카페 프란스」, 「황마차」, 「압천」, 「슬픈 인상화」, 「다리 위」 등을 시로 읊었다. 이 작품들은 한국 모더니즘의 기점이 될 것이다.

나는 정지용의 체취를 느끼기 위해 '카페 프란스'를 찾아 헤맸으

----

39 일본에서 1910년대에서 1920년대에 걸쳐 일어난 정치, 사회, 문화 각 방면의 민주주의 발전, 자유주의 운동의 풍조와 사조를 가리킨다.

나 뜻을 이루지 못했다. 그 대신에 그가 신앙심을 불태웠던 가와라마치교회(성 프란시스코 사비엘 천주당)는 쉽게 찾을 수 있었다. 이 교회는 1967년에 철근 콘크리트로 개축했는데,[40] 내부는 옛 모습 그대로였다. 정지용은 1928년 7월 22일 이 교회에서 세례를 받았다. 세례명은 프란시스코(한자명 方濟各(방제각))이다. 그는 1928년 12월에 이 성당에서 열린 재일본조선공교신우회 경도지부 창립총회에서 서기로 선출됐다. 정지용은 졸업도 늦출 만큼 종교 활동에 열심이었다.

정지용의 업적 중에서 또 하나 기릴 만한 것은 해방 이듬해 윤동주의 시를 자신이 주간으로 있던(1946. 10~1947. 7) 「경향신문」에 게재하여 일반인에게 소개하고 윤동주의 시집 초간본 『하늘과 바람과 별과 시』를 발행한 일이다(1948. 1. 30). 정지용은 서문에서 윤동주의 순결한 생애를 평가하여, '冬(겨울) 섣달의 꽃, 얼음 아래 다시 한 마리 잉어'라고 칭송했다. 이것은 도시샤대학 선배로서의 칭찬이 아니라 윤동주의 시인됨이 탁월하다는 것을 표현한 예찬이었다. 정지용 덕택에 윤동주는 불멸의 민족 시인으로 부활했다. 공교롭게도 정지용이 경향신문에서 주간으로 일할 때 같은 시기에 경향신문의 편집국장을 맡았던 염상섭(廉尙燮, 1897. 8~1963. 3, 소설가)은 교토부립중학교에 유학한 경험을 가지고 있었다. 한국 문학에서 교토의 인맥은 이렇게 끈끈한 것일까.

2005년 도시샤대학 이마데가와 캠퍼스의 윤동주 시비 곁에 정지

----

40 1890년에 완공된 고딕양식의 호화로운 원래 성당은 아이치 현의 야외 박물관 메이지무라로 이전하여 보존했다.

용의 시비가 건립되었다. 정지용의 고향 옥천을 비롯하여 그와 연고가 있거나 그를 기리는 단체가 세운 것이다. 따지고 보면 윤동주가 한 학기 정도 도시샤에 다녔다면 정지용은 열 두 학기나 재학했다. 그것도 대학원까지. 도시샤와의 인연을 말하면 정지용이 윤동주보다 훨씬 깊은 셈이다. 나는 화강암의 속살이 아직 하얗게 빛나는 정지용의 시비 앞에 서서 선후배가 서로 끌고 밀면서 저승에서나마 마음껏 교토와 조국을 노래하라고 기원했다.

5부

현대: 한일의 문명 전환과
평화 공영 모색

일제의 패망과 남북에 남은 일제 유산

일본의 패전과 한국의 해방

제2차 세계 대전 중 연합국, 미국과 영국의 정상은 전쟁이 끝나면 독일, 일본 등이 강탈한 식민지 국가들의 주권을 회복시킨다는 데 합의했다(대서양헌장, 1941). 그리고 미국·영국·중국의 수뇌가 참석한 카이로 회담에서는, 일본은 폭력과 탐욕으로 약탈한 지역으로부터 쫓겨날 것이고, 한국인의 노예 상태에 유의하여 적당한 시기에 한국을 자주 독립시킬 것을 결의했다(1943). 미국·영국·소련의 정상이 모인 얄타 회담에서는, 독일과 전쟁이 끝난 뒤 소련이 일본에 선전포고하고, 한국은 종래 논의해 온 바와 같이 일정 기간 신탁통치를 한다는 합의가 이루어졌다(1945. 2). 미국·영국·중국·소련의 수뇌가 참석한 포츠담 회담에서는 일본군에 무조건 항복을 요구하고, 카이로선언이 이행되어야 한다는 점을 결의했다(1945. 7). 이처럼 한국의 독립은 연합국의 국제회의에서 수차례 재확인됐다.

포로수용소에 있는 일본군

한국의 운명이 달린 아시아-태평양 지역의 전쟁은 1945년에 들어서 일본의 옥쇄작전1으로 큰 희생을 치르며 전개되었다. 2월에 필리핀 마닐라에 상륙한 미군은 3월에 이오지마[硫黃島]를 점령하고 도쿄 등에 공습을 감행했다. 미군은 세 달에 걸친 혈전 끝에 6월에 오키나와를 점령했다. 이에 앞선 5월에는 히틀러가 자살하고 독일이 패망했다. 미군은 8월 6일 히로시마에, 9일에는 나가사키에 원자폭탄을 투하했다.

승기를 엿보고 있던 소련군은 8월 8일 일본에 선전포고하고 9일부터 만주와 한반도로 진격했다. 일본은 14일 포츠담선언을 수락하고

1 아시아·태평양 전쟁 때 일본 대본영(천황의 직속으로 군대를 통솔하던 최고 통수부)이 일본군 부대가 전멸하더라도 끝까지 싸워야 한다는 뜻으로 사용한 용어. 구슬이 한 방에 와르르 깨져 버리듯이 일치단결하여 전원이 죽을 때까지 싸우자는 선전·선동으로 활용되었다

무조건 항복했다. 이때 미군은 서울에서 1천5백 킬로미터나 떨어진 오키나와에 있었다. 다급해진 미국은 일본군의 무장 해제를 위해 북위 38도선에 군사 분계선을 설치할 것을 소련에 제안했고, 소련이 그 제안을 수락함으로써 한반도는 남북으로 분단되었다. 한반도를 반으로 나누어 세력 균형을 이루겠다는 두 강대국의 이해관계가 맞아떨어진 것이다.

소련군은 8월 24일부터 경의선·경원선을 차단하고, 27일까지 북한 전역을 점령했다. 9월 6일에는 전화·전보·우편 등의 통신을 끊어버렸다. 그리하여 38선은 일찍부터 미·소가 군사력을 동원하여 한반도를 반쪽씩 지배하는 국제 정치의 분단선으로 굳어졌다. 미군이 인천에 상륙한 것은 9월 8일, 남한 전역을 점령한 것은 10월 하순이었다. 소련보다 두 달 늦게 진주한 셈이다. 한반도에는 해방의 기쁨과 함께 분단의 슬픔이 짙게 드리워졌다. 이 모든 사태의 근원은 결국 일본의 한국 지배에서 비롯되었다고 볼 수 있다. 한국과 일본의 인연은 질기고 모진 셈이다.

❈ 미·소의 점령과 분단국가의 수립

북한에서는 해방 직후부터 함경남도 인민위원회 결성(1945. 8. 16)을 시발로 각도 인민위원회가 출범했다. 소련군은 일본군의 항복을 받고 일본의 군인·경찰관·행정관을 억류했다. 그리고 공산주의자들이 중심이 된 각급 인민위원회에 행정권을 이양했다. 김일성이 소련군의

한반도를 남과 북으로 나눈 군사분계선인 38선(1950년대)

지원을 받으며 입국한 것은 9월 중순이었다. 그 후 얼마 지나지 않아 조선공산당 북조선분국이 만들어지고, 11월에는 5도 행정 기구가 출범했다. 소련은 이미 북한에 공산주의자들을 중심으로 독자적인 정부를 수립할 것을 계획하고 있었다. 1946년 2월 8일 북조선임시인민위원회가 발족하여 소련군의 지휘 아래 행정·치안을 담당했다. 그리고 각종 법령과 제도를 만들어 공포하고 실제로 정부 행세를 했다. 3월에 토지 개혁을 실시한 것이 하나의 예다.

한편 남한에서는 8월 말까지 조선건국동맹을 계승한 건국준비위원회가 치안을 담당했다. 9월 들어 박헌영 등은 조선공산당을 재건하고, 송진우(宋鎭禹) 등은 한국민주당을 결성했다. 미군은 9월 9일에 조선총독의 항복을 받고 군정청을 설치했다. 10월 10일 미군정장관 아놀드(A. V. Arnold)는 성명을 발표하여 '남한에는 미군정이라는 단 하나의 정부가 있을 뿐'이라고 선언하고 실제로 통치권을 행사하기 시작했다. 10월에는 이승만, 11월에는 김구 등 독립운동 명망가들이 개인 자격으로 귀국했다. 미군정은 조선총독부의 행정 조직과 관리·경찰 등을 활용하여 빈축을 샀다. 미군정은 정치적으로는 언론·집회·결사 등의 자유를 보장하고 중립을 표방했다. 그들의 통치는 전체주의적인 소련군의 통치에 비해 자유롭고 민주적이었지만, 체계적이지 못해 혼란을 야기한 측면도 있었다.

1945년 12월 미국·영국·소련의 3국 외상은 모스크바에서 회의를 개최했다. 이 자리에서 한반도에 민주적 임시정부를 수립할 것, 미·영·중·소가 임시정부와 협의하여 최장 5년간 신탁통치를 실시할 것, 미소공동위원회(미소공위)를 개최하여 제반 문제를 논의할 것 등을 결

임시정부요인 환영회에 참석한 이승만(좌)과 김구

정했다. 신탁통치를 부각시킨 언론의 보도를 접한 한국인들은 찬반양
론으로 갈라져 격렬하게 대립했다. 대체로 우익 진영은 신탁 통치를
식민 통치의 연장으로 파악해 반대한 반면, 좌익 진영은 한반도의 통
일 독립을 위한 합리적인 방안이라고 환영했다.

좌우 진영의 반목과 대립은 1946년 3월과 이듬해 5월에 서울에서
열린 제1·2차 미소공위에도 영향을 주었다. 결국 미소공위는 아무런
성과도 없이 끝났다. 이후 미국은 한반도 문제를 유엔에 이관했지만,
소련은 이에 반대하여 점차 한반도에서 통일 정부 수립의 가능성은
멀어졌다. 유엔 총회는 남북한에서 유엔 감시 아래 자유선거를 실시
하여 통일 정부를 수립할 것을 결의했다(1947. 11). 이에 대해서도 우익
진영은 찬성하고 좌익 진영은 반대했다. 남한은 유엔 한국임시위원단
의 활동을 허용한 반면, 북한은 그들의 입국조차 거절했다. 그리하여
남한에서만 총선거가 실시되었다(1948. 5). 이를 바탕으로 1948년 8월
15일 이승만을 대통령으로 하는 대한민국 정부가 수립됐다. 남한보
다 앞서 국가 체제를 정비해 온 북한은 곧 김일성을 수상으로 하는 조
선민주주의인민공화국 정부의 수립을 선포했다(1948. 9. 9). 그해 12월
유엔 총회는 대한민국 정부가 한반도에서 선거를 통해 수립된 유일한
합법 정부라고 승인했다.

◤ 일제의 유산 (1): 인적 자원의 활용과 처벌

한 세대에 걸친 일제의 식민 통치는 사람, 제도, 물자, 습관, 의식 등에

서 남북한에 짙은 그림자를 남겼다. 새로 수립된 남북한 정부는 '나라 만들기'에 몰입할 수밖에 없었기 때문에 일제가 도입하고 생성한 여러 부문의 유산을 곧바로 쉽게 청산할 수 없었다.

일제의 유산 중에서 특히 인적 유산, 즉 관리·군인·경찰 등은 처리하기가 곤란한 문제였다. 사람은 목숨을 끊지 않는 한 다음 시대로 연결되고, 그가 체득한 지식, 기술, 의식, 경험 또한 다음 사회에 전수되기 마련이다. 새로 나라를 세우고 운영하는 데는 친일파로 분류될 수 있는 사람의 노하우조차 활용할 필요가 있었다. 그렇지만 민족반역자로 지탄받는 이들을 그대로 임용하는 것은 나라의 정통성에 큰 흠이 되었다.

일제 말기에 고위 관료 중 한국인이 차지했던 비중은 칙임관 25퍼센트, 주임관 20퍼센트, 판임관 34퍼센트 정도였다. 일제는 한국을 직접 지배했기 때문에 전체 관료의 3분의 2를 일본인으로 채웠다. 그 비중은 고위층일수록 높았다. 한국인 중에서 친일파로 지목된 사람들은 대개 고위 관료들이었다. 해방 직후부터 남한에서는 일제 유산의 청산운동이 전개되었다. 학교에서는 일본어 사용이 금지되고, 한글본 교재가 보급되었다. 인명과 지명이 한국식으로 환원되거나 새로 제정되었다. 예를 들면 서울의 메이지초[明治町]는 명동으로, 고가네마치[黃金町]는 을지로로, 다케조에마치[竹添町]는 충정로로 변경되었다. 인적 청산, 곧 친일파에 대한 정리도 추진되었다. 일제의 식민지 지배에 적극 협조한 반민족행위자가 주요 대상이었다.

북한에서는 경찰 등의 친일파를 현직에서 추방시켰다. 여기에는 반일정부를 수립하라는 소련의 지시도 영향을 미쳤다. 그렇지만 생산에 종사하는 기술자나 실무에 능숙한 관리 등은 그대로 활용했다. 북한 지역은 중화학공업이 발달했기 때문에 남한보다 기술자가 많았다. 반면 남한은 관공서에 근무하는 관리가 더 많았다. 북한은 일본인 기술자 5,675명을 억류하여 공장 등을 운영하고 기술을 전수하도록 했다. 일제하에서는 민족 차별 정책으로 한국인 기술자가 복잡한 기계나 장비를 운전할 수 있을 만큼 성장하지 못했다. 대부분의 일본인 기술자가 북한에서 철수한 것은 1947년 7월경이었다. 남한에서는 1945년 말까지 일본인이 대부분 본국으로 돌아갔다.

남한의 미군정은 한국인 관료의 기능과 능률을 중시했다. 우익 진영도 국가 건설을 우선해야 한다는 뜻에서 친일파를 현직에 활용한 경우가 많았다. 1948년 9월 국회는 반민족행위처벌법을 만들어 국권 피탈에 적극 협력한 자, 일제로부터 작위를 받거나 제국의회 의원이 된 자, 독립운동가 및 그 가족을 살상·박해한 자, 직간접으로 일제에 협력한 자 등을 처벌하려 했다. 그러나 좌익과 싸우며 나라의 기틀을 잡기에 급급했던 이승만 정부는 이를 탐탁지 않게 여기고 오히려 친일파 처벌을 방해했다. 그리하여 1960년 1월 당시 이승만 정부의 경제 관료 중 60.2퍼센트가 일제 강점기 시기의 관료 경력을 가지고 있었다. 그러나 이들은 빠른 속도로 교체되어 1965년 무렵 박정희 정부에는 16.8퍼센트만 존속했다. 해방 이후 세대가 고위 관료층에 속속 진입했던 것이다.

그런데 건국 초기에 명백한 친일파조차 제대로 처벌하지 못했던 부작용은 오랫동안 남한 사회에 나쁜 영향을 미쳤다. 노무현 정부는 '일제 강점하 반민족행위 진상규명에 관한 특별법'을 제정하여(2004) 친일파를 다시 조사·규명하고 '친일반민족행위자 재산조사위원회' 설립법을 제정해(2005) 친일파의 재산을 몰수했다. 그럼에도 친일파 처리 문제는 오늘날까지 국민 사이에 갈등을 빚는 요인으로 작용하고 있다.

 ## 일제의 유산 (2): 물적 자원의 분포와 대체

일제가 만든 도로, 항만, 철도, 통신 시설이나 생산 설비 등은 해방 후 남북한에 인계되었다. 그리하여 일제의 물적 유산이 남북한의 사회 형성이나 경제 발전에 크게 기여했다고 보기 쉽다. 그렇지만 일제가 물러간 뒤 남북한은 모두 세계에서 가장 가난한 농업 국가로 되돌아갔다. 왜 그랬을까? 일제 말기 전쟁의 장기화와 광역화로 인한 인적·물적 자원의 고갈, 공장과 시설 등의 운용 정지, 남북 분단에 따른 경제 단위의 분산과 고립, 전국을 유린한 6.25 전쟁 기간 중의 산업 시설 파괴와 생산 인력 감소 등으로 인해 일제의 물적 유산은 아주 제한된 일부만 1960년대 이후로 연결되었기 때문이다.

연합국 최고사령부가 조사한 바에 따르면, 1945년 8월 당시 일본의 대외 자산 총액 218.8억 달러(3282억 엔)의 24퍼센트에 해당하는 52.5억 달러(787억 엔)가 한반도에 있었다. 그중에서 남한의 일본 자산은 자산 총액의 10.5퍼센트인 22.8억 달러(341억 엔)였다. 일제의 경제 개발이 남한보다는 북한에서 더 활발했기 때문에, 북한에는 남한보다 더 많은 금액인 30억 달러의 일본 자산이 있었다. 한반도에 있던 일본인 기업 자산 중, 규모가 큰 1,500사의 경우 북한 지역의 비중이 64.8퍼센트, 남한 지역은 35.2퍼센트로 북한이 남한의 거의 2배나 되었다. 소회사 3,800개와 기타 기업 자산은 남한 지역의 비중이 압도적으로 높았다. 남한 지역에는 중소기업과 소규모 자영업을 영위하던 일본인이 많았고, 북한 지역에는 대기업이나 기간산업을 경영하는 일본인이 많았던 것이다. 특히 광공업 부문은 북한 지역의 비중이 72퍼센트, 남한 지역의 비중이 28퍼센트였다. 공업의 편중은 광업보다 더 심했다. 북한이 73.4퍼센트, 남한이 26.6퍼센트였다. 1940년 북한 지역의 1인당 광공업 생산액은 남한 지역의 2배였다. 전기의 발전 능력은 10배가 넘었다. 철도의 전체 길이도 북한 지역이 남한 지역을 능가했다. 이로써 일제하의 일본인 기업 자산, 특히 공업 자산 중 중요한 것은 거의 대부분 북한 지역에 있었고, 남한 지역에는 경공업이 주로 자리 잡고 있었음을 알 수 있다.

남한 지역에 남은 일본인 자산 22.8억 달러 중 기업 자산은 13억 달러(200억 엔)였다. 그런데 이조차 다음과 같은 이유로 해방 후 제대로 가동되지 못했다.

첫째, 한반도에서의 공업 발전은 한국 자체의 경제 성장 과정에서 이루어진 것이 아니라 일제의 필요에 의해 발현하여 일본 공업의 연장으로 이룩된 것이기 때문에 일제가 패퇴한 이후 각 공업은 상호 유기적 관련을 잃어버렸다. 설상가상으로 남북 분단은 한반도의 공업을 더욱 기형적으로 만들었다. 일본 본국과의 식민지 분업 구조가 붕괴되자 한반도에 약간 남아 있던 비축 원자재는 곧 소진되어 원료 부족 사태가 초래되었다. 남한 공업의 조업률은 60퍼센트 정도였고, 최대 광업인 무연탄은 50퍼센트, 금은광업은 40퍼센트 이하였다.

둘째, 일제 말기 전시 체제하의 생산 시설은 군수 산업과 관련되어 여러 가지 보호와 지원을 받으면서 지나치게 비대해져 있었다. 남한의 공업 시설은 북한에 비해 평화 산업이 많아 전시 체제에서조차 기술이나 부품을 확보하기 어려웠다. 게다가 일제가 패망하자 군수 광물을 생산하기 위해 팽창되었던 광공업 부문은 연료용 석탄이나 수출용 텅스텐 산업 등을 제외하고 그 기능을 발휘할 수 없었다.

셋째, 일제 말기에 많은 생산 시설이 이미 부품 확보가 어려워 조악한 상태로 유지되거나 노후화된 상태였다. 해방 시점에 제철, 제동(製銅) 설비는 가동할 가치조차 없었고, 일본의 유휴시설을 도입한 방직공장도 제 기능을 발휘할 수 없었다. 게다가 일본인들이 철수하면서 시설을 파괴하거나 관리 부실, 침수, 도난이 잇달아 산업 시설은 황폐화되어 버렸다. 고장 난 것은 수리할 수도 없었다.

1944년과 1946년을 비교해 보면, 그 사이 남한의 공장 수는 41퍼센트 감소했고, 노무자 수는 52퍼센트 감소했다. 이러한 공업 생산의 위축은 결국 물적 유산 중 절반 이상이 제대로 기능하지 못했음을 의미한다. 6·25 전쟁의 피해도 만만치 않았다. 해방 직후 남한 지역에 남았던 물적 유산은 6·25 전쟁 과정에서 50.5퍼센트가 파괴됐다. 일본인의 공업 자산 중에서 6·25 전쟁의 피해를 입지 않고 남은 것은 1억 1300만 달러로, 해방 당시의 23.4퍼센트에 불과했다.

6·25 전쟁 이후 남한에서는 파괴된 시설을 복구하고 노후한 시설을 교체했는데, 그 과정에서 일본제가 미국제로 바뀌었다. 6·25 전쟁으로 일제의 유산이 거의 대부분 파괴된 데다가, 복구 과정에서 겨우 잔존한 것마저 미국식 시설로 탈바꿈된 것이다.

해방 당시 일제의 물적 유산은 미군정기 동안 한국에 도입된 원조액과 거의 비슷했다. 미국의 원조액은 6·25 전쟁 이후 더욱 늘어나 1960년까지 약 30억 달러에 이르렀다. 1960년 시점에서 보면 일제의 물적 유산은 미국이 한국에 제공한 원조액의 7분의 1 정도에 불과하여, 그 후 본격화되는 한국의 공업 발전에 별로 기여하지 못했다고 할 수 있다.

반면에 북한에서는 6·25 전쟁 전까지 일제의 물적 유산이 남한에서의 역할보다는 더 큰 역할을 했다. 1940~1945년에 북한 지역의 군사 공업은 급속히 광범하게 팽창해 아시아 유수의 중화학 공업지대로 변모했다. 일제가 붕괴한 뒤 생산 설비는 소련 점령군의 손을 거쳐 김일성 정부에 인계되었다. 북한은 남한보다 일제의 물적 유산을 잘 활용하여, 1950년의 공업 총생산액은 1944년의 수준을 능가했다. 이런 점에서 보면 일제의 물적 유산은 남한보다는 북한에서 연속의 측면이 훨씬 더 강했다고 할 수 있다.

일제의 유산 (3): 법령·제도, 이념·체제의 계승과 개혁

인간과 물자의 연속과 단절은 어느 정도 계량화가 가능해 그 실태를 비교적 명확하게 설명할 수 있다. 그렇지만 법령·제도, 관습·의식, 이념·체제 등은 사람과 사회의 내면 또는 전반에 공기처럼 스며 있거나 서로 복잡하게 얽혀 있기 때문에 연속과 단절의 실체를 강하게 느끼거나 파악하기 쉽지 않다. 따라서 그것들이 해방 이후 남북한에 어떤 영향을 미쳤는가에 대한 해석과 평가는 주관성을 배제하기 어렵다. 그럼에도 이들을 언급하지 않을 수 없는 건, 일제 유산 중에서 법령·제도, 관습·의식, 이념·체제 등이 해방 후 남북한에 가장 큰 영향을 미친 요소라 보기 때문이다.

남한의 미군정은 조선총독부의 법령, 관료제, 경찰 기구를 그대로 인수했다. 그 과정에서 일제하에 한국의 독립운동을 탄압한 경찰도 지위를 유지할 수 있게 되었다. 대한민국 수립을 앞두고 새로 제정된 헌법도 그 부칙에서 현행 법령은 이 헌법에 저촉되지 않는 한 효력을 지닌다고 명시했다. 아울러 현재 재직하고 있는 공무원은 헌법에 의해 선거 또는 임명된 자가 그 직무를 계승할 때까지 계속 직무를 수행한다고 규정했다. 이로써 일제강점기의 법령, 행정 기구, 관료, 부속 기관의 직원 대부분이 대한민국으로 계승되었다. 그런 점에서 본다면 남한은 일제강점기와 단절적인 '혁명'이 아니라 연속적인 '개량'을 통해 사회를 영위했다고 할 수 있다.

그렇지만 이념과 체제 면에서 남한은 오히려 일제강점기와 단절적인 '혁명'을 거쳤다고 볼 수 있다. 경제 영역을 예로 들어 당시 상황을 조금 더 구체적으로 살펴보자. 해방 이후 남한에서 군정을 펼친 미군은 처음부터 일제강점기 말기의 각종 통제를 폐지하고 시장경제의 전면적인 부활을 도모했다. 일본인이 소유했던 기업·공장을 민간인에게 매각하고 양곡의 유통을 자유롭게 한 정책이 그 일례였다. 일본인 기업·공장을 민간에 매각하는 일은 매입자 선정이나 가격 설정 등을 둘러싸고 큰 혼란과 비판을 야기했다. 그렇지만 시장경제의 발전을 지향하는 미군정은 방침을 변경하지 않았다.

그런 와중에 식량 사정이 극도로 악화되자 1945년 가을 이후 양곡의 자유 유통은 상당 부분 통제됐고 양곡 수매와 배급이 광범하게 실시되었다. 이는 얼핏 보면 일제강점기 말기나 북한의 양곡 관리와 유사했다. 그렇지만 기본자세가 달랐다. 미군정은 자유경제를 이상으로 삼더라도 생존에 불가결한 재화의 공급이 결핍될 경우에는 일정한 범위에서 유통과 소비를 통제하겠다는 입장이었다. 그 목적은 기본적으로 도시 주민에게 최저한의 양곡을 보장하는 것이었다. 정확한 비교는 어렵지만, 남한의 양곡 통제는 북한만큼 엄격하지 않았다. 1948년 8월 15일 미군으로부터 정권을 인계받은 이승만은 미국에서 고등교육을 받은 반공자유주의자였다. 그는 미군정보다 경제 분야에 광범한 통제를 허용했다. 그렇지만 시장경제를 기반으로 한다는 점에서는 본질적인 차이가 없었다.

해방 직후 남한과 북한은 공통으로 민족주의, 특히 반일민족주의를 국가 형성의 기반으로 삼았다. 그러나 두 체제 사이에는 자유주의 대 전체주의라는 기본 이념의 차이가 존재했다. 앞에서 언급한 경제정책의 상이함도 궁극적으로 여기에 유래한다. 북한과 달리 남한에서는 미군정이 일제의 전체주의 체제를 해체하고 자유민주주의를 이식

· 장려하는 정책을 도모했다. 그 뒤를 이은 이승만 정부도 기본적으로 미국과 같은 노선을 걸었다. 이는 사회를 주도하는 이념 및 가치관이 일제 말기와 전혀 다른 방향으로 전환됐음을 의미한다.

남한에 대해서는 인적 측면을 주목하여 해방 전후의 연속성을 강조하는 경향이 강하다. 인적인 면에서 보면 분명히 연속성이 뚜렷이 드러나 있다. 일제강점기에 활약한 소위 친일파가 해방 직후에도 여전히 정치·사회·경제·문화 등 각계에서 힘을 발휘했기 때문이다. 그렇지만 위에서 언급한 이념이나 체제, 가치관이라는 관점에서 볼 경우 남쪽은 단절의 측면을 강조해야 할 것이다.

이 단절은 남한이 일제의 체제, 즉 식민지 체제에서 벗어나는 과정에서 북한보다 훨씬 더 많은 혼란을 겪게 되는 기본 요인이 되었다. 남한에서는 자유주의, 반공주의, 국가주의, 전통주의, 개혁주의, 공산주의 등 다양한 사상의 영향을 받은 여러 세력들이 발흥하여 서로 경합과 투쟁을 벌였다. 그들의 이해관계는 종종 날카롭게 대립하여 사회 전체에 심각한 대립과 분열을 초래했다. 이승만은 독재 권력을 행사하여 자신의 반대 세력을 탄압했지만, 대립과 분열을 진정시킬 수 없었다.

결국 일제 말기의 전체주의를 상당 부분 그대로 유지한 북한에 비해, 남한은 언론·사상, 정치·경제 등의 자유로운 활동을 지향하면서 사회를 통합해 나갈 수밖에 없었다. 능률과 안정을 바탕으로 하루빨리 나라의 기틀을 만들어야 할 처지에서는 이것이 불리한 점도 많았다. 또한 시장경제의 규칙과 정치 활동의 규율이 확립되지 않은 상황에서, 이권에 기초한 단기적 이윤의 추구가 만연하여 경제 건설이 쉽게 진전되지도 않았다. 그럼에도 장기적 관점에서 보면, 남한이 일제

말기의 전체주의와 군국주의 체제를 폐기하고 자유민주주의와 시장
경제 체제를 도입한 것은 이후의 역사 발전에 있어 앞으로 나아가게
하는 힘이 됐다고 할 수 있다.

북한을 점령한 소련군은 해방 직후부터 사회주의적 개혁을 지향
하고 지도했다. 1946년 3월 23일 김일성의 명의로 발표된 북조선
임시인민위원회의 '20개조 정강'은 일제 통치의 온갖 잔재를 숙청할
것, 일제가 만든 법률과 재판 기관을 철폐할 것, 반동분자·반민주주
의분자와 무자비하게 투쟁할 것, 대기업과 공장을 국유화할 것, 지주
의 토지를 몰수해 농민에게 무상 배분할 것 등을 규정했다. 그 후 북
한에서는 맹렬한 기세로 사회주의 체제로의 개조 사업이 추진되었다.
지주 등이 고향에서 추방되고 남한으로 이주함으로써 친일파도 상당
히 제거되었다. 그리하여 북한은 일제와 단절된 것으로 보기 쉽다.
그러나 정치·경제의 근본에 관련된 이념이나 가치 등에서 북한은
일제와 연속된 측면이 많았다. 북한은 해방 이후에도 일제가 전쟁을 수
행하기 위해 구축한 통제 경제 체제를 그대로 유지했다. 일제가 시행한
식량의 강제 매수, 곧 공출제는 성출제(誠出制)로 바뀌어 여전히 시행됐
다. 일제가 시행한 마을 단위의 생산 책임제 역시 '증산돌격대'로 이름
만 바뀐 채 계속되었다. 소규모 개인영업은 인정됐지만 중요한 공업 시
설은 국유화되었다. 그 결과 1946년 말 북한 공업 시설의 90퍼센트 이
상이 국가 소유가 되었다. 각 생산 시설마다 생산 책임제와 유사한 목
표치가 할당되었다. 북한은 사회주의적 계획경제로 변모해 갔다.
북한에서는 상급 관료가 축출된 반면, 중·하급 관료는 직장에 남

아 신정부 아래에서 업무를 수행했다. 그들은 이미 '통제'에 대단히 익숙했다. 그들이 수행한 일은 발상과 개념 그리고 방법과 기술에서 기본적으로 일제강점기 말기와 동일했다. 경제 통제, 특히 물가 관리, 양곡 징수, 배급 실시 등의 업무에서 일제의 수법을 그대로 활용했다. 그들이 작성한 보고서나 통계 등이 실제로 일제강점기 말기의 것을 기초로 하고, 조선총독부의 통계 형식을 전면적으로 답습했다 해도 틀리지 않다. 일제의 경제 통제는 원래 소련의 영향을 받은 것이었기 때문에, 해방 이후 북한에서 소련군이 강요하는 소련식 통제는 큰 장애 없이 이식될 수 있었다.

개인의 자유로운 정치·경제활동을 금하고 모든 권력을 국가에 집중시키는 것은 전체주의의 핵심이다. 북한에서는 해방 직후부터 전체주의를 지향하는 정책이 펼쳐졌다. 이는 전시체제기 일제의 정책과 연결되었다. 통제의 강화, 인적·물적 자원의 국가 총동원, 지주제 폐기, 자산 국유화 등의 움직임은 일제강점기 말기에 이미 시작됐다. 김일성 정부는 이를 더욱 적극적으로 추진했다. 자유화의 움직임은 엄격한 탄압 아래 부분적·일시적인 채 끝났다.

해방 직후 북한에서는 남한에 비해 큰 혼란 없이 정치·경제의 체제 전환이 진행되었다. 사상·이념, 가치·정책의 근본적 변혁이 필요하지 않았기 때문이다. 일제강점기 말기의 한국(남북한)에는 자유주의와 민주주의가 거의 없었다. 1920년 이후 어느 정도 성장한 시장경제는 일제강점기 말기에 이르러 파괴되고, 전체주의가 정치·사회·사상·경제·문화 등을 지배했다. 게다가 북한에서는 해방 직후부터 소련이 공산주의를 이식했다. 그 과정에서 소수의 이질적인 분자, 즉 자유주의적 지식인이나 종교인·기업가들이 남한으로 쫓겨나 북한 내부에는 전체주의체제를 흔들 만한 존재가 남아 있지 않았다.

전체주의의 다른 중요한 특징은 대외확장주의와 군국주의(군사 우선, 사회의 군대식 조직화)이다. 이는 1930년 이후 일본 제국주의와 스탈린 통치 아래의 소련에서 나타난 두드러진 특징이기도 하다. '본과 소련의 전체주의적 통치 방식은 해방 이후 북한 군국주의 형성에 강력한 영향을 미쳤다. 북한은 해방 직후부터 무기의 조달과 생산에 막대한 자금을 투하하는 한편, 정규군 창설(1948. 2)과 군사력 증강에 노력했다. 북한의 전체주의체제가 현저히 군국주의적 색채를 띠게 된 데는 일본 군국주의가 영향을 미쳤다고 볼 수 있다.

⬛ 남북한과 일본의 문명 전환

해방 이후 남북한에 미친 일제의 유산을 이렇게 비교사적 관점에서 거시적으로 언급한 것은, 그것이 일본과 남북한의 상호 관계뿐만 아니라 문명 전환이라는 역사 변동에서도 대단히 중요한 의미를 갖고 있기 때문이다. 남한과 일본은 비록 짧은 기간이지만 일제강점기 말기의 천황숭배 군국주의 체제와 전혀 다른, 개인의 자유를 보장하는 민주주의 체제를 지향하는 미국의 통치를 함께 경험하게 됐다. 그 후에는 미국이 주도한 6·25 전쟁을 치르고 미국의 영향 아래 자유민주주의와 시장경제를 발전시켰다. 현대의 한일 관계는 바로 이런 공통의 문명 기반 위에서 맺어지고 영위됐다고 할 수 있다.

반면 북한은 일제강점기 말기와 오히려 유사성이 강한 소련군의 통치를 겪었다. 그리고 6·25 전쟁과 그 이후에는 일당 독재정치와 사회주의 통제경제에 익숙한 중국과 소련의 영향을 강하게 받았다. 이는 일제강점기 말기의 유산과 결합하여 북한식의 독특한 사회 체제를 만들어 내는 기반이 되었다. 오늘날 서로 다른 문명 기반을 지닌 북한과 일본이 서로 어떤 관계를 맺을지 예측하는 것은 대단히 어려운 일이다. 남북한의 통일 또한 그러하다. 그것은 3국 모두에게 또 한 차례의 문명 전환을 의미하는 것이 될 수도 있기 때문이다.

일본의 체제 변혁과 경제 발전

 연합군이 주입한 자유와 민주

1945년 8월 제국 일본은 전쟁에 패하여 미국을 중심으로 한 연합군 점령 아래 놓였다. 점령 정책을 실시한 것은 연합군 최고사령관총사령부 (GHQ)이다. 최고사령관에는 미국 육군원수 맥아더(Douglas MacArthur)가 임명됐다. 연합군이 일본 본토에 상륙하고, 일본 정부가 항복 문서에 도장을 찍은 것이 1945년 9월 2일이었다. 이로써 아시아·태평양 전쟁은 끝이 났다. 포츠담선언으로 일본의 영토는 네 개의 큰 섬과 그 주변으로 축소되었다. 미국이 직접 지배하는 오키나와를 제외한 일본 본토에서는 GHQ가 일본 정부에 지령하는 간접 통치가 실시되었다.

미군이 일본 본토의 점령을 서두른 목적은 군국주의를 없애고 민주주의를 실현하려는 것이었다. 이를 위해 GHQ는 자유와 권리를 억압하는 일련의 법제도를 폐지하고 정치적 이유나 사상적 이유로 구류·투옥된 사람들을 석방하도록 명령했다. 또한 여성에게 참정권 부여, 자유주의 교육 실시, 노동조합 결성, 경제 기구 민주화 등을 촉진하는 지령을 발하였다. 그리고 1945년 9월부터 전시중의 각료와 관료 등 39명을 전범용의자로 체포했다. 1946년에는 군국주의에 가담한 각료와 고급 관료, 귀족원과 중의원 의원 등을 포함해 1천 명 이상의 공직자를 추방했다.

1947년 5월 3일 일본에서 새 헌법이 시행되었다. 이 헌법은 주권재민과 기본적 인권을 존중하는 민주적 이념뿐만 아니라, 군대 보유를 금지하고 전쟁의 포기를 규정하는 등 진보적인 내용을 담고 있었다.

그러나 미국 정부와 맥아더 사령관 등의 의향에 따라 쇼와 천황의 전쟁 책임은 면책되었다. 쇼와 천황은 패전 후에도 계속 자리를 유지하는 대신 새 헌법에서 신성불가침한 최고 통치자가 아닌 '국민 통합의 상징'으로 자리매김 되었다. 쇼와 천황의 존속은 식민지 지배와 침략전쟁에 관련된 일본의 가해 책임을 은폐하여 일본과 이웃

맥아더 사령관과 쇼와 천황

나라 사이에 역사 갈등을 유발하는 화근이 되었다.

일본 정부는 패전 이후에도 국내에 거류하는 옛 식민지 출신자들의 민족 교육을 억압하는 등 차별 정책을 고수하고, 참정권 등의 보장을 회피했다.

패전 직후 일본 경제는 극도로 혼란했다. 사람들의 생활은 패전 직전의 최저 수준에도 미치지 못할 정도로 악화되어 도시에서는 굶어 죽는 사람들도 속출했다. 정부의 모든 기능이 마비되었으며 사람들은 자력으로 생활을 유지하지 않으면 안 되었다.

그러한 가운데 GHQ가 정치 활동의 자유와 노동조합운동의 장려를 표방하자 다양한 정치 결사와 민중운동이 조직되고, 노동 단체에 의한 시위와 집회가 전국 각지에서 벌어졌다. 식량 위기가 심각해지는 가운데 도쿄 도내 곳곳에서는 '쌀을 달라'는 데모가 발생했다. 1946년 5월 19일에는 천황이 사는 황거 앞 광장에 '식량 데모(식량 메이데이)'가 일어나 25만 명이 모여들었다. 그러나 1947년 2월 1일 노동 단체가 연대하여 총파업을 강행하려던 계획은 혼란을 방지하려는 GHQ의 방침에 따라 실행에 옮겨지지 못했다. 이것은 일본이 엄연히 점령하에 놓여 있다는 현실을 생생하게 보여 준 사례였다.

일본 정부는 극도로 혼란한 경제를 부흥시키고자 석탄과 철강 등의 기간산업에 자금과 원료를 중점적으로 투입했다. 그 결과 1947년에 전쟁 전의 30퍼센트에 불과하던 광공업 생산이 48년 말에는 거의 70퍼센트 정도까지 회복됐고 인플레이션도 안정되어 갔다.

1948년 들어 중국에 공산주의 정권이 수립될 가능성이 높아지자,

미국은 동아시아에서 소련과 중국의 공산주의 세력에 대한 방위의 거점을 일본열도로 이동시켰다. 그리고 일본의 민주화와 비군사화를 촉구하던 기존의 정책에서 기업 활동을 보호하고 군비를 갖추게 만드는 정책으로 전환하였다. 이른바 기존 정책의 후퇴, 즉 '역코스'라 불리는 정책이다. 일본의 사회·경제에서 '약육강식'의 경쟁 원리가 중시되어 대기업과 은행 등의 활력이 회복된 반면 중소기업의 도산과 인원 해고가 줄을 이었다.

'역코스'를 맞아 전국 각지에서 미국의 점령 정책과 그것에 종속된 일본 정부를 비판하는 운동이 전개되었다. 이에 맞서 GHQ와 일본 정부는 1949년에 사회운동을 단속하는 법령을 공포하고 반정부 단체들을 해산시켰다. 또 1950년에는 여러 기관에서 일본 공산당 관계자를 포함해 많은 사람들을 해고했다. 그리고 법을 개정하여 노동자의 쟁의권을 제한하는 한편, 경영자 측의 권리를 강화했고, 기업 관계자와 정치가의 공직 추방[2]도 해제하였다. 6·25 전쟁이 한창일 때에는 자위대의 전신이라고 할 수 있는 경찰예비대를 창설하고 군비를 다시 갖췄다.

◤ 동아시아의 냉전과 미일 안보조약

GHQ의 점령 정책의 전환은 점차 회복되어 가던 일본 경제를 다시 혼

----

2   일본이 패전한 후 GHQ의 지령에 따라 전쟁범죄와 관련이 있다고 여겨지는 사람이 정부
    와 기업의 요직에 앉지 못하도록 한 조치.

1950년대 오키나와 코자사거리

란에 빠뜨렸다. 그러나 1950년에 시작된 6·25 전쟁으로 말미암아 미국으로부터 대량의 군수물자 주문이 이어져 일본 경제는 고도성장의 파도를 타게 되었다.

이런 상황에서 미국 정부는 일본을 자본주의 진영의 동맹국으로 부활시키기 위해 강화조약 체결을 서둘렀다. 그리하여 1951년 9월 연합국과 일본은 샌프란시스코에서 강화조약을 조인하고, 동시에 일본과 미국은 군사 동맹 관계로 진입하는 미일 안전보장조약을 체결했다. 그러나 강화조약은 사회주의 국가인 소련이 조인을 거부한 외에도, 중국과 남·북한 등 전쟁과 식민 지배의 참화를 입은 나라들이 참가하지 못하여 아주 불완전한 것이 되고 말았다. 미일 안전보장조약과 부속 협정은 미국이 일본의 시설과 토지를 군사적으로 자유롭게 사용하는 것을 보장했다. 독립한 일본은 그 후 미국의 군사 전략에 가담하면서 경제발전에 매진했다.

한편 미국이 중요한 전략 거점으로 삼아 직접 통치를 한 오키나와에서는 일본에서 분리되어 많은 농지가 군사 기지로 강제 접수되었다. 오키나와는 일본 국토 면적의 0.6퍼센트에 불과하지만 재일 미군 기지 면적의 74퍼센트를 끌어 안고 있다. 오키나와의 많은 주민이 미군 기지에 의지하여 생계를 유지하지만, 기지 건설을 명목으로 강제로 이주당하거나 미군의 비행기 추락 사고, 미군 병사의 강간 사건 등으로 인해 큰 불편을 겪고 있다.

일본의 정계는 1955년에 보수 정당이 합동하여 자유민주당(자민당)을 결성했다. 자민당은 의회의 과반수를 유지하면서 1990년대에 이르기까지 정권을 독점했다. 자유민주당은 미군 점령하에 제정된 일본국 헌법을 군대 보유를 가능하게 하는 헌법으로 개정하고자 하였다.

한편 야당 측에서도 같은 해 좌우로 분열됐던 사회당이 재통합되어 일본사회당(사회당)을 결성하였다. 사회당을 중심으로 한 야당은 헌법 개정을 저지할 수 있는 3분의 1 이상의 의석을 유지함으로써 자유민주당의 책동을 방지하는 역할을 했다. 이처럼 자유민주당(보수)과 사회당(혁신)을 기축으로 양 세력이 대치하는 정치 구도는 이후 40년 이상 지속됐는데, 이것을 55년 체제라고 부른다.

6·25 전쟁이 상징하듯이 동아시아는 동서 냉전의 핵심 지역이었다. 일본은 이런 국제 정세를 틈타 안보 태세 강화에 나섰다. 미국 정부는 일본 정부의 이러한 욕망을 긍정적으로 받아들여 1950년대 말부터 미일 안보조약을 개정하기 위한 교섭을 시작하고, 1960년 1월에 신안보조약을 조인하였다. 신안보조약은 양국의 군사적 관계를 보다

강화한 것이다.

일본 국내에서는 신안보조약의 국회 비준을 저지하기 위해 야당과 노동조합, 시민, 학생 등이 떨쳐나섰다. 이른바 '안보 투쟁'이라 불린 이들의 반대 투쟁은 일본에서 전후 최대 규모의 반정부운동이었다. 신안보조약은 6월에 참의원에서 심의도 거치지 않고 '자연 승인'이라는 이례적 형식으로 비준되었다. 신안보조약 반대 운동은 예정됐던 미국 대통령의 방일을 저지하고 기시 노부스케 내각을 퇴진시키는 성과를 올렸다. 이로써 헌법을 개정하려는 자민당의 계획은 무산되었다.

미일 안보조약의 강화로 미국의 일본 방위 태세는 더욱 확고해졌다. 게다가 미국의 반공주의적 동아시아 전략 속에서 미군 기지가 집중된 오키나와의 전략적 가치는 더욱 높아졌다. 그리고 한국과 대만·동남아시아 여러 나라의 군사적인 역할도 강화되었다. 한국은 반공의 최전선으로서 60만 명의 대군을 유지하지 않으면 안 되었고, 대만은 중국의 태평양 진출을 저지하는 보루로서 미 제7함대의 전초 기지가 되었다. 동남아시아 여러 나라는 미국과 방위 조약을 체결하여 공산주의 세력의 확장을 저지했다.

 6·25 전쟁과 일본의 경제 부흥

전후 일본에서는 경제가 혼란스러운 가운데 농촌에 식량을 구하러 가는 사람들의 모습이나 점령군 지프차를 쫓아가며 과자를 달라고 모여드는 어린아이들의 모습을 흔히 볼 수 있었다. 전시 중에 금지되었던 영어가 붐을 이루어 『일미회화수첩』은 1945년에 베스트셀러가 되었다.

도시 지역의 학교에서는 공습으로 인해 학교 건물이 소실되어 수업을 옥외에서 진행했다. 전시 중의 교과서는 일본에 대한 끝없는 자부심과 천황에 대한 애절한 충성심을 부추기는 내용이 가득했고, 군국주의 내용도 들어 있었다. 패전 직후 갑자기 새 교과서를 만들 수 없게 되자 군국주의 내용이 들어 있는 부분은 검게 지워서 사용했다. 주요 도시의 소학교에서는 1947년부터 물자 원조로 주 2회 학교 급식이 실시됐다. 이러한 가운데 일본인이 수영 국제 경기대회에서 세계신기록을 수립하거나, 노벨물리학상이나 베네치아 국제영화제에서 그랑프리를 수상하는 등 각 방면에서 활약하여 국민들에게 용기를 주었다. 일본은 군대 보유를 금지하는 헌법에 따라 군사비가 적게 책정되어 오로지 경제 발전에 전념할 수 있었다. 일본은 동남아시아와 대만 등 인근 여러 나라와 무역·투자 등의 경제 관계를 심화시켜 나갔다. 특히 한국의 6·25 전쟁에 물품을 공급하여 떼돈을 벌었다. 그리하여 1955년 이후 패전 전의 경제 수준을 넘어서서 고도 성장의 길로 달려 나갔다.

패전 이후 곤경에 처해 있던 일본 경제를 단숨에 부흥시킨 것은 1950년에 한국에서 벌어진 6·25 전쟁이었다. 미국이 대량의 군수 물자를 일본에 주문함으로써 일본 경제는 고도성장의 궤도에 진입할 수 있었던 것이다. 이른바 '6·25 전쟁 특수(특별한 상황에서 발생하는 수요)'였다.

특수라는 말은 원래 '계약' 또는 '수입'이라는 의미로 사용됐다. 전자는 좁은 의미의 특수, 후자는 넓은 의미의 특수이다. 6·25 전쟁에 따른 좁은 의미의 특수는 '특수 계약'을 말한다. 특수 계약이란 재일 미군, 한국 및 오키나와 등에 주둔한 유엔군의 유지 그리고 일본을 포함한 극동 및 동남아 제국에 대한 군사 및 경제 원조의 목적으로 일본 안에서 이루어지는 물자 및 서비스의 조달 계약을 말한다. 특수의 대상은 시간이 지남에 따라 확대됐는데, 한국과 한국군에 대한 원조에 필요한 물자 및 서비스도 포함되었다. 계약 당사자는 재일 미군 또는 경제협력국(ECA, 나중에 ICA)과 일본 정부 또는 민간 업자였다.

1952년 4월 샌프란시스코 평화조약의 발효로 일본이 독립한 이후에는 일미행정협정 제25조에 의거하여 일본에 주둔하는 외국 군대의 유지를 위해 일본 정부가 방위 분담금에서 지출하는 계약도 특수 계약에 포함됐다. 그에 따라 대상 지역도 한국 및 오키나와에서 일본 국내로 확대되었다. 방위 분담금에서 지불되는 특수 계약은 보통 '엔 베이스 계약'이라고 불렸다. 이와 대비되는 '달러 베이스'는 미국 정부가 발행한 수표 또는 달러를 기금으로 삼았다. '엔 베이스 계약'은 1952년 10월 이후 극동 및 동남아시아까지 확대됐고, 1954년 1월부터는 유엔한국부흥위원회(UNKRA)에 의한 계약도 포함되었다.

넓은 의미의 특수는 일본은행 외환관리국에서 매달 발표되는 외환 통계 중 '군 및 기타 기관에서의 수취' 즉 특수 수입까지 포함한다. 즉 ① 일본에 주둔하는 군인, 군속에 대한 엔화 매각액(엔 세일), ② 미군 예입 금액, ③ 미국의 대외 원조 금액(ICA 자금)에 의한 대일 구매액, ④ 오키나와 건설 공사 대금, ⑤ 기타 군 관계 수취, ⑥ 유엔한국부흥위원회 자금에 의한 대일 구매액 등이 그 내역이었다.

1950년 7월부터 1958년 8월까지 8년 6개월 동안의 특수 계약액을 보면, 물자 누계 12억 7899만 달러, 서비스 누계 9억 7166만 달러, 합계 22억 5065만 달러였다. 그러나 넓은 의미의 특수에 들어가는 특수 수입액은 51억 5318만 달러나 됐다. 엔으로 환산하면(1달러=360엔) 1조 8551억 엔이다. 1958년 일본의 일반 회계 결산의 세출 총액 1조 3121억 3100만 엔을 훨씬 초과하는 액수였다. 이 금액은 1950년도 일본의 국민소득 3조 3815억 엔의 55퍼센트, 1958년도 국민소득 8조 4487억 엔의 22퍼센트에 해당했다. 따라서 이 특수 수입은 빈사 상태에 있던 일본 경제에 생명수 같은 것이었다.

특수 계약을 산업 부문별로 보면 병기 관련 금속 제품이 압도적으로 많았다. 그 다음으로 트럭, 자동차 부품, 운수 기계, 사제품(絲製品), 광물성 연료 순이었다. 서비스는 물자의 수리 및 포장, 건설, 운수 하역 및 창고 등이 많았다. 그리하여 '실사糸 변과 쇠금金 변의 전성기'라는 말이 유행했다. 그 밖에 한국 전선에 출동했던 미군 부상병들이 일본 각지의 야전병원에 수용됐고, 5일간 휴가를 받은 미군은 일본에서 환락을 즐겼다. 절정기에는 그 수가 35만 명이나 됐다. 미군과 그 가족은 대개 일본을 거쳐 한국에 왔다. 그들이 지불하는 달러는 일본 경제를 전에 없던 호황으로 이끌었다.

6·25 전쟁의 특수 수입으로 일본의 국제수지는 흑자로 돌아서고 외화 보유고는 급증했다. 광공업 생산 지수는 1950년 10월에 이미 아시아·태평양 전쟁 전(1934~1936년) 수준을 돌파했다. 1953년도에는 6·25 전쟁 발발 이전보다 85퍼센트나 증가했다. 실질 국민소득도 1951년도에 아시아·태평양 전쟁 전 수준을 넘었고, 1953년도에는

6 · 25 전쟁 시작 이전보다 38퍼센트나 상승했다.

6 · 25 전쟁의 특수로 말미암아 일본은 단기간에 패전의 침체 상태에서 벗어나 공업 입국의 기반을 다졌다. 경제 규모는 확대되고 임금은 상승하여 소비가 증가했다. 미국 원조액의 2배에 달하는 특수 수입은 자립 경제를 실현하는 밑거름이 되었다. 여기에 연합국 최고 사령부가 샌프란시스코 평화조약의 발효와 함께 배상용으로 지정하고 있던 850개의 군수 공장을 일본에 반환함으로써 자유로운 생산이 보장됐다.

결국 6 · 25 전쟁은 질식과 혼란의 수렁에 빠져 있던 일본의 경제와 사회를 회생과 번영으로 이끈 기폭제였다. 오늘날 일본이 세계 업계를 좌지우지하고 있는 자동차, 섬유, 철강, 조선, 광공업, 가전제품 등은 모두 이때 부흥의 기틀을 잡았다. 그에 따라 일본 국민의 생활도 급격히 향상되었다. 1953년의 1인당 실질 소득은 206엔으로, 아시아 · 태평양 전쟁 이전인 1934~1936년의 210엔과 거의 비슷해졌다. 6 · 25 전쟁의 특수 효과가 확산된 1958년에는 273엔으로 상승하여 패전 직후인 1946년의 109엔에 비해 2.5배나 상승했다. 그리하여 일본 국민은 일상생활에서 '3종의 신기(神器, 신기로운 기물)'라 불린 세탁기, 텔레비전, 냉장고를 마음껏 사용하며 소비와 안락의 꿀맛을 즐기게 되었다. 6 · 25 전쟁을 현장에서 겪은 한국과 한국인의 비참한 신세와는 너무나 다른 환경에서 일본과 일본인은 그렇게 안정을 누렸다.

1950년대 이후 일본은 강화조약을 맺지 않은 나라들과 국교를 회복해 갔다. 1956년에는 홋카이도 동쪽의 네 개 섬을 둘러싼 영토 문제를 남겨둔 채 소련과 국교를 회복하고 UN에 가입했다. 또 1965년에는 한국과 국교정상화조약을 맺었다. 1972년에는 미군이 점령하고 있던 오키나와를 일본 본토로 복귀시켰으며, 동시에 중화인민공화국과도 국교를 수립했다. 그러나 중국과는 전후 보상, 일본인 잔류 고아 문제, 역사 인식 문제 등 상호 이해를 심화하기에는 여전히 거리가 멀었다.

한편 한국전쟁 특수를 계기로 일본의 공업화가 진전되어 1950년에는 리코가 국산(일본산) 카메라 생산을 시작했였으며, 1956년에는 도요타자동차가 대중차 제1호를 완성했다. 또 이 시기에는 고가였던 세탁기, 냉장고, 흑백 텔레비전 등의 전자 제품이 각광을 받았다. 1950년대에는 프로레슬러 역도산(力道山)이 외국인 레슬러의 공격에 괴로워하면서도 결국엔 거구의 선수를 쓰러뜨리는 활약을 보임으로써 일본인의 자긍심을 한껏 드높였다. 그가 재일 한국인이라는 사실이 알려진 것은 그 후의 일이다.

역도산

한일의 국교 재개와 교류 확대

식민지 지배에 대한 사죄와 반성

한일 국교정상화는 당연히 일본의 한국에 대한 식민지 지배를 청산하고 새롭게 국교를 맺음으로써 우호 친선의 기초를 다지는 것이었다. 이를 위해서는 일본이 한국의 식민지 지배에 대해 사죄와 반성을 표명하고 배상하는 것이 필요했다. 즉 '한국병합조약'이 강압과 불법에 의해 체결되었기 때문에 식민지 지배도 부당하고 무효라는 점을 인정해야 한다. 그렇지만 이것은 어디까지나 한국의 논리였고, 일본은 시종일관 '한국병합조약'과 식민지 지배가 합법이고 유효하다는 논리를 고수했다. 심지어는 '한국병합조약'이 합의에 의해 체결됐고, 식민지 지배가 한국의 발전에 기여했다는 주장도 주저하지 않았다.

한국과 일본의 주장은 평행선을 달렸다. 양국은 국교정상화를 실현시키기 위해서 자국의 주장을 손상시키지 않는 범위에서 타협할 수밖에 없었다. 그 결과 기본 조약에 '1910년 8월 22일 및 그 이전에 대

한일협정 반대 시위를 벌이는 학생들에게 시위 중지를 요구하는 담화문. 1964년 3월 26일 박정희 대통령 명의로 발표되었다.

한제국과 대일본제국 사이에 체결된 모든 조약 및 협약이 이미 무효임을 확인한다.'(제2조)는 조항이 설정됐다. 한국으로서는 과거의 조약들이 체결 당시부터 불법이고 무효였다. 일본으로서는 체결 당시에는 합법이고 유효였으나 국교정상화 시점에서는 이미 무효가 되었다고 해석할 수 있는 문구였다.

기본 조약의 체결로써 '한국병합조약'과 식민지 지배를 둘러싼 합법 · 불법, 유효 · 무효 논쟁은 일단 봉합되었다. 그렇지만 한국과 일본이 자의적으로 해석할 수 있는 애매한 문구는 그 후에도 역사 갈등을 유발하는 화근으로 남았다. 한국의 대법원이 징용자 문제의 판결에서 식민지 지배를 불법 · 무효라고 밝힌 것은 상징적인 예였다(2012. 5. 24).

국교정상화가 식민지 지배를 청산하는 것이라면, 그 전제로 일본이 사죄와 반성을 표명하는 것이 마땅했다. 그렇지만 기본 조약에는 사죄와 반성은커녕 식민지 지배에 대한 언급조차 없다. 다만 시나 에쓰사부로 일본 외상은 기본 조약을 가서명(假署名)하기 위해 서울에 도착하여, '양국 간의 오랜 역사 중에 불행한 기간이 있었던 것은 참으로 유감스러운 일로, 깊이 반성하는 바입니다'라는 성명을 발표했다(1965. 2. 17). 그리고 가서명 직후 양국 외무장관이 공동으로 발표한 성명에도 이와 유사한 취지의 문구가 기재되었다(1965. 2. 20). 그렇지만 시나 외상과 양국 외무장관의 성명 모두에 불행한 기간이 무엇이고, 무엇에 대해 반성한다는 것인지 확실하지 않았다. 더구나 사죄의 표명은 전혀 없었다. 이것 또한 한일 간에 두고두고 역사 갈등을 야기하는 불씨가 되었다.

 ## 식민지 지배에 대한 피해 보상

한국과 일본이 식민지 지배에 대해 정반대의 태도를 취했으니, 이에 대한 배상에 대해서도 의견이 맞을 수가 없었다. 치열한 논쟁 끝에 양국은 두 나라가 하나였던 상태에서 둘로 분리된 데 따른 재정적·민사적 채권 채무 관계를 청산하는 방향으로 타협했다. 샌프란시스코 강화조약의 틀도 그러했다. 그리하여 이 협정은 이름에서도 청구권과 경제 협력이라는 두 가지 뜻을 담게 되었다. 한국에서는 청구권, 일본에서는 경제 협력으로 해석할 수 있는 소지를 안고 있는 것이다.

한국은 일본에 대한 청구권 액수를 산정하는데, 징용 등에서 발생한 개개인의 피해 금액을 집계하여 총액을 계산하는 방식 대신 식민지 지배로 인해 한국이라는 나라 전체가 입은 피해 총액을 추정하는 방식을 택했다. 현실적으로 개개인의 피해 금액을 증명하는 자료를 일일이 확보할 수 없는데다가, 그것을 조사하는 데만도 몇 년의 세월이 걸릴지 알 수 없었기 때문이다. 이것은 표면적인 이유였지만, 한국 정부의 속셈은 일본으로부터 받게 될 청구권 금액을 개개인에게 푼돈으로 나누어 줄 바에는 국가가 총액을 수령하여 경제개발에 집중적으로 투입하고 싶었다. 일본은 한국의 다급한 사정을 꿰뚫어 보면서 처음에는 개개인에 대한 피해 보상을 주장했다. 부실한 자료를 바탕으로 개개인의 피해 금액을 합산하면 한국이 요구하는 국가 보상 액수의 10분의 1에도 미치지 않았기 때문이다. 그렇지만 국내외에서 한일협정의 조기 타결을 요구하는 분위기가 조성되자 일본은 한국이 요구하는 국가 보상의 방식을 받아들이는 쪽으로 방향을 틀었다. 양국이 최종 합의한 금액은 무상 3억 달러, 유상(정부차관) 2억 달러였다(제1조). 제2조는 '양국과 그 국민의 재산·권리 및 이익과 청구권에 관한 문제가 완전히 그리고 최종적으로 해결된 것을 확인한다.'는 것이었다. 한국 정부는 청구권 자금을 활용하여 1970년대 중반 징용 피해자 등에 대해 일정 금액의 보상을 실시했다.

그런데 제1조의 자금 제공과 제2조의 청구권 문제 해결이 어떤 관계에 있는지 분명하지 않았다. 당시 일본 정부는 무상 3억 달러는 경제 협력일 뿐 청구권 변제와는 상관없다는 입장을 취했다. 한국과 일본이 청구권 자금의 성격과 청구권 협정으로 해결된 대상과 범위를 분명하게 합의하지 못한 것은 나중에 과거사 처리를 둘러싸고 분쟁을 야기하는 원인이 되었다.

한편, 한국의 헌법재판소는 일본군 '위안부' 피해자 등이 제기한 소송에서 이른바 '부작위' 판결을 내려 한일 양국 정부, '위안부' 피해자와 그 지원 단체 등에게 새로운 대응을 촉구하는 계기가 되었다. '부작위' 판결이란, '위안부' 문제 등이 한일 청구권 협정에 의해 해결되었는지 안 되었는지를 둘러싸고 한국과 일본 사이에 해석상의 분쟁이 발생하고 있는데도 불구하고, 한국 정부가 일본 정부를 상대로 청구권 협정에 따라 '위안부' 문제 등을 해결하려는 노력을 구체적으로 하지 않은 것은 피해자의 기본권을 침해하는 것, 곧 헌법 위반이라는 판결이다(2011. 8. 30.). 한일 청구권 협정에는 조문의 해석을 둘러싸고 서로 다른 의견이 존재할 때는 먼저 외교 교섭을 통해 해결하고, 그래도 안 될 때는 제3국의 중재를 요청할 수 있다는 규정이 있다. 이런 과정 속에서 일본군 '위안부' 문제는 한국과 일본 정부가 2015년 12월 28일 해결 방안에 전격 합의하여 새로운 국면을 맞고 있다.

■ '평화선'의 철폐와 어업 지원

국교정상화 과정에서 어업 문제는 아주 중요한 테마였다. 양국의 산업 구조에서 어업의 비중이 컸기 때문이다. 협정에서 논란의 초점은 한국 정부가 선포한 '인접 해양의 주권에 관한 대통령선언'(1952. 1. 18. 이승만 라인, 우리는 흔히 '평화선'이라고 부른다)의 철폐와 어업전관수역·공동규제수역의 범위 등이었다.

한국과 일본은 이승만 라인을 철폐하는 대신 연안으로부터 12해리의 전관수역, 한국 측 전관수역 바깥쪽에 공동 규제 수역을 설정하는 데 합의했다. 어선의 단속은 기국주의(旗國主義)를 택했다. 당시 한국과 일본의 어업 능력은 하늘과 땅처럼 컸기 때문에 어업 협정은 일본 측에 유리하게 적용될 수밖에 없었다. 한국 정부가 일본에서 도입된 민간 상업 차관 3억 달러 중에서 1억 2천만 달러를 어업 근대화에 투입한 것은 국내의 반대 여론을 무마하기 위한 조처였다.

정부의 지원에 힘입어 한국의 어업은 30여 년 만에 일본과 경쟁할 수 있을 정도로 발전했다. 양국은 유엔해양법협약 등을 감안하여 1998년 10월 새로운 어업협정을 체결했다.

재일 한국인의 법적 지위와 영주권 확보

1945년 8월 당시 일본에는 약 200만 명의 한국인이 거주하고 있었다. 해방 이후 1946년까지 그중에서 140만여 명이 귀국하여, 1965년 당시에는 약 60만 명이 남아 있었다. 이들은 일본 국적을 상실하고 특수한 외국인이라는 불안한 처지에 놓여 있었다. 이들에게 합법적인 영주자의 지위를 부여하는 것은 시급한 과제였다.

한국과 일본은 협정을 통해 해방 이전부터 일본에 거주하던 재일 한국인과 그 자녀에게 영주권을 부여하기로 합의했다. 그리고 협정 영주권을 가진 재일 한국인 자녀의 영주권은 1991년 1월까지 별도의 조처를 강구하기로 했다. 이로써 재일 한국인은 안정적으로 생활할 수 있는 최소한의 법적 지위를 확보했다. 그렇지만 지문 날인, 취업 제한 등의 차별은 뚜렷하게 존재해 생활은 곤란하고 열악했다.

한국과 일본은 '합의 각서'를 교환하여 재일 한국인 3세 이하에게
도 영주권을 부여했다(1991. 1. 10). 재일 한국인과 일본인 등의 연대 운
동도 있어서 재일 한국인에 대한 차별도 많이 완화되었다. 그렇지만
지방자치체 참정권, 국민연금 적용 등의 문제는 과제로 남았다.

문화재 반환과 문화 교류

국교정상화 교섭 과정에서 문화재와 관련된 문제는 소홀이 다뤄졌다.
한국은 일제강점기에 일본에 불법으로 반출된 문화재 3천여 점을 반
환하라고 요구했다. 하지만 일본은 모두 1,432점을 돌려주는 데 그쳤
다. 일본의 민주당 정부는 '한국 병합' 100년을 맞아 협정과는 별도의
입법 조치를 통해 궁내청 소장의 조선왕실의궤 161책을 한국에 인도
했다(2011). 그 밖에도 몇 가지 문화재가 반환되었다.

독도 영유권 문제의 처리

한일 국교정상화조약의 한계를 논의할 때 피할 수 없는 것이 독도 영유
권 문제다. 일본은 독도 문제까지 포함하여 조약의 일괄 타결을 집요하
게 요구했지만, 한국은 독도 문제를 교섭 현안으로 다룰 수 없다고 끝
까지 버텼다. 일본은 '분쟁 해결에 관한 교환 공문'에 독도라는 표현을
집어넣자고 주장했지만 한국은 단호히 거부했다. 그리하여 '양국 간의

분쟁은 우선 외교상의 경로를 통하여 해결하는 것으로 하고 이에 의하여 해결할 수 없을 경우에는 양국 정부가 합의하는 절차에 따라 조정에 의하여 해결을 도모한다'고 합의했다. 독도라는 문구가 빠진 것이다.

국교정상화조약에서 일본 정부가 한국의 독도 영유권을 인정하지는 않았지만, 한국 정부가 독도의 분쟁 지역화를 집요하게 노린 일본 정부의 공세를 막아 내고 실효적 지배를 용인하게 만든 것은 성과라고 볼 수 있다. 그럼에도 불구하고 최근 독도 영유권 문제는 다시 한일 간의 외교 쟁점으로 부상했다. 국교정상화조약의 체결 과정에서 독도 문제가 어떻게 논의되고 귀결되었는가를 면밀히 검토하면 해결의 단서와 지혜를 얻을 수 있을 거라고 생각한다.

남겨진 과제, 북일 수교

그 밖에 국교정상화조약의 한계로는 한일 양국에서 흔쾌하게 국민의 동의를 얻지 못했다는 점을 들 수 있다. 한국에서는 군사력을 동원하여 반대 운동을 제압했고, 일본에서도 변칙적인 방법으로 비준안을 통과시켰다. 국교정상화조약의 정당성에 상처가 생긴 셈이다. 그리고 한일 국교정상화조약은 일본과 북한의 관계에도 숙제를 남겼다.

일본은 한국과 국교를 정상화하기 위해 한국이 한반도의 유일한 합법 정부라는 주장을 어정쩡하게 수용하면서 조약을 맺었지만, 한반도에 엄연히 존재하는 또 하나의 국가인 북한을 완전히 무시할 수는 없었다. 그 지역도 패전 전에는 일본의 식민지 지배 아래에 있었기 때문에, 북한이라는 나라가 존속하는 한 어떤 방식으로든 과거를 정리하고 새로운 관계를 맺어야 하는 것은 피할 수 없는 숙제였다. 그리하여 일본은 한반도 주변의 국제 정세를 날카롭게 살피면서 기회 있을 때마다 북한과 국교 수립을 위한 교섭을 추진했다. 그리고 이것은 당연히 한국의 반발을 초래하여 한일 관계를 갈등으로 몰아넣었다.

현대 한일 관계의 단계별 특징

1945년 8월 일본의 패전과 한국의 해방으로 두 나라는 분리되어 독자의 길을 걸어갔다. 처음 20년 동안 한국과 일본은 국교 단절에 놓였지만, 국내외 정세의 변화에 조응하여 1965년 '한일조약'('기본 조약과 부속 협정 등)을 체결하여 국교 재개에 들어갔다. 그리고 해방 이후의 현대 한일 관계도 어느덧 근대 한일 관계와 맞먹는 70년의 역사를 갖게 되었다.

현대의 한국과 일본은 변화무쌍한 국내외 정세의 변동 속에서 우여곡절로 점철된 근린 관계를 맺어 왔다. 세계사의 흐름, 한국과 일본의 국내외 정세 등을 종합적으로 시야에 넣고 지난 70년의 현대 한일 관계사를 총괄하면 어떤 모습을 그릴 수 있을까? 한일 관계의 내용과 성격은 대체로 다음과 같이 몇 단계를 거쳐 변화해 왔다고 할 수 있을 것이다.

제1기(1945~1965년): 한국과 일본이 식민지 지배로 야기된 사죄와 배상의 문제를 정리하고 국교를 재개하기 위해 노력한 시기이다. 미국을 중심으로 한 연합국은 일본과 샌프란시스코 강화조약을 체결하여 아시아·태평양 전쟁의 처리를 마무리했다. 한국과 일본은 그 틀 속에서 14년에 걸쳐 마라톤회담을 전개했다. 이른바 '한일회담'이 그것이다. '한일회담'은 일본의 한국에 대한 식민지 지배에서 야기된 역사 인식과 '과거사' 처리 문제 등을 둘러싸고 견해 차이를 좁히지 못한 채 난항을 거듭했다. 이 시기 한국에서는 자유당, 민주당, 공화당으로 정권이 교체되고 일본에서는 자민당 1당 집권 체제가 구축되었다. 한반도에서 6·25 전쟁이 일어나는 등 냉전의 분위기가 전 세계를 휩쓸었다. 한국은 전쟁의 폐허 속에서 세계에서 가장 가난한 나라로 전락한 반면, 일본은 6·25 전쟁의 특수 계약과 특별 수요에 힘입어 세계의 경제 강국으로 부상했다. 그러면서도 한국과 일본은 미국의 압도적 영향 아래서 천황제적 군국주의와 통제 경제 체제를 탈피하고 자유민주주의와 자본주의 체제로 문명 전환을 했다.

제2기(1966~1979년) : 한국과 일본이 수직적·비대칭적 관계를 맺은 시기이다. 한국과 일본은 '한일조약'을 체결하여 일단 '과거사'를 정리하고 대등한 국가로서 국교를 재개했다. 한국은 '청구권 자금'과 연계하여 일본의 자본과 기술을 도입하고 경제개발에 박차를 가했다. 그 과정에서 한국은 신흥 공업 국가의 선두로 부상하고, 외국으로부터 '한강의 기적'이라는 찬사를 받았다. 반면에 경제면에서는 일본과 수직적 분업 관계, 정치면에서는 비대칭적 유착 관계에 놓이게 되었다. 이것을 뒷받침한 것이 한국에서는 독재·권위주의, 일본에서는 자민당 1당 우위의 정치 체제였다. 한국과 일본의 정부 간 관계가 깊어진 반면, 경제·학문 이외의 민간 교류는 활발하지 못했다. 일본과 미국이 중국과 수교하는 등 동아시아의 국제 정세가 요동쳤지만, 남북한의 대립이나 베트남전쟁 등에서 보듯이 세계는 아직도 냉전 분위기에서 젖어 있었다. 그래도 일본과 북한은 이 시기에도 상호 접촉의 끈을 놓지 않았다.

제3기(1979~1998년) : 한국과 일본이 수직적 관계에서 벗어나서 상대적 수평화 단계로 진입한 시기이다. 한국이 일본에서 소재와 설비를 도입하여 수출하는 무역 구조는 여전했지만, 자본과 기술에서 일본 의존도가 현저히 낮아졌다. 세계 무대에서 일본 기업과 시장을 다투는 한국 기업도 늘어났다. 세계가 냉전에서 탈피함으로써 한국과 일본의 반공 연대도 약화되었다. 때마침 한국에서는 정치 민주화와 사회 다원화가 괄목할 만하게 진전되었다. 한국에서는 권위주의 시대에 억눌렸던 반일 민족주의가 때때로 분출하고 일본을 극복하자는 움직임이 일어났다. 일본에서는 자민당 1당 중심 체제가 무너지고 자민당 위주의 연립 정권이 출현하여 역사 인식 등을 둘러싸고 전진과 후퇴를 반복했다. 한국과 일본의 민간 교류가 늘어나고 민주화운동 등에서 연대가 일어났다. 일본의 국력이 답보하는 반면 중국의 세력이 강대해져 동아시아의 국제 정세에 대변동이 나타나기 시작했다.

제4기(1998~현재) : 한국과 일본이 상대적 균등화로 이행하기 시작한 시기이다. 1990년대 초까지만 하더라도 일본의 12분의 1에 불과했던 한국의 국내총생산액은 2012년 현재 5분의 1에 이를 정도로 그 격차가 상당히 줄어들었다. 한국의 대일 무역 의존도는 1965년 수출 25.5퍼센트, 수입, 37.8퍼센트였는데 2012년에는 수출 7.1퍼센트, 수입 12.4퍼센트로 현저히 약화되었다. 한국 기업이 세계시장에서 일본 기업을 제치거나, 한일 합작으로 세계시장에 진출하는 사례도 등장했다. 스포츠와 예술 등의 면에서도 그러한 경우가 많아졌다. '일류'와 '한류' 붐에서 보듯이 두 나라 국민의 생활과 의식이 많이 비슷해졌다. 한국에서는 여야의 정권 교체를 경험하면서 민주주의가 뿌리를 내리고 시민운동이 확산되었다. 일본에서는 한때 야당인 민주당으로 정권이 교체됐지만, 국민의 지지를 상실하여 자민당 독주의 보수 정치로 회귀했다. 그리하여 역사 인식과 영토 문제 등을 둘러싸고 한국과 일본, 일본과 중국이 노골적으로 대립하는 상황이 빈번해졌다. 미국이 동아시아를 중시하는 태도를 분명히 보임으로써 중국과 경합하며 마찰하는 정세가 조성되었다. 한국과 일본의 민간 교류가 활발해지고 역사 문제 등에서 공조하고 연대하는 움직임도 나타났다.

눈부시게 증가한 한일의 물적·인적 교류

이제 한국과 일본의 상호 관계가 국교 정상화 이후 50년 동안 어떻게 변했는지를 몇 가지 수치를 통해 확인해 보자. 먼저 경제 규모다. 1965년 한국의 국민총생산액은 31억 달러로, 일본 960억 달러의 3.2퍼센트였다. 2014년에는 한국이 1조 4100억 달러로, 일본 4조 6723억 달러의 30.2퍼센트가 됐다. 한국의 국민총생산액은 455배, 일본은 49배 늘어났다. 일본의 경제 규모도 커졌지만 한국의 팽창이 훨씬 두드러졌다.

다음은 물자 교역이다. 1965년 한국의 전체 수출액은 1억 8000만 달러고 일본의 비중이 26퍼센트였는데, 2014년은 각각 5726억 달러와 6퍼센트로 바뀌었다. 1965년 일본의 전체 수출액은 84억 달러로 한국의 비중이 2퍼센트였는데, 2014년은 각각 6961억 달러와 7퍼센트가 됐다. 한국과 일본의 수출액은 각각 3,181배와 83배 늘어났다. 1965년 한국의 전체 수입액은 4억 6000만 달러로 일본의 비중이 38퍼센트였는데 2014년은 각각 5255억 달러와 10퍼센트로 바뀌었다. 1965년 일본의 전체 수입액은 81억 달러로 한국의 비중이 0.5퍼센트였는데, 2014년에는 각각 8181억 달러와 4퍼센트가 됐다. 한국과 일본의 수입액은 각각 1,142배와 101배 증가했다. 두 나라의 물자 교역이 급증한 가운데 한국에서 일본의 비중은 감소했다.

인적 교류는 어떤가? 1965년 일본을 방문한 한국인은 5천 명으로 해외여행객의 15.2퍼센트였는데 2014년에는 각각 228만 명과 16.1퍼센트가 됐다. 1965년에 한국을 방문한 일본인은 1만 7천 명으로 해외여행객의 4.7퍼센트였는데 2014년의 그것은 각각 275만 5천 명과 20.5퍼센트로 바뀌었다. 상호 방문자 수에서 한국인은 456배, 일본인은 162배 늘어났고 두 나라, 특히 일본에서 상대국의 비중이 커졌다.

이상의 수치는 한국과 일본이 수교 이래 경제 성장과 교역 교류를 대폭 증대시켰음을 말한다. 한국은 일본의 물자, 자본, 기술을 도입해 경제 발전을 이룩했다. 그리고 불행한 과거로 일본을 원망하면서도 따라잡아야 할 모범으로도 여겼다. 반면에 일본은 한국의 경제 발전과 안전 보장에 힘입어 떼돈을 벌고 평화를 구가했다. 교역에서만도 5000억 달러의 흑자를 누렸다.

한국과 일본은 잦은 마찰과 갈등에도 불구하고 세계의 수준에서 본다면 국교 정상화 50년 동안 밀접한 교류와 협력을 통해 꽤 양호한 선린 우호 관계를 구축했다. 특히 폐허와 빈곤 속에 허덕이던 한국의 성장과 발전은 괄목할 만한 성과였다. 그 과정에서 한국은 일본이 이룩한 양질의 문명을 모방하고 학습하면서 자신의 포부와 역량을 키워 왔다. 역사 인식과 과거사 처리 등을 둘러싸고 때때로 분출된 반일 민족주의의 폭풍 속에서도 극일(克日, 일본을 이김)의 염원을 불태우며 따라잡는 노력을 되풀이했다. 그리하여 불과 반세기만에 한국은 국민의 생활양식과 문화 수준에서 일본과 선진성과 보편성을 공유하는 동질 국가로 발전했다. 한국이 이렇게 발전하는 데는 일본의 협력과 지원이 큰 힘이 되었다.

◤ 서로에게 이익이 된 교류와 협력

한국의 발전과 더불어 일본도 많은 이익을 향유했다. 한일 국교정상화 3년 만에 일본은 세계 제2위의 경제 대국으로 올라섰고, 이후 변화무쌍한 동아시아의 국제 정세 속에서도 평화 국가로서 번영을 구가했다. 그 과정에서 한국은 항상 일본의 투자 교역의 중심지이자 안전 보장의 방파제였다. 일본이 경제와 안보의 양면에서 안정과 번영을 누린 데는 냉전의 최전선으로서의 한국의 역할이 큰 기여를 했다고 볼 수 있다. 이처럼 한국과 일본은 수교 이래 우여곡절을 겪으면서도 서로에게 이익이 되는 윈윈(win-

1981년 6월, 포항제철의 고로에서 쇳물이 흘러가는 모습. 1970년부터 건설을 시작한 포항종합제철은 1973년 준공되었는데, 일본의 청구권 자금과 기술 협력으로 건설되었다.

win)의 길을 걸어왔다. 나아가서 한국과 일본은 미국의 지원 아래 동아시아의 평화와 번영에도 기여하며 공동 자산의 관계로 발전했다. 그리고 지금 두 나라는 수직화·이질화를 벗어나서 수평화·동질화의 관계로 접어들었다.

한국과 일본은 국교정상화 50년 동안 민주주의, 시장경제, 법치주의, 인권 옹호, 환경 보호, 평화 공영 등의 글로벌한 가치를 존중하고 실행하는 국가를 건설했다. 일본의 저명한 한반도 전문가인 오코노기 마사오 명예교수(게이오대학)는 한국과 일본의 이런 성취를 '쌍둥이 국가'라고 표현했다. 한국과 일본이 서로 갈고 닦으면서 '쌍둥이 국가'를 만들어 낸 것이야말로 국교정상화 50년의 가장 큰 업적이라고 평가할 수 있다.

그런데도 한국과 일본은 왜 수교 50주년을 함께 경축하기는커녕 정상회담조차 꺼리는 불편한 관계로 전락했을까? 그 이유는 역사 문제를 둘러싼 갈등과 대립 때문이다. 그렇지만 또 다른 원인은 양국이 수교 50년의 성취와 변화를 제대로 이해하지도, 대응하지도 못하는 데 있다. 따라서 당장 한일 관계의 악화를 개선하고 미래 50년을 설계하기 위해서는 수교 50년의 역사를 공정하게 평가한 후, 그 위에서 역사 문제를 포괄적으로 해결해야 한다.

현대의 한일 관계는 다양한 시각에서 정리할 수 있지만, 기본적으로는 교류와 반발, 갈등과 협력이 교차하면서도 전체적으로 서로 존립과 발전에 이익이 되었다고 볼 수 있다.

 ## 자라나는 연대와 공감 의식

1980년대 후반, 일본에서는 물자 생산이나 서비스업의 성장과 관계없이 금융시장에서 자금이 유통되는 거품 경기가 기승을 부렸다. 수도 도쿄를 중심으로 땅값이 치솟는가 하면 고급차를 소유하고, 해외여행을 즐기며 유명 브랜드 상품을 구매하는 풍조가 유행했다. 그러나 그 이면에서는 경제성장이 정체되고 있었다. 은행이나 기업의 불건전한 경영이 드러났고, 일본은 1990년대 이래 장기 불황의 시대를 맞이하게 되었다.

일본 경제가 세계를 무대로 확장되는 가운데 만화와 애니메이션은 일본 문화를 대표하는 장르로서 각광을 받게 되었다. 미야자키 하야오[宮崎駿]의 작품 「이웃집 토토로」(1989), 「원령공주(모노노케 히메)」(1997), 「센과 치히로의 행방불명」(2002) 등은 국제적으로도 호평을 받았다.

1980년대에는 한국과 일본의 대통령과 수상이 서로 상대국을 방문하는 등 정부 간의 관계가 현저히 가까워졌다. 그러나 한국의 민주화운동과의 연계나 민간 차원의 교류는 이 시기에는 그다지 진전을 보지 못했다. 그러한 가운데 1982년 일본의 역사 교과서 기술을 둘러싸고 중국·한국을 비롯한 아시아 각국으로부터 엄중한 비판의 목소리가 고조된 것은 양국 간의 현격한 역사 인식의 차이를 부각시켰고, 양국의 관계를 되돌아보게 만드는 계기가 되었다.

한편 국제사회에서 고립된 북한과의 관계 개선은 지연되었다. 일본과의 국교 정상화 교섭은 1990년대에 착수됐지만 납치 문제와 핵 문제를 둘러싸고 난항을 거듭하다가 2002년 9월에 겨우 북일 수뇌회담이 실현됐으나, 여전히 해결되지 못하고 있다.

1980년대 말 동서 냉전이 종결되고 국제 관계의 틀이 변화하는 가운데 일본의 정치 상황도 요동쳤다. 1990년대에 들어 짧은 기간이나마 자민당에서 사회당 등의 야당으로 정권이 교체되었다. 그들은 미국이 일본에 대해 방위 부담을 증대할 것을 요구하는 데 편승하여 자위대를 국방군으로 확대·개편하려는 움직임을 보였다.

다른 한편으로는 국가의 틀을 넘어, 보다 넓은 연대와 네트워크로 21세기의 전망을 찾아보려는 움직임도 나타났다. 예를 들어 1995년 1월 17일, 사망자 6,308명, 부상자 약 4만 명을 넘어선 한신·아와지 대지진이 발생했을 때 일본 정부의 대응이 늦어진 가운데, 구원과 부흥에 위력을 발휘한 것은 피해 지역 주민이 평상시에 구축한 협력 관계와 국내외에서 모여든 연 130만 명에 달하는 민간인 자원봉사자였다.

2011년 3월 11일 동일본대지진에서는 1만 6천여 명의 사망자와 440만 명의 구호 대상자가 발생했다. 이때에는 일본 내 자원봉사자뿐만 아니라 외국으로부터도 구호의 손길이 뻗쳤다. 각국 적십자사를 통해서만 7500억 원의 지원금이 일본적십자사에 전달되었는데, 대한적십자사는 그것의 4퍼센트에 상당하는 30억 원을 지원했다. 서울의 거리에는 "힘내세요! 일본 국민, 우리 교민"이라는 현수막이 여기저기 걸렸다. 한국과 일본 정부가 역사 문제 등으로 대립하고 있었음에도 불구하고 국민 사이에는 연대의 싹이 자라고 있음을 보여 주는 상징적인 예였다. 현재 일본은 아베노믹스를 전면에 내걸고 20년 동안 지속된 불황에서 탈피하려고 안간힘을 쏟고 있는데, 험난한 국제 정세 속에서 그것이 성공할지 어떨지는 예측하기 어려운 상황이다.

역사 인식의 개선과 접근

1965년 한국과 일본이 국교를 재개한 이래 일본의 유력한 정치인이 가끔 한국의 역사를 폄하하고 왜곡하는 발언을 하여 한국 국민의 자긍심에 상처를 입히고 반일감정을 부추겼다. 이른바 망언사건이다. 그렇지만 큰 흐름에서 보면 일본의 역사 인식은 점차 개선되고 한국에 접근하는 경향을 보였다. 이것은 일본의 역대 총리가 발표한 담화나 역사 교과서의 기술 등에서 확인할 수 있다.

한일 국교 재개 당시 일본 정부는 식민지 지배에 대해 사죄와 반성의 뜻을 표명하지 않았다. 그런데 호소카와 모리히로 총리는 1993년 창씨개명 등을 거론하면서 식민지 지배에 대해 솔직하게 사죄와 반성의 뜻을 표시했다. 1995년, 무라야마 도미이치 총리도 한국을 특정하지는 않았지만 '식민지 지배를 통해 다대한 손해와 고통을 끼친 것에 대해 통절한 사죄와 반성'의 뜻을 표명했다. 오부치 게이조 총리는 1998년 김대중 대통령과 함께 발표한 '한일 파트너십 공동선언'에서 식민지 지배에 대해 일본을 가해의 주체로, 한국을 피해의 객체로 명시하고, '사죄와 반성'의 뜻을 분명히 천명했다.

사죄와 반성을 기조로 한 일본의 역사 인식은 2000년대 이후에도 유지되었다. 고이즈미 준이치로 총리는 야스쿠니 신사 참배로 한국과 역사 갈등을 빚었지만, 한국은 물론 북한에 대해서도 '사죄와 반성'의 역사 인식을 표명했다(2002년 '조일선언'). 나아가 간 나오토 총리는 2010년 '한국 병합' 100주년을 맞아 발표한 성명에서, '3·1 독립운동의 격렬한 저항에서도 나타났듯이, 정치·군사적 배경 아래 당시 한국인들은 자신들의 의사에 반하여 이루어진 식민지 지배로 국가와 문화를 빼앗기고, 민족의 자긍심에 깊은 상처를 입었습니다'라는 표현을 써, 간접적으로나마 식민지 지배가 강제로 이루어졌다는 점을 인정했다.

일본 국민의 평균적인 역사 인식을 보여 주는 역사교과서의 내용도 좋아졌다. 특히 일본이 강화도 침공(1875년) 이래 한국을 침략한 과정, 식민지 지배의 실태 등을 요령 있게 기술했다. 고등학교 일본사 교과서는 일본군 '위안부'에 대해서도 짧게나마 대부분 언급하고 있다.

일본의 역사 인식이 개선된 것은 일본의 경제 발전, 민주주의의 정착, 국제사회에서의 역할 증대, 역사 연구의 진전, 한국과의 교류 확대 등에 힘입어 국민 전체의 역사의식이 높아졌기 때문이다. 요즈음 아베 신조 총리가 민족주의 역사관을 고취하여 한국과 다시 갈등을 빚고 있지만, 사죄와 반성을 표명한 역대 정부의 역사 인식을 계승하겠다고 밝힌 점은 염두에 둘 필요가 있다.

한일 연대와 공생을 일깨우는 교토의 사적

일본인과 한국인을 함께 새긴 해방전사비

일본에서 제일 큰 사찰인 지온인 삼문의 북측 경내 숲속에는 '경도해방운동무명전사의 비'가 있다. 일반인은 좀처럼 찾아갈 수 없는 곳이다. 이 비석은 일본 공산당이 1958년에 세웠는데, 아카하타[赤旗, 붉은 깃발]가 관을 덮은 형태이다. 1983년 제28회 추도제까지 898명이 합사(合祀)되었는데, 그중에 조선인 11명(해방 전 5명, 해방 후 6명)이 포함돼 있다. 새겨진 명단 중 한 명인 정휘세(鄭輝世)는 재일 조선노동총동맹 교토본부위원장이자 조선공산청년회 회원으로, 1930년 교토 야마시나 형무소에서 옥사했다. 그리고 황주승(黃周承)은 공산주의청년동맹에서 활약하다 1931년 체포되어, 마쓰바라[松原] 경찰서에서 고문으로 죽었다. 박진(朴震) 또한 황주승과 함께 활동하다 옥사했다. 안윤익(安允益)은 재일 조선통일민주전선 마이즈루[舞鶴]시위원회 상임위원을 지냈고, 미군 기지 반대 투쟁을 벌이다가 경찰에게 사살됐다.

교토는 다른 지역에 비해 백정과 같이 차별 당하는 사람들을 지원하는 부락 해방운동이 성하다. 지금도 정치 혁신에 대한 기대가 비교적 높아 공산당의 명맥이 유지되고 있다. 해방전사비는 험난했던 시절에 한일 연대의 실낱같은 역사를 증언하고 있는 셈이다.

한국인의 유골이 안치되어 있는 만주지

교토에서 단풍으로 유명한 도후쿠지[東福寺] 근처에 만주지가 자리 잡고 있다. 이곳은 한일 청소년의 우정을 그린 영화 「박치기」의 촬영 장소이기도 하다. 한국인 노동자가 건설공사에 참여한 구조대교(九條大

만주지(만수사)

橋)가 그 앞에 있고, 지금도 한국인이 가장 많이 거주하는 히가시쿠조
[東九條, 동구조]가 그 건너에 있다. 위치만 보아도 이 절이 해방 전후부
터 한국인의 마음의 고향 역할을 했다는 게 이상하지 않다. 동구조에
는 1995년 대한기독교 교토남부교회(大韓基督敎京都南部敎會)가 신축
되어 재일동포의 신앙과 휴게, 생활과 문화의 거점 역할을 하고 있다.
그렇게 이 지역은 사찰과 교회가 공존한다.

    교토에서 선종(禪宗) 불교의 가장 높은 지위에 해당하는 오산(五山)
의 하나로 꼽히는 만주지는 아미타불을 모신다. 해방 전에는 한국 강
원도 월정사(月精寺)에서 수행한 스님이 있어서 재일동포가 모여 들고
유학생이 기숙하기도 했다. 박정희 전 대통령도 일본육군사관학교에
다닐 때 하루 묵었다고 한다. 2005년에 주지는 한국인 윤청안(尹靑眼)
스님이 맡고 있었다. 절을 둘러보는 나에게 윤 주지는 남북 한인을 통
틀어 '아리랑인'이라고 부르자고 역설했다. 민족의식이 강한 분이었
다. 그러고 보니 만주지에는 약 1천 기(基)의 한국인 유골이 안치되어
있다. 간혹 일본 각처의 절에 강제로 끌려 온 한국인 노동자들의 무연
고 유골이 보관되어 있는 것과는 달리 만수사에 안치된 유골은 연고
가 확실하다고 한다. 절 입구에 북송한국인불교신자 기념비가, 본존
불 옆에는 우키시마 호 희생자 위패가 세워져 있다.

🏵 우키시마 호 순난자 추도비

해방 직후 한국인의 마음을 아프게 한 사건인, 우키시마 호 침몰 사건
이 발생한 마이즈루[舞鶴] 항구는 교토 시가 아닌 교토부의 한 지역이
다. 동해 방향으로 열린 항구인 마이즈루는 고대에는 한반도와 통하
는 주요 창구이자 도래인의 상륙지였다. 1880년대 이후 병풍처럼 산
으로 둘러싸인 지형을 살려 천혜(天惠)의 군항(軍港)이 됐고, 1903년에
는 진수부(鎭水府)3가 설치되었다. 초대 사령관에는 나중에 러일전쟁
때 동해해전의 영웅이 되는 도고 헤이하치로[東鄉平八郎]가 취임했다.
이곳의 해군기념관과 붉은 벽돌의 박물관 등에는 도고 헤이하치로와
야마모토 이소로쿠[山本五十六, 태평양전쟁 당시의 해군제독]를 기리는 이
야기가 넘쳐난다. 거리의 이름도 러일전쟁 때의 함선명인 시키시마(도
고의 기함), 아사히 등을 붙였다.

일본이 패전한 이후에는 1950년대 말까지 13년간 도합 66만 명의
일본인이 마이즈루 항을 통해 귀환했다. 그리하여 한국인의 귀환을
노래한 「귀국선」과 비슷한 「안벽(岸壁)의 어머니」라는 가요의 무대가
되었다. 지금도 인양기념관과 인양기념공원에서 당시의 실태를 엿볼
수 있다. 마이즈루는 현재에도 해상자위대본부, 히타치 조선소[日立造
船所], 이지스함 기지 등이 자리 잡은 해군의 요충지이다.

앞에서도 언급했던 우키시마 호 침몰 사건은 1945년 8월 24일 일
본에 강제 연행된 한국인 귀국자를 가득 실은 해군 수송선 우키시마

....
3   일본 제국 해군의 근거지로, 함대의 후방을 총괄하는 기관.

마이즈루 항

호(4,730톤)가 오쓰 항을 떠나 부산항으로 향하던 중 이 항구에 잠깐 들르게 되었다. 그런데 항구에 들어서자마자 폭발, 침몰하여 약 4천 명의 승객 중 조선인 524명, 일본인 25명이 사망했다. 일본 측은 미군이 부설한 어뢰에 접촉해서 폭발시켰다고 주장하고, 한국 측은 일본이 일부러 폭파시켰다고 주장했다.

한국인 유족과 생존자 80명은 1992년 8월 교토지방법원에 일본 정부의 공식 사죄와 28억 엔의 배상을 요구하는 소송을 제기했다. 1심 법원은 전후보상 소송에서는 처음으로 국가가 안전 수송의 의무를 이행하지 않았다며, 당시 배에 탄 사실이 확인된 15명에게 4500만 엔을 배상하라고 명령했다. 그러나 2심 법원은 행정(군사)상 조처이므로 의무 위반이 아니며, 국가배상법 시행 이전의 국가 불법행위에는 배상을 요구할 수 없다며 1심 판결을 뒤집었다. 3심의 일본 최고재판소는

2004년 11월 원고들의 상고를 기각하고, 원고 패소를 결정한 2심 판결을 확정했다.

일본에 강제로 끌려간 군인·군무원과 '위안부'의 배상요구소송에 이어 우키시마 호 배상 요구 소송에서도 원고 패소가 확정됨에 따라 전후 보상 소송이 두꺼운 벽에 부딪쳤음을 다시 한 번 확인시켜 줬다. 마이즈루 항구의 끄트머리 산록에는 사망한 사람들의 넋을 기리는 '우키시마 호 순난자 추도비(浮島丸殉難者追悼의 碑)'가 이 재판의 무정한 판결에 항의하듯이 쓸쓸하게 서 있다.

◢ 우토로의 한국인 거주지

교토의 현대 한일 관계를 이야기할 때 하나 더 짚고 넘어가야 할 것이 우토로(교토부 우지 시[宇治市])의 한국인 거주 문제이다. 일제는 1940년 4월, 2천 명의 한국인 노동자를 동원하여 교토 비행장을 건설하기 시작했다. 일본군부의 요청에 따라 설립된 국책 공업주식회사(1941년 다른 회사와 합병하여 '일본 국제공항공업주식회사'로 변경)가 추진했다. 약 100만 평의 땅에 군용 비행장, 비행사 양성소, 비행기 제조공장 등을 세우는 대규모 공사였다. 공사에는 약 2천 명이 종사했는데, 그중 약 1천3백 명이 한국인이었다.

한국인 노동자 중에는 '모집', '알선', '징용' 등의 명목으로 일본에 끌려간 사람도 있었지만 그전부터 일본에 거주하다 생계를 위해 합류한 사람도 있었다. 해방 당시 우토로의 '함바(飯場, 현장 노동자 합숙소)'에

우토로 지구에 있는 재일 한국, 조선인 시설. 한글로 쓴 '에루화'라는 간판을 걸었다.

는 1천3백여 명의 노동자와 그 가족이 살았다. 그들 중 많은 사람이 귀국했으나, 도항비조차 없는 사람들은 일본에 잔류했다. 현재 우토로에 살고 있는 사람들은 이런 노동자들과 그 가족이나 친척이다. 물론 나중에 다른 곳에서 찾아들어 온 사람들도 섞여 있다.

우토로에 사는 한국인들은 건설 현장에서 날품을 팔거나 폐품·고철 따위를 줍는 육체노동에 종사했다. 그들은 한글을 가르치기 위해 학교도 세웠으나 1949년에 일본 정부에 의해 강제로 폐쇄되었다. 6·25 전쟁 때는 주민들이 '간첩 혐의'로 경찰의 강제 수색을 받기도 했다.

우토로의 토지는 당초 교토부의 것이었으나, 1961년 토지 소유권이 일산차체주식회사로 넘어갔다. 1987~1989년에는 재일 한국인이 경영하는 서일본식산주식회사 등으로 전매됐다. 그 후 이 회사가 주민에게 퇴거를 요구해 분쟁이 발생했다. 주민들은 일본 정부의 국민 징용령에 의해 강제로 끌려와 사역당한 노동자와 그 자손이기 때문에 일본 정부와 해당 기업이 거주권을 보장해야 한다고 주장했다.

그렇지만 장기 소송 끝에 2000년 11월 최고재판소가 주민의 주장을 물리치고 패소를 확정하여 거주권을 상실했다. 그리하여 일제가 할퀸 상처가 곪아 터진 사례로 세상의 관심을 끌었다. 2005년, 우토로에 거주 중인 한국인 65세대 중 65세 이상의 고령자를 포함한 세대가 30세대, 그중 고령자로만 구성된 세대가 20세대였다. 생활보호 세대가 약 20퍼센트나 됐다. 우토로가 속한 우지시[宇治市]의 생활보호 세대는 1퍼센트에 불과 하니, 우토로 한국인의 생활이 얼마나 빈곤한가를 알 수 있다.

우토로 주민의 딱한 사정은 유엔 인권위원회를 비롯하여 한국의 여론을 움직였다. 시민단체가 6500만 엔의 지원금을 모금하고, 한국 정부가 3억 6000만 엔의 예산을 편성했다. 한국의 지원을 바탕으로 2007년 9월 우토로의 주민들로 구성된 '우토로 만들기 협의회'는 토지의 법적 소유주인 서일본식산주식회사와 2008년 6월까지 3천2백 평을 5억 엔에 매입하기로 계약했다. 한국의 지원을 계기로 재일동포들도 십시일반으로 성금을 모았다.

그후 우토로 한국인의 거주 문제는 복잡한 과정을 거치면서 해결의 방향으로 나아갔다. 2010년 5월, 한국이 지출한 기금을 바탕으로 주민들이 설립한 재단이 일부 토지를 매입했다. 그리고 이곳에 공공 임대주택을 건설하는 안을 마련했다. 일본 정부도 우토로 지구의 열악한 거주 환경을 개선하는 사업을 추진했다.

 한국 문화의 멋을 보여 주는 고려미술관

마지막으로 좀 밝은 이야기를 소개하며 이 장의 글을 마무리하겠다. 교토의 북동쪽 가모가와 근처에 고려미술관(高麗美術館)이 있다. 재일 동포 정조문(鄭詔文)이 기증한 건물과 유물을 바탕으로 하여 1988년 10월 25일 개관했다. 그의 주택을 개조하여 박물관으로 꾸미고, 고려 와 조선의 미술공예품을 모아 전시하고 있다. 나는 한국의 유구한 풍 토에서 만들어진 아름다운 미술공예품이 언어, 사상, 주의를 넘어 일 본인의 공감을 얻고 있는 현장을 확인하고 가슴이 뿌듯했다.

주요 소장품은 백자호(白磁壺, 17세기말~18세기초), 청자상감국화보 상당초문고배(靑瓷象嵌菊花寶箱唐草紋高杯, 13세기), 금동팔각사리함(金 銅八角舍利盒, 1323년), 김정희(金正喜)와 권돈인(權敦仁)의 그림과 글씨 (19세기), 화각삼층장(花刻三層藏, 19세기), 백자청화나비문합(白磁青華 蝶紋盒, 19세기), 청자상감모란문편병(靑瓷象嵌木蘭紋扁瓶, 13세기 초), 나 전장생문반(螺鈿長生紋盤, 19세기 후반), 백자철화어문호(白磁鐵花魚紋壺, 19~20세기) 등이다. 매년 '한국의 미술 — 신라의 와당을 중심으로', '한 국 도자기의 세계' 등의 기획전을 계절마다 개최한다.

정조문 씨는 독립운동을 하다가 몰락한 아버지를 따라 1925년에 교토에 왔다. 어머니는 직물을 배우고, 정조문도 니시진의 직물 집에 들어가 직공이 되었다. 통신사가 묵었던 다이도쿠지 근처의 소학교에 다닐 때는 '진구 황후의 삼한 정벌, 도요토미 히데요시의 조선 정벌' 등을 흉내 내는 일본 애들로부터 두드려 맞았다. 그러나 그는 주먹으로 그들을 제압하고 곧 반장이 되었고, 졸업 때는 졸업생 대표로서 답사를 읽었다.

정조문은 어른이 된 후 노동자로 전전하다가 파친코 게임장을 경영해 떼돈을 벌었다. 그러던 어느 날 게이한 산죠에키 미나미[京阪三條驛南]의 고미술상 장식장에 놓여 있는 백자 항아리를 보고 눈이 번쩍 뜨였다. 1949년경이었다. '이조(李朝)'라고 적혀 있는데, 그것이 무엇인지 알 수 없었다. 눈이 튀어나올 만큼 비싼 가격이었지만 월부로 구입했다. 운명적 만남이었다. 어머니와 할머니가 입고 있던 치마저고리의 친숙함이랄까? 그는 이 백자가 자신의 뿌리인 한국과 현재 삶의 기반인 일본을 연결해 주는 상징이라고 생각했다. 1972년 3월, 나라 현 아스카 지역의 다카마쓰 고분[高松塚古墳]에서 고구려 벽화와 똑같은 극채색의 벽화가 발견됐다. 정조문의 활동이 현실로 증명된 셈이었다.

그렇게 한국의 역사와 문화에 눈을 뜬 정조문은 일본에서 거래되는 한국의 미술공예품을 닥치는 대로 수집했다. 귀국할 기회가 생기면 조선의 찻잔 하나라도 갖고 가겠다는 일념으로 조선백자, 고려청자, 민속 자료 등을 마구 사들였다. 그는 일본인이 한국 찻잔을 일품이라며 사랑하면서도 한국인을 멸시하거나 국보급의 한국 고미술품이 일본인에게 넘어가는 것을 보고 가슴 아팠다.

정조문은 2천여 점의 한국 미술공예품을 수집하는 과정에서 심미 안도 생기고 지식도 깊어졌다. 그는 작가인 형과 함께 『일본 속의 조선 문화』라는 잡지를 간행했다(1969년 3월부터 1981년 10월까지, 50호). 저명한 문화인인 시바 료타로[司馬遼太郞], 김달수(金達壽), 우에다 마사아키[上田正昭] 등이 후원했다. 일본의 저명한 중국 연구자인 다케우치 요시미[竹內好]는 이 잡지를 '일본에서 가장 혁명적인 잡지'라고 평가했다.

정조문은 분단된 조국에는 돌아가지 않겠다고 마음먹었다. 재일 동포는 조국의 평화통일을 거리낌 없이 주장할 수 있는 특권을 가지고 있다고 생각했기 때문이다. 그는 절망의 통곡 대신에 민족의 마음을 맞아들여 환희의 목소리를 내고 싶었다. 그리고 그런 자리가 되기를 바라며 고려미술관을 만들었다. 미술관의 이름이 왜 '고려'인가?

고려미술관

남과 북 어느 쪽에도 치우치지 않고 민족의 마음을 표현할 수 있다고 여겼기 때문이다. 고려는 한국 최초의 통일 왕조이자 문화도 발달하고 코리아로 세계에 알려졌었다.

오늘날 일본에서는 한류가 넘실대고 있다. 나는 그 바탕을 만든 사람이 바로 정조문 같은 분이 아닐까 생각하고 고려미술관 현관에서 감사의 인사를 올렸다.

교토대학의 북쪽에 햐쿠만벤[百萬遍]이라는 사거리가 있다. 그 사거리에 모나코라는 이름의 큰 파친코 게임장이 있다. 정조문의 아들이 경영한다고 한다. 교토를 여행하는 한국인은 한번 쯤 들릴 일이다. 고려미술관의 모태가 된 놀이방이고, 점수도 잘 나온다고 하니 돈도 따고 미술관도 도울 수 있는 일석이조인 셈이다.

한일 관계의 새로운 이해와
『서울과 교토의 1만 년』

한국 속담에 '고래 싸움에 새우 등 터진다'는 말이 있다. 백여 년 전 한국은 고래 같은 열강의 세력 다툼에 휩쓸려 나라를 잃어버린 새우 같은 신세였다. 오늘날에도 한반도를 둘러싸고 고래 같은 열강이 세력 다툼을 벌이고 있지만, 한국은 이제 그들 싸움에 등터지는 새우의 처지에서는 벗어났다고 할 수 있다. 한국은 지난 백여 년 동안 식민지 지배와 남북 분단 등 최악의 상황을 경험했지만, 절치부심하며 국력을 키워 열강 사이를 요리저리 헤엄치면서 생존해 나갈 수 있을 정도의 역량을 갖췄다. 새우에서 돌고래로 성장한 것이다. 거기에다 남북통일을 이룩한다면 한국은 고래만큼 강하지는 못할지라도 밍크고래 정도의 힘은 갖게 될 것이다.

반면에 지난 백여 년 동안 동아시아에서 고래로서의 지위를 누렸던 일본의 국력은 최근 20여 년 동안 상대적으로 제자리걸음을 걸었다. 그 틈을 비집고 중국이 경제와 군사 등의 면에서 일취월장하여 새로운 강대국으로 부상했다. 동아시아의 국제 정세에 엄청난 지각변동이 일어난 셈이다. 이런 와중에 한국과 일본의 관계도 일방적인 종속·의존 관계에서 벗어나 상대적인 경쟁·협력 관계로 바뀌었다. 그리하여 오랜 동안 양국 관계에 멍에로 작용했던 식민지 대 제국의 수직적이거나 비대칭적 관계는 역사 속으로 사라지고 파트너 대 파트너로서의 수평적이거나 대칭적인 관계가 현실의 모습으로 눈앞에 나타났다.

그렇다고 해서 한국이 자만하거나 일본을 무시해서는 안 된다. 한국과 일본을 비교하면, 여러 가지 면에서 일본은 여전히 한국이 맞장뜨기 어려운 강국이다. 육지의 국토 면적은 남한의 4배이고, 배타적 경제수역을 포함한 해양 면적은 몇 십 배나 된다. 인구도 3배나 되고, 국내총생산은 5배 이상이다. 첨단 과학 기술이나 문화 예술, 사회 안전망이나 기반 시설은 한국보다 훨씬 앞선 선진 일류국가다.

한국과 일본의 국민들은 먼저 한일 관계의 성격과 위상이 크게 바뀌었다는 역사적 경위를 분명히 인식해야 한다. 그리고 현재 두 나라가 놓인 현실적 실태와 위상에 대해서도 정확히 이해할 필요가 있다. 이렇게 장기적·거시적 관점에서 한일 관계의 역사와 현실을 파악하고 그에 합당한 상호 인식을 형성한다면 역사 인식을 둘러싼 소모적인 충돌과 대립은 상당 부분 피할 수 있었을 것이다.

역사 인식을 둘러싼 한국과 일본의 대립은 한일 관계의 변화와 맞물려 전개되는 경향을 보였다. 특히 1990년대 이후 한국에서는 정치와 사회의 민주화가 진전됨에 따라 권위주의 체제 아래 억눌려 있던 민족주의적 에너지가 일본을 향해 분출하는 현상이 나타났다. 반면에 일본에서는 경제 발전을 바탕으로 여유와 관용을 보였던 사회 분위가 애국주의 쪽으로 기울어 식민지 지배에 대한 반성과 사죄를 꺼리는 움직임이 두드러지게 나타났다. 그리하여 한국과 일본은 야스쿠니 신사 참배, 일본군 '위안부', 역사교과서 기술, 독도 영유권 등의 문제를 둘러싸고 연례행사처럼 공방을 벌이는 상황을 맞았다.

요즈음 중국과 북한을 대하는 태도에서도 한국과 일본은 차이를 보이고 있다. 중국은 한국에게 최대 교역국이자 북한에 영향력을 가진 강대국이다. 이 점을 고려하여 한국은 어쩔 수 없이 중국과 가까이 지낼 수밖에 없다. 그런데 일본은 동아시아에서 중국의 영향력이 확대되는 것을 경계하면서 한국이 중국 쪽으로 기운다며 우려하고 있다. 한국과 일본은 지정학적 · 생태학적인 면에서 놓인 처지가 많이 다르다. 중국이 한국과 일본에 미친 영향이 서로 다른 것은 두 나라의 역사와 문화의 특색에도 잘 반영되어 있다.

1990년대까지만 하더라도, 한국은 역사 문제로 인해, 일본에 자주 민족 감정을 표출하거나 사죄와 반성을 촉구했다. 일본은 한국에 대해 지은 죄가 있는데다가 훨씬 발전한 선진국이라는 자부심도 있어서 한국의 거친 언동을 어느 정도 받아 주었다. 한국과 일본은 다른 나라와는 달리 특수한 관계라는 점을 서로 받아들였다. 그런데 최근에 와서 패전과 해방 이전 시대를 체험한 인물들이 사회의 중추에서 물러나게 되자 특수 관계에 대한 공통 인식도 사라지게 되었다. 그리하여 한일 관계는 이제 보통 관계처럼 되어 버렸다. 지금 한국과 일본 사이에서 발생하고 있는 잦은 충돌과 갈등은 특수 관계에서 보통 관계로 변한 상황에 대해 두 나라가 제대로 적응하지 못하는 데서 기인하는 바가 크다.

그렇지만 한국과 일본은 70년의 현대사에서 잦은 마찰과 갈등을 겪었지만, 세계의 수준에서 보면 서로에게 이익이 되는 성과를 꽤 많이 거두었다. 두 나라는 민주주의, 시장경제, 법치주의, 인권 옹호 등 글로벌한 가치를 공유하는 동질의 국가를 이룩하였다. 그리고 각각 미국의 동맹국으로서 동아시아의 안전과 평화를 담보하는 지렛대 역할을 했다. 또 국민의 생활양식과 문화 수준에서도 한국과 일본은 선진성과 보편성을 공유하고 있다. 국민 속에 침투한 한류(韓流)와 일류(日流)라는 대중문화가 그것을 상징적으로 보여 주는 증거이다. 따라서 지금부터라도 한국과 일본이 서로의 성취를 긍정적으로 평가하고 좀 더 적극적으로 협력의 방법을 모색한다면 세계의 문명 발전에 함께 기여할 수 있는 길이 열릴 것이다. 내가 『서울과 교토의 1만 년-교토를 통해 본 한일 관계사』이라는 책을 쓴 것도 그런 기대에 부응할 수 있는 역사 인식을 심어 주고 싶었기 때문이다.

한일관계의 과거와 현재를 정확하게 이해하고 미래와 지향에 대해 확고한 신념을 갖는다면 항상 걸림돌로 작용해 온 역사 문제도 해결할 수 있다. 양국 국민은 먼저 역사 문제의 책임을 다음 세대에 미루기보다는 지금 세대에서 해결하겠다는 분위기를 형성해야 한다. 그리고 양국의 정치가와 여론 주도층은 인류가 지향해 온 보편적 가치의 기준에서 한일 관계의 역사를 해석하는 식견을 가져야 한다. 나아가서 자신들이 솔선하여 역사 문제를 해결하겠다는 의지를 보여야 한다. 이와 함께 양국의 국민을 납득시키고 선도할 수 있는 전략과 방법을 마련하는 것도 중요하다. 한일 양국은 충분하지는 않지만 역사 문제를 다뤄 온 경험, 수법, 실적을 이미 많이 축적하고 있다. 그 동안의 노력과 성과, 한계와 결함 등을 면밀히 검토하고 평가함으로써 보완과 개선, 극복과 해결의 지혜를 얻을 수 있을 것이다.

한일 사이에 역사 문제가 중요하기는 하지만 이것이 양국 관계의 모든 부문을 좌지우지하는 유일무이한 사안은 아니다. 그 밖에도 양국이 함께 협력하고 해결해야 할 문제는 많다. 다만 역사 문제는 두 나라 국민의 정서와 감정, 애국심과 정체성 등과 결부된 복잡하고 미묘한 사안이기 때문에 더 많은 노력과 시간, 배려와 결단이 필요하다.

한국과 일본은 바야흐로 패전과 해방 70년 그리고 국교 재개 50년을 보냈다. 한국과 일본은 이런 역사의 무게를 직시하여 두 나라뿐만 아니라 세계를 향해 공동의 비전을 제시하고, 그것을 함께 실현해 가는 지혜를 발휘해야 한다. 그렇게 하기 위해서는 양국 국민이 한일 관계의 역사를 새롭게 인식해야 한다. 『서울과 교토의 1만 년-교토를 통해 본 한일 관계사』가 작은 디딤돌이 된다면 다행이라고 생각한다.

참고문헌

한국

『한국의 논리 ― 전환기의 역사교육과 일본인식』, 정재정, 현음사, 1998.

『원효』, 남동신, 새누리, 1999.

『청춘의 감각, 조국의 사상-교토 문학 기행』, 김윤식, 솔, 1999.

『료마가 간다』(1~10권), 시바 료타로, 이길진 옮김, 창해, 2002.

『일본 속의 한국 근대사 현장』(1, 2권), 김정동, 하늘재, 2003.

『해신』(1~3권), 최인호, 열림원, 2003.

『장보고』, 강봉룡, 한얼미디어, 2004.

『왜관』, 다시로 가즈이, 정성일 옮김, 논형, 2005.

『임진왜란과 한일 관계』, 한일 관계사연구논집 편찬위원회, 경인문화사, 2005.

『조선통신사의 일본견문록』, 강재언 지음, 이규수 옮김, 한길사, 2005.

『통신사 · 왜관과 한일 관계』, 한일 관계사연구논집 편찬위원회, 경인문화사, 2005.

『통신사를 따라 일본 에도시대를 가다』, 정장식, 고즈원, 2005.

『개발 없는 개발』, 허수열, 은행나무, 2005.

『한일역사공동연구보고서』(1~6권), 한일역사공동연구위원회, 경인문화사, 2005.

『한일 관계 ―2천년 보이는 역사, 보이지 않는 역사』(1~3권), 한일 관계사학회, 경인문화사, 2006.

『조선 시대 한일 관계사 연구』, 손승철, 경인문화사, 2006.

『전근대 동아시아 세계의 한·일관계』, 민덕기, 경인문화사, 2007.

『한일교류의 역사–선사부터 현대까지(한일역사 공통교재)』, 역사교과서연구회
(한국)·역사교육연구회(일본) 지음, 혜안, 2007.

『교토에서 본 한일통사』, 정재정, 효형출판, 2007.

『동아시아 세계와 임진왜란』, 한일관계사연구논집 편찬위원회, 경인문화사,
  2010.

『총, 균, 쇠』, 김진준 역, 문학사상, 2012.(Jared Diamond, GUNS, GERMS, AND
  STEEL, 1999)

「역사에서 본 한일관계와 문명교류」, 정재정, 『역사교육』 128집, 역사교육연구
  회, 2013.12.

『주제와 쟁점으로 읽는 20세기 한일관계사』, 정재정, 역사비평사, 2014.

『한일의 역사 갈등과 역사 대화』, 정재정, 대한민국역사박물관, 2014.

「한국인과 일본인의 계통연구」, 세키네 히데유키, 『한일협력』 2015년 여름호,
  한일협력위원회.

「'경성학과 인류학'의 일본인 한반도 도래설 재조명」, 세키네 히데유키, 『한일협
  력』 2016년 여름호, 한일협력위원회.

일본

『朝鮮通信使と江戸時代の三都』, 仲尾宏, 明石書店, 1993.

『朝鮮通信使–善隣と友好のみのり』, 上田正昭　編, 明石書店, 1995.

『京都のなかの朝鮮』, 朴鐘鳴, 明石書店, 1999.

『朝鮮通信使』, 辛基秀, 明石書店, 1999.

『北朝鮮の経済』, 木村光彦, 創文社, 1999.

『東アジア交流事典』, 鈴木哲雄など, 新人物往来者, 2000.

『京都·幕末維新をゆく』, 木村幸比古·三村博史, 淡交社, 2001.

『京都における朝鮮人の歴史·資料集』(第一册), 水野直樹　編, 世界人権問題

　研究センター 2002.

『滋賀のなかの朝鮮』, 朴鐘鳴, 明石書店, 2003.

『京都の歴史がわかる事典』, 五島邦治, 日本C實業出版社, 2005.

『「京都通」入門』, グループ「旅行の通」, PHP研究所, 2005.

『朝鮮通信使をよみなおす』, 仲尾宏, 明石書店, 2006.

『朝鮮通信使-江戸日本の誠信外交』, 中尾宏, 岩波書店, 2007.

『京都〈千年の都〉の歴史』, 高橋昌明, 岩波書店, 2014.

『京都の神社と祭り』, 本田健一, 中央公論新社, 2015.

『東亜連盟運動と朝鮮・朝鮮人』, 松田利彦, 有志社, 2015.

『京都ぎらい』, 井上章二, 朝日新聞出版, 2015.

이미지 출처

288쪽   Shinpeiinada/Wikimedia Commons.

305쪽   MS Shades/Wikimedia Commons.

312쪽   Miyam/Wikimedia Commons.

322쪽   そらみみ/Wikimedia Commons.

323쪽   © Propangas

324쪽   Corpse Reviver/Wikimedia Commons.

328쪽   아래 Flowizm/Wikimedia Commons.

329쪽   © m'gallery

331쪽   百楽兎/Wikimedia Commons.

333쪽   Hidehiro Komatsu/Wikimedia Commons.

366쪽   KENPEI/Wikimedia Commons.

372쪽   Jnn/Wikimedia Commons.

393쪽   KENPEI/Wikimedia Commons.

448쪽   사진집 『전후의 오키나와의 역사(*Photograph collection: History of Postwar Okinawa*)』

457쪽   국립민속박물관(민속 043357)

469쪽   문화체육관광부 한국정책방송원

478쪽   © Yoshitaka Tsubouchi

* 구입한 이미지나 저자가 제공한 이미지는 따로 출처를 표기하지 않았습니다. 일부 저작권자가 불분명한 도판의 경우, 저작권자가 확인되는 대로 별도의 허락을 받도록 하겠습니다.

찾아보기